費德勒

THE MASTER
THE BRILLIANT CAREER OF
ROGER FEDERER

王者之路

CHRISTOPHER CLAREY
克里斯多夫·克拉瑞 著

獻給我不可思議的母親，

感謝妳給了我愛的話語和網球。

推薦序

這麼近也那麼遠

房慧真（報導文學作家）

記者生涯中，如果讓我許願可以採訪哪個名人，我的答案只有一個：得到費德勒的專訪機會，哪怕只有十分鐘都好。《費德勒：王者之路》的作者克里斯多夫・克拉瑞無疑讓人十分羨慕，訪問費德勒的次數橫跨多年、超過二十次，跟訪的地點遍布五大洲，除了較正式的場合如溫布頓的球場後場，克拉瑞還搭上費德勒租用的私人飛機，或者進入他下榻的巴黎克里雍大飯店，當時還是羅傑女友的米爾卡，正在一旁試穿名牌服飾，採訪更多像日常閒聊。

作為傳記書寫的《費德勒：王者之路》梳理長達二十多年職業生涯的跌宕起伏，回顧他在球場上的許多高光時刻，然而更吸引我的不是那些 Big Moment，而是克拉瑞的記者「特權」進入私人空間所捕捉的幽微時光：南美洲的瘋狂球迷頭戴印有費德勒名字縮寫「RF」的棒球帽，騎著機車追上偶像座車，車窗隔絕那過分燙手的熱情，克拉瑞就坐在羅傑的身邊，羅傑每次見面都不只是客套的寒暄，會詢問他的近況，克拉瑞體育記者的職業特性，帶著妻兒在世界各地移動（和羅傑自身何其相似！）。

這一刻克拉瑞看似「自己人」，這麼近也那麼遠，他心知肚明隨時要準備重返人間，「到納達爾或費德勒賽事期間住的飯店採訪他們，對我們來說是一種提醒：你住不起他們的飯店，他們有時也會對非金字塔頂端的百分之九十九其他人的生活展現出無知的一面：費德勒就曾好心建議一位中產階級的工作人員買勞力士手錶。」跟著克拉瑞的目光彷彿進入旋轉門，忽而從縫隙裡瞥見巨星雲端生活的一角，忽而回到自己搭乘經濟艙四處奔波報導體育賽事的勞頓日常。

穿梭在雲端與人間，克拉瑞獨一無二的「貴賓席」觀看視角，多少費迷求之不得，克拉瑞卻很誠實的跟讀者說：之所以能跟得那麼近，因為他代表《紐約時報》，費德勒來自人口不多的歐陸小國瑞士，時常給《紐時》獨家與專訪，是擴大在美國市場影響力的策略之一。

球場外全球化下的運動經濟學，克拉瑞亦有著墨：「我們今天在球場上所看到費德勒優雅得體的形象，其實是耐吉公司為了行銷目的刻意製造出來的。他們試圖表現出我們在網球中期待看到的價值：如同紳士一樣。」耐吉的「投資」眼光精準，在費德勒、納達爾的青少年時期就簽下他們，很長一段時間，在大滿貫的決賽裡，我們可以看見兩人都穿著耐吉的衣鞋出戰，差別在於納達爾的無袖設計可以讓他露出粗壯手臂，「費德勒和納達爾在風格上迥然相異，這是耐吉的精心安排，就像一九九〇年代，耐吉同樣為山普拉斯和阿格西打造不同風格。」

如今大眾所認知的是那個「格式化」、「規格化」的費德勒，就像每次大滿貫轉播期間必定會播放的勞力士廣告，高速競技運動中的停格鏡頭，將費德勒凝止成一個藝術品，擊球姿勢保持平衡優美，沒有絲毫因過度用力而產生的扭曲歪斜，就像形容蘇東坡文章的一段話：「如行雲流水，初無定質，但常行於所當行，常止於所不可不止。」早逝的天才小說家大衛．佛斯特．華萊士，在青少年時期是來自美國中西部的網球選手，刊登於《紐約時報》的〈亦人亦神的費德勒〉，華萊士用同為網球選手的深刻理解以及文學家的強大闡釋，展現「一個觀者對費德勒的感受」，在費德勒之前，從來沒人在男子運動中談論美感與優雅。

這種令人目眩神迷的美，甚至迷惑了比賽中的對手，柳比西奇說：「即使你在網子的另一邊，有時你也會覺得自己像觀眾一樣。」比約克曼說：「我很開心能在球場上的最佳位置，觀看這位瑞士人用網球運動中近乎完美的表現打球。」最佳觀賞位置不是看台上的ＶＩＰ包廂，更不是電視機前，而是在網子的另一邊，看著那個將自己痛宰的對手像外星人一樣打球。

當我們在談論費德勒時，我們在談論什麼？傳記作品不能只提供美感體驗，厲害的作者不能只照見一輪滿月，還必須要找出月球暗面的崎嶇。相較三十一歲就退休的前球王山普拉斯，費德勒今年八月滿四十歲，職業生涯長度在競爭激烈的男子網壇已像是人瑞等級的存在，仍未輕言退休。還好克拉瑞的記者資歷也夠久，能夠識費德勒於「微時」，那是在二〇〇一年在瑞士舉行的台維斯盃，克拉瑞原本前去採訪美國隊的隊長馬克安諾，美國隊的陣容裡還有當時更受矚目的青年球員羅迪克，報導出來後最多的筆墨卻在一個瑞士年輕人身上。

十九歲的費德勒還沒經過經過安娜·溫圖（費德勒摯友，美國《時尚》雜誌總編）的改造，有點嬰兒肥的臉上首先看見的是滿臉青春痘還有遺傳自父親的大鼻子，他漂了一頭近白色的金髮，喜歡用耳機聽重金屬音樂，沉迷於ＰＳ，注意力無法集中太久，在球場上很容易覺得無聊，從青少年剛轉職業時，裁判曾給予缺乏比賽拚勁的警告，罰款一百美金。少年費德勒還有情緒暴躁的問題，在球場上罵髒話摔球拍是家常便飯，有一次父親為了讓他冷靜下來，不得不抓了一把雪抹在他頭上。二十七歲退役的阿根廷選手科里亞，多年後談起費德勒說：「老實說，我從沒想到費德勒會變成今天這個樣子。」

克拉瑞在見到費德勒之前，就曾聽過同業以及運動經紀人在討論他的網球天賦。問題是，網壇始終不缺天才少年，在青少年轉職業的階段，彷彿人類學凶險的成年禮通過儀式，像伊卡洛斯墜落半空折翅的人所在多有。

費德勒一戰成名在二〇〇一年於溫布頓第四輪五盤大戰，打敗草地之王山普拉斯，二〇〇二年費德勒被寄予厚望安排在中央球場出賽，卻在首輪就出局。這一年費德勒的「同代人」都在上升，休威特拿下溫布頓冠軍，羅迪克排名進入世界前十，而費德勒大滿貫出賽十六次，最佳紀錄只停在八強，在同世代球員中表現最差。提早「進場」的克拉瑞捕捉到這個罕見的脆弱時刻，暴躁的、迷惘的、搖擺不穩定的精神意志，還襯不上那天生眼手協調感絕佳的身體素質，毛蟲是否能變成蝴蝶，是一個值得觀察的蛻變時刻，克拉瑞說：「我頓時覺得有幸在對的時間來到對的地方，這是一種記者對於新聞性的永恆追尋。」

費德勒的歷程正符合神話學中的英雄敘事，淬鍊他的是二〇〇二年夏天恩師彼得．卡特的車禍死亡。卡特來自澳洲，最高的世界排名只有一百七十三，長期離鄉背井在歐洲打球，因為傷病纏身以及巡迴賽微薄收入的財務壓力提早退役，卻在瑞士執教時栽下最重要的一顆種子。

如今回顧「費氏王朝」，淪為配角的休威特、羅迪克被視為生不逢時，然而他們都還是大滿貫得主（如果不是生在費德勒時代，他們或許能拿得更多），卡特的境遇代表的才是殘酷的男子職業網壇現實，流浪於比大師賽級別更低的巡迴賽，一旦輸球，那麼回程的機票錢可能沒有著落。卡特化作春泥更護花，瀟灑的單手反拍、網前截擊技術都烙印在費德勒身上，在更悠長的時間尺度下，失敗者的鬱悶被時光沖淡，轉身回望終將釋懷。

克拉瑞採訪羅迪克，在多年之後怎麼看待搶走自己三個溫布頓冠軍的對手，強力發球是羅迪克的最強項，他這麼看費德勒的發球：「球速達到每小時一百九十六公里，但不會讓你感覺有這麼快，球不會硬生生撞上你的球拍，感覺來得很柔。」有著「澳洲野兔」稱號的休威特，最被稱道的是他的腳步移位，在輸球後他說：「羅傑的速度真的很快，雖然大家都看不出來，但真的有夠快。」

發球來得很快，卻感覺很柔。跑得很快，觀眾卻感覺不出來腳步移位之快速，白馬非馬的悖論，透過兩位技術超一流的網球名將之眼，我們才能稍稍由球場「最佳觀賞位置」得到一種體驗：對立與矛盾的和解、力量與美學的融合、身體與意識合而為一。華萊士說：「他與對手相比，看上去沒有那麼結實，但似乎又更結實。尤其在穿著一身溫布頓錦標賽規定的全白球衣時，他呈現出自己最佳的樣貌：一個既有血肉之軀，又在某種程度上來說輕盈無比的物種。球較為配合地懸停，慢慢減速，彷彿受到了這個瑞士人的意志感染——其中必有形而上的真理。」

二〇二一年來到四十不惑，費德勒攜家帶眷的征戰日常仍在持續，經紀人、教練、體能治療師、妻子、一對雙胞胎女兒、一對雙胞胎兒子、護理師、保母、家庭教師……陣容可謂浩浩蕩蕩，費德勒上億美元的年收入讓一切顯得輕鬆順暢，終年征戰的旅途顛簸感，能被私人飛機快速通關、頂級飯店的豪華舒適所弭平。費德勒親自幫孩子洗澡，到巴黎或墨爾本比賽空閒之餘會帶孩子逛博物館或公園，家庭生活的涓滴細碎對他不是干擾，反而幫助他快速抽離輸球的挫敗，這是他在面對「納達爾難題」、「喬科維奇難題」的重要緩衝，克拉瑞書中也寫到，羅迪克非常驚訝費德勒在大滿貫比賽期間和妻子以及四個孩子同睡一房的集體生活。

克拉瑞問了費德勒一個重要的問題，在我看來，成為全書的「刺點」：有時間一個人獨處嗎？費德勒的回答是很少，幾乎沒有。克拉瑞描述他離開費德勒之後的場景，搭乘擁擠客機卡在三人座中間的座位，抵達波士頓後搭上巴士前往新罕布夏，抵達時已是半夜兩點，叫不到計程車，只好拖著行李箱走了五公里回家，在黑暗中踽踽獨行的克拉瑞忍不住大笑，「因為我的旅程開始得如此華麗，結束得卻如此不起眼，實在對比很大。我想，這大概就是費德勒很少經歷的那種孤獨感吧。」

推薦序

不斷追求突破的偉大傳奇

陳迪（前網球國手、ＩＴＦ國際網總職業選手亞洲區代表）

費德勒的地位與成就絕對是網壇當代傳奇，在二〇〇一年溫布頓網球錦標賽擊敗山普拉斯、一戰成名後，從此他已經成為職業網壇關注的焦點。

費德勒擁有全方位的網球來回技巧，優雅展現揮灑自如；在比數膠著時，他能打出高深莫測的戰術變化，分與分之間，更能細膩處理每一分，他的比賽屢屢出現令人意想不到的絕妙好球，場上一舉一動，近乎完美球員的典型。

在這二十多年職業生涯中，我們可以從這位網壇偉大領袖的身上學到很多東西。除了他難以超越的紀錄外，其實更可以細細品味的是：當費德勒背傷排名下滑、面臨低潮時，是如何克服？當生涯戰績起起落落，費德勒是如何自我對話？透過身體及精神的自我實踐，使他養成如今的氣度與態度。我常常從他賽後的訪問學習到人生哲學，費德勒豐富的內涵，讓人見證一次又一次的奇蹟。他不曾畏懼，雖然很多事情在完成前總是看似不可能，但他依然認真面對自己、挑戰自己，不斷的尋求突破和進化。

《費德勒：王者之路》正可以帶領讓我們一起見證這位偉大球員，從他對網球的熱愛、一場場的經典賽事、驚人頑強的鬥志，到無人能打倒他的信念。作者克拉瑞透過生動的文筆，各種不為人知的故事，記錄下費德勒珍貴的特質與值得我們學習之處，喜歡網球的人務必不要錯過！

推薦序

傳奇，因為被見證而更加美麗

陳冠寰（「Grand Master’s Column 特級大師專欄」版主）

我始終認為，一本優秀的傳記所應擁有的必要元素為「客觀視角、詳盡內容、平順文辭」；而一本非凡的傳記需要滿足「深入視野、具巧思的編排、有所取捨」。能滿足優秀與非凡其一便已是極度艱鉅的挑戰，畢竟生命雖然可歌可泣，但即便是傳主本人都難以完整回憶。

可是，本書卻試圖挑戰「傳記」的極限，同時達成優秀與非凡兩個元素。《費德勒：王者之路》寫的是費德勒的職業生涯，也是網壇近二十年來的興衰更迭；或許那只是人類漫長歷史中的一小部分，人類在浩瀚宇宙中又何其渺小，但正因如此，閱讀本書更讓我感受到了「一砂一世界，一花一天堂」的真諦。

作者克里斯多福·克拉瑞以第一人稱的視角出發，成功將一代網壇傳奇的人生濃縮為四百多頁的文字，書中詳述費德勒的早年、家庭、生活與個性。無論是文字運用、內容鋪陳、章節銜接都臻於完美，是不可多得的運動員傳記巨作。

書中許多對費德勒教練與對手的訪問，不僅是作者耕耘網球界多年的精華，更讓讀者能清楚認識不同時期的費德勒面貌；彷彿眼前不是由文字編纂而成的書本，而是一面七彩螢幕，清晰呈現著這位瑞士球王的過往，讓讀者親身體驗他所走過的每一步！

富蘭克林（Benjamin Franklin）曾說：「你可以寫出一本值得被閱讀的書，或活出一個值得被敘述的人生。」而《費德勒：王者之路》絕對是能同時滿足上述兩者的好書！

我深信，傳奇，正是因為被見證才更加美麗。就讓我們一同翻開本書，成為一代球王費德勒傳奇生涯的見證人之一吧！

目次

第 1 站

阿根廷，蒂格雷

TIGRE, Argentina

費德勒在世界各地幾乎都是全球主場，如今將近午夜，仍有數百名費迷守候在體育館外，只為了看得更清楚。

午夜將臨，費德勒的腳步也不遠了。

我們這些當記者的本就習慣等待了。而這次我在一台停在布宜諾斯艾利斯郊區、由私人司機駕駛的專車裡等著。廣播放著艾瑞克・卡門（Eric Carmen）的〈孤身一人〉（*All by Myself*），恰合此情此景：我獨坐在後座，腦中想著待會兒訪談要談些什麼，手邊只有自己的筆記相隨。但費德勒可不一樣，他似乎很少孤身一人，今天這個場合更不可能。

一年已來到了尾聲，時值二〇一二年十二月中旬。今年費德勒靠著贏得溫布頓（Wimbledon）冠軍重回世界排名第一的寶座，這座金盃是費德勒兩年多來奪下的第一個大滿貫冠軍。如今他的太太米爾卡（Mirka）和一對三歲雙胞胎女兒正待在瑞士的家裡，費德勒則是第一次來到南美洲打表演賽。門票在開賣後幾分鐘便銷售一空。

費德勒打這場比賽是為了豐厚的酬勞：每出場一次便能拿到兩百萬美金，表演賽共有六站，光是露臉六次，就賺得比他二〇一二年拿到的總獎金八百五十萬美元還多。但其實費德勒來到這裡，並不只是為了出場費，也為了製造回憶：儘管前十一個月的賽季大耗心神和體力，他仍想在新的地方有機會和新的觀眾互動交流。

其他賺得夠多、不用再為錢煩惱的網球名將，可能會樂得把這種表演賽行程和免不了的時差問題讓給別的選手。但費德勒和他的經紀人東尼・葛席克（Tony Godsick）想的更深、也更長遠：他們考量到了未經開發的市場與追星熱可讓費德勒發揮市場價值、吸引更多粉絲。而這次在巴西、阿根廷的表演巡迴賽大大超過了費德勒一行人的期待——今晚在蒂格雷的臨時體育館竟擠滿了兩萬名觀眾。對阿根廷的網球比賽來說，這樣的人潮根本是創下紀錄。這裡名將輩出，如吉列爾莫・維拉斯（Guillermo Vilas）、加布里埃拉・薩芭提妮（Gabriela Sabatini）與胡安・馬丁・德爾波特羅（Juan Martin del

Potro）。德爾波特羅一直是費德勒的對手，在某種程度上也襯托了費德勒。

時任德爾波特羅的教練法蘭科・戴文（Franco Davin）曾說：「對胡安・馬丁來說能在這裡打球感覺很棒，但也有些五味雜陳。他在家鄉阿根廷打球，但觀眾卻多半替費德勒加油。」

許多網球風氣興盛的國家都有這樣的現象。費德勒在世界各地幾乎都是全球主場，如今將近午夜，仍有數百名費迷守候在體育館外，只為了看得更清楚，大人紛紛站在箱子上、小孩騎在爸媽的肩上；為了捕捉到難得的一刻，拿著數位相機的球迷手指黏在按鍵上、閃光燈閃個不停。

一切是如此靜謐、令人引頸期盼，接著費德勒從側門走出，步向這台車的後座，周遭登時喧鬧四起。就算剛和德爾波特羅打完三盤，費德勒的腳步依舊輕盈。

「再見、再見、大家再見！」在打開車門前，費德勒用閒談般的口氣和守候在外的粉絲不斷打招呼。

關上門後，他用一樣的口氣問我：「哈囉，近來可好？」

這些年來，我採訪費德勒的地方已遍佈六個洲；二十多年來替《紐約時報》（*New York Times*）和《國際先驅論壇報》（*International Herald Tribune*）訪問他超過二十次。我和費德勒曾在許多不同的地方碰面：私人飛機、溫布頓球場後場、時代廣場、瑞士阿爾卑斯山的餐廳、巴黎克里雍大飯店（Hôtel de Crillon）的套房。那間套房坐擁好到誇張的視野，望出去便是協和廣場（Place de la Concorde），我在那兒訪問費德勒時，他未來的太太米爾卡正在試穿時尚名牌服裝。

費德勒和我碰過的大部分頂尖運動員有個很不一樣的習慣。他習慣先問候你，而且絕不只是敷衍客套而已：費德勒會問你一路上的旅程、你對這場賽事、這個國家和這些人的看法。

費德勒的前教練保羅・安納孔（Paul Annacone）曾告訴我：「羅傑是個很有趣的人，因為他就像個好奇寶寶。」

我們一家五口從二〇一二年起遊歷世界各地：學年開始的三個月以來，我的孩子們陸續在祕魯、智利和阿根廷就學。

費德勒想聽聽旅程精采的部分（百內國家公園〔Torres del Paine〕、智利奇洛埃島〔Chiloé Island〕與祕魯的阿雷基帕〔Arequipa〕），不過他最感興趣的是學校教育、我三個孩子的反應、以及這樣的求學方式對孩子們有何益處。費德勒的反應其實也暗示了他打算盡可能把家人帶在身邊、和他一起南征北討，以及他希望孩子們能成為他生活的日常、一路共同欣賞這大千世界。

費德勒說：「我們還滿像回頭客的，會重複造訪許多城市和錦標賽事。在世界各地我們都交到許多朋友。就像到哪都是家。我現在還滿容易有這種感覺的，特別是現在和孩子待在一起。我希望替孩子們營造出這種『到哪都是家』的感覺，無論我們一家人走到哪，我希望他們都能很自在。」

費德勒的好奇心——不管是出於禮貌、還是打從心底真的好奇——往往讓訪談過程多了日常對話，而不只是照本宣科的訪問。這雖非費德勒刻意為之，卻往往能不經意讓訪談氣氛更為融洽、少了嚴肅感。費德勒的好奇心尤能在他身上平添出一股「不凡中的平凡」氣息，而這便是費德勒精心營造的氛圍。眾星拱月的費德勒能游刃有餘地面對台下眾人的擁戴（他練習太多次了），但他常強調自己其實更喜歡和人面對面接觸、互動。這樣的特質可能是繼承自他的母親麗奈特（Lynette）。當有人聽到麗奈特的姓，或是店員看到她信用卡上的姓名欄時，若問她是否和那個費德勒有什麼親戚關係，麗奈特都會直接表明身分。但隨即迅速轉移焦點，問對方有沒有孩子。

費德勒的手向車窗外比來比去，用他獨特、帶有鼻音的低沉嗓音說道：「你看這個，聽聽那個！我們有警察護衛，根本蛇行在人群中耶！我很少碰到這種場面。」

我說：「那就奇了！我以為你常碰到這樣的情況。」

他說：「謝天謝地，其實很少。我真的覺得身為網球選手的我是個幸福的普通人。因為網球選手往往一言一行都眾目睽睽，要四處跑、面對現場觀眾。有什麼評論馬上就會收到。馬上就知道你表現得好或不好。我跟你說，這有點像音樂家，而且我很喜歡這種感覺。就算打得很爛也沒關係，包包收一收，回去繼續加油。至少知道自己有努力的目標。如果打得很好，就會更有信心和動力，鼓舞自己繼續向前。這樣的日子真的很幸福。不過你也知道，有時候難免不順，因為舟車勞頓真的滿辛苦的。但有一天我在想，我十年前打到世界排名前十，十年後的現在我還在過這樣的日子。想一想都覺得很像靈魂出竅，簡直難以相信這是現實。我覺得自己何其有幸，我猜這也是我想再打久一點的原因之一吧！因為一旦退休後，就再也不會有這些體驗了。」

就連費德勒本人也沒料到一件事：在高掛球拍、告別網壇以前，他還能打得那麼好。

在阿根廷的這個晚上，費德勒已經三十一歲了。費德勒的偶像皮特·山普拉斯（Pete Sampras）正是在這個年紀、在二〇〇二年的美國網球公開賽（United States Open）拿到了當時史無前例的第十四座大滿貫男單冠軍。這場比賽是山普拉斯生涯的最後一場巡迴賽，要不是他又過了整整一年才正式宣佈退休，那場決賽根本可算是運動史上的終極再見全壘打了。

費德勒另一個兒時偶像、網球英雄史蒂芬·艾伯格（Stefan Edberg）則是在三十歲那年退休。

當時，大部分的專家和球迷都以為費德勒已來到職業生涯的尾聲，有這樣的想法倒也無可厚非。但人在布宜諾斯艾利斯的費德勒事實上還離生涯後期很遠，他根本還在職業生涯的中段而已。二〇二〇年後，他還會繼續挺進各項賽事，而和他同時代的網球選手則紛紛往商場、賽事評論或教練界發展，指導比費德勒還要年輕的對手。

安納孔陪著山普拉斯度過二〇〇一年和二〇〇二年最後幾個賽季，他看出山普拉斯明顯被壓力和煩心瑣事給操壞了。安納孔擔任過山普拉斯和費德勒的教練，他曾說：「皮特已經受夠那種四處奔波的日子了，但羅傑截然不同。東征西討耗盡了皮特的精力，但對羅傑來說卻是充電。」

有一次，安納孔和費德勒一起到上海打國際男子職業網球協會（ATP）錦標賽。抵達後的第二天，在費德勒的飯店套房內，安納孔和團隊其他成員圍著一張桌子正在聊天時，突然有人敲門。是個中國女人。

費德勒向大家宣布他的中文老師到了。

安納孔告訴我：「羅傑當時說：『她以後每天都會來這裡大概半個小時，我們就試著東學一點、西學一點中文單字，這樣我們可以懂點中文。』我就說：『小子，原來我不會說英文呀。』羅傑說：『不不不，這很好玩的！』他是真的很愛。他想學一些中文句子，這樣他就可以用中文對粉絲們說謝謝。不過我們這群夥伴在學中文、試著唸對發音時，羅傑在旁邊光是用聽的就要抓狂了。他能欣然接受四處征戰比賽的方方面面，而大部分人做不到。」

費德勒的這個特質應該是來自他的身上。他的父親是瑞士人，母親是南非人。費德勒第一次到南非時才三個月大，童年時期也會定期拜訪南非。山普拉斯只會說英語。費德勒則會說法語、英語、德語和瑞士德語，多虧了來自南非的母親，他懂不少南非語。也多虧了前教練彼得・隆格倫（Peter Lundgren），費德勒還會說很多瑞典語髒話。

費德勒是個在邊境城市巴塞爾（Basel）長大的瑞士人，故小小年紀便習於在不同文化背景下切換自如、適應良好。但一個人在某種生活方式下成長，並不代表他就能欣然接受這種生活方式。身為網球天王的費德勒之所以能夠擁抱紛繁的生活，部分是因為身為冠軍的職業需要。但二〇一二年那晚，羅傑在阿根廷的車上興奮得飄飄然，因為他意識到他在溫布頓和羅蘭．加洛斯球場（Roland Garros）所投注的心力，已為他創造出超乎想像的廣大影響力。

費德勒說：「大家都好熱情！南美這邊的粉絲激動到崩潰的人數是我看過最多的。他們又哭又顫抖，而且不是用那種肅然起敬的方式望著我。他們真的好開心，連他們自己都不敢相信能見到我。類似情況之前雖然也碰過，但很少見。然後在這裡。至少有二十個人一起衝上來抱我、親我，就連有機會碰我一下都會開心到不行。」

車窗外的阿根廷粉絲們朝著座車又推又擠，但費德勒並未因此卻步。相反地，他湊上前、貼得離車窗近些。

我問費德勒他知道英文單字「jaded」（膩煩、倦怠）的意思嗎？

費德勒說：「大概懂吧。」語氣有些遲疑。

我說：「這個詞在法文裡是『blasé』（司空見慣、倦怠）的意思。就是說你什麼都體驗過了、再也沒有什麼事能激起從前那份熱誠。想像一下比約．博格（Björn Borg）坐在車上揮別美網，再也不回頭的感覺，大概就是這個意思。」

博格當時只有二十五歲。

費德勒低頭沉思片刻。

他告訴我：「這種感覺來得很快。有一天你會突然覺得：『好，我受夠了。我再也不想做了。一切都讓我覺得好累。』說真的，我透過合理的行程安排、空出玩樂時間、以及做些適當的改變，就是為了避免這種倦怠發生。就像你說的，如果一直在做同樣的事情——不管是什麼事情——你就會厭倦、疲乏。這跟你有多不凡的生活沒什麼關係。所以我想，這些旅程、合宜的練習與訓練計畫、美好的假期、或是連續挺過幾場精采的錦標賽，我是從各式各樣活動的混搭中汲取靈感和能量。這其實還滿容易的。」

看著眼前年紀已三字頭，卻仍神采奕奕、雄心勃勃的費德勒，他的好狀態出乎人意料之外，網球史上堪稱前無古人。我意識到費德勒之所以能保持極佳狀態，其實有賴於深謀遠慮的先見之明。這實在大有意趣。儘管肩上壓力重重，費德勒仍能從容不迫、與人為善，這是因為他很了解自己、很清楚自己的所有情況。如此，他才能避免落入潛藏的困境，以免稍有不慎就澆熄了滿腔熱情。

總的來說，其實費德勒的網球生涯，也是在如此苦心孤詣的經營下養成的。

這幾十年來，他把網球打得如此輕鬆寫意，令人難以置信：場上擊出愛司球（ace）、優雅地打出正拍；而在場外這個仇視名人、憤世嫉俗的世界裡，他又能高踞枝頭、不受絲毫影響。青少年時期的費德勒情緒起伏極大，漂著一頭金髮、行事猶豫不決；但他漸漸蛻變成一位優雅且穩重的偉大運動家，這一路走來靠的是長期的意志培養，而非什麼與生俱來的天命。

世人公認費德勒是天賦異稟的練武奇才，但其實他很嚴謹地規劃自己的人生：他懂得過著規律的生活，為人自律，總預先將行程一絲不苟地規劃妥當。

費德勒在阿根廷告訴我：「我對自己接下來一年半要做哪些事，通常會有個大致概念，對接下來九個月的行程則是有非常清楚的概念。我可以很精確地告訴你去鹿特丹（Rotterdam）前的週一當天、或是去印地安泉（Indian Wells）前的週六當天我會做哪些事。我的意思是，我不會精細到以小時為單位，但確實會不斷討論、沙盤推演我接下來每一天的日程安排。」

雖然費德勒極少流露出氣喘吁吁、筋疲力盡的模樣，但其背後也少不了艱辛和自我懷疑。很少人了解費德勒一路走來承受了多少痛苦。在眾人矚目的賽場上更少不了黯然神傷的挫敗。比如我們可以輕易舉出兩場最偉大的對決：二〇〇八年在溫布頓對上拉斐爾・納達爾（Rafael Nadal）的決賽、以及二〇一九年同樣在溫布頓對上諾瓦克・喬科維奇（Novak Djokovic）的決賽。兩場都是激烈的五盤大戰，用時分別創下新高，而費德勒也都苦吞敗仗。

費德勒是大贏家，囊括了超過一百座巡迴賽的冠軍獎盃、連續二十三次打進大滿貫四強戰。但他也是個大輸家。

這確實會給費德勒增添些許凡人的親切感，讓他顯得更為平易近人。不論是在公開場合還是私底下，費德勒都勇於接受挫敗的打擊，並能在受挫後捲土重來。重回勝利的費德勒更強調正面心理學，以及把眼光放遠的重要性。

費德勒已是個超越網球的男人。他並非將網球當成追逐更高或更具野心的目標的跳板，而是把心力放在網球本身。網球運動在歐洲和北美正面臨著觀眾日漸減少、觀眾平均年齡老化的問題，費德勒能如此行事誠屬不易。

他的方法很老派：少有爭議言行、旁人對他的私生活也知之甚少，待人親切和善、極具運動家風度。

聽起來很無趣嗎？其實一點也不。在這紛紛擾擾的世界，能把大家齊聚一堂的費德勒怎麼可能無趣乏味呢？看費德勒打球向來是件賞心悅目的事：他的姿態如芭蕾般優雅，躍起發球有如凌空飄逸。以我待在網球採訪界這三十多年來的經驗，費德勒擊球時雙眼停在擊球點的時間是最長的，比我見過的任何球員都還要長。費德勒能把擊球動作做得極其完整，讓他看似輕鬆寫意。這也是他打球之所以如此吸引目光的主要原因。就像麥可・喬丹（Michael Jordan）飛向籃框、凌空停留的時間比所有人都久，就像舞者會維持一個姿勢，以強調出動作之美。

比莉．珍．金（Billie Jean King）曾告訴我：「費德勒是我見過打球最優美的球員。他的動力鏈（kinetic chain）非常流暢，這正是他如此優雅的原因。」

近二十五年以來，職業網球有如被放入粒子加速器般迅速發展。球拍和聚酯纖維網球線越來越強勁，球員身高也越來越高、越來越有爆發性。為了適應速度，擊球技巧和步法都得有所調整。但費德勒似乎仍有餘裕，能打出自己完整的擊球動作。而他在好整以暇完成動作後，又能再打出精采且優雅的下一球，他究竟是怎麼辦到的？不只因為費德勒擁有難得一見的眼力、機動性和敏捷度，以及簡潔的擊球動作，也因為他的自信：其他選手得在腦中琢磨再三才知道如何出手，而費德勒在跑動或延展的過程中就能蹦出應對的打法。其他選手就是少了這樣的百寶箱——或說瑞士刀——只有費德勒能辦到。

在費德勒將網球運動發展到全新的極致之前，表現最好的瑞士男子選手是馬克．羅塞特（Marc Rosset）。羅塞特很喜歡談費德勒的「處理速度」。

羅塞特還記得一項訓練：將五顆不同顏色的球拋向空中，再叫球員按照顏色依順序接下這五顆球。他說：「我最多只能接到四顆球。這對我來說真的很難。但給羅傑五顆球，他五顆都接得到。」

羅塞特認為：「很多人都把焦點放在運動員手腳動作上的天賦。但我們往往低估了一項天賦的重要性，那就是反應能力，也就是大腦解讀我們眼中所見事物的能力。去看看那些偉大的冠軍，像足球員席丹（[Zinedine] Zidane）或馬拉杜納（[Diego] Maradona），或是費德勒、喬科維奇、納達爾這些網球選手，看他們比賽時，你會覺得這些人好像身處電影《駭客任務》（*The Matrix*）的世界裡——對你我來說，一切都發生得太快了，但這些偉大名將的反應極其迅速，彷彿他們的大腦有更多時間來處理一切。」

羅塞特又說：「當席丹在運球時，就算身邊被四個人環繞著，他依然沈著冷靜。一切對他來說就好像慢動作。這些偉大名將之所以能從容不迫，因為他們就是比所有人都快上一步。你可以去回顧費德勒生涯中擊出的那些不可思議的好球，但那些球我們是根本練不來的。」

回顧過往費德勒鼎盛時期的表現，他那流暢的動作讓人震懾不已，也讓人心驚膽跳——費德勒又要出奇招了，但究竟何時出招呀？這是另一種雙重享受，當我們看他總能將眼前的挑戰化為出其不意的好球，真讓人陶醉不已。費德勒打球不拖泥帶水，也不插科打諢，踏上場便全神貫注，極少流露內心情緒，觀者只能將焦點放在費德勒的動作上，全心欣賞他精湛的球技。

費德勒的好友兼長期合作教練塞維林・魯奇（Severin Lüthi）曾告訴我：「羅傑不只是在打球，他更是在**玩球**。」

費德勒的這項特質，無論觀者外行內行都會被深深吸引。經驗老道的教練布萊德・史坦恩（Brad Stine）曾與凱文・安德森（Kevin Anderson）和世界排名第一的吉姆・庫瑞爾（Jim Courier）合作。史坦恩說：「其他球員在看費德勒打球時，也會被他那出神入化的擊球給嚇到。費德勒可能是最常讓同行大吃一驚的選手吧。即使是球員看他打球，仍會難以置信地說：『他是怎麼辦到的？我是說，到底要怎麼打出那球呀？』」

約翰・馬克安諾（John McEnroe）也是手持球拍的藝術家，但性情火爆。若將馬克安諾比做畫家傑克森・波拉克（Jackson Poppock），馬克安諾的球風好似盡情潑灑顏料，以表達內心掙扎；而費德勒則較接近彼得・保羅・魯本斯（Peter Paul Rubens）：創意十足、游刃有餘、風格雋永且雅俗共賞，他的球風既能貼合主流審美品味、又能令內行人驚嘆不已。

這簡直就是一門行為藝術的流派了。藝術家在畫布上留下足夠的留白，以供觀者自行詮釋解讀。

費德勒不想過度深究方法策略，他只說「這其實還滿容易的」。但他也能坦然接受旁人有自己的詮釋。費德勒就像個作家，而他的作品會被無數次放進專題討論中研究、解析。

還記得在二〇一八年，我曾和費德勒討論過這個話題。那時我們在加州沙漠中，是在搭上私人飛機前聊到的（這是我第一次，恐怕也是最後一次搭私人飛機）。談話的前一天，他剛打完印地安泉大師賽決賽，對手是德爾波特羅。費德勒在自己的發球局錯失了三個賽末點，第三盤搶七又輸了：這是他賽季以來的第一場敗仗。比分非常接近，彼此的反應時間被擠壓到連費德勒都很有感。

費德勒說：「策略？大家都愛講方法策略。但來到這種層級的賽事，其實很多時候擊球靠的是本能反應。雙方來回非常快，你幾乎沒有時間思考就得把球打出去。當然啦，這裡面少不了運氣成分。」

費德勒的生涯的確少不了運氣的加持。若不是澳洲的職業網球選手彼得・卡特（Peter Carter）當年偏偏選擇了在瑞士巴塞爾的一個小俱樂部當網球教練，費德勒恐怕也不會成為冠軍——至少不是網球冠軍。若沒有碰到善於冷靜思考、觀察敏銳且極具天賦的體能訓練師皮耶・帕格尼尼（Pierre Paganini）、也沒遇見長他幾歲、後來成為他的妻子的瑞士網球選手米爾卡・瓦夫里涅克（Mirka Vavrinec）——她偶爾會擔任他的公關，也是團隊的總指揮——費德勒恐怕難在網壇屹立如此之久。若沒有米爾卡的雄心抱負，和她對費德勒全心全意的支持，費德勒不可能如此堅定地打球打那麼久。

早年曾在瑞士與米爾卡和費德勒合作的法國體能訓練師保羅・多羅申科（Paul Dorochenko）說：「她對成功的渴望並不亞於費德勒，說不定還比費德勒更強烈。」

但好運是一回事，關鍵仍得看每個人如何運用自己的好運、如何抓住各種機會。人生如是，職業網球亦如是。費德勒不會任由機會從眼前溜走，他懂得把握機運。

在私底下，費德勒並沒有像廣告形象上那麼溫文儒雅、風流瀟灑。他確實聰穎，直覺也很敏銳，但絕不是個如龐德般妙語如珠的人。費德勒十六歲便離開了學校，以前也不是個特別認真的學生。但他以極為嚴苛的態度面對自己成長和巡迴賽的過程。

他在阿根廷時說：「我把這看成人生的學校。」

費德勒擁有絕佳天賦自然是無庸置疑，但他和其他天賦過人的球員有個極大的不同：費德勒對網球有不變的熱愛，對自己也要求極高。他堅信在職業網壇若原地踏步、停滯不前，其實就是退步了。這份信念也連帶影響了比他更年輕的對手們。

喬科維奇最近告訴我：「想要在這種層級的比賽出人頭地，我認為首要之務便是擁有不間斷的渴望，以及願意敞開心胸切磋琢磨、精進自己的實力，讓自己在每一個層面都能持續進化。我知道羅傑常講這些東西，而我相信其他運動領域的頂尖球員也多會同意這個觀點。不進則退。」

費德勒知道——或說他不斷意識到——自己的弱點，並一一解決：情緒控管、心理韌性、專注力、耐受力、長期的背痛困擾，以及他的單手反拍。他變換了擊球策略，改成多在底線進攻，而非以往的網前攻擊；他改用拍面更大的球拍，以增加自己在多拍來回上的優勢；他還會頻繁地換教練，但絕非一時衝動，而是為了獲得不同的觀點和視角。他有時候甚至不請教練。費德勒終其一生都在為自己的下一個階段尋找導師、甚至楷模：包括山普拉斯、跌下神壇前的老虎伍茲（Tiger Woods）到較近期的比爾・蓋茲（Bill Gates）。費德勒想在之後仿效蓋茲的慈善計畫。

費德勒的成功，主要是靠他精湛的球技，不過他優異的社交能力也是關鍵之一。明星球員固然會拿到一堆免費的球鞋，但能「把自己的腳放在別人的鞋子裡」——也就是設身處地為人著想——的明星球員實在少之又少。而費德勒就像會讀心術般，不論是在體育館、街上、房間裡或車子後座，他都能時時刻刻注意到每個人的情緒和精力狀態。

美國球星，也是費德勒的朋友安迪．羅迪克（Andy Roddick）曾說：「他非常懂得如何與人相處，我想那就是他如此受歡迎的主因。他很能融入人群。不管在哪裡他都吃得開，而且他很真誠。他不是那種步步算計、刻意迎合的人。」

＊＊＊

我們的車從蒂格雷駛向市中心布宜諾斯艾利斯，約莫開到一半時，有一輛車竟避開了四周的護送車隊、全速疾馳到我們的車子旁。一個追車追到很興奮——也或許是因為別的什麼讓他很興奮——的年輕人把半個身子探出車窗，朝費德勒揮舞他手上印有ＲＦ字樣的帽子。

我說：「哈，至少你知道你的商品正在市場上流通。」

費德勒咯咯笑，隔著窗子向外揮揮手。他說：「希望他不要把帽子弄掉了。掰掰！掰掰！」

費德勒賽後的熱淚盈眶，多少出自於他那有如高敏感天線的細膩情緒。雖然現在他落淚的頻率比以前低了不少，但淚水仍是他的形象標誌。費德勒的淚水似乎不只表達了喜悅或沮喪之情，更是一種宣洩——宣洩他在場上接收到的各式情緒。

這不只關乎他自己一路上對比賽和錦標賽投入的心力與感情；也關乎每一個人對比賽和錦標賽所投入的心力與感情。

載著手拿ＲＦ帽子粉絲的那台車已加速向前，駛離了我們的視線。我問費德勒：「所以你現在漸漸開始習慣這種場面了嗎？」

費德勒的聲調揚起，比平常更高，他說：「這種場面？沒沒沒，不會的。這簡直不可思議。看到開心的人，這總是棒極了，對吧？這裡是另一個世界，這也是為什麼我很喜歡打表演賽。表演賽很不一樣。你終於有機會去一個你可能從來沒去過的國家，在這裡你可能會做一些平常沒時間做的事。不需要太煩惱待會兒球要怎麼打，不過我還是可以打出一定水準的球。表演賽就是，該怎麼說呢，宗旨就是要感動人心、讓觀眾開心，他們不需要大老遠跑來看我，而是我飛過來和他們見面。」

在記者會上面對媒體提問時，費德勒多能就各種問題侃侃而談。他的回答很少離題，也很少主動提供訊息，但他尊重每個提問，也尊重發問的人：這點和他的某些前輩形成強烈的對比（如吉米・康諾斯〔Jimmy Connors〕）以及同梯們（如萊頓・休威特〔Lleyton Hewitt〕，以及生涯晚期的大威廉絲〔Venus Williams〕——她後來變成這樣真讓人惋惜）。費德勒天生熱情、有親和力，在比較輕鬆的場合裡，他總會揮舞雙手，談話內容也會不知不覺跑野馬越變越長。當他用英文表達時——英文是他的母語之一，但不見得是他最擅長的語言——談話的走向有時會出乎他意料之外，讓他得繞回原路，再重新試著表達自己的想法。

雖然費德勒的驚喜和惡作劇只留給自己的朋友和同事，而不是留給湊在一旁的記者們，但仍能看出鏡頭外的他較沒那麼英姿颯爽，偶爾還有些傻乎乎的樣子。

這些年來，我採訪過他許多次，而這本書有一部分便是透過歷年來與費德勒接觸的經驗，來探討他的職業生涯。這本書不會是什麼費德勒知識大全，寫網球文章時若將太多篇幅放在比分和賽事總結上，會讓文章顯得冗長。費德勒打過一千七百場以上的巡迴賽，大部分的賽後記者會他都會參加，這已經給我們這些傳記記者夠多寫作素材了。因此，本書會以一段又一段的故事來開展篇章，並寫下我自己的感想。我會在這本書裡娓娓道來那些對費德勒來說至關重要、或是極能代表費德勒的地方、人物和對決。

地球就只有一個，而他已是稱霸全球網壇的男人。費德勒持續在各個賽季如火如荼擴張版圖，角逐更多的冠軍金盃與獎金、持續追求創新、成就感與連結。

在這一路的旅程中，阿根廷這一站意義深遠，實出人意料之外。隨著我們離他在布宜諾斯艾利斯的飯店越來越近，當時擁有史無前例的十七座大滿貫冠軍的費德勒，正不斷強調自己有多想持續進步。

他說：「表演賽結束之後，我打算放個假、好好休息，擺脫這一切。畢竟這幾年的節奏實在非常緊繃，我覺得如果繼續照這樣的節奏過日子，我可能有一天就會像你說的一樣：『jaded』（倦怠）。」

費德勒笑著。

他說：「『jaded』（倦怠），這是我新學到的詞，也是我最不想要的狀態。希望明年是我能繼續多打幾年網球的契機。這就是我想給自己的機會。」

第 2 站

瑞士，巴塞爾

BASEL, Switzerland

費德勒的網球能力確實是「瑞士製造」的，巴塞爾是費德勒一切故事的起點。

網球在很多意義上，都可以說是我的救贖。在我小時候，我的父親就一如他在當爸爸之前一樣，努力地要爬上美國海軍上將的位置。在我上大學前，我們搬過十多次家。足跡遍及維吉尼亞州到加州。拿著網球這張通行證，我能夠不斷重新融入新社區、新學校以及新球隊。從一九八〇年以來，我從未停止對這項運動的喜愛，我嚴格審視我在場上的所有表現，但我也從中得到無比的快樂。在這三十五年來，我寫過各項運動，但是沒有一項運動能夠取代網球在我心中的地位，這一部分是因為我打過網球，面臨過在場上競爭時必須面對的掙扎與奮鬥，遭逢挫折的不甘心與情不自禁哽咽的時光，這些經驗讓我能夠體會像費德勒那樣在面臨壓力的情況下，仍能夠做出行雲流水與賞心悅目的擊球，是多困難的一件事。

後來我到威廉絲學院（Williams College）就讀，加入了網球隊，畢業之後，我便在紐約東漢普頓的一間小型俱樂部教網球，我在那裡的學生，基本上都收入頗豐。我的其中一位徒弟是《滾石雜誌》（*Rolling Stone*）的創辦人楊・韋納（Jann Wenner），還有一位是時裝設計師葛洛莉雅・薩克斯（Gloria Sachs）。我的目標是藉由教球賺到足夠的錢，和我的大學室友們來一次陽春版的世界巡迴賽，多虧有了楊、葛洛莉雅和其他學生，我才能夠完成這個目標。我整顆心都被網球給充滿，甚至情不自禁地把我的Yonex球拍綁在背包上，帶著它走來走去，雖然這樣子走在一些沒有網球場的地方，像是中國或緬甸的農村，會有點像個怪胎。但是球拍對我而言，就像面對未知世界時緊緊握在手上的安全毯，它就是這樣陪伴我度過整個青少年時代。

我從來不是網球世界的旁觀者，當我在看網球時，我的身體會跟著做出反應：我的身體會緊繃，右手常常不由自主地緊握。我第一次報導的網球比賽跟溫布頓比，層級可以說天差地遠。那是一九八七年，美國網球協會（United States Tennis Association）剛好在當時我們家搬去的城市聖地牙哥，為十二歲以下的男孩舉辦的一場全國錦標賽——基本上，這是一場為有天分的小學生舉辦的比賽。

我在當地的報社擔任暑期實習生，那時候人們還習慣從紙本媒體上閱讀大部分新聞。關於這場已經塵封於記憶深處的錦標賽，我能想到的只有文斯·斯佩迪亞（Vince Spadea），他後來成為世界排名前二十的名將，他的父親文森（Vincent Spadea）會在他兒子比賽間的空檔大唱詠嘆調，而當時只是來觀賽，年僅六歲的亞歷山卓·史蒂文森（Alexandra Stevenson）則是和她的母親薩曼莎（Samantha），一同在草地上做側翻。那時離她一九九九年闖入溫布頓準決賽還早，更別提還要再過更長的時間，大眾才知道她其實也是NBA球星朱利葉斯·厄文（Julius Erving）的女兒

在這個時期，誰會是過江之鯽，誰又會持續留在你的視線裡，根本沒辦法說個準。但在我生命中只有兩位年輕球員，當我目睹他們的表現時，我的心底非常確定：我正在見證未來的世界球王。

第一位是年僅十八歲的馬拉特·沙芬（Marat Safin），那次是在一九九八年的法國網球公開賽（French Open），他第一次參加大滿貫，就接連擊敗了阿格西（Andre Agassi），以及上屆冠軍古斯塔沃·庫爾滕（Gustav Kuerten）。沙芬是一位脾氣火爆，但在鏡頭前極具個人魅力，且運動能力非凡的俄羅斯選手。作為一名韃靼人，場上的他顯得顧盼生姿，散發出濃烈的雄性賀爾蒙，時常能打出爆發力十足，騰空加壓的雙手反拍，當時的我簡直是看傻了眼。

第二位則是我第一次到巴塞爾時遇見的球員。那時是二〇〇一年二月，這趟行程原本是為了採訪第一次成為美國台維斯盃（Davis Cup）隊長的馬克安諾（Patrick McEnroe），以及年僅十八歲的羅迪克的首次登場。但是，最終讓我花費最多筆墨的，竟是一位瑞士的少年。

我看過費德勒首場大滿貫比賽，對陣澳洲選手派翠克·拉夫特（Patrick Rafter）（最後他輸了），那是一九九九年的法國網球公開賽。隔年我也看過費德勒在雪梨奧運男子單打比賽的表現，他以第四

名作收，這在某種意義上可能對參加奧運的選手來說是最苦澀的結果。而這次我見到他時，他已經十九歲，已經是被公認前途大好的天才，但是直到我待在費德勒家鄉的這三天，才終於親身體會到這些評價並不是空穴來風。

台維斯盃是網球團體賽事的領頭羊，而在那一時期它的地位甚至更高：這是探測一位選手極限所在的最佳管道，相較於一般巡迴賽，台維斯盃能帶給選手相當不同的氛圍，你必須面對更龐大的壓力，尤其若需要經歷五盤大戰，更能測試一位選手耐力的極限。

費德勒十七歲時第一次打台維斯盃，那時排名還在二十以外的他經歷好幾場驚險的比賽，不少對戰更是以慘敗收場。但這次在巴塞爾的週末假期裡，他卻成功一肩扛下引領瑞士隊邁向勝利的重責大任，擊敗了美國隊，讓整個隊伍成功挺進第二輪，其中的三場勝利都是由他親自奪下，包括兩場單打，以及與他的搭檔洛倫佐·曼塔（Lorenzo Manta）合力贏下的一場雙打比賽。

在開幕當天，費德勒擊敗曾兩次闖入大滿貫決賽的老將陶德·馬丁（Todd Martin）。雖然那場比賽是在室內硬地進行，但費德勒擊球的模式已讓我腦海中浮現他靈活的腳步奔馳在草地上叱吒風雲的模樣：隨著反手切球製造出進攻的空擋，搭配跑動中一記正拍壓迫帶出上網的時機，行雲流水地順勢來到網前，最後來記俐落刁鑽的截擊致勝，若是對方還想掙扎，就再來個殺球讓他毫無懸念。他的擊球與移動行雲流水，讓人想到山普拉斯與艾伯格：他們都能以輕鬆寫意的方式在偌大球場的各個位置穿梭自如。更驚人的是，費德勒能以我從未見過的流暢度及速度瞬間移動到反手位打出漂亮的閃身正拍。他的發球更是無懈可擊，你根本猜不到他要發往哪裡、打算發什麼樣的球。他的對手馬丁身高一百九十八公分，有雙大鵬展翅般的長臂，幾乎生來就是要當回發高手，但在這場比賽他有時幾乎連球都摸不到。

在那個年代，體育記者有些靈光乍現的想法只能私下嘴砲和身邊的人分享，而不是上網推特，當時我跟隔壁座位的同事說：「這小子遲早要拿下溫布頓，而且是會拿下很多座。」

這其實不像我會做的事。本質上，我更像一位觀察者，而不是算命仙，而我的預言看起來也只差臨門一腳了。儘管山普拉斯那時候才二十幾歲，仍是全英俱樂部（All England Club）中銳不可擋的奪冠熱門。來自澳洲的拉夫特是發球上網型選手，當時在草地球場上也處於巔峰時期。但其實如果累積足夠頂尖網球比賽的觀看經驗，你就可以看出一名球員的擊球模式與技巧的成長模式，同時能以更大的格局去理解一場青少年球員比賽內容所代表的意義。包括費德勒的進攻風格、欺敵能力、全場都能發揮效用的多種武器，以及那極具美感的腳步變換。

這種擁有很多戰術可以選擇的對戰技能，在此刻已臻於成熟。對瑞士隊來說，這個時機來得恰到好處，但對美國人而言，只能說運氣實在太差了。

「整個比賽過程幾乎是完全被他給主宰，」在美國隊以二比三的比數失利以後，馬克安諾對我說，「費德勒是一名偉大的球員，這一週他在球場上可說如入無人之境，我們根本壓制不住他。這小伙子已經經歷過很多比賽。我敢說他遲早打到世界前十，甚至更高。」

其實在上週，費德勒才在米蘭，同樣是室內硬地球場，拿下他的第一座ATP冠軍。這對年輕選手而言是個分水嶺。但是在巴塞爾為國家取得勝利，在他的主觀感受上是更大的突破。

而未來他將會在同一個舞台，也就是巴塞爾的室內硬地球場上，贏下總共十座單打冠軍。但現階段，他仍對自己的能力有所遲疑，也不確定自己能否扛下帶領瑞士隊的重任，特別在當時，他和隊長雅各布・赫拉斯克（Jakob Hlasek）的關係正緊張。這位前瑞士球星曾在前一年擠下費德勒成為瑞士隊隊長，同時也擠下了另一位隊友們都很欣賞的球員克勞迪奧・梅薩德里（Claudio Mezzadri）。

「那場與美國隊的對決是我職業生涯非常重要的時刻，」費德勒後來告訴我，「這讓我相信，自己是有這個能力的。」

這場勝利確實預示了後來的發展。費德勒在取得勝利後落淚，還在記者會上流利地操持著三種語言。他那時留著長髮，有著獨屬於年輕人的神采，他的五官輪廓分明，鼻子很挺，看起來更像一位拳擊選手。他以黑豹般優雅的腳步走進訪問現場，但看起來對於自己被近距離觀察這件事還有一點羞澀。

美國隊的成員包含了兩位明日之星：羅迪克與詹姆斯．布雷克（James Blake）——這兩個人往後的日子裡，將一次又一次被費德勒的神乎其技打得疲於奔命。

羅迪克不只機智敏捷，而且擊球強勢，但他在台維斯盃的初登場已經是無關勝負的一場了：羅迪克在週日的最後一場單打比賽擊敗了喬治．巴斯特（George Bastl），但是在那之前，費德勒已在決定兩隊勝負關鍵的單打裡擊敗簡—麥可．甘比爾（Jan-Michael Gambill），確定為瑞士隊摘下最後的勝利。

當晚，兩隊在巴塞爾的一間酒吧相遇，費德勒和羅迪克進行了他們之間的第一次談話。

羅迪克最近向我透露他當時的心境：「你可能很好奇，他是怎麼看待台維斯盃辦在自己家鄉的這件事？我幾乎眼睜睜看著全隊被這個人打得一敗塗地。」「我想這已經不是『這個人會變得更優秀嗎？』這種層級的問題了。應該要這樣問：他會成為羅傑？或是——我沒有任何不尊敬的意思——成為理查．加斯凱（Richard Gasquet）？我問你，這兩個人誰才是真正頂尖的選手？如果有人那時候就告訴你，他能夠知道這兩個人孰優孰劣，他一定是在鬼扯，真正的差異很多是內在的，從外表看不出來。費德勒能夠成為世界前十、甚至是世界前五名的選手，這幾乎無庸置疑，但這跟成為球王、拿下大滿貫是兩碼子事，更別說是在十年間不斷複製類似的勝利模式、統治整個網壇。你在二十年前的背景下肯定想像不到。」

大二的時候離開哈佛、成為職業網球選手，並投身於巡迴賽的布雷克，當時與瑞士隊的米歇爾・克拉托赫維爾（Michel Kratochvil）是練球的搭檔，他們在巴塞爾共度了許多時光。

「我們以安迪為傲，」布雷克告訴我，「我們都說『這孩子真的很優秀，你們看著好了，他未來的表現一定跌破你們的眼鏡，以他的實力，在我們的隊伍久待是不成問題的。』我把這個想法跟克拉托赫維爾說，然後他以同樣的態度還以顏色：『嗯，那你等著看我們的費德勒，他以後也會成為成就非凡的球員。』」

布雷克聽了這句話後，花了一段時間認真觀察費德勒。他首先注意到的是，一旦讓費德勒掌握主導權，你就幾乎很難把球送往他那較不具威脅性的反拍。他的速度非常快。

「他的移位是那麼優異，如果讓他逮到機會用正拍攻擊，那要逼使他改用反手拍根本就是天方夜譚，」布雷克說，「一旦被他打出正手回擊，他就完全主宰這分的走勢了。真的是不可思議。」

還有第二個他注意到的點。

「我們全部的人都死盯著他，他看起來幾乎沒有在流汗，」布雷克說，「我們幾乎懷疑他的心率是不是只有三十。他看起來神色自若，泰山崩於前也面不改色，很明顯就算面臨破發點，或是觀眾做了什麼干擾舉動讓他有點緊張，他都不會真的受到影響而做出糟糕的決定。」

布雷克有所不知的是，費德勒到底改變了多大，年輕的費德勒可是一位會摔拍的火爆浪子，並在球場上不斷地上演著懊惱自責的戲碼。

「他看起來就像是對於所有會發生的狀況早已了然於心，並且也都知道該如何去應對。」布雷克說。「他在場上的冷靜，跟比賽結束後的潰堤形成很大的反差。你才發現他真的非常把在家鄉打台維斯盃比賽的這件事放在心上，這實在是很酷。」

美國隊在比賽結束後很快就打包回國，我也向《國際先驅論壇報》提交了我寫的專欄文章。最終，我還是沒敢白紙黑字地寫下費德勒將會拿下多座溫布頓冠軍的預言。

費德勒是一位特殊的球員，不只早熟而且技巧全面，天生就能在高壓下提升自己的表現，同時他的任何動作都是如此行雲流水。

他有強勁的發球。他可以使出不按牌理出牌的防守，臨機還以一個高吊球來對付你。他可以使出經典的切球上網戰術，然後將手腕固定住帶出一記截擊致勝球。他也可以用他的正拍主宰整場局勢，並搭配他單手反拍擊出高速回球，或切出一記莫測又低沉的切球，若是對手不夠靈活，他將會疲於奔命，氣喘吁吁卻又事倍功半地追趕著那些高速旋轉的回球。

儘管如此，我們還是無法知道，他是否會把這些天賦異稟的才能發揮到淋漓盡致，成為無懈可擊的世界頂尖選手。金錢、阿諛奉承或是傷病都可能把最渴求勝利、最鋒利的寶劍給弄鈍，但是經過這兩週，這些擔憂都已不復存在，瑞士又產生了一名新的潛力冠軍。且費德勒跟辛吉絲（Martina Hingis）不同，他更多時間是待在這裡，而不是佛羅里達。

費德勒的網球能力確實是「瑞士製造」的。他於一九八一年八月八日在巴塞爾大學醫院出生。麗奈特與羅伯特．費德勒生了兩個小孩，費德勒是老么，夫妻倆都熱衷運動，身材適中，但他們其實較晚才開始接觸網球。

雖然費德勒是在巴塞爾接觸網球、之後在另一個瑞士城市磨練球技，但身處在一個擁有四種官方語言的多元國家，他早已深受來自各個國家的大量影響。

麗奈特來自南非，十八歲時在約翰尼斯堡附近認識了羅伯特，當時兩人都在瑞士的化學品及製藥公司汽巴嘉基（Ciba-Geigy）工作。雖然麗奈特的母語是南非語，但是在父親的堅持下就讀英語學校。在她和羅伯特搬到瑞士，並開始一家四口的家庭生活後，她在費德勒以及大女兒黛安娜（Diana）面前最早講的語言也是英文。

「頭幾年都是這樣，」麗奈特曾在費德勒職業生涯早期的一次採訪中對我說，「後來我確實改成說瑞士德語。在瑞士生活久了，很容易就學會。羅傑和我依然常說英語。但也會根據討論內容，混雜使用不同的語言。」

麗奈特和羅伯特將兒子取名為「羅傑」，因為「羅傑・費德勒」連在一起的發音很和諧好聽（費德勒並沒有中間名）。這個名字另一個受到青睞的地方是它的英文發音很簡單，儘管他們的兒子在小時候花了很多時間去提醒別人：他的名字不是唸做「Roe-ZHAY」（法語中的「Roger」）。

費德勒第一位對他相當重要的教練，是從捷克移民到瑞士的阿道夫・卡科夫斯基（Adolf Kacovsky）。但是在早期，最具影響力的教練還是來自澳洲的彼得・卡特。這幾年來，也曾有瑞典人、美國人擔任過他的教練，而他最近的教練伊凡・柳比西奇（Ivan Ljubičić），則是一位四海為家，曾經是戰爭難民的克羅埃西亞人。

但無論費德勒的品味及魅力是如何國際化，他依然認定自己是瑞士網球總會（Swiss Tennis Federation）培訓的成果。這其實並不常適用在其他瑞士球員身上：例如在他之前就成為了女子單打與雙打世界第一的辛吉絲，以及緊隨在他之後成為網球史上最優秀瑞士球員之一的史坦・瓦林卡（Stan

Wawrinka）。

「只有羅傑是藉由總會而取得巨大的成就。」一九九二年奪得男子網球單打奧運金牌，同時也是瑞士人的馬克・羅塞特這樣表示。

巴塞爾是費德勒一切故事的起點：它位於萊茵河畔，緊鄰法國與德國，是一座國際化的城市。「當羅傑還是個小嬰兒時，我經常到『國外』去購物。」麗奈特說。

在羅塞特看來，瑞士非常地幸運。「費德勒的出生位置要是稍微偏離個五公里，他就有可能會是德國人，或是更可怕的，也有可能成為法國人，」來自瑞士法語區日內瓦的羅塞特表示，「你能想像費德勒是一位法國人嗎？我真的沒辦法接受。」

費德勒是個非常有活力的孩子——「幾乎是有點過動了」費德勒說——他在一個中產階級家庭長大，他的家位於巴塞爾郊區的明興施泰因（Münchenstein）中一條安靜的街道。他對運動的興趣遠遠超過學業。

「我很不喜歡上學，」他說，「我父母逼我逼得可累了。」

有一張照片足以說明費德勒從小就對運動非常熱愛，在照片裡他的手握著乒乓球拍，小到幾乎要被桌子給擋住了。他的第一支網球拍是木質網球拍，這可能使他成為最後一個使用這種網球拍作為起點的網球名將。他在三歲時第一次打網球，很快地他就可以跟牆壁、車庫門、櫥櫃和壁櫥對打練習。

「蹦、蹦、蹦，」羅伯特在二〇〇八年的紀錄片《羅傑・費德勒：冠軍的靈魂》（*Roger Federer: Spirit of a Champion*）中，如此描述他記憶中費德勒練球的聲音，「他可以對牆打上好幾個小時。」

「蹦」這個聲響似乎特別適合用來表現那個年代。在一九八〇年代，德國掀起了一股網球熱潮，一九八五年，鮑里斯「蹦蹦」貝克（Boris "Boom-Boom" Becker）年僅十七歲就贏下了溫布頓冠軍，還有施特菲・葛拉芙（Steff Graf）在一九八八年完成史上第一位年度金滿貫的壯舉，包括四大滿貫賽以及奧運金牌。

身處緊鄰著邊境的德語區巴塞爾，年輕的費德勒和他的朋友們，自然把這一切都看在眼裡，費德勒的第一位網球偶像就是貝克。

後來，費德勒開始在一間俱樂部的紅土球場上打網球，這個俱樂部位於阿爾施維爾（Allschwil）的郊區，是他父母在汽巴公司的雇主所有。在早期，網球其實只是費德勒的眾多娛樂之一。他也會打羽球、壁球、籃球和足球。

「我不喜歡跑步、游泳和騎自行車，」他曾跟我說，「對我來說，場上如果沒有一顆球，我總覺得哪裡怪怪的。」

但是這宣稱其實並不適用於他整個童年時光。費德勒後來被高山滑雪給吸引——畢竟，他是個瑞士人——但是為了避免受傷影響網球練習，他後來不得不減少在雪道上的時間（隨著年紀漸長就越是如此）他也喜歡和家人一起去爬山。

然而費德勒的運動生涯，最終還是面臨了「有球的團體運動」和「有球的個人運動」間的抉擇。在他十二歲時，他決定選擇網球，而非足球。和一些網球神童相比，這個決定來的有些晚。阿格西、山普拉斯、威廉絲姐妹與莎拉波娃（Maria Sharapova）早在這個歲數之前就把自己的人生全都投在網球上。但是和費德勒後來的一些長期競爭對手相比，好像也不算太晚。納達爾在西班牙的馬約卡島長大，也是在十二歲的時候決定選擇網球、放棄足球。被認為大器晚成的瓦林卡，直到十一歲之前每週都只打一次網球。

近年來，運動界開始出現反對早期專項化的聲音，這其實有它的道理，早期專項化容易導致過度訓練的運動傷害，以及對該項運動的心理倦怠。鼓勵孩子們探索各種運動，長遠來說對他們更有幫助，費德勒就是一個非常好的範例。長年下來，他對網球永不止息的熱情無庸置疑。納達爾也是如此，雖然他的生涯時常必須與傷病為伍，但事實就是，如果想培育出偉大的冠軍，追求極限與保持平衡的訓練方式各有其效果。

儘管威廉絲姐妹忍受了一連串眾人無法想像的訓練，父親理查為她們制定了一套網球大師培育計畫，但不可忽略的是，這套「從渺小到偉大」的計畫中，有一部分是給予她們姐妹足夠的時間去探索運動以外的興趣。

而阿格西從躺在嬰兒床時就在玩著掛在上面的網球，讓他在手眼協調能力上贏在起跑點，他也在三十歲多歲的高齡下表現出色（儘管深受慢性背痛所苦），向費德勒證明：在職業生涯中長時間保持頂尖是有可能的。

作為三個孩子的父親以及長期擔任足球教練的經驗，我知道什麼樣的訓練方式更健康，但是我們也不能否認那些過早專項化的小孩——無論是不是出於他們父母的意願——也有機會在大滿貫中登頂。只是過早專項化似乎讓小孩子運動這件事更像是當童工，而不是玩樂。我們都不想看到那些以阿格西或小威廉絲為成功模式訓練出來的天才少年，最後沒有幾個撐下去，要不然就是徹底失去對網球的興趣。

費德勒的父母總是讓他自己決定要往哪個方向走，而費德勒也列出了三個理由，解釋為何他最後選擇網球而不是足球。

「我的手比我的腳更有天賦。」他這樣告訴我。

但是他也感受到許多選擇網球的偉大球員所意識到的東西：對於控制及主導的渴望。「我喜歡勝敗掌握在自己手中的感覺，而不是要倚靠他人。」費德勒解釋道。

但是這麼多年看下來，很明顯地，費德勒並不是典型的網球個人主義者。他善於交際又外向，他不會在社交場合中被榨乾，反而能從中獲得能量。他熱心投入與群體相關的事務，不只長期擔任ATP的球員理事，並且成立了一個致力於孩童教育的慈善基金會。當費德勒與他的經紀人東尼．葛席克在二〇一七年決定運用費德勒可觀的政治資本打造一項全新的網球賽事時，他們創辦了團體賽事——拉沃盃（Laver Cup），旨在對網球史上被低估的偉大選手們致敬。

你很難想像吉米．康諾斯這類球星會在團體運動中找到成就感，但是你卻不難想像費德勒享受其中。不過在他心中依然渴望擁有完全的主權，他的完美主義，讓他意識到即使容忍自己的缺點都很困難，遑論接受別人的。

然而，如果他在巴塞爾當地的康戈迪亞俱樂部（Concordia Basel）遇到一位不同的教練，他可能要花更久的時間才能做出決定。

費德勒是一名速度快又天賦異稟的前鋒，但是他試圖要兼顧網球和足球的訓練。根據費德勒的說法，他的足球教練告訴他：如果他沒辦法參與週間的所有訓練，就想和其他隊友一起參加週末的比賽，那對其他人來說是不公平的。

對費德勒來說，重要的是能夠參加比賽，但是他也無法放棄打網球。因此最終足球出局了。

「我完全不後悔。」很可以理解他在多年以後會這樣表示。

在八歲那年，費德勒開始在巴塞爾老男孩俱樂部（Old Boy Basel）打網球，這是一家頂尖但設施素樸的俱樂部，距離費德勒家很近，位在城市裡頭綠樹成蔭之處，麗奈特已經在老男孩網球俱樂部的女子球隊中打球了，並決定將孩子也帶來這裡訓練，由瑪德琳．巴洛赫爾（Madeleine Barlocher）規劃的初階訓練計畫品質優異，而且她也擁有相當的實力，曾在一九五九年打進過溫布頓。

這個訓練計畫共有一百三十位小朋友參加。

「我看得出來他有些天賦，但是在這個團體裡頭不乏許多有天賦的孩子，所以當時我絕對想不到他將來會變成什麼樣子。」瑪德琳這樣跟我說。「但即使當時他只有八歲，羅傑還是會到處跟朋友開玩笑，說他未來會成為球王。」

費德勒起初是參與團體課程，但很快就開始接受阿道夫・卡科夫斯基（Adolf Kacovsky）的私人指導，卡科夫斯基是一位綽號「塞普利」（Seppli）的資深教練，他很快就意識到這位少年異於常人。

「有一天，塞普利跑來告訴我，說他從未看過有一位初學者能夠這麼快就把他的建議融會貫通，」瑪德琳說，「很多學生試著根據建議調整自己，有時要花個一到兩週，但是羅傑馬上就可以做到。」

這也是十幾年來許多教練對費德勒的觀察。「羅傑的模仿能力很強，簡直不可思議，」在瑞士國家訓練中心和他共事過的荷蘭人斯文・葛羅納瓦德（Sven Groeneveld）說。

但是費德勒有時也會遇到學習難關。在他十歲時的一場青少年比賽中，他被雷托・施密德利（Reto Schmidli）賞了兩顆蛋，六比零、六比零。這位瑞士人比費德勒年長三歲，當時實力也比他強很多。施密德利後來並沒有成為參與巡迴賽的職業選手，但是三十年過去，他依然時不時因為那場讓人難以置信的「雙蛋」比賽而受到採訪。

但是當費德勒在老男孩開始密集地與彼得・卡特合作後，他的成績很快就突飛猛進。彼得・卡特當時是一位年輕的澳洲人，頂著一頭西瓜皮，工作兢兢業業又彬彬有禮，他同時也執教許多參與衛星賽（satellite tour）的選手。

「他們一開始就相處融洽，」瑪德琳說，已經會說英文這件事自然對費德勒很有利。儘管卡特最後娶了一位來自巴塞爾的女子，他的瑞士德語仍然有很大的進步空間。

「彼得是個好人，他給了羅傑很多鼓勵，」瑪德琳說，「他真的讓羅傑打從心底相信自己是獨特的，卡特不只教他網球技巧，也教會他如何打好一場比賽。」

卡特採用的是經典的進攻技術：特技般的飛身截擊、行雲流水的腳步移位，以及靈活自如的單手反拍。

聽起來很熟悉嗎？你的直覺是對的。

「費德勒身上有許多卡特的影子。」卡特最親近的朋友，頂尖教練兼ESPN球評戴倫·卡希爾（Darren Cahill）曾這麼說，「但是費德勒擁有卡特沒有的爆發力，而且能夠給球製造出大量的旋轉，同時羅傑的移位能力更強。彼得在各方面都表現很好。他的移位算不錯，但不能說是頂尖。他正反手為都能兼顧，但也不能說是非常厲害。他的發球優美，但也不夠強勢，沒辦法在每局裡頭有兩到三分可以靠發球就輕鬆拿下。」

同樣是澳洲人，來自塔斯馬尼亞州的大衛·麥克弗森（David Macpherson），跟卡特在同時期開始打衛星賽。麥克弗森後來擔任過布萊恩兄弟（Bryan Brothers）以及約翰·伊斯內（John Isner）的教練。「我覺得太奇妙了，羅傑的打法竟然這麼像彼得。」麥克弗森跟我說，「羅傑或許甚至沒有充分意識到這件事。彼得以前的正手拍就像他那樣。當球已經離開球拍，他的眼睛仍然凝視著擊球點。我記得一次美好而生動的回憶，彼得曾經這樣擊球，那非常特別，然後不可思議地，突然之間它被世界上最棒的球員重現了，就像高爾夫球選手完整收桿的姿勢。這不是巧合，我很確定。他們的發球非常相似，就是去放鬆、流暢地發球。那是彼得最精采的一次表現，可惜他沒像羅傑一樣，能夠一直在賽場上叱吒風雲。」

綽號「手推車」（Carts，英文發音類似Carter）的卡特，一度是澳洲的頂尖新秀。他那時候的教練是彼得．史密斯（Peter Smith），曾在阿得雷德（Adelaide）與卡希爾和許多未來的球星合作過。史密斯的學生包括伍德福德（Mark Woodforde）和費茲傑羅（John Fitzgerald），兩人在單打都有優異的成績，但生涯最重要的成就是靠雙打比賽獲得。費茲傑羅拿下七座大滿貫男雙冠軍，伍德福德則是贏下十二座大滿貫男雙冠軍，這十二次勝利中，有十一次都是和伍德布里奇（Todd Woodbridge）一同拿下的。

但是史密斯最為人所知的學生，則是萊頓．休威特，一位敏捷、活力十足的底線型選手，他生涯早期喜歡反戴球帽，而且非常年輕就登上世界球王寶座。休威特在二十歲的時候就成為世界第一。他生涯中僅有的兩座大滿貫單打冠軍，都是在二十二歲前獲得：一次是在美國網球公開賽，另一次則是在溫布頓。

卡特在努里烏特帕（Nuriootpa）長大，這座鄉間小鎮位於著名葡萄酒產地巴羅莎谷（Barossa Valley），有許多世界知名的葡萄園和酒莊，像是奔富（Penfolds）、彼德利蒙（Peter Lehmann）等。卡特經常前往阿得雷德參加網球訓練以及巡迴賽，但是為了減少長途通勤的時間，他有時候會和卡希爾一家人過夜。卡希爾的父親是一位澳式足球的頂尖教練。

「卡特是風格十足的球員，但他真實的樣子，是一位誠實、單純、腳踏實地又勤奮的傢伙。」卡希爾說，「我爸是個成功的足球教練，他很會看人。他老是這麼說：『小子，我在意的是你決定跟誰交朋友、出去玩，你選彼得．卡特是選對了，他很棒，所以你們想怎樣混在一起都隨便你們。』」

後來卡特在十五歲時寄宿在史密斯家，之後他和卡希爾離開阿得雷德前往澳洲首都坎培拉，一起住進澳洲體育學院（Australian Institute of Sport），這是一間政府贊助的訓練中心，培養了許多頂尖的澳洲運動選手。

「卡特是個非常好的孩子，」史密斯說，「這些年來，有不少人在各種機緣下跟我們一起住，處一個屋簷下久了，你會開始注意到很多事，通常關係就會有點變質。但是卡特和我們一起相處了這麼久，我們應該完全不曾惡言相向。」

卡特很有天分，他曾在澳洲網球公開賽青年組賽事的八強賽中，擊敗未來會拿下溫布頓冠軍的帕特・凱許（Pat Cash），那時凱許是世界排名第一的青少年選手。但是卡特最讓人印象深刻的表現是在他十七歲的時候，當時他是高中生，獲得一九八二年南澳錦標賽（South Australian Open）的外卡，在第一輪面對第二種子約翰・亞歷山大（John Alexander）。

作為一位後來掛拍轉從政的人物，亞歷山大氣勢不凡。那時他世界排名三十四，不久前才在雪梨的巡迴賽獲得冠軍。而卡特在這場ATP級別賽事的處女秀中，以優雅的身姿，七比五、六比七、七比六的比數，讓亞歷山大意外地吃了鱉，反而是賽後記者會讓卡特有點招架不住，在記者會中他的回答都盡可能地簡短到不行，一副恨不得趕快離開球場和鎂光燈似的。

「卡特相當害羞文靜，」史密斯說，「但如果你和他混熟，就會知道他很有個性，同時他也深知自己的能耐。」

儘管年輕時看起來大有可為，卡特在巡迴賽中卻從未有所突破，他單打的巔峰是世界排名一百七十三，雙打最高排名則是第一百一十七。他的力量不夠是其中一個原因，而更關鍵的是他的傷勢。史密斯透露，身形瘦削的卡特在右臂，也就是他擊球的慣用手，一直有疲勞性骨折，而且很長時間都沒有診斷出來。他的背也有一些問題，以及其他的罕見傷病，例如他曾在一次滑水意外中被刺破耳膜，因此必須接受手術治療，但最後卻出現感染。

卡特一次又一次錯失打比賽的關鍵時期，但是他仍舊在巡迴賽中屢敗屢戰，尋求生涯突破。對大多數人來說，這已經夠艱難了，但對這位澳洲人來說，或許更嚴酷的反而是心靈上的煎熬。他必須離鄉背井，花大部分時間在歐洲和北美的各個巡迴賽中獨自征戰。

曾經打入美網準決賽的卡希爾認為卡特缺少可以得分的招牌武器，加上容易拖延的壞習慣，讓他在場上遇到許多麻煩，這也讓他難以成為勇猛果決的好手。

「他的人生正在走下坡，」卡希爾說，「我們讓他很為難，在買車、投資，當教練，或去做其他什麼事的機會上搖擺。但是這種在人生十字路口上的舉棋不定影響了他在球場上的表現，也讓他的性格變得有些退縮，他沒辦法乾脆地做個決定然後馬上行動，他總是會裹足不前、總是在想怎麼做才對，這完全就是他面臨擊球選擇時的心境。」

財務壓力也是另一個拖垮他的因素。就像許多排名較低的選手那樣，卡特只從巡迴賽中獲得非常微薄的收入，為了舒緩困境，他只好去歐洲網球俱樂部打球。而雖然他可以選擇去任何一個國家的任何網球俱樂部，但是生命的輪盤最終將他帶到了巴塞爾。

在瑞士教網球的收入相對較高，卡特也可以靠這些錢繼續在世界各地巡迴。但是在這過程中，他越來越清楚意識到，自己的未來會是在巴塞爾擔任一位全職教練。

「我想主要是收入的問題吧，」後來仍然和卡特保持聯繫的史密斯說，「不過他擔任全職教練的這個決定終究是件好事。我們永遠不知道平行世界是什麼樣子，但如果沒有卡特，或許就不會有我們今天熟悉的費德勒，我們甚至可能聽都沒聽過這個人。」

費德勒是否可能以其他方式成為一名偉大選手？對此羅塞特是懷疑的。「我不知道，」他跟我說，「我認為羅傑是天之驕子，他生來就被眾神環繞，生來就浸潤在祂們恩賜的氣息之中。」

史密斯既是一名學校老師，同時也擔任網球老師，他有著培育優秀網球教練的本領。卡希爾執教過三位世界第一：休威特、阿格西以及席夢娜·哈勒普（Simona Halep）。另一位史密斯的學生拉席德（Roger Rasheed），後來成為休威特的教練，也曾執教過法國好手孟菲爾斯（Gaël Monfils）以及喬—威爾弗雷德·松加（Jo-Wilfried Tsonga）。費茲傑羅之後更成為台維斯盃澳洲隊的隊長。

不幸的是，卡特最終沒有足夠時間拓展自己擔任教練的才能。在費德勒家人的力薦之下，他在二〇〇二年前往南非度蜜月，卻意外死於一場詭異的吉普車車禍。他過世時年僅三十七歲。

但是卡特已經為網球運動作出寶貴的貢獻，費德勒的網球技術和運動精神，是他一手細心塑造出來的。當人們問到對他影響最大的人時，他很少提到卡科夫斯基。他幾乎只提卡特。

「彼得教會了我很多事，首先是做人處世的態度，當然還有我的網球技術，」費德勒說，「很多人對我打球的技巧津津樂道。如果我真的有他們說的那麼好，那我必須說，這幾乎都是卡特的功勞。雖然其他人一定也有貢獻。」

在技術面上，費德勒是走很傳統的路線：他正手是採用最經典的握拍方式，也就是所謂的東方式握拍。他的許多競爭對手是採用半西方式握拍，握住球拍的底部，這種握法更容易擊出漂亮的上旋球，但是不利於處理彈跳較低的球，也不易轉換握拍方式打出有效的截擊。

至於反拍，在一九八〇年到一九九〇年代間，雙手反拍已經成為頂尖青少年選手的熱門選項，雙手反拍更能從底線衝擊對手、穩定性也更高，有助於球員將回球的主導權掌握在自己手上。但是費德勒選擇了單手反拍，這並非偶然。

他早期的偶像——貝克、艾伯格和山普拉斯，全都是單反好手，能抽也能切。卡科夫斯基和卡特也都醉心於這種打法，許多老男孩俱樂部訓練出來的選手也是如此，包括他母親麗奈特・費德勒也在內。

單手反拍的最大優勢，就是更能在底線抽球和網前截擊之間自在轉換。忠於傳統進攻型球風的卡特自然也採用這種打法，因此即使費德勒需要花點時間掌握上網技巧，但卡特當然希望他心中的優等生能採用相同的策略。

「是彼得教會我怎樣打出漂亮的單手反拍。」費德勒在說這句話時，設法讓自己的聲調聽起來既得意卻又謙虛。

然而，在那個時期，費德勒的單手反拍雖然吸睛，實戰效果卻差強人意。卡希爾曾在一九九五年，也就是費德勒十三歲的時候，前往巴塞爾拜訪卡特。他在老男孩俱樂部目睹了他們師徒兩人對打的畫面。這是卡希爾第一次親眼看到費德勒。

卡特說：「看到羅傑在球場上昂首闊步的姿態，我腦中立刻浮現約翰・屈伏塔（John Travolta）在《週末夜狂熱》（*Saturday Night Fever*）中那副跩樣。」「其實羅傑現在已經收斂很多了，但他還是會散發出一種『嘿，先生，這裡就是我的場子，我生來就是要在這。』你會被這副模樣給逗樂。我不知道他是否認識我，但他知道我是彼得的朋友，所以羅傑想在我面前賣弄一下。球場的任何一個位置，他的正手拍都能夠橫掃進去，還有他熟練的滑步技巧，明顯看得出是在紅土球場上長大的球員。」

卡希爾表示，在他們兩人打完一輪快速的來回對抽之後，卡特便滿臉期待地向他望來。

「費德勒讓我很驚豔，但是他的反手拍沒給我留下太大印象，」卡希爾說，「因為他擊出反手拍時會踏出很大一步。我們當教練時，一定是教學生擊球時要用小碎步，這能幫助你找到能夠擊中甜蜜點的位置。擊球時重心由後腳轉向自己的前腳，然後帶動你全身的力量去擊球。這就像揮拳一樣。你揮拳時的步伐越大，你所擊出的力道反而會越小。他反手拍的步伐總踏得過大，他那時的切球是不錯，但是每當他試著再多做一些移位時，他的反拍就容易打到拍框。」

教練課結束後，卡特詢問他的老友有什麼想法。

「我那時候表示：『好，首先，我的想法是，我在阿得雷德教的一個孩子應該是比他優秀一些，他的名字是萊頓．休威特。』」卡希爾回想道。

卡希爾告訴卡特，費德勒的正拍和移位真是無話可說。「兄弟，但是他的反拍可得再加把勁，」卡希爾說。「這可能是阻礙他更上一層樓的關鍵。」

卡希爾告訴我，隨著執教經驗的累積，他開始用不同的角度去看待他和卡特的那次對話。

「很多教練在這點上會有迷思，他們花費太多時間糾結在學生的短處或平庸的地方。」卡希爾說，「我們在這些不必要的地方耗費太多心神，卻不好好花時間去培養學生的強項。我早期執教的時候也有這個毛病。我只看得到什麼東西會成為他的絆腳石，而沒有細心觀察那些會成就他邁向偉大的優點。」

費德勒的優點包括：犀利的正拍、行雲流水的移位、強勢的發球、對擊球時機的精準掌握、敏銳的臨場反應、制定計畫的能力，更重要的是一顆永不滿足的企圖心。但在他年輕的時候，卻有個無法否認的弱點：他的心理素質。

「我是一個很糟糕的輸家，我真的很差勁。」費德勒說。

巴洛赫爾記得，費德勒有一次輸掉了一場在老男孩俱樂部舉行的俱樂部級比賽，他哭了老半天，直到全場人都走光了，他還坐在裁判椅旁的位置上默默垂淚。

「通常如果是這種團隊比賽，結束後我們都會一起享用晚餐，大家都已經津津有味地在享用三明治，但他還是不見人影，」巴洛赫爾說。「一個小時過後他還是沒出現，我不得不去找他，後來我在裁判椅下發現了他，他還是哭個不停。」

不甘心的淚水，是費德勒面臨失敗的反射性動作。他甚至好幾次下棋輸給他爸爸後，直接就翻桌走人。他的強烈好勝心加上感性，讓他很容易陷入辜負自己以及眾人期待的焦慮中。

但是雖然費德勒缺乏自制能力，他並非唯一的特例。

「在他這個年紀，這種情況並不罕見，」巴洛赫爾說，「有些孩子會哭、有些孩子會大吼大叫。但是羅傑確實很難理解到自己輸了是因為別人也打得很好。我們必須常常提醒他意識到這一點。」

但是他至少還懂得怎麼樣自得其樂。在另一場俱樂部級別的比賽開始前，巴洛赫爾記得當時已經要換費德勒上場了，他卻到處都不見人影。結果他躲在一棵樹上，他才剛爬上去。

「他很愛搞這種把戲。」她說。

麗奈特和羅伯特並不是那種直昇機式的父母，羅伯特在汽巴公司的工作，時常需要出差。

「每次羅傑有比賽的時候，他們當然都一定會前來觀賽，但平常訓練的時候他們多半在工作，所以你永遠不會看到他們出現在場上對我指東劃西、告訴我需要怎麼做、該怎麼打球或是該怎麼訓練他，」巴洛赫爾說，「有些父母總覺得你沒有看出他們的小孩有多優秀。你一定會遇到這種人，但是訓練費德勒的過程沒有這些惱人的問題。」

儘管費德勒的家人不會在他輸球後懲罰他不能吃晚餐，但是他們確實認為必須對費德勒輸球後的失態採取一些應對措施。

費德勒曾經告訴我一個故事：有一次他父親羅伯特受夠了他在訓練課程中的反應。為了表達他的不滿，羅伯特放了一枚五瑞士法郎的硬幣在休息區，並告訴他：請你自個兒回家。

費德勒對他自己這個階段所做出的最好的解釋，是在某次接受倫敦泰晤士報（*Times*）的採訪時。「我知道我自己做得到，所以我對失敗非常地抓狂，」費德勒這麼說自己年輕的時候，「我想在當時，我心中會同時出現天使與魔鬼的聲音，我會分裂成兩個自己，其中一個自己不敢相信另一個自己怎麼會蠢成這樣，『你怎麼會錯過這個大好機會？』會有個聲音在我心中大聲呼喊。然後我就炸鍋了。我的父親常常為我在巡迴賽中這種失態的舉止尷尬不已，他會從場邊對我大吼要我冷靜一點，然後在開車載我回家的路上，他會一個半小時都不發一語。」

但至少這次，費德勒的父親還願意載他回家。但是對於那些親眼看過費德勒爆氣的人來說，他火爆的個性是大家不敢對他寄予厚望的最大原因。他的天賦無庸置疑，似乎也不缺乏企圖心，但是能否治服己心，往往會決定一個人是平庸抑或優秀、是優秀抑或偉大的關鍵。

「我不認為羅傑會自動改變，」有時彼得．史密斯會和卡特討論費德勒的行為表現，「羅傑脾氣暴躁，他需要有人強勢的引領。很多人會認為彼得．卡特無法擔任這個角色，但是當我越來越了解整個狀況後，我認為彼得．卡特就是對的人。我想他很知道怎樣用非常有紀律的方式去教導費德勒。」

改變費德勒在場上的舉止是一個長遠的計畫，不能期待它立即見效，但是這項工程無論對於費德勒在球技上的成長，或是對於他在場上的形象來說，都極為關鍵。事後證明，這個改變讓費德勒在場上變得非常有魅力。

卡特是一名教練，但他更是一位幽默風趣的知己。他的澳洲口音也成為搭起了網球歷史的橋樑。他跟費德勒談論以往的澳洲網球名宿：像是羅德．拉沃（Rod Laver）、肯．羅斯威爾（Ken Rosewall）以及約翰．紐康姆（John Newcombe）。同時，費德勒每年都有機會親眼近距離觀看那些當時最優秀的球員。

瑞士室內網球賽（Swiss Indoors）每年秋季都會在巴塞爾盛大舉行。比賽創辦人兼賽事總監羅傑．布倫瓦德（Roger Brennwald）不只出場費給得毫不手軟，更有智慧地將賽事安排在對球員而言非常有利的時間點上，這些策略都為這場ATP巡迴賽中最低級別的賽事，吸引到超乎級別的強大陣容。

一九八七年到一九九七年間，這場比賽的獲勝者包括許多大滿貫比賽的冠軍：雅尼克．諾阿（Yannick Noan）、艾伯格、庫瑞爾、馬克安諾、貝克、麥可．史提希（Michael Stich）以及山普拉斯。

麗奈特對巴爾賽的網球社群參與甚深，志願擔任巡迴賽認證部門的成員。她的兒子也同樣全心參與巴塞爾的網球事務，他在一九九二年初次擔任比賽球僮，同年更在巡迴賽期間，因為被視為瑞士當地前途看好的運動員而獲獎。年輕且頭髮濃密的費德勒，甚至和吉米．康諾斯以及伊朗球員曼蘇爾．巴拉米（Mansour Bahrami）這兩位偉大的球員，一同在網前合影留念。

一九九三年，艾伯格決賽擊敗史提希後，和其他球僮一同接受頒獎，當時站在第一排第六位的費德勒，有幸與史提希握手站並在他之後接受獎章。在一九九四年，費德勒再次有機會與該屆冠軍韋恩．費雷拉（Wayne Ferreira）近距離互動，費雷拉身為南非球員，自然是費德勒支持的對象。

費德勒藉由這些機會，近距離地觀察他即將要過的生活，而這些曾在他年少時代作為短暫過客的偉大冠軍，在他長大後會以更深刻的方式與他交織出緊密的連結：艾伯格之後會擔任他的教練，而費雷拉則會成為他的好友，偶爾更兼任他的雙打搭檔。

對費德勒來說，能夠在這座舉辦全瑞士最盛大網球比賽的城市長大，是他邁向成功的重要因素。人的出生地不必然是左右命運的關鍵，但它能給予人生前進的方向些許提示，多年後，費德勒將會回報這個讓他第一次近距離接觸職業比賽的賽事。

在他最後一次擔任球僮的四年過後，他持外卡首次參加了巴塞爾室內賽，但是在第一輪就以六比

三、六比二輸給了阿格西。兩年後，闖入決賽的費德勒，在五盤大戰中輸給了托馬斯・恩奎斯特（Thomas Enqvist）。

受惠於費德勒的高人氣，瑞士室內硬地賽在二〇〇九年從兩百五十分級的比賽，升級到五百分級，獎金數字也同時翻倍。

布倫瓦德在接受瑞士記者西蒙・格拉夫（Simon Graf）以及馬可・凱勒（Marco Keller）的採訪時表示：「在籌辦這場比賽上，我們已經有三十五、六年的經驗，對於各種情況都心中有數。但這件事還是發生得太突然，一切都改變了。人們對於費德勒的興趣幾乎是排山倒海襲來。」

布倫瓦德曾經是瑞士網球界最有影響力的人物，但他不得不接受被費德勒取而代之的現況。他們之間的交接其實並非一帆風順。在二〇一二年，關於費德勒未來出場費的爭議開始浮上檯面。布倫瓦德暗示費德勒和他的經紀人東尼・葛席克貪得無厭。儘管費德勒幾年下來的出場費平均落在五十萬美元的價格，這其實仍低於他一般的出場費。面對這樣的指控，費德勒有點吃驚，但他沒有選擇正面交鋒，或是直接跳過比賽。二〇一三年，在沒有任何出場費的情況下，他仍舊參加瑞士室內硬地賽，這種靈活的做法其實可說是一種公關形象的較勁。

「這是我的家鄉，因此這件事讓我有點受傷，」在二〇一二年比賽後不久，他表示，「這件事引起軒然大波，讓我覺得很莫名，因為我們會想在比賽之前簽署長期協議，不就是因為我們不用再花時間談論這類愚蠢的事情嗎？然後報章媒體對這件事的討論持續了整個賽會期間，儘管有很多人更用心想把比賽辦得成功、讓每個人都享受其中。」

費德勒生性不愛引起爭議，卻罕見地身處風暴之中，但是他仍舊選擇不攖其鋒。

「重要的是，你或許可以為未來立下某些範例，」他說，「我認為大家相信我、相信我做的是對的事，每當我要下決定時，我都會徹底通盤考量。像這樣的事情是我最不願看到的。但一路上一定會遇到一些顛簸，這都是你的一部分。這些事會讓你成長、變得更堅強，而坦白說，不是所有事你都可以抗爭到底。」

費德勒在二〇一四年和布倫瓦德簽下一份新的協議，他依舊對他的家鄉，以及這項賽事全心投入。在二〇〇六年到二〇一九年期間，他在瑞士室內網球賽贏了十座冠軍，只在決賽輸過三次。雖然比賽的規模不大，但這項賽事仍舊對他意義非凡，也帶給他極大的喜悅。他對瑞士室內網球賽的忠心程度，幾乎不亞於溫布頓。

他在巴塞爾的出賽，是一年一度最能與瑞士有所連結的機會，自從他二〇一五年不再參加台維斯盃後更是如此。但是瑞士文化相對起來，還是比較冷靜自制，如果費德勒是巴西人或美國人的話，「費式旋風」恐怕會更加狂熱好幾倍了。

最近有一項計畫，是以他的名字重新命名聖雅各布沙勒體育館（St. Jakobshalle arena），但是最後卻因連署人數不足，無法被市政當局正式採納告終。這情況當然可能會改變，但是截至今日，巴塞爾其實沒有什麼紀念他成就與地位的標誌。在他家鄉，只有老男孩俱樂部有一座球場是以他來命名。

要參觀這座球場一點都不難，你隨時都可以大方走進俱樂部，完全暢行無阻，連個保安都沒有。在你左手邊的大黑板上，會寫著當天九面球場的預約狀況。其中只有兩個球場是以球員的名字命名：羅傑·費德勒中央球場，以及緊鄰在旁的馬可·丘迪內利（Marco Chiudinelli）球場。

以局外人的角度來看，排名從來沒進入過世界前五十，而且職業戰績只有五十二勝九十八負的丘迪內利，與史上最偉大球員之一的費德勒，竟然是以同等的方式被紀念，似乎有點古怪。

但畢竟巴塞爾也是丘迪內利的家鄉，他也待過老男孩俱樂部。儘管他跟已在白雪皚皚頂峰的費德勒比起來，他根本就只能算是在山腳下，但這裡終究也是他網球生涯的起點。

「除了羅傑以外，馬可是我們俱樂部裡唯一能夠打進ATP國際巡迴賽的人，為何我們不也把一座球場改成他的名字呢？」巴洛赫爾說。

丘迪內利只比費德勒小一個月左右。兩人都在明興施泰因長大，雖然丘迪內利一開始是在巴塞爾俱樂部練球，但他很快就改去老男孩俱樂部。

「他們兩個總是黏在一起，會一起練球、一起做所有事，」巴洛赫爾說，「馬可是羅傑最好的朋友。」

他們都喜歡網球和足球，他們最初是在足球比賽裡碰頭。後來在他們八歲的時候，則是在網球比賽中較勁。這個比賽很名實相符地叫做「班比諾杯（Bambino Cup，義大利語中「小朋友」的意思）」，而費德勒也曾在紀錄片《天才之擊》（*Strokes of Genius*）中談到這場比賽。

「我們至少打了九局以上，」費德勒說，「一開始我以三比零取得優勢，然後他忍不住哭了出來，像是在說『喔，我打得真糟』，然後我開始表現得像是『啊，沒關係，馬可，你會追上我的，你看。你是一個好球員。』結果他就真的逆轉追到五比三，然後變成我開始掉淚，而他也像是在對我說『別擔心，你會沒事的。我只是剛好打得正順手，就是最後這幾局而已，你知道的。』接下來我又逆轉了他，以七比五的比數拿下這一盤，然後他又開始哭了。在比賽進行的過程中，我們都在互相安慰對方。」

最後，丘迪內利獲得了比賽勝利，但這卻沒辦法成為他未來發展的預言。在年少時代，他們經常一塊打網球、玩牌，甚至一同惡作劇，儘管費德勒後來聲名大噪，他們仍然是很好的朋友。

「當我們終於都成功開始征戰巡迴賽，一切就好像童話故事。」費德勒說。

二〇〇五年，他們一同回到老男孩俱樂部進行一場慈善表演賽。雖然那時費德勒已經不會在俱樂部裡練球，但他依然維持會員的身分，並且出資在俱樂部內建設一座能夠長期使用的室內設施。

在我拜訪的那天，兩位來自巴塞爾的年輕人喬納斯．斯坦（Jonas Stein）和西爾維奧．埃斯波西托（Silvio Esposito），正在灑滿陽光的一號球場訓練：這個地方就是費德勒當年輸球後哭了一整天的傷心地。

「你覺得有點期待落空，對吧？」在結束練習後，斯坦對我說。「這裡是巴塞爾最『費德勒』的地方，但並不是所有人都知道這就是他所屬的俱樂部。大家都知道他來自巴塞爾，但是這間俱樂部卻沒那麼有名。我認為管理者在十年前錯失了宣傳良機。他們可以在俱樂部外面設計一個吸引觀光客的東西，讓每個中國人跑來跟它拍照。但這可能不是我們瑞士人做事的風格吧。」

在這裡，唯一一張捕捉費德勒場上英姿的照片，以壁畫般的形式放置在俱樂部餐廳牆上，照片中的費德勒在溫布頓草地球場上躍身發球，旁邊則是巴塞爾老男孩網球俱樂部的標誌，下方寫著「傳奇之鄉」（Home of a Legend）。這就是瑞士人樸實無華的炫耀方式。

埃斯波西托有個關於費德勒的紀念品。他說，費德勒的家人曾送給他祖父一支費德勒早年使用的球拍，後來這成為了他收到的禮物。

「我有試著用它來打球，很可惜我沒有瞬間變身。」西爾維奧笑著說。

還需要有更多東西，才能明確地把費德勒導向成功的道路。他需要非凡的天賦、足夠的企圖心、穩定的支持團隊，還要有適當的機運，以及明智的決策。

而對費德勒來說，離開巴塞爾，至少是暫時性的離開，可以說是他最明智的決定之一。

第 3 站

瑞士，埃居布朗

ECUBLENS, Switzerland

為了讓實力更上一層樓，14 歲的費德勒決定揮別熟悉的舒適圈，獨自前往埃居布朗受訓。

「住手，羅傑。住手！」（*Arrête*, Roger. *Arrête!*）

這是瑞士國家訓練中心的法國教練克里斯多福．弗雷斯（Christophe Freyss）的聲音。他正在叫費德勒不要再對著貨櫃箱擊球了。

弗雷斯說：「那聲音吵到大家都沒辦法專注。」

費德勒當時年少輕狂，滿腔精力無處宣洩。教練說的話他會聽，但沒多久就破功了。

弗雷斯說：「他真的停下來了。但可能過了五分鐘後，他又故態復萌、繼續拿起球拍擊球。然後我又要再喊：『羅傑，現在馬上給我住手！』」

當時十四歲的費德勒在日內瓦湖畔洛桑（Lausanne）的埃居布朗郊區當寄宿學生。雖然還是待在瑞士，但對這位來自巴塞爾、習慣說德語的毛頭小子來說，他在埃居布朗就像個外地人。洛桑地區的主要語言為法語，一九九五年八月來到此地的費德勒碰到了大麻煩。

費德勒的同學、也是日後台維斯盃隊友的伊夫．阿列格羅（Yves Allegro）說：「他那時候會說法文的『你好』、『謝謝』跟『再見』，但他會的也就這樣了。」

那時費德勒寄宿在當地的克里斯蒂內（Christinet）一家，寄宿家庭說的是法語。同時他也在當地的拉普蘭塔中學（Collège de la Planta）上課，學校的授課語言也是法語。當時正值青春期的費德勒情緒起伏極大，語言不通更是讓情況雪上加霜。

費德勒是訓練中心裡年紀較小的學生，他是在下午時段練球，而其他年紀較長的學生在早上十點到十二點則有訓練課程。但因為費德勒十一點下課，這代表當他到訓練中心時，其他年紀較長的學員仍在練球。

弗雷斯說道：「羅傑心浮氣躁，所以我會叫他去寫作業。但叫了也沒用，等下一看！他又開始狂擊球了。」

兩次警告後，弗雷斯和其他球員祕密商討出一個整治費德勒的計畫。如果費德勒還要再鬧第三次，他們會好好教訓他一頓。

弗雷斯說：「我幾乎很確定他會再來一次。他就是坐不住。」

果不其然，費德勒又跑回來大鬧。這一次弗雷斯和其他球員突然撲向他，費德勒猝不及防，一路被眾人扛到樓上的更衣室。大家作勢要把穿著衣服的他放在蓮蓬頭下好好沖沖水。

弗雷斯說：「我們想要讓他真的以為我們會付諸行動，但其實我們不會真的那樣做。我還真的轉開了水龍頭，不過也僅此而已。因為每到這裡，一切就搞定了。但我確定費德勒一定忘不了這段往事。」

費德勒確實忘不了。那時的他正跌跌撞撞、飽受歷練。他說：「我那時就是個被大家取笑的瑞士德語區小子。我每天都盼望週末到來，我就可以搭火車回到巴塞爾的家。」

但來到埃居布朗受訓也是費德勒自己的決定。為了讓自己的網球實力更上一層樓，他不僅得暫時拋下父母與姐姐，還得揮別教練彼得・卡特、老男孩俱樂部和從前熟悉的舒適圈。

費德勒的母親麗奈特曾告訴我：「我們希望由羅傑自己做決定。我們就是全心全意扮演支持他的角色，我想這也是他堅持下去、奮鬥到底的其中一個原因：因為這個決定是他自己做的。」

若你現在去問費德勒的想法，他會告訴你他一點都不後悔。相反地，他認為正是在埃居布朗的這兩年時光讓他成熟了不少，也是日後成功的關鍵。

費德勒說：「我必須說，這兩年可能是這輩子影響我最大的兩年。」

費德勒常常建議年輕球員應把握機會，試著離開熟悉的家去外面闖闖，培養獨立自主的精神。這項特質在競爭激烈且殘酷的個人運動中不可或缺，你必須相信自己，這跟你要相信自己的正拍一樣重要。

許多當代頂尖網球員面臨的困難與挑戰，費德勒並未遇過。他不用像莎拉波娃那樣，年僅六歲便得飄洋過海來到佛羅里達的網球學校，追尋她父親那略嫌渺茫的夢想。費德勒也不用像喬科維奇一樣，得在戰火下勉力訓練、精進球技。

但對於出身中產階級、環境相對舒適的費德勒來說，在埃居布朗的這段日子便是逆境：雖說是自己下的決定，也不是什麼重大逆境，但仍算是逆境。作為一個人、也作為一位球員，這段時光對費德勒的成長影響甚鉅。

費德勒說道：「在家裡，我就是大家最疼愛的孩子，我就是第一名，但在埃居布朗，我身邊的同學都是拿冠軍的，這對當時的我來說滿難接受。我的寄宿家庭待我很好，但終究不是我的家人。待了三個月後，我很認真猶豫到底該不該繼續待下去。後來我還是選擇撐下去。幸好我做了正確的決定。」

二十多年過去了，從前在埃居布朗的訓練中心和小型俱樂部如今早已不在。昔日的八個球場、一間小小的體育館和鄰近的跑道，都已被拆除，重新改建成一排排的公寓大樓。

在費德勒的網球生涯中，這不是唯一一個消失的重要地標。費德勒初次在巴塞爾接觸網球的汽巴俱樂部（Ciba club）已被拆除，現址是老人住宅和公園。費德勒經常寄影音訊息，而在二〇一二年汽巴俱樂部被拆除前夕，大家辦了個告別派對。而費德勒也寄了一則影音訊息給汽巴俱樂部的成員，分享了昔時比賽、和大夥兒一起烤肉的回憶。

對他來說，埃居布朗的歲月更加充滿了酸甜苦辣。雖說是五味雜陳，但想到景物已非，他仍感到失落。

「這是段苦樂交織的歲月，」費德勒說，「埃居布朗在我的生命裡是很重要的地方。」其他曾在這裡受訓的球員，也同樣懷念舊日種種。

曾登上世界排名第三的女子網球球星瑪努艾拉．馬列娃（Manuela Maleeva）說：「什麼都沒留下，我真的好傷心。」

阿列格羅則說：「真的很不容易。我大約每年都會去那裡一次、晃一晃，畢竟那裡是我們青春的一部分。現在只要想到訓練中心不在了，我還是很難過。」

縱然已不剩一磚一瓦，但在埃居布朗的那段時光仍留給費德勒無盡的收穫。

費德勒講得一口流利的法語。精通法語不僅能拓展費德勒的視野和社交圈，也讓他在全球和多語言的家鄉更添一股魅力。費德勒一人便可跨越瑞士的文化鴻溝。

瑞士作家瑪格麗特．歐提格─戴維森（Margaret Oertig-Davidson）告訴我：「我認為這對瑞士法語區人來說很重要，他們很欣賞費德勒這一點。因為很多瑞士德語區人的法語說得並不好。他們往往更會說英語，所以羅傑可以說一口不刺耳的法語，真的是價值連城。」

友誼也是費德勒在埃居布朗那段期間的收穫。費德勒結交的朋友包括阿列格羅、洛倫佐．曼塔、伊沃．修伯格（Ivo Heuberger）、亞歷山大．史特蘭比尼（Alexandre Strambini）和塞維林．魯奇（Severin Lüthi）。魯奇是位長久以來被人低估的球員，日後他不僅成為費德勒的教練團成員，也是費德勒的心腹夥伴。

在埃居布朗受訓期間，費德勒愛上了室內網球和球速快的場地。埃居布朗的訓練場地有四個室內球場，在天氣較寒冷的月份，學員們主要都在室內訓練。這些球場的彈跳低、球速快，費德勒曾形容球速快得「如風馳電掣」。

這段期間也讓費德勒與一名年紀比他長許多的人結為深交。這個人從來沒打過職業網球，但他在費德勒歷久不衰的網球成就中，卻扮演了極其重要，甚至可說是決定性的角色。

皮耶・帕格尼尼（Pierre Paganini）是費德勒的體能教練。一九九五年他在埃居布朗認識費德勒，並於二〇〇〇年加入費德勒的私人團隊。迄今，帕格尼尼是團隊中年資最久的成員。

他讓費德勒在很長一段職業生涯裡免受運動傷害困擾，直到生涯後期才出現大傷。他能以創新的訓練計畫協助費德勒維持敏捷與靈活度。帕格尼尼曾是個十項全能選手，他喜歡和他的運動員一起做訓練、一起跑步，但他絕不只是個足智多謀、精力充沛的嚴師。帕格尼尼是費德勒的諮詢人，有時也擔任他的心靈導師，費德勒的行程安排也是由帕格尼尼拍板定案，他就像個低調卻極具說服力的遊說者，專心致志、張弛有度。

打從一開始，帕格尼尼便對費德勒的健康狀況和訓練方向有著長遠的規劃。帕格尼尼有信心能幫助費德勒將計畫付諸實行，而費德勒也完全信任帕格尼尼。

職業網球之路少不了枯燥乏味，日復一日的訓練和節奏，可能就此耗盡一個球員對網球的熱愛。費德勒若想在這條路上走得長遠，嚴格且規律的訓練是必要的，但休息和適時的跳脫也同樣必要。精力充沛的雙腳固然重要，但精力充沛的大腦更是必不可少。

奧地利資深網球教練君特・布列斯尼克（Günter Bresnik）曾說：「帕格尼尼是費德勒的網球生涯中最重要的人。」

這是句大膽的評論，而布列斯尼克不是唯一一個如此看重帕格尼尼角色的人。

「我認為對費德勒來說，米爾卡是最重要的，」阿列格羅表示，「而帕格尼尼的重要性僅次於米爾卡。他一向思慮深遠，所以費德勒會讓帕格尼尼參與所有重大決定。費德勒徹底信任他。」

另一名瑞士網球球星史坦・瓦林卡與帕格尼尼合作超過十年，瓦林卡表示：帕格尼尼是他職業生涯最大的功臣。

但費德勒目前還無法對外下如此定論。畢竟費德勒須顧慮的情況太多了，多到他無法直接點出誰是最關鍵的人物。但可以確定的是，帕格尼尼絕對在費德勒那短到不行的「決選名單」上。

「我之所以能走到今天這一步，很大程度上絕對得歸功於帕格尼尼。」生涯晚期的費德勒曾這麼告訴我。

隨著時光流逝，費德勒與帕格尼尼的工作夥伴關係非但沒走味，反而越陳越香。

費德勒說：「帕格尼尼會盡可能把體能訓練弄的很有趣。我只需要聽從他的口令。他叫我做什麼，我就照做，因為我非常信任他。有些人會問我還會不會做身體檢查之類的東西，我其實不用做什麼檢查，因為我和帕格尼尼共事，他能看得出來我的移動好不好、速度快還是慢，這些事情他都能掌握。很高興我很久很久以前就找到他了。」

布列斯尼克是深入思索網球的人，他擔任教練超過三十個年頭了。一九九〇年代中期他便認識費德勒，而他認識帕格尼尼的時間又早了幾年。初識帕格尼尼時，布列斯尼克正擔任瑞士網球選手雅各布・赫拉斯克的教練。

布列斯尼克當時的得意門生多明尼克・蒂姆（Dominic Thiem）還只是個十幾歲的青少年。布列斯尼克邀請了帕格尼尼到維也納，來評估蒂姆是否具備想在巡迴賽事大放異彩所需的速度與體能。

帕格尼尼給的答案是肯定的。而長大後的蒂姆奪下了一座大滿貫金盃，並多次擊敗費德勒與其他兩位三巨頭：納達爾和喬科維奇。

布列斯尼克深深佩服帕格尼尼的投入與敏銳的直覺。網壇競爭激烈又殘酷，任何球員——包含費德勒——對於公開自己的祕訣難免會感到焦慮不安。而布列斯尼克也很欣賞帕格尼尼的謹慎態度。「帕格尼尼是個聰明人，他不願出風頭，不願受到大眾矚目。」」布列斯尼克說，「他永遠都會待在幕後。費德勒是站在前台面對大眾的人，但這二十年來默默在背後出謀劃策的軍師是帕格尼尼。」

費德勒很欣賞謹慎的人——畢竟他有一半的瑞士血統——而魯奇的為人也是不愛出風頭。「他為人謙遜、行事低調，從不想衝第一線出風頭。」布列斯尼克說。

頂著顆大光頭、戴著一副細框眼鏡的帕格尼尼，整個人散發出一股書卷氣，他並非出身運動世家。帕格尼尼的父母皆是音樂界與教育界人士，雖然他姓「帕格尼尼」，但他和那位義大利小提琴鬼才尼科羅．帕格尼尼（Niccolò Paganini）——由於他那出神入化的演奏能力，在十九世紀時有人傳聞他將自己的靈魂賣給魔鬼，故人稱「魔鬼的御用小提琴手」——其實一點關係也沒有。

皮耶在一九五七年生於蘇黎世，早年也會拉小提琴，但他打從年輕的時候便深深著迷於運動。「我們常常開玩笑，說他應該是家裡沒那麼聰明的小孩，不然怎麼會待在體育界。」與帕格尼尼長期合作的瑪格達蓮娜．馬列娃（Magdalena Maleeva）表示。

帕格尼尼會踢足球，也參加過田徑運動比賽，後來又轉入十項全能運動項目。它是由十種不同項目所組成的耐力賽，是所有運動裡面最耗體能的賽事。

但帕格尼尼很早就察覺到，自己還是最喜歡擔任隱身幕後的角色。

一九六六年，他觀賞世界盃足球賽時，比起在場上的表現，他對球員在場外做的事反而更有興趣。

「我那時八歲，我好想知道更衣室裡發生了什麼事、在電視鏡頭外的經理又會跟球員說些什麼。」二〇一一年，帕格尼尼在瑞士當地報紙《二十四小時》（*24 Heures*）的訪問中表示，「我在那個年紀就深深著迷於幕後大小事。我們這份工作大多遠離鎂光燈，而我就愛這樣。」

帕格尼尼一直都想當個體能訓練師，但因為不太確定這份工作的市場前景，他沒有孤注一擲：他拿個了商學院文憑、也到瑞士的飯店管理學校上了幾堂課。但最後帕格尼尼還是聽從了自己內心的聲音——說是內心的吶喊還更精確些——在瑞士聯邦馬格林根體育學院（Swiss Federal Institute of Sport Magglingen）拿到教練文憑。這是瑞士唯一一間專攻運動研究的大學。帕格尼尼師承吉恩—皮耶・艾格（Jean-Pierre Egger）。艾格是瑞士前鉛球運動員，曾擔任維爾納・均特（Werner Günthör）和瓦萊麗・亞當斯（Valerie Adams）的教練，並將兩人在鉛球運動項目上推上世界冠軍寶座、助其拿下奧運獎牌。艾格對其他體育項目也多有涉獵，如職業摔角、帆船運動和高山滑雪。二〇二〇年，艾格在瑞士體育獎中被票選為七十年來瑞士最佳教練。艾格教會帕格尼尼：體能訓練須得配合每一項體育項目的特性。

帕格尼尼在一九八五年畢業，他原本的計畫是訓練足球員。但他雖然沒有網球背景，卻拿到在埃居布朗的網球訓練中心工作一職。一開始帕格尼尼只是兼職，他還得兼第二份工——到附近一間學校當老師——才能養活自己。但帕格尼尼日後會成為瑞士網壇不可或缺的一號人物。

最先受惠於帕格尼尼訓練方式的球員分別是馬克・羅塞特與瑪努艾拉・馬列娃。

羅塞特身高兩百零一公分，又瘦又高，球風強勁有力。有種諷刺的幽默感，性格複雜，有時又好標新立異。在費德勒崛起之前，羅塞特是瑞士最優秀的網球選手。但羅塞特有個罩門：移動向來非他天生所長。

羅塞特說：「我第一次碰到帕格尼尼時，他剛從十項全能運動領域跳到網球領域，但他對網球根本一無所知。為了瞭解這項運動的細節，帕格尼尼才開始打網球。」

布列斯尼克說，帕格尼尼想到自己剛執業那幾年就有罪惡感。

「帕格尼尼曾跟我說，他覺得該為二十五年前被自己耽誤的球員受罰，因為他那時根本不懂網球的需要。」布列斯尼克輕聲笑道，「他現在知道了自己從前的方式不對，感到很不好意思。帕格尼尼永不停止學習的腳步，而且他會對每個不同球員因材施教。」

看看費德勒和瓦林卡的差別。費德勒中等身材，腳步輕盈、反應迅速，喜歡進攻。瓦林卡胸膛厚實，打球時需要些時間才能加到最高速度，故素有「柴油火車」之稱。瓦林卡擁有出色的力量與耐力。

「費德勒和瓦林卡，這兩人是如此迥異的網球選手和運動員，體格也截然不同，帕格尼尼卻能跟他們同時合作。這表示沒有人比帕格尼尼更瞭解網球選手的體能需求。」布列斯尼克說，「不管帕格尼尼說什麼，我都會照單全收。其他訓練員不過是在黑暗中摸索罷了。」

雖然帕格尼尼可能心懷內疚，但他早年對網球知識的缺乏，其實也是一大優勢。就像初次造訪新國度的遊客，往往能敏銳觀察到當地住民渾然未覺的不對勁之處。帕格尼尼能適時地將自己的田徑背景知識應用到網球領域，但又能不過於被掣肘。師承艾格的教導，帕格尼尼專注在研擬網球專屬的體能訓練上。也就是讓球員在網球場上做大量訓練、而非待在健身房裡訓練。此外，這也表示重量訓練和長跑其實對球員沒有太大幫助。

「打網球需要強健的體魄、夠快的速度、良好的協調性與耐力，而這些都得靠訓練來養成。」帕格尼尼告訴我，「但別忘了，你是要在網球場地上發揮這些能力，而不是在馬路上或水池裡。所以你必須把速度和場上的打球方式結合在一起。在球場上，速度十有八九是關乎前三步，接著便是擊球了。所以網球員得把自己訓練成前三步特別強壯。」

一場大滿貫單打比賽動輒要花費三小時以上，因此，球員得把自己的前三步訓練得非常強勁，但不能只撐第一盤，五盤都得如此。

要達到這樣的目標，選手需要的便是帕格尼尼所謂的「爆發耐力」。「爆發耐力」一詞乍聽很矛盾，雖然事實並非如此，但「爆發耐力」對體能訓練師來說絕對是一項挑戰。

「在田徑運動中，若選手的耐力佳，便會選擇跑馬拉松；若選手的爆發力佳，則會選擇短跑。」帕格尼尼說，「但在網球運動裡，一個球員得兼具耐力和爆發力，而這兩者的特質卻是互相牴觸。這正是網球運動的迷人之處，我認為這也是打網球遠比一般人想像中更難的原因。」

打網球時，漫長的來回拉鋸在所難免：比如你可能往前追趕一顆過網急墜球、從網前後退去接高吊球、從底線一端跑到另一端，接著全力以赴擊出一記穿越球。

但請各位謹記：單打賽事的底線長度只有大約八公尺，網子與底線的距離不過約十二公尺。就算球員待在底線非常後方，跑到網前的直線距離也不會超過約十六公尺。

「打網球不用真的像短跑一樣跑百米。」帕格尼尼說，「一場比賽動輒三小時，甚至更久，球員是一會兒停、一會兒跑。這當然很難，但網球選手能有二十五秒、或是九十秒來恢復體力。做任何訓練項目時，務必要謹記這一點。我們不需要達到破速度的紀錄，而是得在很長一段時間裡保持夠快的速度。這正是網球有趣的地方。就算一場比賽打了五個小時，球員的總跑動距離也不會到四十公里，頂多六公里而已。」

在網球運動中，移動瞬間爆發力是重頭戲，所以帕格尼尼很自然地將重點擺在爆發力訓練上。他經常要求費德勒和其他運動員做一套複雜的訓練，該訓練需要極佳的手眼協調能力。訓練時，他們會邊做密集的網球步法練習、邊拋接一顆藥球。接著他們會改拿網球拍，邊擊球、邊做相同次序的網球步法練習。

帕格尼尼還會圍出一個正方形，在正方形的四個角落分別擺上數支標有數字的柱子，並讓球員拿著一顆藥球站在正方形的中間。每當帕格尼尼喊出一個數字，球員就得短跑到標有相應數字的柱子前，並舉高手中的藥球。

這與體能和心理上的敏捷度息息相關，而帕格尼尼也會以其他方式測試球員在龐大壓力下保持完整網球技巧的能力——他會要求球員在球場上做快速且密集的有氧運動訓練，有時候也會在健身單車上進行；接著讓球員迅速切換到得使盡全力的二對一擊球訓練。

帕格尼尼尤其偏好間歇訓練，這是跑者的經典訓練方式。但帕格尼尼為網球員設計了比一般跑者更短的間歇時間：三十秒或更短秒數的體能運動後、再有個三十秒或更短時間的休息。這項訓練的目標是加強球員的敏捷度，而不只是加強其最大攝氧量（VO2 max）。最大攝氧量是用來衡量耐力的典型方式。

羅塞特說：「對我而言，帕格尼尼是世上最優秀的網球體能訓練師。因為他是第一個會替網球運動量身打造全面訓練計畫的訓練師，帕格尼尼連細膩的步法都考量進來了。就連我這樣的身高都能移動得很不錯，也沒什麼大傷；去看看那些帕格尼尼訓練過的球員，他們相對來說真的很少受傷。」

這著實是件了不起的成就，畢竟要訓練球員的爆發力，勢必得承擔較高的受傷風險。雖說費德勒和瓦林卡都在三十幾歲時動了膝蓋手術，帕格尼尼仍是個拿捏分寸極佳的體能訓練師。

羅塞特雖已退休多年，但仍擔任球評、關注網壇現狀。他常會在錦標賽上、或點開社群軟體上的影片，看看現在的體能訓練師是如何訓練球員的。

「馬的！」羅塞特先用法語噴了一句髒話，「幾乎跟我二十五年前和帕格尼尼做的都一樣嘛。當然啦，有些東西確實有進步，但實在太多體能訓練師都深受帕格尼尼的影響。畢竟成果會說話。如果明天有人找我當教練，我會說：好，你先去跟帕格尼尼訓練四個月，訓練完我們再來談談。」

瑪努艾拉．馬列娃是保加利亞的馬列娃三姐妹中年紀最長的。三姐妹的網球都是媽媽尤利婭．貝爾貝里安（Yulia Berberian）教的。保加利亞當時適逢脫離共產主義的過渡期，馬列娃三姐妹——瑪努艾拉、卡特麗奈特（Katerina）和瑪格達蓮娜（Magdalena）雖然資源有限，卻仍衝破重重障礙，打到世界排名前十。

保加利亞以外的地區幾乎找不到姓馬列娃的家族，這個罕見姓氏的家族擁有網球史上最不可思議的成功故事，並不遜於後來的威廉絲姐妹花。

尤利婭曾對《紐約客》（*New Yorker*）極為中肯地表示：「如果我們是美國人，我們會紅透半邊天。」

尤利婭其中一個女兒確實歸化為瑞士公民。在一九八七年，年僅二十歲的瑪努艾拉嫁給瑞士網球教練弗朗索瓦．弗里尼耶爾（François Fragnière），婚後在埃居布朗受訓。她便是在這裡遇見了帕格尼尼。

「我是帕格尼尼第一個共事的職業網球選手。」瑪努艾拉告訴我，「他非常、非常嚴厲地督促我，但又不會讓我心生怨恨。這點和許多教練很不一樣。」

時值一九八〇年代末期，瑪努艾拉與她的丈夫兼教練弗里尼耶爾，認為她需要改善體能狀態，才更有機會與葛拉芙（Steffi Graff）、瑪蒂娜．娜拉提洛娃（Martina Navratilova）以及加布里埃拉．薩芭提妮一較高下。

帕格尼尼的首要之務，是評估瑪努艾拉的體能狀態。

「我跟帕格尼尼第一次去跑步時，那應該是我和他認識以來唯一一次超想巴他頭的時刻。」瑪努艾拉笑道，「他想看看我的狀態究竟如何，該從哪邊開始調整及訓練。所以我們一起在俱樂部附近慢跑。」

瑪努艾拉和帕格尼尼隨後一起到附近的森林越野跑。她渾身作痛，做了耐力運動後都快要吐了。但帕格尼尼仍一派興致勃勃，他在馬列娃前面邊倒退跑邊和她說話。

瑪努艾拉回憶道：「我當時想：『太過份了，我都要倒在地上舌頭貼地板了，這傢伙竟然還邊倒退跑邊跟我說話！』我永遠也不會原諒他。」

但她後來還是釋懷了，並和帕格尼尼一起合作，直到一九九四年她退休為止。他們合作了超過七年。一九九四年，瑪努艾拉贏得在大阪的國際女子職業網球協會錦標賽冠軍後，便高掛球拍。當時她仍是世界排名前十的選手。

「帕格尼尼讓我進步了好多。」瑪努艾拉說，「與他合作前，我打三盤比賽就很容易抽筋，這個問題困擾了我很久。但自從我開始接受帕格尼尼的訓練，我的狀態漸漸改變、我覺得我可以在球場上打五個小時也不害怕了。」

當瑪努艾拉宣告退休時，她的妹妹瑪格達蓮娜（小名梅姬）已在埃居布朗和帕格尼尼合作。瑪格達蓮娜比瑪努艾拉小了八歲。

「帕格尼尼總是強調步法品質的重要性。」瑪格達蓮娜說，「腳放的位置必須非常精確。」

瑪努艾拉・馬列娃十五歲轉職業，並在二十七歲生日前就退休了。妹妹瑪格達蓮娜則是十四歲轉職業，三十歲退休。兩姐妹都認為自己的職業生涯夠長了，且都厭倦了奔波之苦。不過兩姐妹都記得帕格尼尼曾和她們說，下個世代的巡迴賽球員可以打得更長、更久。

「當時從沒有人說過這種話。」瑪格達蓮娜說，「那時大部分人的想法正好相反，大家覺得打網球對身體負擔的考驗太大，網球員沒有休賽季，會越來越容易受傷。」

但帕格尼尼相信有了專門為網球設計的訓練、更妥善的行程安排、改良後的恢復方式、以及更優秀、更龐大的團隊支持，便可以延長球員的職業生涯。放眼望去，當今網壇不乏三十歲以上的男子球員和女子球員，他們仍在參戰巡迴賽，世界排名甚至還能進步。

「帕格尼尼不相信什麼人一旦過了三十歲，運動能力就會下降這套刻板印象。」瑪格達蓮娜說，「他深信只要用對的方式打網球，就可以打得更長久。」

瑪格達蓮娜十七歲開始和帕格尼尼合作，一直到她二〇〇五年退休為止。與帕格尼尼合作的球員往往都是如此。帕格尼尼能激起追隨者令人熱淚盈眶的忠誠感，不過仍有些體能訓練師認為帕格尼尼有其侷限。

法籍訓練師保羅·多羅申科曾在瑞士網球總會與費德勒和其他青少年選手合作。被問到會如何形容帕格尼尼時，多羅申科猶豫了一會兒，最後選定了一個詞：「不尋常」。

有一部分的原因，是因為帕格尼尼從來不覺得自己需要駕照。他出入都靠火車、計程車、乘車服務，和他會開車的第二任妻子伊莎貝爾。

「我會說帕格尼尼是個極有定見的人。他不大會變通和調整，和他溝通並不容易。」多羅申科說，「帕格尼尼很內向，但我認為很適合找他來培養自己的實力和協調性。當你接受帕格尼尼的訓練時，他很能牢牢抓住你的專注力。他非常清楚該怎麼做。帕格尼尼不會紙上談兵，他更喜歡實戰。」

但帕格尼尼之所以能牢牢抓住住球員的專注力，並激發球員高度的忠誠感，實與他的創意、天分，以及能為不同球員量身打造訓練計畫息息相關。擁有這些特質的帕格尼尼，實在不太像是缺乏變通的人。

費德勒在人生的許多方面，都強烈渴求多樣、多變。這樣的費德勒必定不可能接受二十幾年來都一成不變。

雖然帕格尼尼生性內向、一直盡力避開鎂光燈，費德勒和其他人都覺得他是個適合交流的人。

「你知道帕格尼尼作為體能教練對我職業生涯的影響。不過說實話，他也滿像我的心靈導師。因為除了一起工作外，我們還會聊很久。」費德勒說，「我們什麼都聊，每次訓練完總能多聊個四十五分鐘。」

帕格尼尼很少接受採訪，能訪問到他是難得的豐功偉業。他滿懷熱誠、滔滔不絕，說話好用隱喻。我和他曾在二〇一二年和二〇一七年有過深談，這兩次都是以法語交談，他訓練費德勒時也是用法語溝通。

我問他：一般常見的體能認知是對的嗎？費德勒之所以較常人更能保持健康，是否得益於天生的骨骼結構和優雅姿態？

「這種話我聽多了。」帕格尼尼答道，「但要知道，有天賦是一回事，要在一年七十場比賽都發揮出這樣的天賦完全是另外一回事。而這就是羅傑的目標，他想在每一場球賽與每一次訓練都保持穩定。我認為我們都低估了羅傑付出的努力，這是他甜蜜的困擾。大家看他打球，就好像在看藝術家大展身手，我們會低估他的付出。就像大家欣賞芭蕾舞者令人屏息的舞姿，卻忘了必須付出多少才能達到這個境界。」

想要練出肌肉和肌肉記憶，需要長時間的累積，其實要打出優雅與平衡的姿態何嘗不是如此。這幾十年來，費德勒在全球觀眾的矚目下，將網球打得看似輕鬆寫意、毫不費力，只有為數稀少的觀眾曾目睹他早年狼狽的時刻。

來聽聽瑪格達蓮娜·馬列娃在埃居布朗對費德勒的第一印象吧，費德勒當時年僅十四歲。她說道：「他那時就是個普通人，我對他的印象是很愛發脾氣。他常常在摔拍。」

瑪格達蓮娜比費德勒大六歲，當時的她已是穩居國際女子職業網球協會（WTA）世界前十的頂尖好手。有一次在和費德勒練習時，她贏了他一盤。

「他有點像個被寵壞的小男孩，動不動就發脾氣。」她回憶道，「但我猜他當時應該對很多事都很煩心。」

身兼埃居布朗訓練中心總監與瑞士全國男子網球技術總監，弗雷斯可以理解費德勒的痛苦。弗雷斯年少時也曾離家到網球學校受訓：一九七〇年代時，他和未來的法網冠軍亞尼克·諾亞（Yannick Noah）都在法國網球協會位於尼斯的訓練中心受訓。

弗雷斯接著在巡迴賽中打進世界前一百名。雖然他沒有打進幾大賽事的後幾輪，但他曾擊敗四位當時或是日後的大賽冠軍：亞瑟·艾許（Arthur Ashe）、安德烈斯·戈梅斯（Andres Gomez）、曼努埃爾·奧蘭特斯（Manuel Orantes）與伊凡·藍道（Ivan Lendl）。

弗雷斯後來成為一名務實又嚴格的教練。他很清楚要邁向成功之路，必得有多自律、必得做出多少犧牲。弗雷斯和許多人一樣，也看出了費德勒的潛力：打正拍時輕拉得很快、速度敏捷、以及與生俱來的球感。弗雷斯通常不太願意大肆宣揚年輕球員的大好前景，但他曾在埃居布朗向自己的心靈導師兼前輩喬治·德尼奧（Georges Deniau）提到費德勒是個難得一見的奇才。他也曾叮囑朋友雷吉斯·

布魯奈特（Régis Brunet）——一名在國際管理集團（IMG）任職的網球經紀人——要多注意費德勒。布魯奈特後來也為費德勒簽下了他的第一紙經紀合約。

但費德勒當時的掙扎與煎熬也同樣表露無遺。

「羅傑那時情緒非常緊繃。」弗雷斯說，「首先，青春期本來就不容易，而他在青少年時期離家出外更是很大挑戰。羅傑當時還得學法文、上學也要用法文，這一切都混亂又麻煩，他還要操心網球。

「對當時的羅傑來說，生活很多層面都太艱難了。但我也沒因為這樣就對他特別通融，我不是這種人。我不會刻意關注在同年齡層的球員裡誰表現最優異，我不管這些事。我當時把這些年輕球員逼得很緊。我希望能把他們培養成一個好的網球選手該有的樣子，我全心全意投入這件事。」

弗雷斯並沒有每天指導費德勒，一個叫亞歷克希・貝納德（Alexis Bernard）的瑞士年輕人才是負責教導年輕球員的教練。但弗雷斯會從旁監督訓練過程，並時常親自指導費德勒的技巧、策略和態度。

「我也不知道我當時教導他的方式是否正確。」弗雷斯說，「但我記得我清楚向他表明行為不能太出格。我們時有爭論，但他之後會默默接受、默默嚥下來。他常常得默默嚥下許多事，而他絕不喜歡這樣。」

儘管費德勒天生善與人打交道、擁有與生俱來的同理心，但那時的他實在不好溝通，而弗雷斯也沒有退讓的意思。

「當時他特別不能忍受衝突。」弗雷斯說，「他就是需要打球，這正是他表達自己的方式。我會對他說：『聽好了，羅傑，看著我的眼睛。我必須瞭解你究竟有沒有聽懂我說的話。你一直走來走去，一直在亂打球，一直在兩腿之間拍球。現在給我停下來。』」

弗雷斯繼續說道：「連停下來對他來說都很難。當時他整個人有著過剩的精力和情緒，他就是需要打球、就是需要動來動去。最重要的是，羅傑就是個網球選手。」

帕格尼尼還記得每次在練習課程開始前，費德勒總藉由不斷大吼大叫來宣洩滿腔被壓抑的精力。「羅傑當時是年紀最小的球員，我還記得我那時邊看著他邊想：這孩子真是率性而為呀！」帕格尼尼告訴我，「幾分鐘前還笑嘻嘻的，幾分鐘後竟然就在哭了。」

費德勒不是唯一一個得努力管理情緒和憧憬之情的未來世界第一。在一九九六年九月，十五歲的費德勒披上瑞士隊的戰袍、出賽蘇黎世的國際青年盃（World Youth Cup）。開幕戰那天瑞士對上的是澳洲，這意味著費德勒將會對上萊頓．休威特。

帶領澳洲隊的是卡希爾，而帶領瑞士隊的則是來自瑞典、前世界排名前二十五的好手彼得．隆格倫，彼得．卡特也在其中。

「費德勒和休威特在那之前從沒交手過，但因為這兩人早已耳聞對方的名聲，所以這場比賽較勁意味特別濃厚。」卡希爾回憶道，「打從開賽第一局便燃起了熊熊戰火。兩人想方設法要破解對方的戰術：花招百出、你來我往、各種咒罵、和主審爭論，反正什麼招數都用上了。我不知道我那時在想什麼，因為那是我第一次在場邊看休威特打比賽，那絕對是我第一次。但這兩個十五歲小伙子對戰起來就像馬克安諾與康諾斯。」

卡希爾又說道：「比賽結束後這兩個小伙子都打得淚流滿面。休威特最後還把自己的網球拍扔過了後圍欄。」

費德勒在第三盤以搶七拿下勝利，他還記得當時休威特猛搥拍線、搥到手都流血了。卡希爾帶著有些恍惚和難過的心情離開球場：恍惚和難過的不是休威特的落敗，而是兩位年輕選手的行為舉止。卡希爾走向卡特，卡特那時滿臉笑意，但不是因為費德勒拿下了勝利，而是替未來感到高興。

卡特說：「老弟，這兩個小伙子日後不簡單呀！」

卡希爾答道：「這兩個孩子都得再好好調教一番。不能用那樣的態度打球呀！」

卡特仍止不住笑意：「你說的是，相信你會讓他們好好上一課的。但不管怎麼說，這兩個球員日後一定成就不凡。」

費德勒和休威特日後將有無數的對戰，而這不過是揭開序幕的第一場大戰而已。兩人之後打起球來都不會像這次那麼火爆了，但經此一役後，兩人的對決正式展開，並在兩人漫長的職業生涯裡扮演舉足輕重的意義。

費德勒這次在蘇黎世的表現，比早前在巴塞爾時更讓卡希爾刮目相看。雖然還有許多進步空間，費德勒的反拍已大有長進。

「他那時已幾乎不太會讓球亂噴、也不太會揮空拍了。」卡希爾說道，「我當時就想這孩子的手眼協調也太驚人了吧！費德勒已能充分發揮這種協調性，並成就了如今一顆顆的好球。他也加強了小碎步，但偶爾還是會用右腳往反拍方向跨一大步、並打反拍將球重擊到對方的底線上。每次我看到他這樣擊球，心裡都會不禁讚嘆：『這股力量到底從何而來呀？到底怎麼打出這種球的？』」

當年在埃居布朗時，費德勒的球技便已是教練們討論的熱門話題。

多虧了卡科夫斯基與卡特的教導，剛到埃居布朗受訓的費德勒已有非常紮實的基本功，雖然仍有些許令人擔憂的部分，不過費德勒的正拍倒是不需擔心。

弗雷斯說道：「費德勒準備擊球時，會將拍頭向下、以手腕瞬間加速，簡直太不可思議了。這就是他與生俱來的風格。我們能做的不過是稍微留意一下他的收拍。我們希望費德勒能讓球和網球拍面再接觸久一點。」

而在反拍方面，費德勒仍需要加強他的上旋球。

「這部分就有得我們忙囉。」弗雷斯說。

弗雷斯有時會以手餵球給費德勒打，只要結果令人滿意，弗雷斯便不再餵球、並轉而要求費德勒記下剛才球拍在空中劃過的路徑。

弗雷斯認為費德勒的擊球不夠穩定，他收拍時左肩太快往前帶了。「將兩邊肩膀保持在同一條線上的時間拉久一點，對擊球穩定性來說至關重要。」弗雷斯說，「有時候練習時球會噴得到處都是。」

另一項反拍擊球的重點，則是要求費德勒讓球與拍面的擊球點再更前面一點。但當時他的單手反拍切球——在日後的職業生涯裡也是費德勒的一大利器——也需要微調一下。

「他切球時頭會有點向後傾。這個部分我們需要好好調整一下。」弗雷斯說。

而在發球方面，當務之急是加強更多的肩膀旋轉、以及拋球拋得更穩定些。這些訓練的目的，是讓球員能從一樣的拋球位置擊出各種不同的發球，如此一來更凸顯了偽裝的重要性。

「山普拉斯能用同一種拋球方式擊出各種不同的發球，所以當我在網壇闖蕩時，會邊摸索出自己的打法、邊試著融入他的一些方式。」費德勒有次向我表示，「我總是在嘗試各種拋球方式。我想看看我能不能拋出看似是上旋發球、實則是上旋發球以外的球，或是拋出平擊球、但打出上旋發球。最後我發現自己確實可以做到。」

帕格尼尼當時負責安排球員的學校教育與住宿事宜，他將費德勒配給當地的寄宿家庭克里斯蒂內：寄宿家庭的成員包括家長科妮莉亞（Cornélia）與吉恩—弗朗索瓦（Jean-François）、以及他們的三個孩子。週間費德勒會待在克里斯蒂內家中，週末和假日則會搭火車回巴塞爾和家人團聚。

一九九九年，科妮莉亞．克里斯蒂內接受瑞士雜誌《傑出》（*L'Illustré*）的訪問時說道：「如果他贏了球，那一定得歸功於玉米片。他整天都在一碗接一碗地吃玉米片。他不愛吃肉、也不愛吃魚。他只喜歡吃義大利麵。」

費德勒也不喜歡被催起床。科妮莉亞回憶道：「有時候他睡到鬧鐘都叫不醒他，我還得去叫他起床。但只要我一叫，他都能在五分鐘內起床。我從沒看過有人能起得跟他一樣快的。」

課業更是一大挑戰，但費德勒學法語學得很快，這多少可歸功於費德勒一頭栽進法語的學習、還有他在講法語時不會太拘泥文法。費德勒不是唯一面臨課業挑戰的球員。同樣來自瑞士德語區的斯凡．斯溫寧（Sven Swinnen）也是法語初學者，和費德勒上過同樣幾堂課、也受教於同幾位老師。斯溫寧也是個大有前途的球員，青少年前期常打敗費德勒、後來拿到了奧勒岡大學（University of Oregon）的網球獎學金。

斯溫寧曾告訴我：「對當時在埃居布朗的我們來說，一開始一切都很不容易。在語言方面，我們兩個就是格格不入的外人。那種感覺就像『我們在這裡幹嘛呀？』般徬徨。但這段時期對我們也大有裨益。有機會學習一種新語言絕對是好事。羅傑今日能說那麼多種語言，我相信在埃居布朗那段時期的幫助很大，這也讓他擁有超高人氣。」

拉普蘭塔中學的老師菲利普．瓦舍龍（Philippe Vacheron）曾教過斯溫寧和費德勒，他對費德勒印象深刻，還曾與費德勒一起練習。

「我會把羅傑奔放的一面稱為天性使然。」瓦舍龍在接受瑞士當地報紙《時代報》（*Le Temps*）

的訪問時說，「上課只要碰到不懂的地方，他就會大聲發問：『瓦舍龍先生！那是什麼意思？』有些老師沒辦法忍受，但我滿欣賞他這一面。跟他一樣是瑞士德語區的朋友斯溫寧比較循規蹈矩，羅傑則是想到什麼就說什麼。他的反應很大，但一直很有禮貌。面臨棘手的困難時也極為敏感。我想是因為聽不懂課堂內容的沮喪，以及千里迢迢離家、孤身在外的艱辛吧。就算羅傑沒有成為世界冠軍，我也會記得這個孩子。我曾告訴自己：這孩子終將走上一條漫漫長路。在所有我們學校收過的球員裡，羅傑是我唯一在心裡說過這句話的球員。在這條路上，他可能不是功成名就就是一敗塗地。但我知道他很有天賦。」

在埃居布朗的第二年，隨著費德勒找回了穩定情緒與自信，並將自己的打法加入新元素，果不其然，他的錦標賽成績逐漸往前邁進。

阿列格羅想起了一段回憶：那時在訓練計畫裡的所有球員要寫下自己的網球目標為何，他自己寫下的希望是打進世界前一百名。「在我們所有人裡，只有羅傑寫說自己想要成為世界第一！我不太確定他當時有沒有百分之百相信自己能做到，不過他就是這麼寫了。」

年輕球員在攀上網壇頂峰的過程中，有太多出差池的可能。費德勒十六歲便離開埃居布朗到外面闖蕩，從此不再回頭。但曾教導過許多網球天才、也與許多網球天才交手過的弗雷斯非常看好費德勒的未來。他認為，擁有精湛又流暢打法的費德勒前景可期。

「當他打球時，我實在看不出有什麼足以成為他的阻礙。」弗雷斯說，「他可以在底線後方兩公尺的位置擊球，也可以在球場內側擊球。沒有什麼能阻礙費德勒加緊馬力、火力全開。他的未來無可限量。」

但在費德勒身邊觀察了整整兩年之後，弗雷斯看到了一個阻礙。

「費德勒自己，他的心理素質與焦慮情緒，就是他唯一的阻礙。」弗雷斯表示，「我清楚記得我曾告訴他：『聽好了，羅傑，你絕對有能力捧起幾座意義非凡的冠軍金盃，但請試著別讓自己成了自己的絆腳石。若你做不到，事情可就沒這麼簡單了。』」

第 4 站

瑞士，比爾

BIEL/BIENNE, Switzerland

費德勒記得那時還上ATP網站找自己的名字。「這是一大里程碑。就像衝上一百名、前十甚至世界第一，都是讓人引頸期盼的大事。」

在阿爾卑斯山區用午餐時，費德勒脫口說出了自己的名字。

他當時正列出瑞士一些值得我走訪、對他有特殊意義的地方：首先是巴塞爾，這個不用說、埃居布朗、蘇黎世和蘇黎世湖、連哲海德（Lenzerheide）和當地壯觀的群山及滑雪道，以及瓦爾貝拉（Valbella）——他和太太米爾卡在那裡蓋了夢想中的房子。

接著他提到了比爾。

「那邊有條街以我的名字命名。」費德勒煞有其事地告訴我：「就叫羅傑·費德勒街。」

搭乘火車前往比爾，一路風景優美，下車後仔細端詳會發現，費德勒街和想像中的不太一樣，它其實就是現代化地區一條高速公路的延伸，筆直的柏油大道，讓人聯想到二十世紀後期的商業園區，和很多人心目中鵝卵石鋪路的瑞士印象大異其趣。

不過，要出現在瑞士的地圖上可不容易：當局不鼓勵任何公共場所或大道以在世的瑞士人來命名。二〇一六年，在費德勒本人幾乎沒有加入推動的情況下，政府為這位當今世上最著名的瑞士人開了先例。看似平凡無奇的費德勒街有個地方特別值得一提，這條路緊挨著有「網球之家」稱號的國家訓練中心，它落成後，費德勒就是在此度過了好幾年選手養成期。

他說：「我的成年生活可說是在比爾開始的。」

費德勒街的路牌，其實是德文「Roger-Federer Allee」及法文「Allée Roger-Federer」雙語並列。這是由於由於比爾是瑞士德語區和法語區之間的橋樑，因此德法兩種語言並行。

比爾德文名為 Biel，法文名為 Bienne，二〇〇五年正式改名為 Biel/Bienne。這種二元特色除了出現在比爾市官方網站（www.biel-bienne.ch），在費德勒身上也看得到，他講德文或英文時習慣用「Biel」稱呼這座城市，說法語時則自然轉換成「Bienne」。

雙語並行也正是瑞士網球總會在一九九七年九月，決定將國家訓練中心從埃居布朗遷至比爾的原因之一。

一九九七年開始負責監督中心教學課程的荷蘭籍前球員葛羅納瓦德指出：「比爾是一個非常政治正確的地方。」

不同於以法語為主的埃居布朗，在比爾，有潛力的學齡選手可以自由選擇上課使用的主要語言。經過一番苦學，費德勒的法語已經相當流利，也準備好面對轉移新陣地後可能遇見的各種挑戰，不過至少功課是不用再掛心了。十六歲完成必修年限課程後，他決定停止正規教育，將注意力完全放在成為網球職業選手的相關訓練。

在瑞士這個相對保守、以教育為導向的社會中，此舉相當大膽，即便到了一九九〇年代後期，也很少有人把運動視為一條嚴肅認真的職業道路。

「人們的心態已經開始改變，但瑞士真的不是一個體育大國。」費德勒初出茅廬時的瑞士網球一哥羅塞特說，「我們不是美國，不是澳洲，也不像義大利。對瑞士的運動員來說，這條路有時候真的很難走。」

羅塞特還記得十八歲拿下瑞士青少年錦標賽後，瑞士網球總會根本沒打算讓他接著參加世界頂級的青少年賽事之一，也就是一九九八年在佛羅里達舉行的橘碗盃（Orange Bowl）。

「我說『為什麼不能去？每個十八歲成為瑞士冠軍的人都會挑戰橘碗盃不是嗎？』」羅塞特回憶道：「他們回說『你又不夠好，去了也是白搭』。」

雖然聽了很受傷，但不影響羅塞特的決心，他告訴總會：旅費他的家人會自己想辦法，請無論如何都要讓他參賽。而他也完全不虛此行，成為第一位贏得橘碗盃十八歲以下青少年冠軍的瑞士人（費德勒是下一位）。

「由此可以對瑞士國內的行事風格略知一二。」羅塞特說：「他們的所作所為確實不好，但換個角度來看，對我的精神面其實幫助不小，我就想：『你們不看好我是嗎？那我就證明給你看。』」

費德勒決定離開學校後，也曾面臨質疑的聲音。他去巴塞爾固定看診的牙醫診所檢查時，一如往常，牙醫一邊洗牙一邊開啟了談話。

「他的手在我嘴裡，邊問說：『你現在在做什麼？』」費德勒回想道，「我就說：『我在打網球。』他緊接著說：『是喔，還有呢？』我回：『就這樣。』然後他看著我說：『就這樣？！網球而已？！』」

費德勒換了牙醫。

「我再也沒有回去過，他不懂我在這裡想做的事。」費德勒告訴我，「我是在追逐夢想，我有遠大的目標，但他卻想把我拉回來。實話跟你說，我不想身邊一堆這種人。」

這正是費德勒用以建立自己專業和私人交友圈的方法。他重視正能量，重視那些能夠帶給他力量的人。當然，這種方法的風險是可能吸引一些馬屁精，專講你想聽的，真正必要的忠言卻一字不說，領你薪水的時候尤其變本加厲。職業網球最不缺的就是各種跟班，或好聽點稱之為「團隊」。小圈圈裡面總有諂媚的人，球星一年裡十個月都四處征戰，追求排名積分與自身極限，需要別人不間斷的支持，不難理解團隊裡很多最優秀的人對這種「隨傳隨到」的支持可能有所抗拒。畢竟，教練和物理治療師也想要一些屬於自己的生活。

據多年來與費德勒密切合作的人透露，他特別重視內部辯論和建設性批評。不過十六歲的時候，他最渴望的是讚許和信任。

「我想聽別人說『太棒了羅傑，這計畫超厲害』，」他說，「告訴年輕人『就去做吧！不管選擇哪條路我都支持』真的對他們很有幫助。當然，有時候也要實際一點，不夠好的時候，就要知道何時該收手，有些人得意忘形到甚至看不清真實情況了。」

現階段最有影響力的理性聲音，當屬費德勒的父母。他們確實知道兒子具有極大潛力，也看到他在埃居布朗對網球的執著。但他們也瞭解很多這個時期的青少年新星最終無法達到頂尖水準，因此想幫他準備一條退路。

費德勒的父親羅伯特告訴他：他們會贊助他走職業選手這條路，但如果到二十歲還打不進前一百名的話，就要重返學校拿個學位。

「我完全ＯＫ，二話不說就接受了這個條件，」費德勒告訴我，「我珍惜眼前的機會，同時我也很實際。」

從巴塞爾往南開，到比爾大約一個小時多一些的車程。不管場上場下，費德勒抓時間都相當精準。

新的「網球之家」完全歸瑞士網球總會所有，與埃居布朗時期僅為私人俱樂部租借設施和支付球場使用費用大不相同，網球總會能夠集中管理，首次把教學和行政部門設在同一個地方。

瑞士網球此時也攀上了新高點。幾個月前，辛吉絲年方十六便登上女單世界第一，成為歷史上最年輕的球后，確立了她網壇天才少女的地位。一九九七年賽季是她最輝煌的一年，豪奪澳網、溫網和美網三大滿貫，要不是法網決賽敗給另一位克羅埃西亞年輕好手伊娃．馬約莉（Iva Majoli），可能已經締造年度大滿貫的傲人紀錄。

在威廉絲姐妹將網球提升到全新境界之前，辛吉絲曾短暫統治過網壇。她的技術精湛，球感一等一，不走力量路線，以靈巧和自信取勝，各種場地都能帶來極大威脅。完全想像得到外界為什麼會幫她安上「瑞士小姐」（the Swiss Miss）的綽號，記者圈甚至叫她「鬼娃恰吉」，一臉笑盈盈卻總能把大人們嚇得心驚膽跳。

辛吉絲的微笑確實深不可測，是滿足或是威迫，全視情況而定。她的網球天賦毋庸置疑，而且和費德勒一樣擁有國外血統，父母來自前捷克斯洛伐克分裂出來的斯洛伐克地區。辛吉絲由母親梅蘭妮．莫利托（Melanie Molitor）一手調教，就像費德勒之前的多數瑞士頂尖球員一樣，都是從獨立體系中脫穎而出，但她證明了年輕時懷抱遠大志向，更可以實際幹出大事，兩者並不衝突。

費德勒，一個充滿野心和緊張能量、生性敏感的十六歲少年，曾在巴塞爾當過辛吉絲的球僮，即便男女巡迴賽不管過去或現在都是截然不同的領域，這經驗仍讓他獲益良多、深受啟發。

前溫布頓青少年冠軍、一九八〇年代瑞士最優秀的男子選手海茲．根達特（Heinz Günthardt）形容：「這就像登山一樣，看著眼前一堵山壁，心想『這過得去嗎？』然後突然有人攀過去了。你不會也想試著爬過那堵山壁嗎？一定會的。即使爬第二次、第三次、第四次都失敗，至少知道上面還有路，畢竟有人攀過去了。辛吉絲為後人開闢了一條道路，別的不說，心理層面絕對影響很大。那時如果有人能證明成為頂尖選手不是夢，肯定對我大有幫助。」

根達特生涯曾闖入溫布頓和美網男單八強，但應該還是以曾任葛拉芙教練最為人所知。在他成為瑞士代表好手的年代，瑞士球員能進大滿貫就不得了了，更別提能拿下一場比賽。

費德勒原本就對自己期許很高，辛吉絲出現之後，他更加碼以最高標準要求自己。

「真的要謝謝辛吉絲和瑞士其他相當出色的運動界前輩，讓我覺得自己的遠大目標不是夢，」他對我說，「應該說讓我們比較敢追夢吧，就像在美國，很多人相信什麼事都有可能、勇於做大夢一樣。有時候我們會因為教育、工作，想追求安全、生活保障的關係，不敢相信自己有一天能圓夢，無法全力以赴，勇敢說出『我們來冒險一下，衝刺看看，全心追逐夢想兩三年看有什麼結果』。半調子無法改變現狀，假設在中國、俄羅斯、美國、阿根廷或任何地方，人家是訓練五小時，你才兩小時，那怎麼比？想要成為有史以來最偉大或最厲害的選手根本不切實際，光做白日夢是無法讓你進入世界前兩百五十名，或在溫布頓奪冠的。」

費德勒很幸運，比爾的訓練中心開的正是時候，各式設備齊全，在他的選手發展階段發揮重要影響，同時以非常合理的價格提供可靠的訓練據點和智囊團，其中大部分的費用還是由總會負擔。這時期，費德勒的父母每年大概花三萬瑞士法郎（約六十萬台幣）資助他打網球。這筆錢雖然不少，但相較於其他國家缺乏總會或政府補助的的家庭所投入的金額，幾乎只能算九牛一毛。

在比爾，費德勒身旁不乏新鮮、同時也是他非常熟悉的各種刺激。帶來新影響的其中一人便是荷蘭籍的葛羅納瓦德，年輕又高大帥氣的他，教練成績斐然，曾助皮爾絲（Mary Pierce）拿下一九九五年澳網冠軍，讓德國好手史提希闖進一九九六年法網決賽，後續還將繼續協助伊凡諾維奇（Ana Ivanovic）和莎拉波娃奪得大滿貫冠軍。

聘用葛羅納瓦德，是出自史蒂芬·奧伯勒（Stephane Oberer）的決定，他長期擔任羅塞特的教練，也是台維斯盃瑞士國家隊隊長，負責新的訓練中心督導作業。

他們在比爾招募的第一批教練，包括了曾高居世界第二十五名的好手彼得·隆格倫。這位性格溫順的瑞典人作為教練也不馬虎，成功帶領以狂野不羈出名的智利天才選手里奧斯（Marcelo Ríos）躋身世界前十大高手之林。

隆格倫告訴我，他之所以會接下這個工作，也和他耳聞費德勒的傳聞有關。

他說：「我的經紀人打電話來，說在瑞士有份工作，有位叫費德勒、前途無量的年輕球員希望我來帶。當時真的很難決定，我們全家住在瑞典，女兒才出生不久，所以我就自己先搬過來，一開始真的很辛苦。」

一開始連住的地方都沒先安排好。雖然有葛羅納瓦德這個朋友，但語言障礙還是一大挑戰。

「剛到那裡的時候，心裡有種很奇怪的感覺，」隆格倫回想道。「到現在都忘不了，想說『我真的來對了嗎？』」

總會很快又找了另一個人，另一個彼得：彼得・卡特，他因為想與費德勒重聚而從巴塞爾老男孩俱樂部過來。不過對於當時在巴塞爾已經過得很好的他來說，下此決心來比爾可不容易。

「彼得真的很猶豫要不要離開，」葛羅納瓦德透露，「直到我跟他分享我們整體的願景，以及讓他主導羅傑的培訓計畫，才終於打動他。」

隆格倫一開始主要負責像伊沃・修伯格這種已經進入職業巡迴賽、年紀較長的球員，卡特則以轉型期的年輕球員為重點，包括了費德勒、阿列格羅、麥可・拉梅爾（Michael Lammer），以及小時候在巴塞爾陪費德勒偷玩網球的共犯、頑童型的馬可・丘迪內利，兩人在比爾又重逢了。

這個組合可說相當有前途，雖然後來只有費德勒成為全球巨星，但其他人職業生涯也都曾打出成績，同樣在比爾受訓的克拉托赫維爾也是如此。

他們在彼此的養成階段相互刺激，這也正是各大網球頂尖名校成功的關鍵所在，網球選手自己一人是不可能變得多厲害的。從一九八〇年代美國佛州布雷登頓的波利泰尼學院（Bolletieri Academy）、一九九〇年代的巴塞隆納紅土球場，到二〇〇〇年後莫斯科的許多網球俱樂部，都是把有天賦的年輕人放在一起，每天挑戰他們的極限和心理素質，這儼然是業界的成功公式。

隆格倫非常清楚這一點，他是博格之後瑞典網球浪潮的一員。一頭長髮、撲克臉的青少年偶像博格是連奪多個大滿貫的冠軍。儘管年輕時脾氣火爆（好像很耳熟？），仍是北歐冷酷風格的代表人物，成為公開年代首批超級巨星之一。

生於一九六五年，隆格倫與兩位瑞典前球王韋蘭德（Mats Wilander）及艾柏格屬同一代，其他還有安德斯・雅里德（Anders Järryd）、喬金・尼斯特倫（Joakim Nyström）、米凱爾・波恩佛斯（Mikael Pernfors）、亨里克・桑德斯特倫（Henrik Sundström）、喬納斯・斯文森（Jonas Svensson）和肯特・卡爾森（Kent Carlsson）等人，都曾是世界前十名的好手（雅里德同時曾高居雙打排名第一）。

一九八七年法網，那時博格已經退役，但男單一百二十八籤裡面就有十八位瑞典選手。對於一個人口僅九百萬、冬日漫長黑暗，且缺乏室內球場的國家來說，這真是相當驚人的成就。

隆格倫說：「我的世界排名最高曾到第二十五位，但在瑞典也只能排到第七名，這夠清楚了吧。」

在比爾的瑞士球員們無法與瑞典人的群體成就相媲美，但也同樣體悟到數大就是強的道理。「這種同伴精神很重要，」麥可・拉梅爾分析，「我們有很棒的教練，氣氛很放鬆，但對年輕球員來說，重點在於每天能看到瑞士不同世代的頂級球員在練球，讓我們產生很大的動力。」

費德勒這次沒有住寄宿家庭。十六歲那年，在父母的祝福和經濟支持下，他搬進了網球之家附近的小公寓，是比他大快三歲的好友阿列格羅租來的。

公寓所在的大街（比爾雙語地圖上德文路名 Henri-Dunant-Strasse、法文路名 Rue Henri-Dunant）以國際紅十字會瑞士聯合創始人亨利・杜南（Henry Dunant）命名，他也是一九〇一年首屆諾貝爾和平獎共同得主。

此時離費德勒成為慈善家還有好幾年的時間，他更萬萬不會想到同一區有條街日後會以他的名字命名。

眼下，光是按時練習並保持房間整潔就夠吃力了。

「這真的不是他的強項。」阿列格羅笑著說：「他老是PS（PlayStation）玩過頭。」

阿列格羅後來成為總會的青少年教練。距他和費德勒首次來到訓練中心二十多年後的二〇一九年，他和我一起在中心的餐廳共進午餐。

他透過托普斯賓餐廳的大窗戶，指向中心的六個室外紅土球場之一。

「羅傑和我是最早在這裡練球的人，」阿列格羅說。「那是一九九七年八月十五日，和我們一起在球場的還有隆格倫教練。」

從那時候到現在，比爾網球之家早已大不相同。現在有一棟四層樓辦公大樓和一棟帶陽台的學院宿舍，往下就能看到紅土練習場。還有一座二〇一七年落成的球場，可容納兩千五百名觀眾，可供瑞士台維斯盃、國王盃（King Cup）等賽事在此舉行。

中心的翻新擴建，可說是拜費德勒的成功及知名度所賜，儘管他很少回來，存在感仍相當強。牆上掛著他的超大照片，也有後來跟隨費德勒腳步、成為大滿貫冠軍的瓦林卡大照片。

訓練中心外牆還掛上一面巨幅看板，上面是費德勒、瓦林卡和隊友一起勇奪二〇一四年台維斯盃冠軍的合照。

全世界只有另一條街道也以費德勒的名字命名，就在他統治十多年的草地網球賽所在地：德國哈雷（Halle）。

在二〇一六年比爾市費德勒街剪綵儀式上，費德勒表示：「這條路很小，幾乎不到一百公尺，但德國畢竟不是瑞士，在這裡有一條以我命名的街，讓我感覺格外激動。」

「我希望這裡一直有很多活動，讓年輕球員意識到來這邊不是度假，而是為了勇於追求遠大夢想。不僅只是成為職業選手，那個只要有一分ATP積分就能達到，要就要當一舉贏得溫布頓或台維斯盃冠軍的年輕好手，去想著：怎麼不可能有一條街會以我命名？」

不過，一切得從某個階段從零開始。來到比爾不到兩週，阿列格羅和費德勒兩人不僅是室友和練習夥伴，還是職業網球賽事最低級別——瑞士一系列衛星賽（satellite tournament）的競爭對手。

那些年裡，衛星賽有點像是迷你巡迴賽，三週內三個賽事連續進行，脫穎而出的選手才可以接著挑戰「大師賽」。

衛星賽第一輪在比爾當地一個小俱樂部紅土球場舉行，賽程從八月二十三日到九月二十一日。費德勒以兩個七比五直落二擊敗二十歲便已進入世界前四百名的俄羅斯選手伊戈爾．切利切夫（Igor Tchelychev），取得職業賽的第一勝。

「切利切夫個子高、運動能力強、很俄國人。」阿列格羅回想：「我們還一直拿他聲音很低這點來開玩笑。羅傑贏了那場比賽後，好像整個衛星賽就穩了一樣，自此之後都打得很好。」

費德勒在比爾又贏了兩輪，才在四強敗給了住在瑞士、二十七歲的阿根廷人阿古斯丁．加里齊奧（Agustin Garizzio）。他可說是地方巡迴賽、特別是紅土上的危險分子。一九九八年他的ATP排名曾來到第一百一十七位。

隔週在尼永（Nyon）舉行的下一輪衛星賽，費德勒又是栽在頭號種子加里齊奧手中，但後者卻對這個年輕對手留下深刻印象。兩場都打了三盤，加里齊奧都是輸一盤倒趕兩盤才取勝。

「在尼永，比賽打到一半，我跟場邊觀賽的一位義大利朋友說『等這小子能用反拍穿越的時候，就會成為世界第一』。」加里齊奧接受《瑞士週日報》（*La Matin Dimanche*）訪問時說：「他在球網另一邊滿場飛舞。」

費德勒在諾威（Noës）的衛星賽第三輪闖進四強。晉級的對手包括年輕瑞士好手喬爾·斯皮徹（Joël Spicher），他在第二輪以六比三、零比六、六比四遭費德勒逆轉。

「最終取決於第三盤一兩個關鍵分。」他在《瑞士週日報》報導中提到：「他處理關鍵分非常大膽，簡直不可思議。他打的一些球完全不合常理，卻又成功率奇高，把我整慘了。」

多年下來，對費德勒有這種觀察的人遠不止斯皮徹一人。

費德勒取得了參加大師賽的資格，賽事最後階段在洛桑附近的小城博松南（Bossonnens）開打。阿列格羅也同樣晉級，兩位室友每天從比爾出發，與隆格倫一起開著他的藍色標致 306 往返。「我們叫它藍色火焰，因為這台車根本跑不動。」阿列格羅說：「這讓我們笑了很久。」

阿列格羅和費德勒各自拿下首輪比賽後，兩人在八強短兵相接。他們一起熱身，然後上球場各自拿出真工夫。場上沒有球僮，他們自己當線審，一度演變成激烈的爭吵，最終阿列格羅以七比六、四比六、六比三取勝。

阿列格羅回想當時，說費德勒第三盤打沒多久眼睛裡進了東西，失了比賽節奏，後段整個施展不開來。

「比賽結束時羅傑哭得很慘。」阿列格羅說：「差不多哭了二十分鐘，然後就不哭了，晚上我們還是一起吃了晚飯。」

他說那天全場只有隆格倫、費德勒的爸爸羅伯特以及主審克勞迪奧·格雷瑟（Claudio Grether）。

「克勞迪奧是個資深網球指導。」阿列格羅還記得他賽後走過來跟他說：「『阿列格羅先生，打得很好，但這是你最後一次擊敗費德勒了。』你知道嗎？他說的完全沒錯。」

此後，阿列格羅只有在零星幾場費德勒狀態沒那麼好的練習賽贏過他，可以小高興一下。

「我甚至曾在練習賽中擊敗當時已經世界第一的羅傑。」阿列格羅表示：「有時候也真的沒那麼困難，但正規比賽可就完全不一樣了。」

在博松南獲得大師賽資格，對費德勒來說有多個層面的實質鼓勵，其中最重要的是ATP排名積分入袋。

對任何選手來說，獲得最初的那幾分都是意義重大的時刻。美國球星吉姆．庫瑞爾就曾跟我說：「就像拿到人生第一輛車一樣。」

費德勒過了十六歲生日才沒幾週，駕照都還沒到手，就在九月二十二日星期一獲得人生中的第一分：準確來說是十二分積分。

這讓他ATP男單排名與捷克的丹尼爾．菲亞拉（Daniel Fiala）、象牙海岸的克萊門．恩戈蘭（Clement N'Goran）和摩洛哥的塔拉勒．瓦哈比（Talal Ouahabi）並列第八百零三位。

費德勒記得那時還上ATP網站找自己的名字。

「這是一大里程碑。」第一次拿下積分後多年，費德勒告訴我，「就像衝上一百名、前十甚至世界第一，都是讓人引頸期盼的大事。」

但有幸能體驗這些里程碑的人少之又少，菲亞拉、恩戈蘭和瓦哈比從沒打進前兩百五十名內。然而，費德勒非凡的網球之旅才正要揭開序幕。那週ATP排名公佈時，他並非第九頁上唯一一位名不見經傳的少年好手。

排在第八百零八位的休威特，將是日後另一位世界第一，也是未來的美網和溫網冠軍。

他以十六歲之齡首獲ATP積分，就像幾年後二〇〇一年的納達爾一樣。不過費德勒也夠厲害了，與他一樣十六歲就拿到積分的少年天才還有喬科維奇、莫瑞和瓦林卡。

隆格倫甚至早在那次衛星賽之前，就確信他來到比爾是正確的決定。

「第一次見到羅傑時我就想『這傢伙百分之百會成為超級巨星』。」他強調，「一看就知道，我之前和里歐斯合作過，兩人網球天賦很像，但個性不一樣就是了。」

我聽了大笑，隆格倫也跟著笑了出來。

他說：「我說的很婉轉啦。」

值得一提的是，第一次練球時，隆格倫曾因為費德勒行為不當把他踢出球場，他也是在那時注意到他那極為靈活又富爆發力的正拍。

「他當時散散漫漫，不過他的正拍真的是絕佳。」隆格倫透露：「我曾預言他再長個幾歲、力量更強，正拍會產生怪物級的威力。」

但除此之外，十六歲的費德勒在其他方面就沒讓隆格倫那麼驚豔了。

「他的體能很弱，」隆格倫說，「反拍揮拍很好，但腿不行，沒什麼可取之處。」

來瑞士網球總會工作之前，葛羅納瓦德曾參加過一次總會舉辦的訓練營，並且觀察了費德勒好一陣子，他很快看到了他的優勢以及挑戰之處。

他跟我說：「我注意到他非常固執，也很愛玩：超級、超級、超級愛玩。」

費德勒早期常被人這麼形容，那些和費德勒很熟，曾被他躲在門後嚇過的人現在還是會這麼說他。

不過，葛羅納瓦德口中的「愛玩」到底是什麼意思？

「那個階段的他就是有競爭意識的愛玩吧。」他說：「一切都是比賽，在場上、場下還是聊天都是。時至今日，即使只是隨便聊聊，男人間的對話那種，不管開玩笑還是講嚴肅的事，都還嗅得到一絲競爭的意味。不過也就是因為他的愛玩，那時候他很難保持專注，堅持在一件事上面。他需要很多花樣，如果你給不了，他就會立刻變成一個討厭鬼。」

那怎麼辦？每個人都得求新求變。

「倒不是說羅傑拉著整個團隊走，但畢竟我們是一個駐紮在國家訓練中心的團隊，羅傑很有可能就是那個搗亂秩序的人。」葛羅納瓦德：「我們不得不讓整個團隊往多元的方向走。」

這代表後來被大家暱稱為「PC」的彼得・卡特及「PL」的彼得・隆格倫，都必須經常端出創意十足和變化多端的菜單，讓球員們透過多項運動進行交叉訓練。

他們把壁球、羽毛球、足球、乒乓球甚至地板曲棍球以某種形式整合到練習中，除了可以保持新鮮感，最重要的是讓年輕的費德勒可以集中，注意力不會亂飄。

葛羅納瓦德手邊留了一張拍立得，是當年費德勒練習中顯得漫不經心的照片，他還在背後簽名寫著：「我沒心情。」

「他容易覺得沒意思。」葛羅納瓦德說：「他寧願玩PS或做其他事。當他很無聊或沒心情的時候，最好別讓他上場，不然連帶別人的練習都會泡湯。但同時他又真的是個好孩子，想對他生氣也生不了。」

不過要懲罰他還是可以的。在比爾的第一年，中心告誡球員們千萬小心，不要損壞室內球場裝設的全新、量身訂製的防噪隔音背簾：它不僅厚重且要價不菲，上面還印著瑞士網球總會各贊助商大名。

一切都很好，直到費德勒某次練習半小時後心情不好，把球拍扔了出去，他一臉驚惶，眼睜睜看著球拍劃開隔簾，咔嗒一聲砸到後牆，留下一道至少在他眼裡、更硬挺刺目的裂縫。

「就像用熱刀子切開奶油一樣。」費德勒回憶道。

他腦中第一個念頭是「這簾子品質有夠爛」，接著才想到自己大禍臨頭了。

他走向自己的椅子，抓起裝備就準備離開，隆格倫搖了搖頭，提醒他說好的事情不能不算數。

費德勒說：「我以為自己要被掃地出門了，畢竟他們都提醒好幾次了。」

葛羅納瓦德不願對年輕球員祭出停學或驅逐的處分，但他相信適合的懲罰會有一定的效果。費德勒是標準夜貓子，出了名的晚起，那個冬天，他們要求他連續早起一週，清理球場和設施，包括洗廁所。

此一事件也成為費德勒故事常見的主旋律：透過強制手段來提醒他守規矩的重要性。這個模式，至少在瑞士，也適用於其他年輕網球天才身上。

「我就是那種不斷挑戰界限的青少年。」將近二十年後，費德勒回到比爾時說：「我家小孩現在也這樣對我，算我活該。」

公允點來看費德勒這時期的行為，其實在場外他不是壞孩子，且坦白說，他在場上也不見得比許多有完美主義傾向的年輕人更糟，他們常在不可能完美的賽事中試圖掌控一切。而雖然費德勒丟分時嫌惡的表情有時會被解讀為蔑視對手能力，但其實他大部分的情緒都是針對自己。

拉墨從小就認識費德勒，也曾在場上與他交手。他認為費德勒的確在情緒控制上遇到一些困難，但隨著他的成長，這個問題似乎也被放大了。

「他在職業生涯裡已經進步很多了，很多同樣天分極高、熱愛這項運動也想有所作為的年輕人其實也非常情緒化。」他說：「他們無法接受，也搞不懂自己怎麼會輸球。羅傑會扔球拍沒錯，但其他人也是，你不能說他是情緒表現最糟的球員，完全不是這麼一回事。說他是失控根本誇大其詞。」

不過不可否認，這問題確實是費德勒、家人和教練的隱憂。葛羅納瓦德表示自己、卡特、隆格倫和費德勒的父母一致認為，運動心理師的協助會對費德勒有所幫助。

「我們的共識是找一個年紀不算太大的人，要和羅傑來自同一個地區，還要有足球這個共同興趣。」葛羅納瓦德說：「也就是方方面面都要讓他『有感』。」

一九九八年，尋人行動來到了巴塞爾，他們找到了克里斯．馬可利（Christian Marcolli）。這位二十五歲的年輕人曾在瑞士職業足球聯賽踢過幾個賽季，其中三個賽季還是為費德勒最喜歡的球隊巴塞爾足球俱樂部（FC Basel）效力，後來因為連續幾次膝傷動刀，職業生涯在二十出頭便畫下句點。套他自己的話來說，他也只能「重新思考整個人生計畫」。

他轉換跑道，學習表演心理學：雖然心理學在瑞士有著國際知名的深厚根基（看看榮格和皮亞傑），但表演心理仍是相對較新的領域。

他開始協助費德勒時，一邊還在巴塞爾大學攻讀碩士，最終獲得蘇黎世大學應用心理學博士學位。

「我是巴塞爾足球俱樂部一百九十年歷史中，所有球員裡唯一的博士。」二〇二一年接受Zoom的線上採訪時，馬可利笑著對我說。

他陸續和許多著名運動員合作，包括瑞士國家足球隊守門員揚．索默（Yann Sommet）和冬季奧運高山滑雪金牌選手多明妮克和蜜雪兒．吉辛（Dominique/Michelle Gisin）姐妹檔。

費德勒和卡特是看了報紙才知道馬可利換了新工作，他踢足球的樣子費德勒還記憶猶新。

後來他成為馬可利最早的客戶之一。根據葛羅納瓦德的說法，目的在於提供費德勒一些工具，以系統性的方法改變行為模式和管理情緒，特別是在比賽膠著的時候。

費德勒並不是帶頭這麼做的運動選手，早在一九七四年，距今近四分之一個世紀之前，提摩西・高威（Timothy Gallwey）便寫過一本講述如何擊敗心魔的經典之作《比賽，從心開始》（*The Inner Game of Tennis*）。

伊凡・藍道一九八〇年代往世界第一邁進的路上，也曾與美國運動心理學家艾力克斯・卡斯托里（Alexis Castorri）合作。兩人是在佛州博卡拉頓的丹尼斯美式餐廳認識的，當時藍道剛輸給艾柏格，情緒相當低落。他勇於採用當時還非常前衛的方法，在比賽當下利用意象訓練和自我對話來深化專注力，讓「心流」暢通無阻（即「藍道在抓毛巾；藍道在擦臉；藍道手裡拿著球，準備發球……」）。

馬可利很擅長與人對話，也是說故事高手，即使英語是他的第二（或第三）語言英文，他談話依然深具魅力。我請他從表演心理學的角度分析網球與其他運動的差別。

「這可能是精神面來說最困難的運動，高爾夫可能也是。」他說，「當你充滿信心，做什麼運動都輕而易舉，但打網球時沒自信的話，你同時會覺得非常孤獨，而且網球賽沒法很快打完，這很殘酷。它不像滑雪比賽可能在一分鐘內結束，你就能回家。從時間長度來看，網球是一項很殘酷的運動。」

網球的另一大挑戰，在於比賽期間不准教練場邊指導，儘管很多人還是會偷偷摸摸進行。

「其他運動可以叫暫停，或直接場邊大吼下指示。」馬可利分析，「當然，賽前準備、策略擬定這些方面，還是有很多團隊合作的機會，但一旦踏上場，網球選手一切都得自己來。」

另外，在場上的間隔時間遠比實際行動多得多，一分或許打個五到十秒，但分與分之間卻可能拉到二十到二十五秒之久。若是五盤大戰，這些時間加起來就相當可觀，球員可能滿腦子都是黑暗的想法。

「運用得當的話，間隔休息時間沒什麼不好。」他進一步指出，「這是一個巨大的機會，說間隔時間是勝負關鍵都不為過。」

馬可利特別講究分與分之間選手內心的意向，包括如何管理自己的呼吸，控制自己看向何處，讓注意力達到最大值。

「我認為如何善用雙眼非常重要。」他強調，「還有另一個關鍵就是：有沒有達到內心的平靜？你的人生規畫是否穩妥，讓你在場上的那一刻感受到純粹的快樂？抑或你寧願去別的地方，去那裡解決你的問題？」

為了變得更好，費德勒很年輕的時候就選擇面對自己心理上的弱點。他和馬可利開始合作時還不到十七歲。

青少年時期，馬可利在球場上總難控制自己的情緒。「在壓力下我很難保持風度。」他在二〇一五年出版的《請給我多一點生活！以表演邁向更好的自己》（*More Life, Please! The Performance Pathway to a Better You*）書中描述，「十七歲時，常常是情況越僵持不下，我越想硬碰硬。我對比賽充滿熱情，卻沒能在可控制的範圍內好好發揮。」

他也在費德勒身上看到同樣的問題。

「羅傑總是滿腔熱血想要贏球，」馬可利接受法國知名體育刊物《隊報》（*L'Équipe*）訪問時說：「在職業生涯的特殊階段，他決定好好學習用建設性的方法來運用這股力量，激發出自己最大的潛力，這也正是我們合作的重點目標。」

兩人的合作關係持續約兩年，雖未能全盤解決費德勒的問題，但馬可利傳授的技巧，卻讓他從此踏進更高的境界。

「那就是他的通關密碼。」費德勒母親麗奈特二〇〇五年在《隊報》訪問中透露，「直到現在他都還在場上使用這些方法。我們從沒談過這件事，那是他的世界，與我無關，但我一看就了然於心。」

葛羅納瓦德呼應此一說法，並形容費德勒與馬可利兩人關係：「真的很強大，幾乎可說是一種不可動搖的友誼，像是他從沒有過的大哥一樣，他也真的敞開雙臂接受這一切。」

多年來，費德勒從未在公開場合談及這套方法，也甚少提到馬可利，不過他在早期幾次採訪中曾承認自己受益匪淺。隆格倫當然也注意到了這點。

「這套方法確實有用。」他說：「當然也取決於球員是否願意接受，信不信由你。羅傑的話，老實說，我不覺得他真的喜歡，但他願意去做，還把效益發揮到最大。其實要聽進這類東西並不容易，特別是他還那麼年輕，加上他的那種個性，這一定是個不小的挑戰。」

當時，找心理師諮詢還普遍被視為一種脆弱的表現，這也確實與費德勒進入成熟階段所採取或享受的那種嚴厲個人主義不符，他甚至一度不找任何正式教練或經紀人。

「這更像是一種弱點，」葛羅納瓦德談到運動心理學時說，「羅傑需要的東西我們教練給不了，他的父母也給不了。我們需要獨立的諮詢師，需要有人在他身邊。」

因此，當我們看到二〇二〇年法網冠軍史威雅蒂（Iga Świątek）聘請全職運動心理師達莉亞．阿布拉莫薇琪（Daria Abramowicz）全程坐在球員家屬包廂，並能公開討論他們採用的一些方法，著實令人有感運動及網球界多年來已大有進步。

馬可利曾和明星客戶吉辛姐妹檔合寫過幾本書，但在費德勒要求之下，兩人至今都沒公開談過他們合作的細節。

「我們很早對此就有共識，過了段時間剛好提起，才再次確認不對外界公開的事。」馬可利告訴我。

顯而易見的是，當時已取得傲人成績的青少年選手費德勒，很快就成為了一名非凡的球員。在那之前，他還沒贏過什麼大的冠軍頭銜，在歐洲也是屢嘗敗績。一九九五年他參加於法國塔布（Tarbes）舉行、歐洲最具規模的 Les Petits As 少年網球賽（十四歲以下）止步十六強；一九九七年的歐洲青少年錦標賽（十六歲以下）最終也在四強賽被淘汰。

但一九九八年下半年則是他的起飛期，在一月在澳網青少年組四強失利，六月份法網青少年組首輪出局讓人大失所望後，他重振信心，以更加沈著的狀態首次進軍溫布頓青少年組賽事。

他在草地上的擊球和發球勢不可擋，一路未失一盤直闖決賽，面對的是天分極高，卻容易緊張、來自喬治亞的左撇子選手伊拉克利・拉巴澤（Irakli Labadze）。

決賽在二號球場舉行，這是另外一個只存在費德勒年輕回憶、現已不復存在的地方。在拆除更替之前，這裡曾上演過多次爆冷戲碼，包括一九七九年馬克安諾敗給提姆・葛利克森（Tim Gullikson）一役，甚至有「種子墳場」的外號。

即將滿十七歲的費德勒在陽光下以極快的節奏打球，一氣呵成取下分數，幾乎所有發球局都三兩下就解決。第一盤最後一個發球局，他不到一分鐘連贏四分拿下，僅用了二十二分鐘就以六比四贏得首盤。

這時他留著棕色短髮，還沒開始戴頭巾。他和耐吉已經簽了約，所以穿著耐吉球衣，衣服很寬鬆，與他的網球偶像之一山普拉斯那年穿的應該是同一款。

費德勒發球時，有時會把舌頭伸到嘴邊，跟他另一個偶像NBA巨星麥可・喬丹一樣。他還有一個後來才改掉的習慣：分與分之間讓球在雙腿之間來回彈跳，然後輕揮球拍打到身後把球擋住，穿過雙腿再彈回來。

這個引人注意、驚鴻一瞥的小把戲，顯露出費德勒比賽不只是打球，還無時無刻需要玩球。如果他在轉職業繼續維持這習慣，想必會成為他的招牌動作之一，不過後來證明這只是他年輕時的小嗜好。

決賽當天，另一件讓人驚訝的事情是，費德勒全然沒有仿效當時他仰慕的草地選手標配——發球上網。費德勒和拉巴澤就和在硬地打球差不多，這也多少預示了未來在溫網稱王的方式。

費德勒的橫向移動速度已經相當出色，可以來回多拍或猛地手腕一甩結束來回，讓拉巴澤望球興嘆。不過他的步法比起全盛時期，還略顯僵直、分腿墊步不夠寬，還沒有那麼靈活，變線也沒那麼精準。

當時已成為他一大利器的發球，也和全盛時期明顯有所不同。這時的他動作更快，從拋球到接觸球拍所需的時間，比二〇一九年溫網決賽對陣喬科維奇時少了將近一秒。他重心放在前腳上的時間比較短，拉拍也沒那麼低或離身後那麼遠，膝蓋彎得沒那麼深，躍起擊球時也沒那麼具爆發力。

比賽中，費德勒一如預期，經常反拍切球，不過令人驚訝的是在二十多年後回頭看，即使在這個階段，他就已經能在被壓迫下擊出大量平擊或上旋反拍。

第一盤唯一一次破發球局，走的是經典費德勒路線：一記反手切削回球來得又短又快，迫使拉巴澤往前，整個人屈身回了個不怎麼漂亮的球，費德勒沒讓自己營造的機會溜走，狠狠來了個反拍穿越的致勝球。

這場比賽還有其他不少世人即將熟知的費式精采動作，包括當天最引人注目的一球：防守時正拍拉出一記上旋高吊，不偏不倚落在底線內。

只可惜幾乎沒有人細細品評眼前這齣好戲。看這場球的人不超過兩百位，還有個中年人在看台上呈大字型，光腳丫擱在附近座位上，和大多數人對全英俱樂部的優雅印象大相徑庭。安靜的氣氛和附近爆滿的中央球場形成鮮明對比，在那裡，山普拉斯鏖戰五盤，打敗了伊凡尼塞維奇（Goran Ivanišević）、追平博格開放年代的五個溫布頓男單冠軍紀錄。

儘管還是經歷情緒波動，但費德勒在對戰拉巴澤時，脾氣幾乎沒有失控。他常撥弄拍線，這是把專注力放在當下的常見作法，但偶爾仍看得出他滿腔情緒，只見他一堆手勢，用瑞士德語喃喃自語。

這種內爆跡象在第二盤早早出現，局數一比一時，拉巴澤發球局來到平分，費德勒一記反拍失手，氣得他摔拍，對自己大吼大叫。但他明明一盤在手，沒被破發，一切都在他掌控之下，何必又要陷入消極情緒，掉進再熟悉不過的陷阱之中呢？

費德勒這次控制住了，領先優勢和比賽節奏並未受到影響，情緒失控的反而是拉巴澤，第二盤第五局他忍不住摔拍，收到行為犯規警告，然後遭到破發。

此時離冠軍只剩一步之遙了，費德勒順利以兩個六比四，整場沒有出現破發點強勢封王。

費德勒整場表現令人印象深刻，但懷疑的聲音依舊不少，也甚少有人看出草地網球即將迎向屬於他的未來。

「費德勒會是未來的溫布頓冠軍嗎？」英國《獨立報》（*Independent*）的蓋．霍奇森（Guy Hodgson）寫道，「除非學會改變戰術，不然機會不大。明顯看得出他是紅土上長大的孩子，上網次數少得可憐。」

費德勒青少年階段這場最重要的比賽，只花了五十分鐘的時間，而或許以我們今天的後見之名來看，最令人訝異的是他竟然沒有當場落淚。相反地，他高舉雙臂，露出大大的笑容。而後當他在中央球場皇家包廂、從肯特公爵夫人手中接過獎盃時，也展現出心滿意足的微笑。

見證這一幕的英國廣播公司（BBC）球評比爾．斯瑞福（Bill Threlfall）自信滿滿地告訴觀眾：「我們會再見到他的。」

這句評論極具有先見之明，但冒的風險也不小。贏得大滿貫青少年冠軍幾乎不保證日後也能成為偉大選手。截至二〇二〇年，溫布頓已經有六十九位青少年男單冠軍，僅有六人後來也奪下大滿貫單打冠軍，拿到溫網冠軍的更只有四人：博格、凱許、艾柏格和費德勒，後者更是過去三十五年唯一一位贏得大滿貫的溫網青少年冠軍。

數據就是如此懸殊，網球是競爭激烈的運動，能爬到金字塔頂端的人寥寥可數，最耀眼的選手也不見得會在青少年賽事中出頭。但費德勒不止單打，還和奧立佛．羅胡斯（Oliver Rochus）一起拿下一九九八年溫布頓青少年男雙冠軍，他帶著更多的信心與滿滿的紀念回到瑞士。

為了專心準備下一個挑戰，他沒有和山普拉斯與其他獲勝選手一起參加溫布頓官方冠軍晚宴就離開倫敦了。這件事之後會讓他感到有些遺憾。

下一站賽事在瑞士阿爾卑斯山高檔度假勝地格施塔德（Gstaad）舉行，費德勒及時獲得外卡，人生第一個ATP巡迴賽正賽處女秀一下從平地的溫網草地跳到了高海拔的紅土賽場，七月七日第一輪的對手是阿根廷老將盧卡斯．阿諾克（Lucas Arnold）。

阿諾克當時世界排名第八十八位，因為德國年輕好手哈斯（Tommy Hass）食物中毒退出比賽，以幸運輸家身分遞補進入正賽。

「大會說我對上的是本地青少年選手。」二十年後，他接受阿根廷《隊報》（La Nación）訪問時回想道，「我還覺得真是太走運了，當時瑞士網壇除了羅塞特也沒什麼人。拿外卡的如果是西班牙人，我可能會覺得要小心一點，但來自瑞士的小伙子我還真沒放在心上。」

阿諾克是優秀的雙打球員，截擊技術了得，他專攻費德勒的弱點：把上旋發球發到他的反拍，在這個高山快速球場不斷上網，他僅花一小時二十分鐘就以六比四、六比四直落二獲勝，戰術相當成功。

他說：「比賽打得很接近，但結束時我沒特別想到『這個人以後會很不得了』，我萬萬沒想到這個年輕人會成為傳奇。」

費德勒原本很期待與當時的明日之星哈斯對決，兩人後來成為非常親近的朋友。不過他與阿諾克的賽事排在二號主球場登場，依然成為瑞士球迷和新聞媒體的一大焦點。

那時，ATP安排年紀尚輕的英國人大衛·勞（David Law）在格施塔德駐場，擔任巡迴賽公關經理，協助費德勒處理媒體事宜。

他現在是知名節目《Tennis Podcast》主持人，當時他和費德勒一樣都是菜鳥，但他很快意識到費德勒的巡迴賽處女秀已然成為當週大事。

「基本上，大會希望費德勒一到就開記者會。」他回憶道，「所以賽事開始前我就先與他見面，討論該怎麼做。我記得他完全搞不清楚狀況，他不知道我是誰，我為什麼要去那裡，不過他從頭到尾都充滿歡樂的樣子，很開心人們對他感興趣。我很喜歡他這一面：重視樂趣，不會過度嚴肅，他並沒有為此感到壓力山大。」

費德勒很快就習慣交叉用瑞士德語和法語回答媒體提問，一如他未來數十年每每都以雙聲道受訪一樣。

「一切都很自在，」勞回想，「不用裝、不用演，也不會尷尬，這方面他完全不像個青少年，和很多同儕不一樣。」

羅塞特邀請十六歲的費德勒來日內瓦一起練習時，也注意到同樣的特質。

二十七歲的羅塞特預期費德勒來的時候會緊張，一定無所不用其極要讓自己留下深刻印象，就像他年輕時應法國名將李康特（Henri Leconte）之邀去陪練時一樣。

「羅傑無比放鬆、非常自在，整個人很淡定，」羅塞特告訴我，「我想這可能與他母親帶給他南非那一面的影響有關，他在這一點上完全不像瑞士人。他總能找到方法活在當下，這一點從以前到現在都讓我很佩服。他有種兵來將擋、水來土掩的能力，每一個時刻他都認真去活、充分體驗，享受其中的樂趣，完成之後再繼續下一個。也正是因為這樣，他做事情總有種水到渠成的感覺。這是一種天賦，老實說，即使到今天，我都覺得這種天賦比他的網球更讓我著迷。」

馬可利認為這和他對外界的信任也密切相關。「想專注在眼前那一刻是可以訓練的，有一些技巧可循，」他表示，「但另一方面，你必須相信生活正朝著正確的方向前進，相信身邊親友把一切都處理得很好，你不需為其他事情擔心或思來想去。羅傑總有辦法讓身邊充滿自己信任的人，而且他一向是全然相信，毫不多想。要獲得他的信任需要一段時間，不過一旦進入信任圈，就是完全信任，沒有二話。」

「『你確定要這樣做嗎？用這個技巧對嗎？』他從來沒問過我這種問題。」

不過費德勒在許多地方還是很青少年。打完格施塔德比賽不久，他就加入了羅塞特和瑞士台維斯盃團隊，擔任瑞士隊七月在西班牙大城拉科魯尼（La Corogne）對陣西班牙隊的練習搭檔。這是他第一次為瑞士國家隊效力，多少與他拿下溫網青少年冠軍有關。

羅塞特清楚知道費德勒未來幾年可能成為球隊固定成員，特別要求飯店安排他住在自己的隔壁房間，兩房中間還有一扇門連通。

「我想放他在身邊就近照顧，讓他覺得自己是球隊的一份子。」羅塞特說。

羅塞特還帶了自己的PS，想當然耳費德勒立刻黏了過來，很快就沒有誰的房間之分了。

「有次我去練球，」羅塞特說：「回來看到他又在我房間打遊戲，我說『我想自己一個人一下，你OK嗎？』羅傑立刻從遊戲模式醒過來說『不好意思啦』，然後就回自己房間去了。他有時玩入迷就對外界渾然無覺，不過想起來也滿酷滿好玩的。經過這一週相處，後來我感覺就像把他當作了弟弟一樣。」

法國健身教練兼物理治療師保羅．多羅琴科（Paul Dorochenko）一九九八年八月來到比爾，和網球之家的不少人一樣，他也是部分衝著可以和費德勒合作才到瑞士來的。

當年他四十四歲，出生在阿爾及利亞，當時阿國還算是法國的一部分，他曾擔任羅塞特在內多位頂尖球員的健身教練。到瑞士前，他才在西班牙跟著兩屆法網冠軍塞爾吉．布魯格拉（Sergi Bruguera）以及他的父親兼教練路易斯（Luis）一起征戰巡迴賽。

多羅琴科個性很強，一些認識他的人會以「自我中心」來形容他。他奉科學方法為圭臬，最近熱衷如何運用低頻聲音協助運動員改善發球拋球或正手收拍等長久累積的打球習慣。

一九九〇年代與布魯格拉的合作關係，讓他對於「專業性」有了深刻的認識。費德勒還需加強，大大的加強才行。

「你必須說的煞有其事，」多羅琴科告訴我，「費德勒當時在情感層面很脆弱，無法接受失敗，訓練中表現平平。他不是勤奮型的人，大部分時間都在閒晃。體能方面，我提出了很多要求，要他跑步一小時，老實說對網球毫無用處，但對精神面有好處，讓他變得堅強一點。」

而就像比爾的其他教練一樣，他也想盡各種辦法讓費德勒願意參與，並覺得有趣。

「我們找了個馬戲學校的人來和球員們玩雜耍，」多羅琴科說。「費德勒立刻就玩了起來，一下就上手，問題是他沒有續航力。有時後體能訓練他還會忘了來，還得親自去找他，真的很折磨人。而且他的公寓根本跟災區一樣。沒去過很難想像，早上進去甚至看不出來他人有沒有在那邊，說多亂就有多亂。」

與此同時，卡特和比爾等其他教練正為了費德勒的生涯做長遠打算，專注於建構比賽的佈局及策略，改進技巧和球風，讓他的天賦發揮到最大。

葛羅納瓦德擔心費德勒底線抽球擊球的誤差範圍過低，嘗試在球網上方三吋（七點六二公分）處繫上一根繩子，每次擊球都要越過這條繩子，同時不能出界。這需要巨大的上旋力量，但他不只達到教練的要求，甚至一如往常自主拉高練習的檔次，完美結合強力旋轉及速度。這個他新學會的全速正拍抽球還得到了「懸念魔球」（the cliffhanger）的外號。

「這種每分鐘轉速超高的球看起來幾乎要出界，但最後一刻會落到底線內，」葛羅納瓦德分析，「討論拍頭速度時，大家一定會提到納達爾，但其實費德勒揮拍速度超級快；納達爾主要是因著使用的球拍開發出擊球特色，他的技巧和球拍關係很密切。費德勒則很長時間都是使用傳統拍框，身體理應是無法承受擊出『懸念球』所需的轉速的，不然早嚴重受傷好幾次了。」

這個階段，費德勒使用的是拍面85平方英寸的 Wilson Pro Staff Original 威爾遜經典球拍，和他的偶像山普拉斯、艾柏格一樣。拍框十二盎司（約三百四十公克）相對較重，拍框厚度較薄、拍面較小，如果球沒有打到拍面中心，很容易發生失誤。

但當費德勒掌握正確時機進攻時，用這支球拍可說是如虎添翼。打中甜蜜點時的效果確實很棒，再說費德勒本來就不打算在底線上對抽僵持太久。他喜歡全場各角度進攻，迅速解決每一分。

多羅琴科常與卡特談論費德勒的比賽。人的「偏側性」是他感興趣的領域之一，即大腦某一側對於控制身體功能扮演的主導地位，他還特別關注所謂「主導眼」對於球員的影響。

他發現費德勒是右撇子，主導眼卻是左眼，代表他的左眼比起右眼，可以更加快速準確地把訊息傳遞給大腦。

通常，一個人的主導眼會與慣用手會在同一側。費德勒則是交叉，僅有百分之三十左右的人是屬於這一類。

所以在多羅琴科看來，正拍是費德勒最自然的擊球姿勢，意即他的肩膀轉動時，主導眼左眼可從優勢地位跟蹤球的軌跡。

「如果是右眼主導加右撇子的話，就變成反拍是自然擊球姿勢，像是加斯凱或瓦林卡。」他說明。

多羅琴科在法國時也是俱樂部等級的強手，他回想起在比爾的訓練中心週末與費德勒練球時，他會讓費德勒試著用左手打球，兩人都覺得很好玩。

「我在他的左手下了很多工夫，這樣做可以提高整體協調性，大腦會變得更加對稱，」多羅琴科解釋，「費德勒是創意型人格，容易分心，情緒起伏很多。他會摔拍，然後整場比賽都丟掉。他的心理素質真的不優，所以我們說：好吧，我們來為費德勒打造一種適合他的網球打法，而卡特就是主導角色。費德勒可能不曉得這一切都是為了他量身訂做，不過我們確實研發出了他專屬的技巧。我們不讓費德勒為了打法改變自己，而是打造出最適合他的方式。」

以進攻型、正拍為中心的網球，需要出色的移動強健的腿力，才能隨時找到突破點閃正拍攻擊。隨著費德勒進入青少年階段晚期，他們特別加強了他的飲食和力量。二〇〇〇年初，當多羅琴科離開瑞士網總重回布魯格拉（Sergi Bruguera）團隊時，儘管費德勒的體格還不太起眼，但已經可以臥推超過一百公斤了。

另外，以年輕網球選手的標準來看，他還有很高的最大攝氧量，這對他未來打五盤大戰相當有利。

「人們常誤以為費德勒有點弱不禁風，」多羅琴科說，「其實他很強壯，超級強壯，那個時候最大攝氧量就有62，對進攻型球員來說是很高的有氧代謝水準了。羅塞特大概50左右，這樣比較好想像，優秀的自行車選手應該是75到80，底線型球員布魯格拉則是72，費德勒比起典型進攻型球員還高出許多。所以他要撐過馬拉松大戰不是問題，看看他職業生涯中贏了多少五盤大戰就知道，他從來沒有中途崩潰過。」

不過對多羅琴科來說，費德勒作為一名運動員最突出的地方，非他的活力和快腳莫屬。增強式訓練，也就是跳箱這類強調重複性及爆發性的訓練，費德勒特別拿手。

「他不斷在破紀錄。」多羅琴科說，「其他人三十秒完成五十五次跳躍，但他可以來個七十次。他真的是很出色的運動員，只是心理層面脆弱，連帶使他的反拍容易失誤。卡特認為重點在於縮短與對手來回的時間，而找到適合自己的來回次數正是關鍵所在，像布魯格拉這種選手，十一次或更多尚在理想範圍內，但對費德勒來說，最多不能超過三次、四次或五次。」

聽起來好像一個簡單的公式，但事實並非如此。費德勒情緒一旦起來，容易一發不可收拾，加上保留多種戰術選擇的考量，使他比同儕需要更多時間學習正確的擊球選擇，讓戰術成功、有延續性。卡特完全理解這一點，經常在瑞士網總會議上為費德勒辯護，與那些認為費德勒進步太慢、說網球歷史上最偉大男子冠軍通常二十歲就能贏得大滿貫冠軍（如山普拉斯、博格、馬克安諾等）的人意見相左。他堅持費德勒的進程與別人不同，說他要的不只是一鳴驚人而已，而是希望在未來全面制霸。

當代最優秀、球感最好的球員之一阿格西也感受到了這點。一九九八年，他的狀態回升，重回世界前十。十月時，他在瑞士巴塞爾室內網球賽首輪遇到了費德勒。費德勒前一週才獲得參加士魯斯ATP正賽資格，前兩輪分別擊敗經驗豐富的巡迴賽選手：法國的紀堯姆・拉烏（Guillaume Raoux）及澳洲的理查・弗羅柏（Richard Fromberg）之後才輸給荷蘭人揚・西梅林（Jan Siemerink）。

費德勒最後以三比六及二比六，敗給職業生涯對陣的第一位前十名高手阿格西。比賽結束後，如同阿格西例行贏球後一樣，他的教練布萊德・吉爾伯（Brad Gillbert）到更衣室找他。

「當時我看見阿格西在那邊咕噥著說『靠，費德勒這小子真的有幾把刷子，很快就會變厲害的』。」吉爾伯回想。

在下一輪，阿格西繼續以兩個六比二擊敗費德勒的二十二歲瑞士同胞伊沃・赫伯格。當時協助該場ATP賽事進行的大衛・勞帶著阿格西前往賽後記者會的路上問他，費德勒和赫伯格這兩位崛起中的瑞士新星，假如比賽的話誰會贏。

他告訴我：「阿格西說：『現在的話赫伯格會贏，但未來在網壇有成就的是費德勒。』」

費德勒確實將會締造非凡卓絕的成就，遠超過阿格西當年的想像，不過在那之前，他還有很多關卡要克服，坐落於奧地利邊境附近、風景如畫的瑞士山中小鎮庫布利斯（Küblis）就是其中一關。

那是巴塞爾賽事後一週，雖然不用出國，費德勒卻發現自己儼然來到了另一個世界，適應得非常辛苦。比起上一場在主要巡迴賽對上全球體壇頂尖選手之一阿格西，這次比的是衛星賽，所在小鎮人口還不到一千人，對手是世界第七百六十八名、知名度不高的二十一歲同胞選手阿曼多・布魯諾（Armando Brunold），壓力全到了費德勒身上。

隆格倫是當天觀賽的零星幾人之一，他眼睜睜看著費德勒第一盤搶七失利後，底線抽球荒腔走板，整場比賽拱手讓人。

「他整個大崩盤，我在裡面急的像熱鍋上的螞蟻。」他說。

此時巡迴賽主審克勞迪奧・格雷瑟，也就是當年預言阿列格羅再也無法擊敗費德勒的那位來了。這次他跟隆格倫說：他要對費德勒發出「缺乏比賽拚勁」的警告。

「我說：『沒問題，就警告吧！』」隆格倫說。

於是格雷瑟步入球場，暫停比賽並宣布對費德勒的警告。費德勒收斂了一些，卻依然不在狀況內，最終直落兩盤輸球。

賽後，隆格倫接到費德勒父母的關切電話，說費德勒遭罰一百美金。這和他未來職業生涯累積超過一億美金的獎金相比，自然是九牛一毛。但在那時候，一百美金可是比第一輪淘汰的獎金還多。這個難堪的時刻也在瑞士國內發酵，導致出現批評費德勒表現的頭條新聞及報導，有些還是出自之前在土魯斯或巴塞爾對陣阿格西時採訪他的新聞媒體。

隆格倫和卡特告訴費德勒：下次比賽再上演類似的鬧劇，他們就不幹了。

費德勒接受這個最後通牒，並在接下來的三場衛星系列賽中贏了其中兩場，另一場進入決賽。晉級路上他兩次擊敗了自己的室友和雙打搭檔阿列格羅。

「這是典型的費德勒模式，」隆格倫笑著說。「被逼到牆角，然後再奮起拿下衛星賽。」這些重要時刻對於費德勒的為人、以及身為球員所經歷的蛻變，都帶來許多正面的力量。亂發脾氣扯掉練習隔簾？天剛亮黎明就得去打掃球場和廁所。漫不經心不尊重比賽和網球這項運動？罰款和批評隨之而來。這些個個都是轉捩點，比如費德勒的父親羅伯特要求脾氣暴躁的他在巴塞爾自己想辦法回家；甚至不惜祭出在某些文化中會惹來爭議的舉動：某次年輕的費德勒賽後咆哮大叫，羅伯特停車，把一堆雪擦到兒子頭上，試著讓他冷靜。

儘管費德勒與家人關係緊密的，天性也善解人意，但年輕時如果他有更多空間做自己，同時順著自身潛力去栽培的話，他可能會變得完全不同。

他當然有很多做自己的地方，回想一下比爾的馬戲表演者，以及遷就他專注力不足的各種讓步。他當然也有脫離現實世界之處，比如年僅十幾歲就和耐吉簽約，加上身邊的人反覆說你有能力成為世界第一，很可能讓情況變得更加棘手。

「大家都一直都這麼跟我說。」費德勒透露。

不過必須說，費德勒多少有點是被擺到這個位置上來的，不僅是瑞士風格使然，也是受到他澳洲兼瑞典背景的教練影響。

這三個國家都崇尚平等主義，雖然近年可能已經有衰退的傾向，但平等仍是國家認同的一部分。「高罌粟花症候群」（tall poppy syndrome）現在還是澳洲當地的流行語，即最高的罌粟花會被切成小塊（樹大招風、容易招嫉的意思）；瑞典人則與其他北歐人一樣，常把「洋特法則」（Jante Law）掛在嘴邊，強調民主社會中的理想平等狀態。

而費德勒這樣敏感的人，自然也多少接收了這些暗示。

然而在網球運動中，追求「平等」有其限制。任何單打比賽最終都只有一個人能獲得冠軍，一年也僅有一位少年能坐在青少年年終世界第一的寶座上。費德勒在一九九八年完成了這個夢想，雖然第一輪對上拉脫維亞好手雷蒙．斯普羅加（Raimonds Sproga）時險些被淘汰，最終還是拿下橘碗盃優勝，正式登頂。

會如此驚險，不全然是因為斯普羅加打得好。賽前，費德勒跳繩時嚴重扭傷了腳踝。

「跟平常一樣，他就漫不經心的，」隨行的多羅琴科說，「沒幾秒他的腳踝就腫得跟顆馬鈴薯一樣，幫他密集治療了三天後上場，第一輪跟只用一隻腳打沒什麼兩樣，但還是贏了，之後就一天天好了起來。」

這算是最好的結果了。費德勒第二輪得先贏過奧地利的梅爾澤（Jürgen Melzer），四強再對上同年稍早才在美網青少年決賽擊敗自己的阿根廷強手納班迪恩（David Nalbandian）。費德勒過了這一關，最後在決賽力克阿根廷另一位天才選手科里亞（Guillermo Coria）奪冠。

晉級過程挑戰不小，幾年後再回頭看更覺得不簡單，梅爾澤後來在ＡＴＰ單打排名爬到第八位，納班迪恩和科里亞更是會衝上世界第三，並殺進大滿貫單打決賽。

那一年，角逐青少年年終世界排名第一的還有法國選手朱利安．楊皮耶（Julien Jeanpierre），但他在墨西哥舉行的年度最後一個ＩＴＦ國際青少年賽事敗給費德勒職業生涯的主要對手之一安迪．羅迪克（Andy Roddick），助費德勒超越一票優秀的同儕好手，笑納年終第一寶座。

此時費德勒已經回到瑞士，青少年選手時期畫下句點，職業生涯即將正式開始。二十七歲就退休的科里亞多年後談及費德勒職業生涯的驚人成就，依然覺得不可思議。

「坦白說，我從沒想過費德勒可以達到如此成就，」二〇一九年他接受阿根廷電台節目「Cambio de Lado」專訪時說道，「他身旁團對所花費的心力，還有幫助他擺脫心理困難的人，真的可以拿一座諾貝爾獎了。」

「因為他當年實在很瘋，用耳機聽重金屬音樂，聲音開到最大，染了一頭金髮，非常特立獨行，與他後來的樣子完全沾不上邊。」

相信很多人想到自己年輕的時候都會覺得不堪回首，費德勒肯定就是如此。他當時滿臉痘痘，造型驚人，科里亞還記得橘碗盃比賽期間，費德勒還漂了一頭幾近白色的金髮，加上遺傳自父親、相當突出的鼻子。多羅琴科想起費德勒年輕時說過自己的鼻子：「確實很大沒錯，但我變成世界第一之後，大家就不會再注意到了。」

二十年後，費德勒在IG上發了一張那段「自我意識過剩」時期的照片，標籤為「#青少年」和「#遇見米爾卡之前」，然後下了個標題：「提醒大家未來的日子更美好」。

他後來的發展確實印證了這句話，不過這也和他在自我接納和自我提升兩方面所下的工夫有關。包括和卡特、馬可利一起鑽研，以及他獨自一人、安靜的時刻。

這是一個長期的人生課題。到現在為止，還沒有人因此得到諾貝爾獎，但不可諱言，費德勒確實找到了一種讓內心平靜的方式。

「現在每次看到羅傑，我都會說：『你在球場上的表現真是無懈可擊，但你處理生活的方式更是無與倫比。』」馬可利說，「你可能已經坐擁天下，隨時有五星級以上的奢侈享受，有人熱切望著你的雙眼，什麼都不用說就有人雙手奉上東西；但上場比賽可就沒那麼奢侈了，球賽可不管你睡哪、做

第 5 站

雪梨

SYDNEY

「在我成長的過程中，奧運始終是網球職業生涯的一環，」費德勒說，「我一直把奧運當成目標，這樁盛事深深吸引著我。」

所有的天賦與投入，卓越的達成與維持，也和運氣息息相關。

羅塞特回憶起二〇〇〇年一月和費德勒一起去滑雪的經歷，依舊心有餘悸。那時，費德勒剛打完澳網歸國，他直落三敗給了法籍好手克萊門特（Arnaud Clément）。接下來，費德勒準備在由蘇黎世主辦的台維斯盃迎戰澳洲隊，但在這之前，他決定先好好享受瑞士的雪地假期。費德勒與羅塞特兄弟二人一起前往克萊恩—蒙塔納（Crans-Montana）的山區度假村散心。

當時天色已晚，夜幕低垂，他們就滑在每年舉辦高山滑雪世界盃女子滑降項目的雪道上。「因為同樣的路線滑過好幾次，都很熟悉了。」羅塞特說道，「前幾次還會特別小心，接下來就越滑越快，意外就是這樣發生的。」

在滑雪跳躍的時候，費德勒第一次還算有穩住重心，但第二次速度計算錯誤，滑得太快，結果跌落到較低平的軌道上。羅塞特驚恐地看著網壇的明日之星就這麼從他的視線中消失。

「他徹底失控，飛得很高，我完全看不到他著陸的位置。」羅塞特表示，「情況看來很不妙，費德勒跌落到山坡底下，滑雪板和他脫離，裝備散落一地。那時滑雪沒人在戴安全帽的。我嚇得要命。」

滑雪意外可能就此改變或斷送了費德勒的網球生涯，他的膝蓋或許會受傷，甚至更慘，他可能接下來好幾個月、甚至更久都無法上場。但幸好，費德勒抖落身上的雪，揮散了恐懼，向驚魂未定、嚇得目瞪口呆的羅塞特保證自己沒事。

鏡頭拉到蘇黎世的台維斯盃，費德勒在三場比賽中拿下了兩場，但地主隊仍未能力克由菲利普西斯（Mark Philippoussis）和萊頓・休威特（沒錯，又是他）組成的澳洲隊，休威特在賽事最後一天以四盤擊敗了這位瑞士小伙子。

在地球另一端的阿得雷德，卡希爾在婚禮前夕拉了把椅子，和卡特一起觀看這場比賽，卡特千里迢迢回到澳洲，就為了當卡希爾的伴郎。

「我們坐著，喝了幾杯啤酒，看兩個大男孩比賽。」卡希爾說，「對我們而言，誰輸誰贏並不重要。我們就像是看著自己拉拔長大的孩子一起打球，盡情品味這一切。」

卡特和卡希爾一起想像，他們正值青少年的得意弟子有朝一日會在大滿貫決賽碰頭。兩位教練的夢想很快就會成真了。只是在眼前，兩位選手還有許多難關要克服，仍有需要磨練之處。

費德勒南下前往馬賽，並首度闖進ATP決賽，對手不是別人，正是羅塞特。交戰前，費德勒剛剛超越對方，成為瑞士排名第一的男子選手。

決賽前夜，費德勒坦言：「馬克是真心的朋友，給過我許多寶貴的比賽建議，因為籤表上的選手他都略知一二。但這一次，我只能靠自己了。」

這兩名不同世代的瑞士好手首次在ATP單打決賽爭霸，兩人的造型也構成鮮明對比：才十八歲的費德勒，脖上戴著一串珠子、深色長髮紮成如同日本武士造型的丸子頭；二十九歲的羅塞特，則留著一臉落腮鬍、打球走直率粗獷風格，動作更像是賣力勞動，而非詩歌般的律動之美。

兩人都採取強勢打法，渴望用正手拍強力回擊，在球回彈迅速的室內硬地球場上網。第三盤來到五比四，羅塞特的發球局，費德勒大膽使用反手拍救回三個賽末點。到了決勝盤的搶七決勝局，比分來到六比五，費德勒不斷使用反手拍，最後跑到反手位置以正手擊出斜線球，但觸到網帶回彈。比賽結束，羅塞特最終以二比六、六比三、七比六（七比五）拿下冠軍。

身高兩百零一公分的羅塞特，在伊沃．卡洛維奇（Ivo Karlović）和伊斯內等巨人到來之前，是菁英網壇身高最高的選手。比賽結束，這對朋友走到網前，羅塞特彎下腰來，像哥哥般輕拍了費德勒的頭。

費德勒一如既往，很快地又落下男兒淚。

羅塞特說：「費德勒那時以為這場絕對是他在ATP奪冠的唯一機會了。我跟他說：『好好收拾一下情緒吧。』」

當時，羅塞特已有十四次冠軍頭銜，他安慰費德勒，以後一定還有很多屬於他的機會，在賽後頒獎典禮，羅塞特感謝費德勒讓自己贏了這一次。

羅塞特在得獎感言的最後忍住了，沒說出他心中的想法：他相信費德勒未來一定會抱走一座大滿貫金盃。

「我當時不可能這麼說，因為大家會覺得我瘋了。」羅塞特說，「我自己很確定，費德勒未來肯定會贏得大滿貫冠軍。但也的確，再有才華的人也需要經過很多努力才能得到成功。」

一直以來，人們總爭辯著：冠軍究竟是天生，還是後天塑造而成？抑或是更有邏輯的說法，兩者缺一不可？

在網球方面，我傾向認同娜拉提洛娃的看法：冠軍與生俱來，但還是需要有合適的環境，才能把璞玉變成可造之材。

無論計畫多周詳、效率多高、父母多有錢，一位中等身高、手眼協調和反應低於平均的球員，是無法舉起半座大滿貫獎盃的。

無論一名球員反應多機警、手腳多敏捷、求勝動機多強，沒有足夠好的教練指點和某種程度的機緣，也成就不了屬於他們的天命。

「這必須仰賴許多人的通力合作，要天時、地利、人和才行。」娜拉提洛娃說，「各種因素都交織在一起，而球員自己的成長也是其中之一。」

「看看費德勒和博格，」她說，「年輕時期都血氣方剛，之後像是突然頓悟了什麼，在未來的職業生涯，完全收斂起火爆脾氣。」

有多少足以成為網球冠軍的人，具備必要的能力與韌性，卻沒有機會能夠打網球？有多少才能俱足的選手，最後熱情卻引領他們走進其他運動項目？

多年以來，我常聽到職業網球教練公開討論，如果麥可·喬丹或勒布朗·詹姆斯（LeBron James）選擇打網球，男子網壇會是什麼樣子。

費德勒當然也可以選擇一條截然不同的路。足球是他最大的熱情所在，也是他心目中的候補職業運動項目，而如果他生在今日，搞不好還會想成為電競明星。

「這小子真的是電玩高手，」隆格倫說，「我永遠不會忘記，錦標賽季的時候，費德勒帶來剛買的〇〇七系列任天堂遊戲，那時遊戲裡有個大門，他一直無法通過。於是就跟我求助：『彼得，我一直卡在這個愚蠢的大門前面！過都過不了。』我回答：『你問我，我問誰啊？』想不到一個小時後，他跟我說：『耶！我辦到了！』費德勒居然在一天內全部破關，一般人可能要花一個月的時間才能達成。這傢伙打電玩的能力真的很可怕，這也是他與生俱來的特質：解決問題的能力。比賽當下，往往會面臨巨大壓力，當他是老鼠，對手是貓的時候，費德勒就是有辦法死裡逃生。」

網球作為一項十九世紀開始普及的運動，對二十一世紀歐洲青年的影響力已經今非昔比，幸運的是，費德勒最終在網球上找到了自己的追尋，而沒有投身其他領域。費德勒滿懷熱情，對每日練習目標也都清楚明瞭，但有些時候，運氣仍會左右事情的進展。

他在克萊恩—蒙塔納的滑雪驚魂就是其中一例，而費德勒隨後在生涯首次參加的雪梨奧運，更或許是使他日後能長久待在前段班的最重大影響。

這是一場令人難忘的夏季運動會，也是我報導過眾多賽事中最棒的一次。澳洲人熱愛水上運動，而擁有波光粼粼海港的雪梨，為九月底的賽事提供了華麗的舞台。

網球在澳洲通常很受歡迎，但這次澳洲人的心似乎另有所屬。他們關切水上運動項目，因為時年十七歲的地主游泳選手伊恩．索普（Ian Thorpe）在預賽刷新了世界紀錄。而更讓澳洲人熱血沸騰的是田徑項目，澳洲原住民短跑好手凱西．弗里曼（Cathy Freeman）當時已是國家名人，也是四百公尺項目摘金的大熱門。

在雪梨奧運前，我代表《紐約時報》兩度訪問凱西，其中一次是在墨爾本的咖啡廳，她目標高遠，卻很親切而平易近人，身處巔峰卻又如此溫和有禮。她明白自己為何會成為精神象徵，贏得勝利時，她一併高舉澳洲國旗與澳洲原住民旗慶祝。但隨著奧運的腳步接近，凱西想避免將自己的成就政治化，儘管此時已經很難做到這點了。

「我當時全力專注在比賽、享受比賽當下的一切。」凱西告訴我，「至於對政治和原住民事務，必然有更適合我專注的時候。現在的我只想做好該做的事。」

凱西在奧運開幕式點燃聖火，四百公尺決賽的那晚，她穿著黃綠相間的連帽緊身跑衣，這設計是為了更符合空氣力學原理，但也似乎形成有力的屏障，讓她躲過運動場上的強光與目光。

從看台上俯瞰，人群中的她顯得渺小，凱西伴著現場十一萬兩千五百二十四名觀眾的呼聲往前衝，而這是我聽過最震耳欲聾的四十九點一一秒，加油聲彷彿能載起她、抑或淹沒她，也或許兩者都有。當凱西衝過終點線，贏得金牌後再度跑回跑道上，她看起來更像是迷失方向，而不是欣喜若狂，就像個剛剛浮上水面、衝破目標深度和極限的潛水員，在新鮮空氣中驚訝地眨著眼。

與運動場相比，霍姆布希灣（Homebush Bay）附近的網球中心顯得冷清許多。但這次奧運，對仍名不見經傳的費德勒來說，是一次很好的體驗機會。

是在雪梨奧運之後，費德勒才成為網壇中的重要人物。二〇〇四年雅典奧運與二〇〇八年北京奧運，費德勒皆擔任瑞士代表隊開幕式運動員的進場旗手。在二〇一二年的倫敦奧運，他則會回到熟悉的全英俱樂部草地，成為萬眾矚目的選手。但雪梨奧運時，費德勒還只是選手村裡的運動員之一，欣賞著厲害的球星，而不是大家討論的話題人物。

反觀大小威廉絲姐妹花，則不得不待在雪梨市中心的飯店裡，以避開同輩選手們的關注目光，那時，費德勒正與瑞士其他奧運選手與官方代表，包含隆格倫在內，一起住在霍姆布希灣的選手村裡。「好險我們住在二樓，摔跤選手住一樓，保證安全無虞。」費德勒在接受《隊報》採訪時打趣說道，「實在熱鬧極了，很難用言語表達我在奧運賽季過得有多開心。」

費德勒是個從小看奧運長大的ＮＢＡ球迷，但奧運期間，他不知何故沒去看籃球比賽，反而欣賞了游泳和羽球賽事。他也和網球隊友度過一段快樂的時光，其中包括另一位首次參加奧運的選手：時年芳齡二十二的米爾卡。

綽號「米爾卡」的瓦夫里涅克（Vavrinec）那年稍早才剛闖進女單排行前一百名，她之所以能參加奧運，是因為頂尖選手辛吉絲和帕蒂．施耐德（Patty Schnyder）決定不出賽，米爾卡因為排位墊後，尚須獲得國際網球總會（International Tennis Federation）的外卡才能上場比賽。

她在單打首輪以六比一、六比一敗給最後奪銀的俄國好手德門提耶娃（Elena Dementieva），雙打也與夥伴加利亞爾迪（Emmanuelle Gagliardi）止步首輪、無緣晉級。不過，至少米爾卡還有雙打可打。費德勒原本計畫和羅塞特一同出戰男雙，卻臨時失去搭檔——羅塞特在最後一刻宣布退出國家隊。

羅塞特的退出，不僅讓費德勒失去爭取獎牌的機會，連帶也讓另一位瑞士選手，如洛倫佐・曼塔或米歐爾・克拉托赫維爾無法遞補參賽。

「我沒料到會這樣。」費德勒剛抵達雪梨時說道。儘管和羅塞特交情甚篤，突然無法為國爭光的景況，讓費德勒的語氣藏不住怒氣。

費德勒很清楚，奧運在羅塞特的職業生涯占了很大的分量，羅塞特曾在一九九二年奧運男單摘金。但此次他和辛吉絲雙雙缺席，也提醒了人們，對許多四處征戰的職業網球選手而言，奧運不是主要目標，他們行程滿檔，也不缺重大活動和賺取比賽獎金的機會。

長期稱霸網壇的兩位男單選手——山普拉斯和阿格西，也都沒有參加這次的雪梨奧運。阿格西是因為家庭因素，而山普拉斯則因為希望自己更專注在巡迴賽上，職業生涯規畫從未瞄準過奧運金牌。

從一八九六年首屆奧運會開始，網球一直是比賽項目，但在一九二八年到一九八四年間又被排除。直到一九八四年洛杉磯奧運，網球作為表演項目重新回到人們視野，一九八八年則正式回歸奧運賽事行列。在這其中，時任國際網球總會與法國網球聯合會主席菲利普・沙特里耶（Phillipe Chatrier）成功遊說奧委會，可說功不可沒，他是一位精明幹練的運動記者與管理者，在法網復興上也扮演舉足輕重的角色。

無可否認的是，奧運網球依舊沒有通過巔峰測試。奧運金牌不是網球選手的終極目標，最崇高的賽事仍是四大滿貫。但話說回來，儘管對NBA球員來說，奧運金牌也一向不是巔峰象徵，但職業球員依舊在一九九二年在奧運場上為國征戰。

那時的奧運會正在轉型，變得更商業化，而且越來越竭盡所能將國際運動明星齊聚一堂，橄欖球、高爾夫和衝浪最終也加入四年一度的夏季盛事。

與山普拉斯和他那一代人不同，對一九八一年生的費德勒而言，奧運網球一直存在他的生活之中。

「在我成長的過程中，奧運始終是網球職業生涯的一環，」費德勒說，「我一直把奧運當成目標，這樁盛事深深吸引著我。」

澳洲和雪梨也是費德勒非常喜歡的地方，早在一九九五年，費德勒還沒加入位於埃居布朗的瑞士國家隊受訓時，他就和家人去過澳洲旅遊了。費德勒的父親羅伯特還曾一度心動想到澳洲工作，但經過考慮後作罷了。

澳洲文化很適合個性外向的費德勒，他熱愛陽光、沙灘、空曠，這三者也是他兒時到南非旅遊時深深喜愛之處。

不過，這並不代表費德勒沒有抱著網球野心來到雪梨。

「我很渴望能從這裡帶一面獎牌歸國，最好贏面金牌回去。」在離開澳洲前，費德勒這麼說。這番話出自當時世界排名四十三，也尚未在任何ATP巡迴賽展露頭角的十九歲男孩之口，可說是野心勃勃。

報導時常宣稱費德勒和米爾卡的初次邂逅是在奧運，不過實際上在錦標賽時，費德勒早和米爾卡打過照面，兩人在比爾的國家訓練中心也會碰面，米爾卡有時會在那裡參加訓練營，或和她的私人教練一起訓練。

比費德勒大三歲的米爾卡，一開始對這位青少年並沒有太深刻的印象。

「我比較安靜、守規矩，羅傑很愛製造噪音，」米爾卡在一次罕見的採訪中，告訴瑞士當地報《晨報》（*Le Matin*），「我記得他大聲唱著新好男孩（Backstreet Boys）的歌。」

儘管兩人性格截然不同，米爾卡仍覺得費德勒很有趣。「他很逗趣、充滿活力，總讓我大笑。」米爾卡說，「教練有時還不得不把他踢出球場，好讓耳根清淨一下。」

在那個階段，米爾卡的訓練方式和費德勒南轅北轍，米爾卡既不是搞笑派，也不是急性子，但與費德勒相同的是，兩人都有著偉大的夢想和移民的淵源，費德勒的母親來自南非，米爾卡的父母來自捷克斯洛伐克。

米爾卡是家中獨生女，一九七八年四月一日愚人節出生在波切尼斯（Bojnice），這座位於聯邦解體後的斯洛伐克小城，因古堡而名聞遐邇。雖然只有五千位市民，卻與網球有著很深的連結。一九八○年代晚期的網壇頂尖男子選手梅希爾（Miloslav Mečíř）在此出生，他曾闖進美網與澳網決賽，並在一九八八年的首爾奧運奪下男單金牌。梅希爾外號「大貓」，因為他擁有像貓一樣優雅、迷人的擊球、羽毛般的輕盈步法，以及不可思議的判讀比賽能力，總能恰到好處運用每一分力氣。有一次，人們問他百米跑多快，他幽默回覆：「不知道耶，我從沒跑過這麼遠。」一九九七年，女子單打排名第十的哈布蘇多（Karina Habšudová）也是米爾卡和梅希爾的同鄉。

米爾卡待在這座城市的時間並不長。在她兩歲的時候，父母就帶著她移民瑞士，定居博登湖（Lake Constance）畔的一座小城克羅伊茨林根（Kreuzlingen）。她的父親繼續從事金匠和珠寶商的工作，並創立一家名為「Mir'Or」的公司。

一九八○年代末，米爾卡的父親向捷克出生的球星娜拉提洛娃和她繼父納夫拉提（Miroslav Navratil）尋求建議後，決定讓米爾卡走上網球之路。娜拉提洛娃同樣也是捷克斯洛伐克僑民，為了逃離共產政權，前往美國。

有個常見的報導故事是這麼說的：一九八七年，九歲的米爾卡和父親在德國菲爾德爾斯塔特（Filderstadt）的WTA賽事突然現身，成功說服其中一位靠近娜拉提洛娃的觀眾讓個位置給他，並與保鑣交涉後，讓他的女兒贈送一副手工製作的耳環給娜拉提洛娃當作生日禮物。

報導接著說，娜拉提洛娃告訴米爾卡父親，米爾卡具備運動員體格，有可能成為優秀的網球選手。她幫米爾卡父親介紹了一位住在瑞士的捷克籍教練格拉納特（Jiří Granát），娜拉提洛娃曾和他一起打過青少年網球。

米爾卡的網球之路，似乎就這麼展開了。

然而，這個傳奇故事未免有點太戲劇化。雖然米爾卡已經超過十年不曾接受正式採訪，所以無法證實。但娜拉提洛娃對我表示：米爾卡父親的確有諮詢過她住在捷克斯洛伐克的繼父，希望尋求專家意見，知道自己的女兒有沒有潛力。

「我父親和米爾卡聊了一下，結束後父親說：沒錯，米爾卡的確有打巡迴賽的潛力。」娜拉提洛娃說，「我只知道父親認可米爾卡，並認為她會成為優秀的選手。這是我確定的。大概一年之後，我在某次巡迴賽後見了米爾卡與她父親，當時我父母也有空，陪我一起出國比賽，我們一起吃了午餐或晚餐，一起出去走走。」

娜拉提洛娃四歲的時候，她的親生父母離異，生父後來自殺身亡，自娜拉提洛娃有記憶以來，繼父的分量更重。她的繼父因為網球與她母親結緣，也是他帶領小娜拉提洛娃踏入了網球世界，成為啟蒙教練，直到二〇〇一年去世前，他都盡心做好父親的角色。

「我從來不在意自己是不是他親生。」娜拉提洛娃說，「就算沒有血緣關係，我們的個性還是很像。我想米爾卡的父親也知道，我爸爸是直來直往的人，如果米爾卡不是這塊料，我爸就會叫他幫女兒另謀出路，絕不屈話。他可以看出人的才華。假如一個孩子真的有才，老早就有跡可循，你只是不知道他未來會走得多遠。」

娜拉提洛娃認為，單看一個人走路的樣子就能知道有沒有網球資質。米爾卡小時候學跳舞，她走起路來自然、節奏優美，很快就成為一位令人敬畏的青少年選手，在十五歲時就贏得瑞士十八歲以下年齡組的女單冠軍。

那時瑞士網球門檻很高。同樣在年幼時就從斯洛維尼亞移民到瑞士的辛吉絲，比米爾卡小兩歲，已成為世界球后，並多次在大滿貫摘金。米爾卡則和施耐德同歲，施耐德之後也闖進世界排名前十，她弟弟還曾是費德勒青少年時期的對手之一。

不過，米爾卡很有毅力。她最後成功取得瑞士護照，也找到了一位瑞士商人沃爾特・魯夫（Walter Ruf）成為她職業生涯的贊助人。這樣的安排對於年少有為的選手與他們的家人十分常見，因為他們需要資金來支付教練費和四處征戰的旅費。

米爾卡成為一位堅強的職業選手，但她的實力有限。

曾執教大滿貫女單冠軍維卡里奧（Arantxa Sanchez Vicario）和馬汀妮茲（Conchita Martinez）的教練范海爾彭（Eric van Harpen）如此評論米爾卡：「她沒有成為頂尖選手的資質，但打進女單排名前五十綽綽有餘。」

「她是個厲害的底線型選手，擊球有力、身體強壯，但比較機械性些。她沒有一招斃命的武器，但有辦法不斷跑動、把球打進界內，她會緊緊咬住比賽，跟對手拚得你死我活。」

在與米爾卡密切往來之後，娜拉提洛娃又挖掘了一位網球年輕新星。時空來到一九九三年的莫斯科，她在一家診所裡遇到年僅六歲的小莎拉波娃，相出這個金髮小女孩的網球潛力。娜拉提洛娃告訴莎拉波娃的父親尤利（Yuri），要他想辦法送莎拉波娃到國外受訓。於是尤利帶著女兒搬到佛羅里達，戶頭只剩一千元，其他全押在莎拉波娃的網球之路了。而莎拉波娃也十分爭氣，在球場上大放異彩：十七歲就抱得溫布頓冠軍，排名衝上世界第一，曾經好幾年蟬聯全球收入最高的女運動員。

我問娜拉提洛娃是否常當伯樂，僅僅短暫的邂逅，就改變一個人的命運，甚至締造網球史？

「當然不是。」她笑著回答，「我想米爾卡和莎拉波娃是我唯二發掘到的鑽石。」

可惜米爾卡在職業生涯上，最終並未達到與莎拉波娃一樣高的成就。二〇〇二年，因飽受慢性腳傷的煎熬，米爾卡揮別職業網壇，但在兩年前的雪梨，米爾卡和費德勒首次參加的奧運會上，看起來兩位網球選手都有著大好前程。

對費德勒來說，二〇〇〇年是充滿各種試煉的階段，遇到了許多挫折、首輪就出局，還有許多必須做出的重大決定。

在奧運前，費德勒決定要和瑞士網球總會分道揚鑣，並在奧運後另組自己的教練團隊。惱人的問題是挑選教練，費德勒煩惱著：究竟該選一路相伴的恩師卡特，還是有豐富巡迴賽經驗、排名曾在世界前三十的隆格倫呢？

「我其實和他們兩人都合作得很愉快。」費德勒解釋。

實際上，這兩個彼得也可能雙雙落馬。

葛羅納瓦德說，費德勒一家曾聯絡他，詢問是否願意加入教練團隊，但他婉拒了。

「費德勒的爸爸費爸總是開我玩笑，說我是唯一拒絕成為他兒子教練的人。」葛羅納瓦德說。

一九九八年，葛羅納瓦德離開了位在比爾的全國訓練中心管理職，隔年旋即加入英國選手魯賽德斯基（Greg Rusedski）的教練團隊。葛羅納瓦德說他當時告訴費德勒：教練機會該是屬於卡特或隆格倫的。

「兩位彼得都投注很多心力在羅傑身上，我和他們的交情都不錯，覺得自己不該接受這個職位，因為他們絕對都比我更值得當他的教練。」葛羅納瓦德說。

費德勒一家接著詢問葛羅納瓦德，究竟該選哪位彼得才好。

他回答：「羅傑可能會在選手生涯前幾年面臨許多批評聲浪，我覺得隆格倫的國際地位高，瑞士媒體會比較手下留情。卡特較容易成為眾矢之的，因為他生涯從未闖進排名前五十，也沒有贏過ＡＴＰ獎盃。卡特來自澳洲的小城，缺乏隆格倫那樣的地位。考量到隆格倫的背景、以及擔任過里奧斯教練的經驗，再加上他本身的實戰經驗與瑞典選手團的人脈，所以我投他一票，因為我知道未來會很艱苦，而費德勒之後的三年確實是過得非常、非常艱苦。」

費德勒一家不只尋求了葛羅納瓦德的建議，也詢問了多羅中科。這位健談的法國體能訓練師和物理治療師先前時常陪費德勒一起四處征戰，直到二〇〇〇年初離開瑞士網協。

「有一天，羅傑跑來問我：『保羅，你覺得呢？我該選誰跟我一起出國比賽才好？』多羅中科依舊記得這段對話。「那時我告訴他：『嗯，我會覺得隆格倫比卡特適合些。』因為就我看來，隆格倫經驗豐富、情緒總是很好，是個開心果。他不像卡特那樣的技術人員訓練風格，隆格倫會懂得怎麼激勵你向前。」

費德勒在一份瑞士公報中宣布教練人選，在四月三日的復活節星期日，他父親也傳真給瑞士媒體。經過深思熟慮後，隆格倫最終勝出。

「這兩位的獲選率其實一半一半。」費德勒後來解釋，「打從八歲我就認識卡特了，這是我人生中最艱難的決定，而最後的選擇就是憑直覺。」

卡特一直以來都為費德勒的比賽運籌帷幄，他表達了些許遺憾，但依舊公開支持費德勒的最終決定。不過，卡特身邊的朋友表示，他真的傷透了心。

卡特的兒時教練兼摯友彼得．史密斯說：「卡特情緒激動地打電話給人在澳洲的我，就在三月，那時費德勒尚未公開教練決定，但告知卡特最終教練人選不是他。我和卡特聊了很久，他很沮喪。他真的把人生的一大部分貢獻給了費德勒，他很愛他，我想。」

卡特自認可以帶給費德勒正面影響，但費德勒在近三年和位在比爾的隆格倫密切相處後，顯然也看到了更不同、更令人感到安心的一面。

隆格倫表示，費德勒的決定並沒有造成他和卡特的關係緊張，兩人友誼一如往昔。不過，隆格倫能夠清楚感覺到卡特有多沮喪，也很感謝他的諒解，費德勒也是如此。

隆格倫坦言：「費德勒宣布我獲選的時候，卡特告訴他：『只要你需要我，我都會在這裡，百分之百、義無反顧地支持你。』」

不過史密斯也說，卡特的確心中苦澀，而當時和卡特密切共事的多羅申科也證實這個說法。「在費德勒做出決定之後，卡特就不再是過去那個卡特了，他經歷了一段痛苦的時間來消化這個事實。」多羅申科表示。

費德勒已不是第一次離開卡特所在的世界。在費德勒十四歲的時候，就曾決定告別巴塞爾，前往埃居布朗受訓。然而對卡特來說，費德勒沒選他擔任巡迴賽教練，遠比當初離開巴塞爾要難接受得多，畢竟費德勒這次可是準備要邁向世界頂尖選手之路了。

卡特盡其所能地看開、向前走，他詢問瑞士網球總會是否能讓他升職，繼續在國家訓練中心擔任年輕選手的教練。同時，費德勒如火如荼建立團隊，陣容成員也包含帕格尼尼，他集嚴格、創意、同理心於大成的罕見特質，費德勒當初在埃居布朗便已印象深刻。

自籌團隊計畫在奧運結束後展開，籌組的同時，也不斷面臨告別與失去。費德勒坦承，因為自我期待高，所以壓力很大，再加上決定離開瑞士網總，壓力更是加倍放大。

在二〇〇〇年初，費德勒也停止接受心理師馬可利的諮商。

「我所做的一切，就是希望有一天你能夠不再需要我。」馬可利接受訪問時說，「我從不希望個案依賴，也不希望個案覺得有我在，他才能好好的。我總會坦誠告訴對方：『我希望你有一天可以對我說：「謝謝你，我好了，我可以獨自面對了。」』當然，那一天到來時我難免激動，但也代表我完成了使命。」

但在告別馬可利之後，費德勒的表現並不亮眼。從四月起，他接連五次在紅土球場首輪止步，其中一場是在巴塞隆納對戰布魯格拉，以兩個六比一吞敗。那時多羅申科剛離開瑞士網球總會兩週，回歸布魯格拉的教練團隊。

「我告訴布魯格拉：『聽著，你對費德勒的反拍位置打出高彈跳上旋球，其他什麼都不用擔心。』」多羅申科說，「布魯格拉當時剛動完肩膀手術，與羅傑的對戰是首場回歸賽，在紅土球場上，只要能攻費德勒的反拍，擊出高的上旋球，就百戰百勝。但老實說，很少選手知道該怎麼打出這樣的球，因為費德勒回擊速度太快，實在沒有時間去好好使出這種打法。」

蠻牛納達爾當時才十幾歲出頭，在未來幾年的法國網球公開賽決賽，他就會攻擊費德勒反手，讓他潰不成軍。

不過，現階段的費德勒有著別的煩惱。

時任ＡＴＰ聯絡經理的大衛·勞告訴我：「費德勒就是拿不下比賽。在蒙地卡羅大師賽，費德勒在第三盤以七比五敗給伊里・諾瓦克（Jiří Novák），我記得前往賽後記者會的路上，羅傑喃喃自語著：『為什麼每次都差那麼一點？』」

費德勒在二〇〇〇年的法網打得不錯，成功闖進第三輪，直到第四輪才敗給擅長打上旋球的西班牙紅土好手科雷查（Àlex Corretja）。不過，費德勒接下來在諾丁漢（Nottingham）、溫布頓、施塔德、加拿大、辛辛那提、印第安那波利斯賽（Indianapolis）都無緣晉級第二輪。

大衛可以感覺到費德勒就站在十字路口，他有很高風險會不再把精力都放在發揮網球潛力上。「我不得不說，他很可能走上另一條路，因為費德勒的確喜歡職業網球選手的生活，喜歡到處旅遊、每天開懷大笑。」大衛告訴我，「在休息室裡，他很愛開無傷大雅的玩笑，他實在太活力充沛了。讓人不禁覺得：這些驚人能量要用在哪裡？你會怎麼利用它們？」

美籍教練史凱利（John Skelly），曾訓練斯佩迪亞（Vince Spadea）、雙打組合布萊恩兄弟（Bob and Mike Bryan）和其他球員。他記得當時曾經和費德勒與隆格倫在社交場合打過照面。「費德勒那時候看起來蠻悠哉的，」史凱利也說，「很愛跑趴和喝啤酒，他的教練也是。我記得二〇〇〇年的溫布頓賽季，費德勒在溫布頓小鎮裡的一家酒吧喝得爛醉如泥，他醉得很開心，盡情享受年少時期的選手派對。」

費德勒還曾不小心差點害史凱利丟飯碗。一九九九年的蒙地卡羅大師賽，費德勒遭斯佩迪亞慘電，但隨即在接下來的維也納公開賽炫風橫掃，對斯佩迪亞進行華麗復仇。史凱利說，斯佩迪亞的父親文森特（Vincent Sr.）在沮喪之下，做出了網球史上最失準的一次預測。

斯佩迪亞的爸爸在比賽結束後，氣憤地對史凱利說：「你可以滾蛋了！這小子爛爆了！他以後絕對成不了氣候！」

史凱利之後又回到斯佩迪亞的教練團隊了，他絕對沒有對費德勒記仇。

「費德勒真的是一位優秀的選手，」史凱利說，「他從未隨著成就越高而改變對人的態度。他總是對我很好、很尊重我，和你擦身而過時總會露出燦爛的笑容。」

在奧運會上，費德勒的笑容失而復得，他連續四場過關斬將都直落二，一路打入準決賽，擊敗普里諾西爾（David Prinosi）、庫切拉（Karol Kučera）、提爾斯特倫（Mikael Tillstrom）和阿拉米（Karim Alami）。

這幾位都不是網球巨頭，儘管球風流暢的斯洛伐克選手庫切拉曾打進世界排名前十，但這仍然讓費德勒信心大振，進入爭奪獎牌的階段，帶著堅定的信心重新上路，迎擊德國選手湯米．哈斯。哈斯向來以單手反拍和流暢表現聞名。與費德勒不同的是，哈斯從小就離開歐洲，前往美國佛羅里達布雷登頓市的波雷提耶利學院受訓。他和學院創辦人尼克．波雷提耶利（Nick Bollettieri）交情特別好，愛好交友的尼克擁有曬黑的天然肌和八段婚姻，但實際上，工作才是他的另一半。他渴望不斷自我提升，他也熱愛比賽，但他當教練遠比當選手來得出色。

時年二十二歲的哈斯，早在一九九九年的澳網打入四強，在二〇〇二年衝上世界排名第二，直到多次受傷才阻斷了他的進步。不過，哈斯和費德勒也有相似之處，他們在二〇〇〇年奧運之前都曾經歷過一段低潮期。

在奧運場上，哈斯不費吹灰之力，就以六比三、六比二輕鬆打發費德勒。準決賽過程裡，費德勒節奏大亂，一度還沮喪得把球拍踢到空中，最後決勝局，哈斯輕而易舉贏得決賽入場券，確定至少會有金或銀牌入袋。

我們不難迅速聯想到隆格倫的賽前評論：「費德勒在屈居下風的時候，他有時還是會很難戰鬥下去。」

但奧運和其他網球賽不同的地方是：前三名都有獎。只是在銅牌爭奪戰中，費德勒又爆冷敗給二十一歲的法籍小將狄帕斯卡勒（Arnaud Di Pasquale）。

狄帕斯卡勒當時僅排名世界第六十二，和費德勒私底下交情不錯，但兩人在雪梨的對戰中，狄帕斯卡勒從開局就佔了優勢，最終以七比六（七比五）、六比七（七比九）、六比三結束比賽，在第二盤盤末搶七雖然失利，但之後破了費德勒的發球局，順利摘下銅牌。

「我當時很害怕、非常恐慌，」狄帕斯卡勒說，「但我對自己說千萬不能輸，這是我職業生涯最重要的一刻。」

當時人們還預料不到，但奧運銅牌真的成了狄帕斯卡勒生涯中最關鍵的一場比賽。二〇〇七年，迪帕斯卡勒在單打巡迴賽最後一場落敗，遺憾退役。

費德勒最終以第四名之姿站上奧運頒獎台，這無非是奧運比賽中最沮喪的一刻了。他還在努力走出輸給哈斯的傷痛，與敗給狄帕斯卡勒所留下的遺憾。

「老實講，我真的很沮喪。」在賽後訪問時，費德勒把球帽壓得很低，迴避媒體的目光，「和哈斯的那場準決賽，我打得有夠差。今天我打得比那場好，處理了很多細節，真的到滴水不漏了。但我還是輸掉一面獎牌，就差那麼一點，真的心很痛。」

不過，費德勒還是在首次出征的尾聲，畫下一個快樂的句點。在雪梨的最後一晚，他第一次吻了米爾卡。

兩人可以朝夕相處並走到這一步，誠屬難能可貴，因為米爾卡是因緣際會下，參加了雪梨奧運，才譜出這段奧運戀曲。

他們要直到十二月才能再見面，遠距離時就通電話，雖然分隔兩地，但他們的確發現彼此的特別之處。這麼久以來，費德勒不斷昇華球技，沒有人比米爾卡還要勞苦功高。

葛洛納瓦德說：「米爾卡肩負重要任務。」

瑞士記者法夫爾（Laurent Favre）說得很妙：「起初，機運固然是個因素，但費德勒之所以能達到現在這個高度，是經過辛苦的付出、明智的選擇才能辦到。」

距離法夫爾說了這席話的多年後，費德勒對我說：「米爾卡一直相信著我，不讓我浪費一絲一毫的網球才能，因為她知道自己能力的極限。她真的很努力，但她也明白，我的才能可以帶領我達成更大的成就，這樣的信念對我影響深遠。」

第 6 站

溫布頓

WIMBLEDON

「我已完成我的目標：站在溫布頓中央球場和山普拉斯比賽，」費德勒對瑞士媒體說，「我上場不是為了贏一盤而已，我是來贏下這場比賽的。」

「你熟悉中央球場的規矩嗎？」費德勒準備踏進溫布頓最神聖的殿堂前，一位賽會主管問道。費德勒說他在電視上看過很多次中央球場的比賽，但從未在這兒比賽過。於是，這位主管替他複習了球場幾條不成文的規定，包括球員會一起進退場，也必須向皇家包廂行鞠躬禮（二〇〇一年仍有此規定）。

儘管年僅十九歲的費德勒樂於遵守規範，他卻即將打破某項傳統，令大家跌破眼鏡。他與山普拉斯在第四輪碰頭。山普拉斯來自加州，打起球來冷靜自持又極具爆發力，八年來在溫網只嘗過一次敗績：一九九六年不敵克拉查克（Richard Krajicek）止步八強。

中央球場既是全英俱樂部的主要球場，這段時間也可說是山普拉斯的個人主場。不過費德勒歷經多年隔空觀戰，已做足萬全準備，打算趁全球觀眾毫無防備之時，展現全方位的網球技巧和前所未見的抗壓性。

常年追蹤網壇動態的人，都知道山普拉斯這次可是大敵當前。二〇〇一賽季到目前為止他的表現有失水準，冠軍數仍然掛零。

「我很好奇他是不是遇到某種人生瓶頸，即使努力卻往往事與願違，」娜拉提洛娃說。她曾在溫網九度摘下后冠，是世上少數能與山普拉斯並駕齊驅的人物。

費德勒的實力越來越穩定，這點我們有目共睹：他在米蘭贏了第一座ATP冠軍，出戰台維斯盃表現搶眼，在法網紅土闖入八強，又在荷蘭斯海托亨博斯（'s-Hertogenbosch）草地賽挺進四強。至於溫網，雖然自從他一九九八年包辦青少年組單、雙打冠軍後一勝難求，然而今年打出連勝氣勢，第二輪與馬利斯（Xavier Malisse）鏖戰五盤勝出，接著遇上在草地如魚得水、回球火力驚人的瑞典老將比約克曼（Jonas Björkman），又是直落三強勢晉級。

英國球迷老早就看好山普拉斯會在八強賽對上地主好手韓曼（Tim Henman），網球行家則是密切關注費德勒的表現，畢竟一踏上這塊草皮，普通好手和偉大球手高下立判。

「我已完成我的目標：站在溫布頓中央球場和山普拉斯比賽，」費德勒對瑞士媒體說，「我上場不是為了贏一盤而已，我是來贏下這場比賽的。」

溫布頓的光環早該褪色了。草地網球已經不合時宜。現在哪有人在打草地打網球？草地曾經廣受歡迎，人氣直逼澳網和美網的硬地，但現在草地賽事只佔整個巡迴賽季的五週。不過即使人工球場當道，溫布頓仍佔據要角，球員來到這裡遵循服裝全白的傳統、重溫網球歷史，也在此成為耀眼新星。

四大滿貫賽唯有溫網是在私人俱樂部舉行，然而溫網期間的全英草地網球與槌球俱樂部（All England Lawn Tennis & Croquet Club，簡稱全英俱樂部）可是一點都不私人，好比奧古斯塔高爾夫球俱樂部（Augusta National）在美國高球名人賽期間也對外開放一樣。

溫網開打後，人群把園區走道和小吃攤擠得水泄不通，而主辦單位也鮮少讓人敗興而歸。俱樂部的地勢比想像中還高，球場沒有預期中老舊，只有中央球場和想像中的樣貌相去不遠。中央球場有著音樂廳等級的音場，沒有令人眼花撩亂的廣告，給人一種置身劇院的感覺。

在二〇〇九年球場加裝開闔式屋頂後，這裡少了點對稱的美感，不過費德勒第一次踏進球場時還是原本的樣子。

他和山普拉斯並非素不相識。費德勒曾在巴塞爾一場ATP賽事當過山普拉斯的球僮，此外二月瑞士參加台維斯盃時，幾乎全靠費德勒一人打敗美國隊，令山普拉斯印象深刻，後來兩人也曾見面、一起練球。

即便如此，山普拉斯仍是第一種子，是公開化年代以來表現最佳的草地球員，更希冀成為史上首位奪得八座溫網單打冠軍的選手。

不過山普拉斯在第二輪曾出現亂流，他被考恩（Barry Cowan）逼到第五盤才險勝。考恩是一位和善的英國球員，世界排名僅兩百六十五名。

「要是山普拉斯沒有失常，肯定三盤就能解決對方了。」費德勒說。

無論失常與否，山普拉斯旋即調整腳步，在第三輪輕取薩格西恩（Sargis Sargsian），抬頭挺胸迎擊費德勒。

「我那時感覺不錯，」山普拉斯回憶，「我跟羅傑還算認識，也知道他打得越來越好，所以並不覺得我的籤運特別好。但我確實認為那場比賽我該贏的，只可惜比賽時我有點亂了陣腳。」

費德勒雖然自認有信心，但他也說賽前五分鐘熱身時雙手「冷冰冰的」，彷彿在警告他這場比賽別具意義。不過他的開局相當成功，第一球發出帶切的愛司，同一局又發出第二顆，不到一分鐘便連下四分保發。

比賽繼續進行，他和山普拉斯一樣都會在分與分之間用手指調整拍線，不會喃喃抱怨自己犯的失誤，外人難以探知他與內在的對話。

這可是一大進步，除了他過去幾年的努力有所成效，也要歸功於身旁的人時常給他建設性的批評，包括他的父母、運動心理學家馬可利、教練團，還有坐在球員包廂的女友米爾卡等人。

隆格倫曾提醒費德勒：「大家都知道你是最優秀的網球員，但沒有人會繳械投降，因為等你開始發脾氣，他們就會贏。」

費德勒之所以在場上擺撲克臉，也是因為他知道自己變得更有名了，越是犯蠢或表現負面情緒，越會危及個人形象。

在五月的義大利公開賽，他與脾氣火爆的俄國球星沙芬激戰三盤勝出。整場比賽雙方面目猙獰、不斷怒吼、摔拍連連，被歐洲的運動節目剪成精華反覆播送。費德勒不喜歡這些畫面。

這場與沙芬的比賽結束後一週，費德勒在漢堡公開賽首輪遇上阿根廷老將斯奎拉里（Franco Squillari）時再次發飆。他在自己的發球局面臨對方的賽末點，因為對截擊球發生嚴重的判斷失誤，便惡狠狠地將球拍砸爛。

「我能砸多大力就砸多大力。」他說。

這次費德勒氣呼呼地下場，不只是因為又吞敗仗，也因為他對自己的舉止非常不滿。他告訴自己，為了大家也為了自己好，必須做出改變了。雖然身邊所有親近的人都曾努力要說服他，但這決定仍得出於個人意志才行。

「那一刻決定了我的生涯，」多年後他跟我這樣說，「看到自己在電視上爆氣讓我開始覺得不妥。我看著自己把球拍丟到角落，我的天，這不太賞心悅目。接著我又看到畫面裡的那個人望向四周，一臉挫敗失望的樣子，我馬上說『這真是又笨又蠢。快振作起來吧』。我花了很久才振作起來。真有趣，居然花了我這麼多時間。」

費德勒比賽的層級升高，他除了滿懷尊敬，也發現他越是打到比賽中後段，表現越容易受到脾氣的影響。

「我因為自己的行為舉止而身心俱疲，打到後面還會覺得『啊，累死我了』，」費德勒說，「我會累不是比賽造成的，而是我的感受令我疲憊不堪，因為心情起伏太大了。很好笑的是在我十二還十三歲時，其他球員像丘迪內利和拉梅爾也都和我一樣亂發脾氣。我們個個咆哮、嘗試激怒對方，說真的，我也不知道我們當時在做什麼。本來這樣很正常，接著事情突然就發生了，我來到更大的比賽，拉夫特、山普拉斯或自己崇拜的球員就站在對面。你懂我意思吧？不可以再這樣下去了。」

其實可以。許多球星即使轉換舞台參加大比賽，還是照樣發脾氣、摔球拍、丟椅子，看看馬克安諾、沙芬、基里奧斯（Nick Kyrgios）就知道了。

不過光這樣想就足以讓費德勒冷卻下來，至少外表看起來是如此。

事實上他的內心依舊怒火中燒。

「沒錯，是可以這麼說。」費德勒自己也承認。

他要學著控制內心的火焰，而非將之熄滅；要學著讓火慢慢燒，不能放任它燃成大火擾亂軍心。即使他對上山普拉斯常以為自己靈魂出竅，還是展現出極大的韌性。

費德勒沒有機會與兒時偶像貝克和艾伯格對陣，也還未曾遇過里奧斯。而費德勒以往都幫山普拉斯加油打氣，如今山普拉斯就在一片靜默之中朝他發出那令人畏懼的發球。

「比賽開始時，情況就是這樣，」費德勒說，「在電視上看到的英雄現在成了對手，必須想辦法調適。」

山普拉斯十九歲對上自己的偶像時，很快就找到自己的節奏。一九九〇年他相繼擊敗藍道和馬克安諾奪冠，而費德勒後來的教練隆格倫，當年也是在第二輪慘遭山普拉斯淘汰。

那年是我第一次去美網寫報導，我永遠都記得山普拉斯打到後面顯得侷促不安，就像個在大考前拿到考題、暗自知道一定能拿高分的小孩一般。

時至今日，幾乎比費德勒大十歲的山普拉斯已是老球王，而費德勒打球的各方面都是向山普拉斯致敬，包括單手反拍、致命的跑動正拍和特技似的即興動作等，他倆都曾在空中打出反拍高壓扣殺。

他們的發球動作節奏俐落，拋球時前後腳站定位，然後屈膝、蹬起、出拍，不像納達爾、莫瑞

（Andy Murray）拋完球，後腳還會向前踩一步。山普拉斯與費德勒的身高都是一百八十五公分，登錄的體重也都是八十磅，甚至都用 Wilson Pro Staff 85 球拍。它的拍面較小，僅八十五平方英寸，若適時擊球，拍子的振動會非常有感。我閒暇時喜歡打網球，也使用這支球拍很多年了，總覺得這支球拍截擊時的感覺「跟奶油一樣」，適時使用便十分對味。

山普拉斯已故教練提姆．葛利克森的孿生兄弟湯姆（Tom Gullikson）坐在場下看山普拉斯和費德勒的比賽，也被兩人的神似程度給嚇到。

「我還揉揉眼睛，確定自己沒看錯。」他那時跟我說。其實他們沒這麼神似。費德勒腰桿子直挺挺，山普拉斯略為駝背；費德勒移位比較敏捷，但山普拉斯更令人生畏，他的發球能力頂尖、在前場更具爆發力，而且總是果斷以一發的球速來轟二發。儘管如此，兩人相似之處仍是其來有自。此外，即使大家最愛看相反球風的對決，打法相同的費德勒和山普拉斯在溫布頓一較高下仍是備受矚目，因為他倆絕對全力以赴且能打出各種球路，加上比賽節奏明快、分數來回拉鋸，展現最純粹的運動能力。

山普拉斯稱霸網壇前後，曾興起一陣批評，有人說草地網球發球一聲「砰」、落地又一聲「砰」就結束，比賽打得太快又缺乏變化。不過多年後底線戰術長期制霸，再回頭看山普拉斯和費德勒，反而讓人覺得喜憂參半。這兩位大師狂發愛司、擊球絕不拖泥帶水，好像是在提醒我們：其實來回少、節奏短促的攻擊型打法仍有其魅力。

「這就是老派網球，」費德勒的教練隆格倫最近對我說，「現在都看不到這種打法了。溫布頓球場只有底線附近光禿禿，而他們那場比賽的底線和網前禿成一個T字形。以前看覺得很好玩，現在看也很有趣。不論老派網球何時出現，我都樂在其中。」

比賽才進入第四局，山普拉斯就在自己的發球局以零比四十落後，接著救了三個破發點驚險保住。他的心臟是出了名大顆，然而比賽卻陸續出現罕見失誤，像是幾個簡單的反拍穿越球竟然掛網、截擊時間點慢半拍，甚至連他招牌的「灌籃式高壓扣殺」也犯下失誤。

很可惜他倆的正式交手就這麼一次，幸好這場仍是史詩對決，勝負僅在少數關鍵球之間。像是第一盤搶七，局數五比六，輪到費德勒發球，他的一發看似出界但線審沒喊。山普拉斯回擊一掛網便出聲質疑球的落點，最終仍失去這分，也是他個人在本盤唯一的盤末點。又如第二盤山普拉斯握有盤末點，費德勒打算用正拍截擊處理一顆高球，卻因為太緊張而把球打出界，不但失掉發球局也送走了第二盤。還有第三盤後段，費德勒面對一顆近身發球，竟然只把拍頭朝下放著就接到了，而山普拉斯此時高壓扣殺又失誤遭到破發，後來被費德勒收下本盤勝利。

第四盤搶七，山普拉斯先搶到領先優勢並將比賽逼到第五盤，隨後申請上廁所暫停。坐在球員席的費德勒則有大把時間思考場上情形，順便把新頭巾摺好綁在頭上。

我坐在中央球場記者席，本來以為山普拉斯已經穩贏了。這位美國名將雖然沒有完全發揮實力，卻仍非常有威脅性，他不但已打出氣勢，也因為有太多挑戰者在溫網和他交手都不堪壓力而崩盤，所以他對自己很有信心。

那時我們都很清楚山普拉斯的能耐，不需要多費心思去揣測，他多年來的表現已證明一切。反倒是費德勒充滿了未知數。

山普拉斯過去在溫布頓打五盤大戰未曾輸過，這點費德勒並不知情，但這或許也是好事。儘管費德勒一直覺得左腳內收肌群很緊繃，他卻感到神清氣爽，而且他的心情平靜——這點很重要。他在暫停結束之後迅速保發，直到他在四比四發球以前，雙方都沒有讓對方逼出破發點。

山普拉斯的回發球並非特別穩定，他一貫的模式是在對手發球局提升回球水準，只要好球打夠多顆就能輕鬆破發。再加上自己極具破壞力的發球，通常一次破發就能拿下一盤。

第九局乍看是這樣的走向，山普拉斯也真的逼出兩個破發點，比賽勝利近在咫尺。不過他很反常地兩個機會都沒把握住。他在比分三十比四十時從內場打了一顆靈感不佳的反拍穿越球，被費德勒回了一顆截擊致勝。費德勒取得佔先，山普拉斯的跑動正拍回擊掛網，這球雖然不好打，但他在巔峰時期肯定打得出來。

「通常這種時候我都可以逃過一劫，」山普拉斯告訴我，「對我來說，破發點等於賽末點。如果我能成功拿下一個破發點，這場比賽勝利就是我的了，不過並不是每次都這麼順利。」

費德勒保發，局數五比四，後來又再度保發來到六比五，山普拉斯發球。費德勒趁他二發回擊一顆反拍致勝球，迅速取得領先。

山普拉斯在下一分的來回過程中移動有點僵硬，他用正拍截擊處理一顆急墜球用力過猛出界，比數零比三十。追成十五比三十後，他又因為正拍截擊打到網帶而失分。

十五比四十，費德勒的賽末點。山普拉斯一如往常用中指擦去眉間的汗珠，隨後發了一顆外角帶切，球落在外角，然而這顆角度不夠大，終究逃不過對方的手掌心。

「山普拉斯厲害的點就是他可以將球發向任一角落，」山普拉斯當時的教練安納孔說，「我也記得我當初在想，若山普拉斯發球的實際落點和理想落點差了近二十公分，那他就是沒有進入絕佳狀態。」

費德勒往右踩，朝底線轟出一顆正拍回發球致勝，發完球隨即上網的山普拉斯根本夠不著。費德勒中止了山普拉斯溫網三十一連勝的紀錄，他雙膝跪地，在草地上滾了一圈，接著兩手掩面再趕緊起身到網前握手，眼淚也湧了上來。

「我覺得我真的能打敗他，」費德勒告訴我們，「我一直有這感覺，所以我贏了。」

他這天打起球來簡直像是中央球場的常客。

「我以為羅傑多少會受到賽末點影響而軟手，而皮特則不，」安納孔說，「說也奇怪，我覺得不管哪一方都沒有真的受影響。但羅傑是表現得比較好的那一方，這點令人驚訝。那可是他個人的重要時刻。」

等到比賽結束，費德勒才又顯露菜鳥的樣子：他一路往出口處走，山普拉斯則按規矩停下腳步行鞠躬禮。費德勒不好意思地咧嘴笑，這才急忙回頭跟在山普拉斯身後倉促地鞠了個躬。他將這場勝利歸功於瑞典名將博格，隆格倫的同胞楷模兼摯友。隆格倫能把博格的聲音模仿得惟妙惟肖，在來電顯示問世以前，隆格倫會打惡作劇電話給他的同胞球員。他曾騙比約克曼說博格約他吃晚餐，而信以為真的比約克曼還事先向蒙地卡羅某間高檔餐廳訂位，結果人到餐廳才發現自己上當。

「他根本就是博格本尊啊。」比約克曼說。

因為隆格倫學得實在太像，二〇〇一年初費德勒終於在蒙地卡羅見到博格本人時，還得強忍笑意。

名列最偉大球員之一的博格曾在溫布頓取得四十一場單打連勝、連續五年奪冠，一直是山普拉斯不斷追逐的目標。

不過費德勒中止了他的紀錄，而且希望直接與博格對話。費德勒的經紀人萊恩曾長期擔任博格的經紀人，很快便安排電話對談。「羅傑跟博格講電話時，彷彿一個小朋友走進糖果專賣店，」萊恩告訴我，「他的眼睛睜得超大。」

費德勒打贏山普拉斯，靠的是一樣強的發球（兩人都發出二十五顆愛司）、更穩定的回發球、適時解圍的二發，此外他擊球更為霸氣，經常打出極具球速的穿越球，令山普拉斯驚訝不已。

「我確實很吃驚，」山普拉斯跟我說，「我不會說我被擊潰了，但當時確實有股壓力讓我不太習慣。這是我第一次對到他，要是隔天再打一場一定能準備得更充分，我想我只是有點不穩。他是個很好的球員，幾年後更變成偉大的球員。我知道他極具天賦，好表現也會持續一段時間，但我不認為有人能預知他會在未來二十年稱霸網壇甚至達成各項成就。老虎伍茲和雷霸龍十二歲時就被看好日後一定會成為巨星，然而網球的情況不同。沒人能預測我和羅傑的成就。網球員的未來發展沒那麼清晰，需要時間來證明一切。」

兩天後，韓曼在八強賽以七比五、七比六、二比六、七比六四盤打贏費德勒，這又告訴了我們另一件事。

山普拉斯年僅十九便奪得第一座大滿貫冠軍，而費德勒沒能完全複製他的成就。費德勒傷了他的腿，得靠止痛藥才能撐完整個溫布頓。他在草地尚未充分展現壓制力。但對一個年輕球員來說，沒什麼比在世界最大的舞台打敗超級巨星更能提振士氣的了。二〇一八年大坂直美在那場混亂的美網決賽擊敗小威廉絲，便是印證了這句話，而費德勒在溫布頓贏球也是如此。

「我認為山普拉斯那場球改變了一切，」隆格倫說，「大家都知道費德勒是誰了。能在溫布頓中央球場打敗山普拉斯肯定真有本事，他也從此打開知名度。他以前不是沒打出成績，但網球經理和群眾會問：『發生什麼事了？他怎麼沒有繼續贏了？』我告訴他們：『他還沒準備好。』他的表現很好、很有實力，不過他需要時間選擇適當的武器、找出適合的打法。他具備各式各樣的武器，可能每球都有十五種打法。」

費德勒這場勝利不但驗證了隆格倫和卡特的信念，也安撫了原本憂心忡忡的經紀人與贊助商。雖然這無疑是象徵他成長的一刻，但還不到網壇改朝換代的時候。

「先不要太激動，」山普拉斯輸球那天說道，「我只是輸了一場球，但我打算再打好幾年。我打球就是為了參加這些賽事。如果我哪天不打球了，不是因為能力不足，而是因為我再也不想打了。你們不用太擔心，我還會回來參賽並拿下勝利。我對於在溫布頓贏球一直都很有把握。」

但事實上，山普拉斯再也沒拿過溫布頓，不過他在二〇〇二年美網奪得個人第十四座大滿貫冠軍，消除了外界對他的質疑，這也是他生涯最後一場比賽。費德勒並未直接躍升為頂尖球員。雖然二〇〇一年他在溫布頓表現優秀、態度沈著，但他還沒準備好主宰網壇。費德勒爆冷打敗山普拉斯後，各界期望伴隨而來，他也尚未調適心情。此外他帶傷前往加斯塔德參賽，首輪出戰柳比西奇吞敗，不得不回到比爾靜養六週。柳比西奇日後則成為他的教練。

他在這段期間當起了司機。由於拉梅爾取代阿列格羅成為費德勒的室友，而斯凡・斯溫寧已經離開，加上拉梅爾的腳踝傷勢還沒好，所以需要人載他去高中上課。

已有駕照的費德勒自願幫這個忙。

「羅傑說：『好，我會去學校接你，也會載你去學校。因為我也受傷而且很閒。我來當你的司機。』」拉梅爾說。

人在比爾養傷的米爾卡，也常跟拉梅爾和費德勒玩在一起。

「幸好有米爾卡幫我們打理那間公寓，我們運氣真好，」費德勒輕聲笑道。「我跟麥可聊這件事還會聊得很起勁。他之前來找我共進晚餐又在聊這個，我們都很慶幸米爾卡出現在我們的生命之中。本來在公寓弄丟的東西都找回來了，也因為灰塵清理乾淨，終於可以正常呼吸。」

即使費德勒當年的表現起起伏伏，仍以世界排名第十三作收；雖然比起二〇〇〇年已是一大進步，但不足以入選前八強赴雪梨參加年終賽。那年休威特獲得了年終賽冠軍。

費德勒二〇〇二年賽季旗開得勝，他在雪梨國際賽奪冠、赴莫斯科參加台維斯盃也有佳作，到米蘭和邁阿密均闖入決賽，接著又在漢堡先後擊敗紅土大師庫爾滕與沙芬摘冠。不過費德勒在法網首輪不敵阿拉齊（Hicham Arazi），隨後以大會第七種子的身分回到溫網。由於他前一年的表現有目共睹，這次便成了賭盤看好的球員之一。

球員時期以火爆脾氣聞名的馬克安諾大膽預測費德勒將奪冠。全英俱樂部顯然相當欣賞費德勒的球風與前景，故將他安排在中央球場出賽，對手是從會外賽打進來的克羅埃西亞球員安契奇（Mario Ančić）。安契奇身材瘦長、球商很高，與同鄉伊凡尼塞維奇皆來自海港城市史普利特。安契奇比費德勒小兩歲，這是他首次打大滿貫。安契奇整場擊球信心十足，最終以六比三、七比六、六比三輕取費德勒，證明即使曾在中央球場出賽，也不一定能在這裡拿出好表現。

這場比賽是費德勒生涯中最慘的敗仗，而且時間點非常敏感。他和耐吉的合約仍待續約，也因喬不攏ＩＭＧ的合約細節，經紀情況尚未明朗。

大咖網球員在場外的獲利遠多於獎金收入，而運動商業常常是在投資期貨市場，商界人士非常好奇費德勒究竟能否成為下一個球王，或者只他不過是大批潛力新秀的其中一員。

休威特只比費德勒大幾個月，當時卻已躋身世界頂尖球員之列，更在二〇〇二年溫網打敗納班迪恩奪冠。休威特的對手來自阿根廷，是費德勒青少年時期的勁敵。這場決賽和過去截然不同，看不到一點發球上網的影子（崇尚老派網球的人至少可以因為比賽一度被雨勢打斷而感到欣慰）。另外，網壇還有以重砲發球與機智著稱的美國青少年羅迪克，比起費德勒，羅迪克來自一個更重要的商業市場，而他也將打進世界前十。

對費德勒來說，這段時期充滿不安與不確定性，他的狀況不太好，而且更糟的事情還在後頭。

***

八月初，費德勒與隆格倫飛往多倫多參加大師賽，同時迎接夏季硬地賽季的到來。

八月一日深夜，隆格倫的電話響了，是阿格西的教練達倫．卡希爾打來的。

「我以為達倫打給我，是因為阿格西想和羅傑練球，」隆格倫說。「他說：『你先坐下來。』」卡希爾告訴隆格倫：卡特在南非度蜜月，在前往克魯格國家公園（Kruger National Park）的路上發生車禍而喪生，得年僅三十七歲。

這趟旅程是費德勒的母親麗奈特幫忙安排的，而費德勒也一直鼓勵卡特和他瑞士籍的太太希薇雅（Silvia）成行。即使南非魅力不凡、景色怡人，卻是地球上開車最危險的地方。八月一日這天，卡特的朋友開著荒野路華（Land Rover）載他時，為了閃避一台直衝過來的車子而緊急迴轉。不料前方有座路橋，駕駛還來不及把方向盤穩下來，車子便失控從橋邊翻落，車頂朝下掉在橋底，奪走了卡特和友人的性命。

希薇雅坐在另一部車上，逃過一劫。其實他們這趟旅行原本是要慶祝她康復。二〇〇一年他們的婚禮結束沒多久，希薇雅被診斷罹患霍奇金淋巴瘤，必須接受治療，次年夏天醫生宣告她已痊癒，她和卡特才終於能到南非補度蜜月。

這趟蜜月之旅不幸以悲劇告終，而將此事轉達給費德勒的責任落在了隆格倫身上。

他留下一則語音留言，後來費德勒終於回電。稍早單打已被淘汰的費德勒一講完電話便衝出門、滿臉淚水地穿梭在陌生的街道，努力消化隆格倫告訴他的一切。

「他做了每個小男孩遭遇嚴重創傷時都會做的事：逃跑。」體育記者普萊斯（S.L. Price）在《運動畫刊》（*Sports Illustrated*）的報導中寫道。

費德勒後來出現在隆格倫的飯店房間門口。

「他走進來望著我，而我看起來糟透了，不過會這樣也很正常，」隆格倫說，「我的心被掏空了。這件事對我和羅傑都極其煎熬。彼得和我很親近，我們經常聚在一塊兒；羅傑則是失去了他的教練、好友，失去了一切。我很清楚彼得對費德勒來說有多重要。我們倆都是第一次經歷這種事。」

當時葛羅納瓦德在多倫多擔任魯賽德斯基的教練，隆格倫也找他來房間。他從隆格倫口中得知卡特的事，而不是費德勒。「羅傑崩潰了，」葛羅納瓦德憶道，「他說不出話來，整個人六神無主。」

再不到一個星期就是費德勒的二十一歲生日了。他一想到自己和家人多次鼓勵卡特出遊，情緒就更加激動，悲痛與自責席捲而來。

「我想這是最令他難過的地方。」葛羅納瓦德說。

當晚費德勒幾乎整夜沒睡，不過他不知怎地，隔天仍能與南非雙打搭擋費雷拉出賽八強戰。他們在第三盤搶七輸給斯托勒（Sandon Stolle）與伊格爾（Joshua Eagle）這對澳洲組合，但這又令人聯想起同為澳洲人的卡特。

事故發生時，費德勒的父親羅伯特碰巧也在南非出差。

「彼得在我們的生命中佔據了獨特的位置，」他在事故當週接受《巴塞爾時報》（*Basler Zeitung*）訪問時說，「我們這時才了解，原來他和大家有多親。」

即使費德勒之前突然改聘隆格倫當隨行教練，他仍與卡特保持友好關係。在費德勒主導下，瑞士台維斯盃前隊長赫拉斯克退隊；二〇〇一年夏天費德勒成功推選卡特擔任隊長。當時卡特不具瑞士公民身分，國際網球總會不准他正式接下隊長一職，不過他仍在二〇〇二年二月莫斯科台維斯盃首輪率領瑞士迎擊俄國。

「我很喜歡台維斯盃，但我在澳洲不可能爭取到這個角色。」卡特曾這樣告訴瑞士媒體，「我深信只要瑞士隊幾個主將保持身體健康，他們五年內就會贏得台維斯盃。」

費德勒深受鼓舞，他在莫斯科室內紅土場地出戰單打，面對兩位前球王卡費尼可夫（Yevgeny Kafelnikov）與沙芬都以直落三贏球。不過他和羅塞特組雙打卻不敵這兩位球星，最終瑞士以二勝三負遭到淘汰。

卡特為了備戰台維斯盃，比以往更常飛去各個巡迴賽，他去溫布頓和加斯塔德時都曾和費德勒碰頭，接著才去南非。

「我永遠不會忘記彼得帶給我的一切，」費德勒在卡特去世後不久表示，「他教會我的事情不勝枚舉，我到現在都還銘記在心。」

費德勒選擇繼續征戰，但他在辛辛那提網賽第一輪輸給了柳比西奇。「我永遠都不會忘記這件事，」費德勒當時的經紀人萊恩說，「那天實在太熱，肯定有一千度，所以羅傑、隆格倫和我在球員休息區外面，坐在樹蔭下聊天。羅傑說：『我再也不想打網球了。』」

接著他退出華盛頓哥倫比亞特區的比賽，飛回瑞士參加他人生中第一場葬禮。

「我知道我必須回瑞士一趟，」他後來解釋道，「當時人在美國真的太遙遠。雖然我幫不上什麼忙，但我就是想待在朋友身邊。我會永遠懷念卡特，而我站在網球場上的每一刻，他一定都在。」

葬禮這天，費德勒和兩百多人來到巴塞爾中部的聖良納多教堂，情緒仍難以平復。阿列格羅等多位瑞士頂尖球員也在送葬隊伍之中。

「羅傑整個人失魂落魄，」阿列格羅說，「他的肢體語言說明了一切。他止不住淚水，我想他整場葬禮一小時半都在哭，看到他如此哀傷令人不捨。不過我也深信從彼得去世的那一刻起，羅傑已從男孩蛻變為男人。基本上這是他第一次真正遭遇困難或面對可怕的事。他很快就闖進世界前百、賺了不少錢，家人身體都很健康、父母感情和睦。當然，有時他和姐姐還是會爭吵，因為他有收入而姐姐錢賺得沒這麼多等等，不過這問題都不大。此外他遇見米爾卡之後兩人也相處得十分融洽。一切都順風順水，你懂我意思嗎？然後他就失去了生命中最重要的人。」

卡希爾從小和卡特交情就很好，他也特地趕去巴塞爾。葬禮結束後，希薇雅和其他人都在追思會致過詞了，卡希爾走向雙眼紅腫的費德勒，對他說：「老弟，彼得若是看到你做的一切，肯定為你感到驕傲。你現在唯一要做的就是繼續讓他以你為榮。」

「我真的只說了這些而已，」多年後卡希爾跟我說，「哇，結果羅傑都做到了。彼得一定每天都在天上笑著看羅傑達到的成就，而我們身為彼得的好友都知道，羅傑努力得來的成果別具意義，也替他感到驕傲。」

對費德勒而言，那場葬禮有如當頭棒喝。在各種因素交織之下，他從一位極有天賦的球員晉升為史上最偉大球員之一，而卡特的過世不但是主因，甚至可說是決定性的因素。從那一刻起，費德勒很清楚自己每次有所成就，都是在證明卡特沒有白花心思，也是在向他致敬。卡特的生命結束得太早，不過只要費德勒能將卡特的網球夢化為現實，他的生命便有了意義。

「我確實找到了一股新的動力。」費德勒告訴我。

比起自我實現，他從卡特身上找到一個更重要的目標，而這樣的追尋並沒有明確的終點。

「這就是轉捩點，」阿列格羅說，「我接下來要說的話可能不太好聽，但我懷疑如果彼得還在世，羅傑能否在網壇達到相同的成就。當然，他也有可能成為一個更厲害的球員，因為我記得很清楚，費德勒本來打算把彼得找回來當教練。」

阿列格羅相信，費德勒在生涯初期聘請資深的隆格倫替他打穩基礎之後，就會把卡特請回來。費德勒從未證實過這件事，但他幫助卡特爭取台維斯盃隊長一職，也因此有更多機會接受卡特的指導。

沒有人像卡特一樣瞭解費德勒的打法。現在，費德勒不得不放下與過去的連結，離開舒適圈向前走了。小時候待過的許多球場早已不見蹤影，自小陪伴他到大的教練也離開了。

「這件事帶給我的衝擊如排山倒海而來，」費德勒向瑞士媒體表示。葬禮後他重返賽場，人在紐約州康梅克市（Commack）參加長島的一場ATP賽事。「這是我第一次經歷自己的摯友去世，我還有好多事情想和他分享，如今卻再也辦不到。我想向他的親朋好友致意，更要向他太太希薇雅致哀。我和她也熟識。」

費德勒在康梅克市首輪敗給馬蘇（Nicolás Massú），但他隔週打起精神參加美網，一路打到第四輪才被米爾內（Max Mirnyi）直落三淘汰。費德勒第二輪的對手是三十歲的美國球星張德培，賽後有記者問他是否應該再請諮商師幫他渡過這段煎熬時期。這提問挺合理，畢竟費德勒青少年時期曾請表現心理學家馬可利協助，而馬可利也和卡特很熟。

「我不要再依賴別人了，」人在紐約的費德勒說，「我必須自己想辦法面對人生的高低潮。」

費德勒跟著瑞士隊的其他成員來到卡薩布蘭加（Casablanca），但他的心情更加複雜。瑞士將與摩洛哥進行台維斯盃世界組資格賽，雙方在紅土對戰，決定哪一國可取得二〇〇三年世界組參賽資格。

摩洛哥這次可說是實力堅強。

卡特在過世前曾仔細擬定作戰計畫，隆格倫則在瑞士隊和瑞士網球官員的請求下，同意接任卡特的位置。隆格倫是瑞典人，按理不能擔任隊長，而且其實是隊員先到摩洛哥後他才到的。他因為女兒朱莉亞被診斷罹患糖尿病，所以先飛回瑞典家中，最後才趕去摩洛哥。

瑞士隊有費德勒、羅塞特、克拉托赫維爾，以及剛在溫布頓次輪爆冷淘汰山普拉斯的巴斯特。而這也是山普拉斯最後一次參加溫網。隆格倫請魯奇擔任助理教練，並指定老將羅塞特為場上隊長。隆格倫的目標非常明確。

「我們辦得到的，」他說，「這是為了卡特。」

費德勒出賽三場皆獲勝，而且未失一盤。稍早他在法網輸給阿拉齊，這次在台維斯盃單打碰頭則復仇成功；接著費德勒與巴斯特出戰雙打也贏球；比賽最後一天則打敗艾諾伊（Younes el-Aynaoui）拿下第四點，瑞士以三比一獲勝。

費德勒將勝利歸功於卡特。「我經常想起他，」他說，「他整場都在，連賽末點時也不例外。」羅塞特說他發現費德勒變了，還講了一個法文字「*déclic*」，這個字類似「啊哈！」的意思。「我覺得卡特去世讓他一夕之間成長了不少，」羅塞特說，「這也燃起了他的使命感。」

不到一個月後，費德勒淚流滿面地將另一場比賽勝利獻給卡特。這次是維也納的ＡＴＰ賽事，他分別在準決賽和決賽拍下莫亞（Carlos Moyá）與伊里．諾瓦克。

莫亞和諾瓦克都是排名前十的球員，維也納這一冠也成了費德勒生涯第一次入選年終賽的關鍵，只有最頂尖的八名球員能打年終賽。那時比賽仍稱作大師盃網球賽（Tennis Masters Cup）且是第一次選在中國舉行，位於上海博覽中心。由於中國球迷對網球不熟，可能不太清楚規則，因此入場觀眾還會拿到一本手冊。

不過他們不用看手冊說明也能感受到，休威特和費德勒那場準決賽極具張力。二〇〇一年在雪梨奪冠的休威特本屆尋求衛冕，即使費德勒本季稍早在邁阿密贏過休威特，這場準決賽才是兩人交手最重要的一役。

休威特在對上費德勒前，便已確定連兩年蟬聯年終球王，但他每次與費德勒碰頭都流得滿身是汗。他們倆加總的跑動距離一如往常驚人，對抽次數也令人讚嘆。網球存在近因效應，我們很容易把最近的對決當成最好的對決，但費德勒和休威特這次激戰到第三盤，幾度為了救球滿場跑的表現，其實和以往相比不分軒輊。

費德勒在首盤尾聲沒能保發，輸掉了這一盤；休威特在次盤錯失賽末點被扳平盤數，接著在第三盤五比四迎來自己的賽末發球局，卻關門失敗。不過現階段心理素質還不夠穩的費德勒接著連輸四分，遭到回破，最後兩分甚至都是雙誤送給對方。

休威特在接下來的一局展現出底線纏鬥力與穩定度，最終以七比五、五比七、七比五晉級決賽，帶回了冠軍獎盃。

他目前在巡迴賽以六勝二負小贏費德勒，因為有了教練卡希爾的幫助才佔據領先優勢，兩人一直到二〇〇一年底才拆夥。

他們年輕時，究竟休威特有什麼是費德勒所沒有的呢？

「他們兩個都很強，」卡希爾說，「顯然休威特比費德勒更清楚要如何打好每一分。只要機會一出現，不管是破發點或即將二度破發，抑或是第一盤三比二輪到自己發球、暫以十五比三十落後的關鍵時刻，他都會牢牢抓住，決不輕易錯過。有些年輕球員這兩分會打得很隨便，眨眼間就丟了發球局，但休威特反而認為十五比三十接下來這一分將決定比賽勝負，他會嚴陣以待、盡可能將第一球發進，把分數追成三十平。接著再趁勢超前為四十比三十，最後解除危機。」

費德勒堅持上網，這正是休威特想要的，一部分原因是球員受惠於拍線技術革新，除了增加球的轉速，還能把球打得更精準、更有力。

「休威特喜歡追逐獵物的感覺，」卡希爾說，「他那時熱切渴求比賽，也想變得更強，很少人像他一樣意志堅定，唯一能和他相比的人只有納達爾。早在納達爾出現在網壇以前，休威特就展現極強的企圖心，而且不曾偏倚。他十七到十九歲那幾年打球時，光是場外氛圍就讓人以為是第三次世界大戰開打。不管他和ATP、家人或女朋友發生什麼樣的問題，只要一踏進球場就令他心安。球場就是他的家，一個能讓他拋開一切、只求勝利的地方。這一點在球員身上非常罕見，很多人會因為生活不順或場外的事務而在比賽中分心，但休威特完全不會有這樣的情況。」

個性早熟的休威特拚勁十足、力求精準，成為費德勒職業生涯的頭號勁敵，也是費德勒的同儕之中最不滿足於現況的球員。他們還是青少年的時候，就曾在蘇黎世戰得你死我活，自此兩人和各自的教練都預測對方將在網壇有所突破。

休威特率先攀上高峰，但他感覺到費德勒正迅速擺脫低潮，也在上海受訪時，說他相信費德勒有朝一日必會拿下大滿貫冠軍。

只比費德勒大幾個月的休威特這時已有兩冠，而費德勒越來越著急。從二〇〇三年球季的表現看來，他似乎有點急過頭了。

＊＊＊

費德勒在台維斯盃和在三盤兩勝制的比賽最能發揮實力，前者是因為有隊友鼓勵，後者是因為能保持平常心。他陸續在馬賽室內硬地、杜拜戶外硬地、慕尼黑戶外紅土摘冠，直到羅馬大師賽闖進決賽才敗給曼帝亞（Félix Mantilla）。不過當費德勒回到巴黎，帶著雄心壯志以第五種子的身分參加法網時，卻又未能頂住壓力。

他原本希望成為繼諾阿之後第一個在法網奪冠的攻擊型球員，也在主球場菲利普・沙特里耶球場（Philippe-Chatrier Court）進行首輪賽事，卻被祕魯球員奧爾納（Luis Horna）以七比六、二比六、七比三直落三淘汰。

這是費德勒在網壇殿堂另一個令人洩氣的時刻，加上他前一年在首輪敗給阿拉齊，他已連續兩年在法網一輪遊。

前法網青少年冠軍奧爾納擅長打紅土，是一位表現穩健、追球也很賣力的球員，不過他的世界排名僅八十八，而且大滿貫單打勝場數還掛零。

照理來說，費德勒肯定會贏球，但他彷彿被嚇到不知所措。他的戰術亂無章法、反拍失常，還不時以一副受傷的眼神望向場下的隆格倫。

儘管他在第一盤以零比三落後時連趕了五局，接著又在搶七決勝局取得六比五領先，此時正拍卻發生失誤，也錯過了唯一盤末點。這記失誤可說是整場比賽的縮影，因為在這短短三盤之中，他總共發生八十八次非受迫性失誤。

法國體育報紙《隊報》頗有詩意地替這場比賽下了總結：「風平浪靜下的船難。」

奇怪的是，費德勒「遇劫後」心情似乎一樣平靜。

「也許他應該大叫或摔拍，全部發洩出來。」隆格倫說。

這提議很有趣，畢竟費德勒千辛萬苦才終於學會收起情緒，把專注力拉回場上，盡量減少情緒波動。不過他仍在想辦法取得平衡。

「有一陣子我在場上反而變得太沒有情緒，」多年後費德勒跟我說，「我發現我需要的是冷熱參半。年輕時我還不懂何謂適度的能量和強度。那到底是什麼意思？是外表、跑動姿勢還是什麼嗎？答案是對每一分都保持絕對專注力的心理素質，因為年輕時打球很容易感到無趣。難就難在這。」

費德勒受訪時，盡了全力描述難處何在：「你年輕時會分心去想：『我們午餐時段要幹嘛？接著又要做什麼？』」他說，「有時你會很亢奮，有時不會，重點在於你心情不亢奮時，就會像水龍頭漏水一樣連續失分，從十五比零、三十比零、四十比零、零比十五到零比三十，你會想：『天啊，我必須把專注力拉回來，可是已經太遲了。』」

隆格倫察覺到他內心的掙扎。

「羅傑知道尖叫、咆哮、心情低落或顯露太多情緒對他沒有幫助。」他說，「對手並不笨。想打敗他不用靠球技，靠心理戰就可以，他自己也發現這點。不過他接著變得太放鬆也不好。而現在，他突然找到平衡點了。」對費德勒而言，這並不是突然迸出來的，而是從二〇〇一年漢堡賽的萌芽、到二〇〇三年溫網的開花結果，整個過程歷時兩年。這時網壇也掀起一陣議論，大家都很好奇：費德勒究竟是否具備大賽冠軍所需的心理素質？

他已經在大滿貫出賽十六次，最佳紀錄只停在八強，更有六次連第一輪都沒過關。

跟他同世代的球員之中，表現傑出的不只休威特一人。二十三歲的沙芬已拿過大滿貫、和沙芬同齡的費雷羅（Juan Carlos Ferrero）才剛抱走法網金盃，二十一歲的納班迪恩則闖進溫網決賽。此外，二十歲的羅迪克在二〇〇三年澳網八強賽面對艾諾伊，不但逃過一個賽末點，更在第五盤打到二十一比十九才辛苦晉級四強，寫下當時大滿貫史上最長賽事的紀錄。他參加溫網之前，才剛在女王俱樂部的草地賽事打敗阿格西，後來順利奪冠。

費德勒擊球華麗、深受球迷喜愛也備受同儕敬重，但即使他在德國哈雷草地網賽拿下個人第一座冠軍，卻仍感到無助。

「大家很容易就對某個人產生既定印象，」羅迪克告訴我，「所以外界看羅傑明明打球很流暢，也沒看到他大吼或爆汗，好像很輕鬆的樣子，結果竟然沒有一下子就打進大滿貫四強，便對他產生了某種印象。他給人的印象和我們其他選手不一樣。」

羅迪克渾身肌肉與汗水，精力旺盛，容易緊張且極具爆發力，和羅傑形成鮮明的對比。「我覺得每一個人都會被歸類，放在某個貼了標籤的類別裡，」羅迪克說。「如果羅傑身高只有一百七十公分、打球姿勢醜一點，然後打出一模一樣的成績，他就不會被貼上軟弱的標籤。就是因為他這麼出色、他走路的樣子和行為舉止，貼上軟弱的標籤再簡單不過。這大概是大家給球員的標籤之中最隨便的一個。」

這個球員觀點很有說服力。運動媒體擅長寫短評，沒有興趣將眼光放遠，等球員按照自己的節奏往前邁進了再下筆。不過貼標籤也並非毫無根據，現階段會有這種疑問也很合理：

費德勒的心智夠堅強嗎？

山普拉斯的答案是無庸置疑的。尚未宣布退役但已高掛球拍的山普拉斯認為：二〇〇三年的溫網冠軍，將由費德勒拿下。

畢竟他非常能夠體會在巴黎慘遭滑鐵盧，然後在全英俱樂部大放異彩的感受，這種事很常發生在他身上。山普拉斯一九九六年打進法網四強，寫下生涯最佳表現，不過當年也是他從一九九三年到二〇〇〇年間，唯一一次在溫網失利，彷彿是在告訴我們要在同一年拿雙冠有多麼不易。

費德勒回到巴塞爾重看他那場在紅土的比賽，這才意識到，在草地打球令他神清氣爽而且開心多了。他對某些媒體寫他法網提前出局的報導不甚滿意，因此來到全英俱樂部時，便把媒體採訪時間壓縮到最少，大部分時間都和米爾卡與隆格倫待在溫布頓村租的民宿。

「我那時候還不太引人注目，」他告訴我，「我很少拒絕媒體採訪，但我一到溫布頓時心想：『好，我必須全神貫注，不能又在第一輪就被淘汰。』我因為這些情況而不得不背負各種壓力。」

他在前兩場比賽對上李亨澤和庫貝克（Stefan Koubek）輕鬆贏球，接著在第三輪與年輕的美國球員菲什（Mardy Fish）交手，雖然丟了一盤但仍拿下勝利。

不過費德勒在第四輪遭遇危機。正當他與青少年時期的對手羅培茲（Feliciano López）熱身時，另一個讓他頭痛的對手再度現身，成為他的頭號敵人——他的下背從來沒有這麼緊過。第一盤剛打到一比一，他就請防護員進場，但當時並不清楚傷勢為何，後來隆格倫說因為費德勒的背部拉傷導致神經受到壓迫。

「我給自己兩局的時間評估身體的狀況。」費德勒說。

由於他沒辦法全力擊球或正常移動，加上當年中央球場還沒蓋屋頂，要是這時能來一場雨讓比賽暫停，那該有多好呀。

「我望著天空祈禱奇蹟出現，看是烏雲或是什麼能救我的都好，」他說，「後來我改變策略，在關鍵分逼迫他出手、等他發生失誤，因為我很清楚在對手受傷的情況下比賽並不容易。」

第一盤五比四，羅培茲未能保發，而費德勒在背部稍加放鬆後急起直追，第三盤在零比三落後的情況下逆轉，最終以七比六、六比四、六比四收下勝利。

「我不知道我今天怎麼贏的。」費德勒說，他承認這是他轉職業以來第一次考慮退賽。

「一想到我這次的籤表，要是真的退賽了我會很氣自己。」他說。

本屆陸續傳出爆冷，包括休威特首輪在中央球場遭到知名度不高的卡洛維奇淘汰、阿格西與非種子球員菲利普西斯大戰五盤後也止步第四輪。目前還在籤表上的球員，沒有人拿過大滿貫單打冠軍。第四種子費德勒是僅存的種子之中排序最高者。羅迪克當然是極大威脅，他在八強賽以直落三重挫比約克曼便證實了這點；而費德勒原定週三要對上沙爾肯（Sjeng Schalken）卻因雨延期而賺到一天休息，他身體狀況好轉，後來也順利挺進四強。

費德勒和羅迪克的新世代對決將在準決賽登場，這除了是兩人交手的第一場大滿貫賽，也是首次在草地碰頭。

羅迪克求勝欲望強烈、個性活潑風趣，在家排行老么。他的二哥約翰曾是頂尖青少年球員，曾入選喬治亞大學全美最佳運動員，雖然後來未能在巡迴賽打出成績，但羅迪克從小立志跟隨約翰的腳步。

羅迪克年輕時，本來是個火力不強的底線型球員，後來他磨練出重砲發球和強力正拍，也培養充分自信心，蛻變為一股令人難以忽視的力量。他在法網首輪被淘汰後做了一件驚人之舉：與法籍教練兼恩師本哈比萊斯（Tarik Benhabiles）分道揚鑣，改和吉爾伯特（Brad Gilbert）合作。這位新教練喋喋不休，是位注重策略的能手，生涯最高排名世界第四。後來和人合寫了《反正都是我贏》（*Winning Ugly*）這本書，又帶領阿格西再創高峰。

羅迪克和吉爾伯特很堅決，即使羅迪克的發球深具威脅性，也不在草地採取傳統打法。比起發球上網，他打算先靠正拍搶攻接著才衝向網前。

這個戰術遇到費德勒就不管用了，但羅迪克肯定也不意外。他在兩人前三次交手都吞敗仗，其中一次是二〇〇二年瑞士公開賽八強，費德勒打出個人生涯最精采的一球（說是史上最精采的一球也不為過）。他為了接羅迪克一顆高壓殺球一路往後退，眼看即將撞上身後牆壁之際，卻以帶切方式將球打過去，球也迴旋鉤進場內。人在網前的羅迪克震驚不已，只能眼巴巴看球飛過頭頂。

「我覺得他打的是電動，而我們其他人努力在打的是網球。」後來羅迪克聊到這球時說道。費德勒咧嘴笑，羅迪克開玩笑地把球拍往他的方向丟，接著再走到網子對面把拍子撿回來。這個場景其實是未來的寫照：羅迪克拚了老命，卻被費德勒神來一筆給比下去，而羅迪克也常用幽默化解他的不甘心。

羅迪克來到溫布頓自有理由懷抱期望。這是他第二次闖進大滿貫四強，費德勒則是第一次，此外吉爾伯特曾教阿格西怎麼打贏費德勒，羅迪克的另一項優勢便是向他討教。「比賽一開始，我認真覺得雙方贏球機率各半，甚至羅迪克百分之五十五，對方百分之四十五，」吉爾伯特跟我說，「從安迪發球的狀況看來，我很看好他。而且當年晉級準決賽的四名球員都是第一次打進溫網四強。」如果羅迪克在第一盤搶七決勝局六比五的情況下有保住發球分並拿下盤末點，局勢可能截然不同。但他閃身一記正拍打向中場，這本是他的吃飯工具，但球卻打到網帶上緣。

費德勒在對方犯下非受迫性失誤後採取行動，連得兩分一併帶走這盤。他在第二盤一開局面臨破發點，以一記反拍截擊放短，球幾乎在落地後就停止旋轉，力道掌握得恰到好處。

好戲上場了。

「這是我看過最精采的一場球賽。」替美國全國廣播公司（NBC）播球的資深網球分析師卡莉洛（Mary Carillo）說。

吉爾伯特充滿同情，把第一盤搶七決勝局的尾聲到第二盤開局稱作「那七分鐘」。「我相信安迪也會說一樣的話，他多麼希望能讓那七分鐘時光倒流。」吉爾伯特說。

吉爾伯特從一九九八年看費德勒在巴塞爾與阿格西交手到現在，非常肯定費德勒一路以來的成長。「他的反拍突飛猛進，發球也變得更精準，」吉爾伯特說，「他發球時跳起來的離地高度比以往高很多，而且他這兩種球的進步幅度很驚人。」

費德勒在這場球賽中很少採取草地網球的傳統戰術，反而常常發完二發便留在底線和羅迪克對抽，等待扣下扳機的一刻。他有許多令人印象深刻的致勝分都是靠穿越球拿下來的，不管在左右哪個半場都打得一樣神準而霸氣。

羅迪克全豁出去了，甚至在第二盤第二局飛身撲救一顆反拍截擊，然而費德勒快步趕上，輕輕地打出一記正拍致勝。他已進入無我的境界，靠著靈巧的技法躲過羅迪克的重砲，也可隨心所欲控制球的落點。費德勒沈浸在自己的世界，直到兩人在第二盤尾聲打出高水準多拍來回，他上網打出一記角度刁鑽的正拍半截擊並收下本盤勝利，這時他才放鬆笑了出來。

「不可思議，」羅迪克說，「我覺得除了他以外沒有人能擊出那種球，他簡直是在表演特技，而且還成功了。我只能說：『打得太好。』」

羅迪克被迫降格成為藝術家背後的助手。費德勒整場擊出六十一顆致勝球、僅犯二十一次非受迫性失誤，以七比六、六比三、六比三贏球。這場比賽過了將近二十年後，羅迪克認為沒必要抱著悲觀的心態看待這場敗仗。

「我之所以記得自己在搶七犯下的正拍失誤，是因為那球原本可以改變局勢。我自認打得不錯，只是對方打得比我更出色，」羅迪克說，「我不知道這是好是壞，但我只要知道我有盡力就夠了。他的球風顯然非常適合草地，但大家很少注意到他交叉運用戰術的能力。他不管是靠底線戰術或發球上網都曾摘下溫網冠軍，所以就看他如何隨機應變。」

這種戰術變化正說明費德勒有別於他的偶像。他不像貝克、艾伯格或山普拉斯每年都靠相同的策略出戰溫網。因為他的打法富有彈性，所以能依據對手習性、拍子或拍線改良科技甚至草種做出變化。溫布頓在二〇〇〇年代初期開始改種不同品種的草，除了讓草皮表面更堅韌，也稍微增加球的彈跳高度，對底線型球員更有利。

不過費德勒的溫網第一冠，其實和他從小在電視上看的網球非常類似。費德勒在二〇〇三年決賽的對手是澳洲球員菲利普西斯，身高兩百一十三公分、胸肌發達，雖然他在草地一律採取發球上網戰術，但這次賽會中憑著愛司球的優勢，不必常常上網，例如他在與阿格西那場五盤大戰發出四十六顆愛司。菲利普西斯和費德勒一樣，十九歲時就在大滿貫打敗山普拉斯一戰成名：他在一九九六年澳網第三輪出賽，在屋頂關閉的情況下直落三贏球。他的爸爸是希臘人、媽媽是義大利人，此外因為他的發球威力媲美飛彈，所以獲得「飛毛腿飛彈」的綽號，但他的能耐不只如此。他持單手反拍而且球技高超，在我心中，他是未曾拿過大滿貫的球員中最有天分的一位。

他打敗山普拉斯成了澳洲之光，但後續幾年過著澳洲式的夜生活，表現變得很不穩定，也出現各種傷勢。他曾闖進一九九八年美網決賽，卻敗給同胞拉夫特，之後又在一九九九年溫網打進八強，雖然先拿一盤暫時領先山普拉斯，但他在比賽過程中聽到左膝發出的不妙聲響而選擇退賽。後來他動了三次膝蓋手術，二〇〇一年有超過兩個月的時間都坐在輪椅上。二〇〇三年打溫布頓時，菲利普西斯復出時間不長，但此時二十六歲的他已認真看待自己的職業生涯和各項優勢。

他身上有贏得溫網冠軍的天賦和武器，不過費德勒已提升一個檔次，可以從球場各個角落輕鬆帶來破壞力。這場決賽的模式和羅迪克那場準決賽很類似，費德勒在第一盤搶七驚險勝出，次盤打出各種漂亮的穿越球，首度在這場比賽破了菲利普西斯的發球局。

第三盤進到搶七，他飛快地取得六比一大幅領先，迎來五個冠軍點。首座大滿貫冠軍近在咫尺，但他的心思已飛到天邊。費德勒乍看十分冷靜，不過那是裝出來的。他在冠軍點出現前不但要強忍淚水，還得在腦中和自己對話。當時的細節經過多年後仍歷歷在目。

「我心想：『這一刻即將來臨，我就要拿下溫網冠軍了。』接著又想：『不，你先冷靜下來，』」他在紀錄片《王者之魂》（*Roger Federer: Spirit of a Champion*）裡說道。「『馬克，拜託你趕快失誤，一顆球就好，這樣我就不用想辦法打致勝球了。』」

費德勒在當屆溫網擊出非常多致勝球，而且決賽也不曾被對方逼出破發點。此外，他的願望成真了。菲利普西斯先是逃過兩個賽末點，下一球正當費德勒衝上網前時，他的反拍回擊掛網。真的不需要再打致勝球了。

費德勒往前踏了一步，接著便雙膝跪地，一面高舉雙手，一面望向坐在球員包廂的米爾卡、隆格倫和物理治療師科瓦奇（Pavel Kovac）。

從這場比數七比六、六比二、七比六看來，他的天賦和成就總算合為一體。雖然第一次看費德勒打球的觀眾，可能會因為他比賽行雲流水，就以為這一切得來毫不費力，他知道事實並非如此。「我贏球時一切看起來都是這麼容易，輸球時卻好像是『噢，他根本就不用心，』」費德勒告訴我們。「但我一直很用心，過去這兩週我已經付出一切。」

熟識費德勒的人都很清楚接下來會發生什麼事：他會坐在場邊激動落淚，等頒獎典禮時再哭得更用力。

「我們一家都很愛哭。」麗奈特曾解釋道。

各家英國小報果然沒有錯過這次機會，像《每日鏡報》（*Daily Mirror*）就這樣下標：「羅傑愛哭鬼」。

費德勒終於有資格參加溫布頓冠軍晚宴，彌補了一九九八年的遺憾，而他看過新聞刊登的照片後，也表示其實不用放這麼多「哭泣的照片」。「如果能放我和獎盃的合照會更好啦。」他說。好在以後還有很多這種合照。改朝換代的過程歷時兩年，現在終於完成了。費德勒在二十一歲時拿到首座溫網冠軍，和山普拉斯一樣。他心中的大石終於落下，也坦然面對自己的弱點，更準備好設下難以突破的障礙。

費德勒曾在青少年時期請瑞士心理學家馬可利加入團隊，而馬可利也在遠方看著這場比賽。他以前和卡特約定過，等費德勒贏得第一座大滿貫就要一人抽一支雪茄慶祝（是「等」不是「若」）。於是，人在瑞士巴爾（Baar）家中的他做了一件既感傷又感人的事：他走上陽台獨自抽起了雪茄。

「我們一直相信這會實現。」馬可利想起卡特，哽咽著跟我說。

克里斯蒂內一家人住在瑞士埃居布朗，費德勒以前曾在他們家住過兩年。他們正坐在沙發上看轉播，瑞士國家電視台的記者也在旁邊。費德勒高舉獎盃的同時，他們全家舉起香檳一同慶祝。「看到他落淚我也深受感動，」科妮莉亞．克里斯蒂內哭著說。「他住在我們家時還是個純真的十四歲男孩，他很真誠也很快活。對我來說奪冠並不會改變什麼。他永遠都是我們認識的那個羅傑。」

法國籍鐵血教練克里斯多福．弗雷斯曾在費德勒年少時期對他實行嚴格的管教，二〇〇三年也去

第 7 站

墨爾本
MELBOURNE

「費德勒的確有失意的時候，但通常當天晚上或隔天早上就好得差不多了。我從來沒有看過任何人能夠在勝負中找到那麼好的平衡：勝利的時候心懷感激，挫敗的時候繼續邁進。」

二〇〇三年七月，在費德勒溫網奪冠後沒多久，彼得．史密斯打開電子信箱，驚訝發現一封來自溫網新科冠軍的信。

信件內容談的是卡特，也就是史密斯的學生與多年好友。

「羅傑對我說：『每次完成一場好比賽，或打出一記好球，我就會想到人在天堂的卡特。我會抬頭往天上看，知道卡特正在看著我，為我感到驕傲。』」史密斯說，「羅傑想讓我知道，自己走到這步，他對卡特是多麼感謝，同時他也下定決心要成為最好的選手。」

將近二十年過去了，史密斯讀著那封信，依然語帶哽咽。二〇一一年，史密斯被診斷出罹患帕金森氏症，再也無法像過去一樣，站在第一線工作或擔任教練了。

史密斯說道：「當了好長一段時間的教練，我覺得我已經走得夠遠了。」

史密斯依舊很珍惜和卡特相處的歲月，往事歷歷在目，他也明白如果卡特還在世，費德勒的成功肯定對他意義重大。

「羅傑真的下定決心要成為卡特的驕傲，成為世上最棒的網球選手，」史密斯說，「不只是最有才氣、天賦的選手，而是要成為最頂尖的。」

矛盾的是，費德勒肩負早熟的覺悟、卡特的遺志，這勢必會讓史密斯的得意門生兼同鄉的少年冠軍失去他的優勢。

不過，休威特天生驍勇善戰，以戰鬥姿勢準備好捍衛自己的位置。二〇〇三年九月，費德勒連同台維斯盃的瑞士隊成員飛到墨爾本參加四強賽，休威特不僅已做好萬全準備，更鬥志高昂。

當年的休威特，因為沒有闖進任何一場大滿貫四強賽，排名瞬間從世界第一跌到第七。他在溫網首輪就爆冷敗給當時沒沒無名、態度低調，但士氣高昂的克羅埃西亞好手，足足將近二百一十一公分高的伊沃・卡洛維奇。接著在美網又因為臀部受傷，不敵費雷羅，止步八強。

但休威特決定挽救他的賽季，而台維斯盃不僅是他的大好機會，也是他的熱情所在。在澳洲，台維斯盃從來不只是一項運動賽事。台維斯盃曾為澳洲形象帶來重大影響，在一九五○、六○年代向全世界展現了地處偏僻的澳洲人精神——有志者，事竟成。在前網球選手、運動記者出身的愛國隊長哈利・霍普曼（Harry Hopman）領導下，澳洲有潛力的網球選手得以嶄露頭角，後進也前仆後繼躍上國際舞台。

那段期間，台維斯盃的性質仍較接近大滿貫賽事，選手以爭取個人名譽為主。從一九五○到一九六七年，澳籍地主選手奪冠高達十五次，其中有九次都是在決賽力克美籍選手。

澳洲身為台維斯盃常勝軍，宰制比賽變得容易多了。衛冕冠軍不需要從首輪開始打起，而是直接自動晉級決賽，等到其他國家先決一死戰，從中勝出的國家代表，再和衛冕冠軍抗衡。

衛冕冠軍還有另一個優勢，即成為決賽的地主隊，又俗稱「挑戰回合」（challenge round）。在以前的時代，光是從歐洲或是美國飛往澳洲就夠累的了，好不容易抵達，還必須面對強勁的地主好手，像是塞奇曼（Frank Sedgman）、勞霍特（Lew Hoad）、羅斯威爾、羅德・拉沃、羅伊・愛默生（Roy Emerson）、約翰・紐康姆蓄勢待發，身後還有許多球迷觀眾為他們搖旗吶喊。

不過，因為乍聽之下實在有失公允，因此該制度只維持到一九八一年，而後改制，廢除了挑戰回合，由十六個國家所組成的世界組四輪戰淘汰制於焉成形。

雖然澳洲隊不再稱霸，台維斯盃的文化底蘊依舊深植澳洲人心。費德勒很了解這一點，因為卡特和他聊天的時候曾經提過：孩提時代他曾夢想自己可以加入澳洲隊的一員，為國爭光。他最終成為台維斯盃瑞士代表隊檯面下的隊長，儘管任期短得可憐。

在費德勒早期生涯中，若是剛好與澳籍網球名宿或優秀教練碰頭，卡特就會一一向費德勒介紹。澳洲人往往性格外向、愛開玩笑、喜歡損人，場外十分和善，場上卻毫不留情。

費德勒能夠游刃有餘地應對場上與場外這種反差，他也開始對澳洲的網球傳奇發展漸感佩服。雖然費德勒在學生時期對學科興趣缺缺，但他卻深受自己運動項目的歷史吸引，隨著費德勒也一年年刷新網球史，他對這個領域的興趣不減反增。

費德勒在二〇一八年紀錄片《天才之擊》的訪談中提到：「我問了很多問題，也多虧許多優秀選手教導我、向我解釋：『你看！那位就是在一九六八年打進溫網四強賽的名宿、那位是一九五四年的雙打冠軍。』而我總是激動回應：『天啊，再告訴我多一點細節！』」

費德勒對一九六八年那些協助業餘網球（the amateur era）過渡到公開賽年代（the Open era）的推手很感興趣，因為有前輩幫忙鋪路，後起之輩的職業球員方能在溫布頓這類大型賽事中大展身手。他了解是有賴於這些生涯獎金非常微薄的先行者，後進如他，以及其他當代球星，才能夠依靠打球致富。

「我一直覺得應該要尊敬年長者，更應該尊重年長的網球名宿，因為他們是我站在球場上最大的啟發和動力。」他說，「由於他們了不起的成就，才讓今天的我得以受益。我也希望網壇的後起之輩能夠對網球的點點滴滴感到好奇，渴望了解亞瑟．艾許的輝煌成就。會思考：為什麼康諾斯打那麼好？為什麼娜拉提洛娃能夠叱吒網壇？是什麼造就薩芭提妮成為女網傳奇？任何想到的網球大小事都可以問、去弄個明白。好好了解這些人，因為他們背後都有超級有趣的故事，每個人都有，即使他們不一定個個都是前世界第一。」

這是費德勒典型的健談模樣：熱情洋溢、喜歡漫談過去的對話，時而還會穿插一些內心對話。

不過，儘管費德勒有所期望，但與他同時期的網球選手，大多並不像他對過往頂尖選手有那麼大的好奇心。休威特和費德勒一樣，是網壇特別的存在。雖然他面對同國籍的澳洲記者提問，時而易怒、時而閃躲，但他對自己國家的愛和代表國家出征的熱忱，完全不須質疑。

一九八六年，休威特五歲，兩眼緊盯電視螢幕轉播台維斯盃決賽，比賽場地位於墨爾本的庫揚體育館（Kooyong Stadium），澳洲地主球星凱許在兩盤落後的情況下急起直追，最後五盤結束，擊敗了瑞典隊代表米凱爾．波恩佛斯，贏得漂亮的一仗，澳洲隊拿下冠軍。

休威特幾乎能分毫不差回憶那場球賽比分，因為他把整場比賽都錄了下來。

「那場賽事我一看再看，」有一次他對我說，「這可說是台維斯盃最偉大的一場對決了。」

對休威特家族而言，成為一位職業運動員，並不是太遙遠、模糊的幻夢。休威特的爸爸格林（Glynn）和叔叔達瑞爾（Darryl）都是職業澳式橄欖球球員，休威特的媽媽謝琳（Cherilyn）曾是數一數二的無板籃球（netball）球員，這是女子盛行的運動項目，之後她成為體育老師。

休威特小時候澳式橄欖球和網球都打。和費德勒一樣，在滿十三歲的時候，他覺得該把重心放在其中一項運動了。體型中等但個性頑強的休威特做了明智的選擇。他在十五歲時就成為澳網最年輕的參賽選手，就像費德勒在十五歲時就獲邀成為瑞士隊國家代表的練習夥伴。澳洲人稱「練習夥伴」為「橘子男孩」（orange boys），因為練習夥伴的其中一個職責是發橘子給台維斯盃參賽選手。一九九七年在雪梨懷特城體育館（White City Stadium）首輪與法國隊的對戰，休威特就擔任橘子男孩。紐康姆是澳洲隊隊長，教練則是托尼羅氏（Tony Roche），拉夫特是主力球員，當時拉夫特落後對手兩盤，紐康姆對他罵了幾句髒話，又在休息時間對他大加鼓勵，最後紐康姆以五盤大戰險勝法籍球星皮歐林（Cédric Pioline），澳洲隊接著贏得此輪比賽。

「我有整整一週的時間都和我崇拜的選手一起度過，沒有什麼比這更值得開心了。」休威特說，

「紐康姆告訴我：相信三四年後，就換我上場為國爭光。」
而這個盼望，甚至比紐康姆想像的更早實現。
就在隔年，休威特以十六歲之姿，在家鄉阿得雷德的ATP賽擊垮阿格西，整座網壇為之震驚。
休威特獲勝後，第一個打電話恭喜史密斯的就是卡特。以前，卡特曾打過電話開史密斯玩笑，說休威特可能前途無量，但費德勒會更勝一籌。
史密斯笑著回憶道：「卡特告訴我：『我剛看了一下你徒弟的比賽，看起來他目前暫時領先我徒弟一步了。』」
休威特和費德勒原本計畫一同出戰澳網青年組雙打，但那時休威特意外在阿得雷德錦標賽獲勝，讓他順利得到外卡，獲得參加澳網正賽的門票。
一九九八年，費德勒成為青年組最頂尖的選手，休威特則早一步正式轉職業。一九九九年，休威特成功打進世界排名前二十五，成為澳洲國家隊主力，並在同年飛往法國尼斯，代表國家出戰台維斯盃決賽，澳洲隊該年擊敗法國隊成功奪金。
巔峰時期的休威特，在場上反擊對手又快又狠、毫不留情，他連兩年高居世界第一，包下美網與溫網金盃，也肩負同年在澳洲代表國家贏得台維斯盃的重要任務。但是，要讓澳洲繼續贏得台維斯盃的主辦權以前，澳洲選手必須先跨過費德勒和瑞士隊這一關。
澳洲、瑞士兩隊都想表揚卡特過去的努力。當年的澳洲隊隊長費茲傑羅同樣來自阿得雷德，在他小時候，卡特也住在這裡、在此地受訓。之後，澳洲、瑞士總會決定一同創立一座彼得．卡特紀念獎盃，頒發給澳、瑞兩國在台維斯盃的獲勝選手。
兩隊球員也在台維斯盃單打開幕式前，在同為澳網舉辦場地的墨爾本公園感念卡特，默哀一分鐘。

澳洲隊原本可以在臨時草地球場打四強賽，但考量到費德勒溫網草地上的精湛表現，若選草地來對戰，實在是太魯莽了。最終，澳洲隊選擇與澳網相同的硬地場地。這種場地名為「慢速硬地」（Rebound Ace），材質是橡膠，能夠讓球的彈跳變高。某些情況下，球員在這種材質的場地很好發揮實力，但隨著溫度升高，地面會變黏，增加跑動阻力，而威脅到球員表現。

幸好九月的墨爾本氣候涼爽，甚至有點冷。因為外頭飄雨，羅德．拉沃球場開幕賽不得不關起屋頂舉行。休威特先直落三輕取克拉托赫維爾，但費德勒也不遑多讓，同樣直落三擊敗菲利普西斯，為瑞士同胞雪恥。費菲二人之後於溫網決賽再次碰頭，又上演了一次同樣的戲碼。

台維斯盃瑞澳對決第二天，費德勒與瑞士隊隊長羅塞特的雙打組合，迎戰亞瑟斯（Wayne Arthurs）和澳洲雙打好手伍德布里奇。伍德布里奇在伍德福德退休前，兩人一直是雙打黃金搭檔。

這是一場張力十足的比賽，亞伍組合最終獲勝，比數為四比六、七比六（五）、五比七、六比四、六比四。第五盤比數三比三的時候，費德勒遭到破發，在這一局中他出現了兩次雙發失誤。

澳洲隊因而取得二比一領先，而費德勒與休威特即將在星期日進行單打對戰組合交換的第一場賽事。

當天，羅德．拉沃球場座無虛席，休威特當時的女友、比利時女網明星克莉絲特絲（Kim Clijsters）也到場觀賽，某種程度上，她已經被視為澳洲的榮譽公民。卡特的父母鮑伯和黛安娜也從阿得雷德的家出發，到墨爾本現場觀戰。

澳洲隊只要再贏一場，就可拿下準決賽門票，但休威特看似面臨一道高牆，因為費德勒的意志力漸漸發揮作用，攻防戰越打越精采。

費德勒並沒有擺出一張撲克臉迎戰。他對勝利的渴望明明白白寫在臉上，就在他快要拿下第一盤的時候，錯失了一記正手，嘴裡不禁喊出：「去他的！」休威特丟掉下一分的時候，也跟費德勒做了一模一樣的事。這讓人想起費德勒和休威特二十歲以前在蘇黎世的那次對戰，當時兩人也都狂飆髒話，但這次對戰，他們可不會因此輕易失去專注力了。

費德勒先以七比五拿下第一盤，六比二拿下第二盤，一個接著一個致勝球把對手打得東倒西歪。第三盤，費德勒以一記閃身正手致勝球破了休威特的發球局，取得五比三領先。費德勒緊握拳頭，士氣大振向隊友吶喊。接下來到了費德勒的賽末發球局。

兩人比分三十比三十，費德勒只要再兩球就會取得勝利。

時任休威特教練的拉席德說：「在這個階段，任誰都賭羅傑會贏。」比賽當下，他就坐在羅德．拉沃球場的看台，身旁的瑞士隊球迷搖著牛鈴替同胞好手加油，澳洲球迷同樣賣力為休威特應援，但看起來士氣低迷。

不過，就在下一分，也就是費德勒發的第一顆球，休威特打出一記漂亮又深遠的正手回擊，壓在偏後方一點的底線位置。費德勒以為那球應該是出界，所以反應慢了一拍，反手迎球但打出界。比分來到三十比四十，費德勒面臨破發點，休威特緊接著再打出一記深遠回球，費德勒切球回擊掛網。

局數這下來到五比四，換邊休息時間，瑞士隊隊長羅塞特眼看事態緊急。跑到費德勒面前蹲了下來，把手放在正坐在休息板凳的費德勒大腿上，嘴裡快速說著法語，不斷給予他建議和加油打氣。

不過這依然無濟於事。接著輪到休威特發球，儘管費德勒兩度將比賽推至賽末點，但頑強的澳洲野兔手感火燙、能量爆發，又拿下搶七，硬是將比賽推至第四盤。

「和頂尖選手來場激戰，對休威特而言很重要，」拉席德說，「因為一旦他自己進入了像是拳王洛基的迎戰狀態，就會躍升到另一個檔次，只有他自己才感覺得到。他會開始相信一切皆有可能：『我一定會扭轉局勢，再次變強。』彷彿吃下了一罐菠菜的卜派。」

拳王洛基的比喻對休威特來說意義重大，有好幾次在比賽中，甚至可以聽到他對自己喊著：「上吧！洛基！」

第四盤比分非常接近：休威特和費德勒在網前對峙，最後休威特以雙手反拍截擊破發，七比五拿下第四盤。不過，第五盤隨著費德勒的體力（還有心理狀態）下滑，休威特逆轉取勝，比賽最後，費德勒送出一顆接近休威特頭頂位置的球，而休威特回敬瑞士同齡好手一記再見扣殺，以五比七、二比六、七比六（四）、七比五、六比二，為澳洲隊贏得精采的一仗。

休威特後來說：「這場勝利比贏得溫網和美網還要過癮。」

費德勒在場上依舊保持冷靜和風度，但私底下就是另一回事了，背後有許多因素交織在一起。早在二〇〇一年，費德勒成為台維斯盃瑞士隊的領導人物，他藉助影響力，擠下了前任隊長赫拉斯克。和羅塞特還有好友一起獲勝是他的主要目標，就算瑞士隊可能在四強賽碰上澳洲強敵菲利普西斯，這位可能打進單打決賽、外界呼聲極高的好手，但隨著費德勒輸給休威特，與菲利普西斯的對戰也跟著提前告吹。

最重要的是，費德勒想起卡特說過的話，讓這場敗仗變得極為痛苦。卡特一直以來把休威特當作費德勒的參考對象：費德勒必須好到能夠打敗休威特，證明自己的鬥志比他更高昂、潛力比他更大。賽後，費德勒一見到卡特父母，情緒頓時排山倒海而來。

「那是羅傑煎熬的一刻，就像在巴塞爾參加卡特葬禮的時候一樣難熬。」羅塞特說，「看到你在乎的人痛苦到這個程度，不可能冷眼旁觀。你的心也會跟著碎了一地。」

應羅塞特邀請而加入瑞士隊的資深法籍教練喬治・德尼奧說，費德勒賽後一個人默默躲在穿線師工作的小房間裡不出來。

「我從沒看過一個男人哭成那樣。」德尼奧接受法國《網球雜誌》（*Tennis Magazine*）訪問時說道，「沒有人敢去打擾他，我之後進去了小房間一下，看到費德勒用雙手摀著自己的頭。」

多年後，費德勒告訴我：那場與休威特的對戰堪稱他「最慘痛的失敗」之一，不過也是這場對戰，讓他打從骨子裡明白，自己是有能力打敗最頂尖的好手。他面對主要宿敵休威特，至少連續將近三盤佔了上風。費德勒固然缺乏完成任務的沈著冷靜，但是他的實力也更上一層樓。他自己清清楚楚感覺到了。

令人驚訝的是，二〇〇三年台維斯盃的挫敗，並沒有為費德勒同年後續的賽季蒙上陰影，反而看到他更能從沮喪的情緒中迅速恢復，有些還是非常難捱的沮喪時刻。

「費德勒的恢復速度實在驚人。」費德勒長期合作的教練之一安納孔告訴我，「他的確有失意的時候，但通常當天晚上或隔天早上就好得差不多了。我從來沒有看過任何人能夠在勝負中找到那麼好的平衡：勝利的時候心懷感激，挫敗的時候繼續邁進。」

費德勒在台維斯盃慘敗後的第一場錦標賽中，成功衛冕維也納公開賽冠軍。雖然同為室內賽事，但費德勒在其他歐洲錦標賽並沒有像在維也納打得那麼好，有一部分是因為他受背部痠痛所苦，所以保留最後體力迎戰大師盃，期望能角逐年底的冠軍獎盃，該比賽兩年前才從上海移師到休士頓。

男單世界前八名的頂尖對決，曾在康洛斯和馬克安諾叱吒網壇時期，是由紐約麥迪遜廣場花園定期舉辦，但美國自從一九八九年就不再舉辦了。這站精采賽事得以回歸，要感謝休士頓西區網球俱樂部的老闆麥京維爾（Jim McIngvale），他是一名家具業巨頭，因為「幫你省錢，當天送床墊」的企業形象，人稱「床墊大王麥克」。

麥克無論過去或現在，都給人一種典型白手起家的美國人印象：大膽做夢、努力工作、購物和捐贈一律出手大方，我口表我心是理所當然的，外交辭令都是屁話。麥克和老婆琳達都是網球鐵粉，而雖然俱樂部和溫網、法網賽地距離遙遠，但他們竭盡所能打造出四大公開賽的場地材質，麥克的俱樂部坐擁四十六座球場，其中草地、紅土都是北美的稀有場地。

麥克斥資將近七百萬美元獲得大師盃主辦權，有時被網球界私下稱之為「床墊盃」。他又傾注超過兩千萬美元在新的戶外體育場及其他設備上。

林林總總的費用，加起來遠超過麥克的預期，而他漸漸覺得有點煩躁和過於出頭了。所以當費德勒在開幕賽前一晚的新聞記者會發言，說他覺得作為錦標賽規格，只能容納七千五百名觀眾有些太少了，還指出球場不夠平整、場地有點傾斜，簡直把麥克給氣炸了。

在與阿格西首輪對戰前，麥克和費德勒在休息室裡嗆聲。ＡＴＰ官方甚至介入調停，希望可以讓這位少見的美國商業龍頭息怒，繼續保持願意鉅額投資網球賽事的驕傲與熱情。

最終費德勒低頭道歉了。麥克欣然接受，事後讚賞費德勒「是個好孩子、厲害的球員」。

在ＡＴＰ官方紀錄中，費德勒的發言已完全被失蹤，就像蘇維埃式的處理風格，如今依舊很難在錦標賽網頁中翻到這段歷史。

「我不懂為什麼人們說我在批評場地。」費德勒後來說，「那只是我對球場的第一印象而已。我也可以完全換個方式講，抵達的時候說一切真是棒極了。那時只是說出心裡所感，假如我再也不能說出內心話，那我就再也不想參加任何記者會了。」

不過，這也算是一次關於發言太過隨心所欲的教訓與警戒。隨著費德勒的球打得越來越好、名聲越來越大，人們很快就開始放大檢視他的言論或誇大他話中的意思，尤其是在刻意煽動或製造對立的時候。

費德勒的確學到了教訓，從新聞業的角度來看，他的言論管理實在做得太好了。從那以後，他又以多種語言參加了上千場記者會，很少再引起爭議。費德勒會避免政治、文化敏感議題，或是在公開場合據理力爭（至少是手上沒握球拍，不需分分計較的時候）。

不過，這場公關混亂並未折損費德勒在休士頓的表現。情況剛好相反，他打得好極了，一路過關斬將。

解決與麥克的衝突後，費德勒儘管面對巨大壓力，依舊大膽出手，首度擊敗阿格西，最後一盤挽救了兩個賽末點，以六比七（三）、六比三、七比六（七）取得勝利。

費德勒現在已經打贏過山普拉斯和阿格西，兩位都是一九九〇年代的網壇先鋒人物，都是美國人，風格和性格大異其趣，但都屬於攻擊型選手，山普拉斯主攻前場，阿格西擅長後場。

「職業生涯能夠有一次打敗像這樣的頂尖好手，實在太開心了。」費德勒在與阿格西對戰後表示。

費德勒在下一場循環賽中，力克另一位他的宿敵納班迪恩。這位來自阿根廷、身材結實的網球好手，擅長雙手反拍，曾打敗剛踏入職業網壇的費德勒，兩人交手的前五場都由納班迪恩獲勝，包含二〇〇三年的美網八強賽。但是，費德勒這次以六比三、六比零的懸殊差距，從底線進行華麗復仇，這是根據以往對戰經驗而調整的戰術。

隨後，費德勒又以六比三、六比一的比數，輕取當年的法網冠軍費雷羅，以全勝佳績在循環賽出線，闖入四強賽對戰地主好手羅迪克。

麥克在比賽過程中，不只揮舞著手上的美國國旗，也穿著一身印有美國國旗的上衣，毫不害羞地搖旗吶喊，替阿格西和羅迪克加油，麥克稱他們為「我的男孩們」。

商業大亨如此沙文主義的舉動，讓來自歐洲和南美洲的六位好手很不是滋味：畢竟這是大師賽，而不是以國家隊為主的台維斯盃。

「我覺得有失尊重。」納班迪恩說。

但麥克則覺得一切美夢成真：擁有座無虛席的體育館舉行晚場賽事，而同胞選手羅迪克和阿格西都打進了最後四強。

然而，費德勒對這個週末另有打算，此時他的迎戰狀態，就像先前在溫網剛發現原來潛力無窮的自己一樣。

四強賽開打，費德勒第一個手下敗將是羅迪克。同年，也就是二〇〇三年，羅迪克才剛在美網摘下生涯首座大滿貫金盃，此前他更在準決賽從納班迪恩手上驚險救回一個賽末點。羅迪克來到波士頓之前，剛在紐約上完節目《週六夜現場》，並在節目中調侃阿格西和馬克安諾兩位美國前輩。

「我也加入這個團了。」他說。

八月，費德勒在蒙特婁的大師系列賽四強與羅迪克碰頭，而費德勒只要再贏一場比賽，就能登上世界球王的寶座。當時費德勒正值賽末發球局，卻讓勝利從指縫溜走，羅迪克逆轉勝，最終比數六比三、三比六、七比六（三），這也是費德勒首次輸給對方。

「我記得這場比賽來得正好，就是我需要的，在一場激烈大戰中擊敗費德勒。」羅迪克對我說，「不過那個時候，我腦海裡每週都想著：這個人會怎樣改寫網球史？對我來說這不只是一場對戰，更重要的是我表現得很好、策略應用得當。之前在巴塞爾或其他比賽輸給他，我會感覺費德勒可能是表現更好的那個、球風更成熟全面，領先我兩年之類。所以，我覺得溫布頓和加拿大的那場對決，是首次我們兩個一起在競爭世界頂尖的位置，或至少那次對戰感覺是如此。」

羅迪克在紐約贏球後，比費德勒早一步登上世界第一，而在休士頓的循環賽碰頭後，兩人此時正要爭奪年度第一的位置。

但這次在休士頓，費德勒僅以兩盤就讓勁敵羅迪克無緣晉級，比數為七比六（二）、六比二，接著費德勒又在五盤制的決賽中，以六比三、六比零、六比四碾壓了阿格西。阿格西，這位網球史上回擊能力最優秀的選手，在這場比賽完全使不上力，在費德勒的發球局中沒有製造出任何一個破發點。

自從美網結束後，阿格西就沒有參加過比賽，而是和妻子葛拉芙一起迎接女兒愛莉（Jaz Elle）出生。如果不是看在麥克的人情，他大概也不會打這場休士頓賽。阿格西感謝麥克大筆的慈善捐款、企業家精神，以及對美國網壇的鼎力相助。由於阿格西近期沒打任何比賽，闖進休士頓決賽已經是很不錯的戰績。卡希爾時任阿格西的教練，的確也對阿格西的回歸表現相當滿意，不過當他一走進休息室，他卻驚訝地發現阿格西挫敗到抬不起頭的樣子。

「阿格西不發一語。」卡希爾告訴我，「我從來沒看過他這樣。平常他能接受自己輸掉比賽，大概兩到三分鐘內就能收拾好情緒，我從來沒看過他足足有二十到三十分鐘連頭都抬不起來的樣子。」

卡希爾走到阿格西面前，輕輕把手放在他背上，告訴阿格西他有多驕傲，看到他在休士頓場上的奮戰，只是不巧他對上了狀態好到不像話的費德勒。

「別在意了，繼續向前邁進吧！」卡希爾說。

阿格西把頭抬起來，說：「兄弟，比賽已經永遠改寫，不會再和過去一樣了。費德勒把網球比賽帶到一個更高的層次，是我們從未見過的等級。」

卡希爾完全驚呆了。「無論什麼時候，阿格西都自信滿滿。」他告訴我，「這位偉大的冠軍球員總想著：『嘿，我告訴你，只要我拿出全力，把實力發揮到淋漓盡致，你們根本不是我對手。』這是第一次我合作過的傳奇球員想的是：『天啊，面對這個對手，我根本沒有任何勝算。』」

阿格西時年三十三歲，很清楚自己說了些什麼。他再也無法打敗費德勒，而費德勒在休士頓賽季大獲全勝，也預告網球史未來將有好幾個賽季由他完全制霸。

不過，首先到來的是一個十二月的意外消息：費德勒剛結束一個賽季，刷新生涯紀錄，躋身男單排行的上位圈，隨即宣布將與教練隆格倫結束合作。

這個訊息簡直是晴天霹靂。瑞士媒體剛發布費德勒與隆格倫師徒情深的相關報導，隆格倫還在報導裡談到十二月休賽期間的計畫，還有他們接下來的崇高目標。就連費德勒的爸爸都插話說：「彼得一直都守在羅傑身邊。」

但正如當初費德勒做過的艱難決定：選擇隆格倫當巡迴賽教練，放棄卡特。這次決定同樣是一步險棋：改變一個帶你贏得勝利的團隊。

定期更換教練在費德勒的職業生涯中屢見不鮮。儘管費德勒與兒時好友阿列格羅、丘迪內利相處起來歡樂也忠誠，但當他內心呼喊著需要改變的時候，他不至於為了顧及情面，而執意不拆夥。

儘管時機點突兀，但費德勒表示，這並不是匆促的決定，而是從〇三年賽季開打就縈繞內心的想法，只是最近幾個月想得更頻繁了。

《新蘇黎世報》（*Neue Zürcher Zeitung*）報導費德勒和隆格倫分道揚鑣後，費德勒在日內瓦安排了一場臨時記者會。他說：「這是個漫長的過程。對我來說，目前成績創歷史新高，也因此做出這個決定備感困難，不過我相信這步棋走得很對。」

費德勒坦言：他覺得他和隆格倫的互動和訓練似乎落入了窠臼。

「賽季結束後，我們都感覺不同以往。」費德勒表示，「我上週告訴隆格倫這個決定。他感到失望，不過也理解我的想法。我們通常都簽一年的合約，目前即將到期。」

儘管一些認識隆格倫和費德勒的人，都認為米爾卡是做出這個決定的關鍵人物，但費德勒出面駁斥了各界推斷。

「的確，如此重大的決定一定會經過團隊內部的討論，」他說，「但這是我一個人的決定，我才是大家口中的那個『關鍵人物』，其他人都與此無關。」

隆格倫和我談到那個決定的時候，乍聽之下還有些耿耿於懷，但他告訴我：雖然這是費德勒單方做出的決定，但他其實內心也感到解脫。那時，隆格倫的女友和兩個小孩都住在瑞典，而瑞典的新房子也正在興建。他和費德勒的合約內容是一年工作四十週，而且必須一起飛往世界各地征戰。隆格倫表示，在他自己意識到之前，職業倦怠已朝他逼近。雖然過去隆格倫也習慣常常坐飛機到世界各地打比賽，但他退休後無縫接軌，成為教練，毫無喘息的機會。

「基本上，我完全沒有自己的生活可言，這不是特別針對費德勒。」他說，「他告訴我要結束合作的時候，我才突然感到精疲力盡。當然，聽他這麼說，我內心難免空虛，畢竟都共事、相處了這麼多年了，然後一瞬間就走到終點。不過，我覺得自己已經傾囊相授，是時候讓他聽聽不同的建議了。這確實是我當時的感受，所以拆夥的時候，我蠻開心是他幫我做出了這個決定。」

隆格倫遠離巡迴賽，好好休息了幾個月後，才答應成為前世界球王沙芬的教練，沙芬是費德勒的勁敵之一，也是一位易有情緒表現的非凡奇才。

費德勒與體能教練帕格尼尼在比爾一起為二〇〇四年的賽季做準備，接著和米爾卡、物理治療師科瓦奇、前瑞士網球冠軍兼好友斯陶布利（Reto Staubli）一起飛往澳洲度假，費德勒二〇〇三年的溫網慶功宴，斯陶布利也在場。

這個階段的費德勒並沒有正式教練，這對一名傑出的年輕選手來說極為罕見，因為此時此刻，他已經能夠高薪聘請任何他中意的教練了。不過，費德勒並不急著馬上找人填補隆格倫的空位。他的好友斯陶布利比他年長十一歲，那時在一家瑞士銀行工作，他答應費德勒在休假的時候，可以提供他一些個人建議，也陪他練習對打。斯陶布利甚至預定好練習場，還把費德勒未來會遇到的對手先行研究一番。

斯陶布利也許名義上不是教練，但在二〇〇四年，他可說一肩扛起教練該做的許多事情，雖然他避免給予費德勒擊球和戰術上的建議。

費德勒的計畫，是在澳網開打前盡量避免在其他比賽消耗過多體力。光是二〇〇三年，他就打了超過九十場的單打比賽，對於巡迴賽程度來說，這數字頗為可觀。費德勒透過帕格尼尼的建議和自己的直覺也明白，他最好要放慢腳步，為澳網備戰。

費德勒在香港和墨爾本的庫揚草坪網球俱樂部打了硬地表演賽，於這次非正式比賽中敗給阿格西。不過費德勒看起來很放鬆，他不再是空有才華、大賽無冕的選手了。澳網開打的時候，費德勒已準備就緒，於前三輪賽事橫掃對手，每場比賽的每一盤都從未輸掉超過四局。

費德勒在第四輪再度碰上休威特，四個多月前，費德勒才剛在同個球場被對手逆轉。這次，換休威特先馳得點，拿下開局的第一盤，而費德勒遲遲無法使出他一貫的落地擊球和精準發球回擊。來到第二盤，休威特以二比三落後，但發球局以四十比十五領先的時候，卻先出現雙發失誤，後續發球的第一發因為腳觸到底線，球審宣判愛司球無效。休威特喃喃叨念線審，最後丟掉了這一分，最後連發球局也被破了。

網球比賽中的較勁，經常只在毫釐之間，這是一個講究能量與氣勢的運動。費德勒在接下來的整場比賽中猛催油門，一口氣拿下九局中的八局，儘管過程中一度被羅德·拉沃球場附近放煙火的轟天巨響干擾，但第三盤的情勢仍向費德勒一面倒。

當天是澳洲國慶日，但球場上的澳洲球迷可笑不出來，因為瑞士特快車在比賽再度變得激烈以前，暫時遙遙領先了澳洲野兔。但第四盤，比分二比二時，費德勒破了休威特的發球局，其中也打出了職業生涯中代表性的得分之一，費德勒被逼到角落，回了一記高吊球，然後完美預測到休威特的殺球方向，在跑動中打出漂亮的正手穿越致勝球，就像一把銳利的刀，迅速刺出、一擊斃命。

看到費德勒迅雷不及掩耳的致勝球，坐在休威特包廂裡的教練拉席德完全目瞪口呆，就像在場的每一個人一樣。不過，休威特在費德勒的賽末發球局還有挽救的機會，就像九月的那場比賽，費德勒也曾擁有同樣的機會。

來到費德勒的發球局，費德勒一開始祭出雙發失誤，後來局末平分的時候，費德勒又一反往常，出現反手削球失誤，讓澳洲野兔得到破發機會。

「的確，在那當下，我的腦海裡又浮現出台維斯盃的畫面。」費德勒說，「休威特拿下那場比賽，球迷陷入一片瘋狂。誰又知道這次會發生什麼事？」

但接著，費德勒一發發出強勁的邊角球，讓休威特整個人被拉到場外回擊。野兔在回擊時喊了一聲，彷彿已預料到這球打不進對手界內。費德勒救回對手的破發點，而稍後，即使休威特卯足全力，在下一分他全力飛撲、像守門員一樣在地上滾了一圈，卻還是無論如何也阻擋不了費德勒贏得比賽，就像當初休威特的再見致勝球一樣，費德勒也如出一轍，回敬對手一顆高壓扣殺結束比賽。

「我真的高興到不行，終於一雪前恥。」費德勒說，「有太多太多事情在我腦海裡翻攪，但我說什麼也不願意重現那場惡夢。」比數收在四比六、六比三、六比零、六比四。

這次比賽結果是一個強而有力的徵兆：費德勒已經完全進化，那些以往曾與他平起平坐的其他選手，現在已漸漸落後到連車尾燈都看不到。納班迪恩在八強賽中箭落馬，費雷羅則遭對手直落三黯然退場，因此確保費德勒在澳網結束後，將首次戴上世界球王冠冕。

「只要努力贏得重大賽事，世界第一自然水到渠成。」費德勒說。當時他對大型賽事最感興趣。要拿下澳網冠軍，最後一關必須通過素有「俄羅斯沙皇」之稱的沙芬，他也是與費德勒這一代選手群中，首位拿下大滿貫冠軍的好手。沙芬只大費德勒一歲又五個月，二〇〇〇年美網決賽，就成功擊敗山普拉斯一舉成名。平心而論，沙芬在那場比賽的對戰表現，還比一年後費德勒於溫網對戰山普拉斯更為出色。

怎麼說？回顧溫網，費德勒是在第五盤才擊敗山普拉斯，當時兩方獲勝的機率一半一半。但是，時年二十歲的沙芬，卻是以六比四、六比三、六比三的比數直落三，讓山普拉斯看起來恍若昨日黃花，滿場疲於追趕沙芬的強力發球與回擊。

美網奪冠後幾週，沙芬攀上世界第一，儘管實際上官方從未認證此紀錄。原因在於二〇〇〇年的時候，ATP正在試驗新的排名計分方式，稱作「ATP冠軍積分」。新計分方式主要改變了計算時間始迄，從原本傳統的一年五十二週滾動積分排名，改採「從賽季開始，到賽季結束」計算，舊制的計算方式於一九七三年上路。

這個實驗並未持續太久，沙芬隨後正式登上本該屬於他的世界球王寶座。從許多方面來看，沙芬是最適合和費德勒放在一起比較、分析的好手，但人們往往更喜歡把費德勒和納達爾、喬科維奇相提並論。

儘管沙芬的強項是雙手反拍，而不是像費德勒一樣擅長單手反拍，兩人還是有許多異曲同工之處：世界級的天賦、非凡的擊球才華、犀利的截擊、收放自如的力量，以及對旋球的驚人掌握度。

相較之下，費德勒的動作更為流暢、移位速度也更快一些，但是沙芬比費德勒高八公分，儘管身高一百九十三公分，全盛時期跑動起來仍像鹿一般輕盈。沙芬粗獷帥氣，走起路來昂首闊步，外表極其性感。他就像伐木工人一樣興高采烈步入森林，雖然他的工作表現大起大落，不過一旦沙芬在場上穿梭，你的眼神還是離不開他，看著他轉動肩膀、金項鍊晃來晃去，準備轟出一記愛司球，或摔出身上的行頭（誰又料得到呢？）。

你可能會希望女兒和費德勒交往，但更可能你的女兒會被沙芬煞到。

場外的沙芬無疑更有魅力，他積極主動、舉一反三，總會用不同的答覆讓你驚豔。和費德勒一樣，他也會說三種語言：俄語、西語，還有帶著自我風格，稱不上完美的英語。場上的沙芬又散發著截然不同的魅力，他的肢體語言強烈、脾氣一觸即發，老在你意想不到的地方打出致勝球（與失誤）。

誠然，最後一句話用在過往的費德勒身上也很貼切。沙芬和費德勒都曾因職業錦標賽的表現不積極，而遭相關單位罰款。不過，瑞士特快車最後學會馴服和適當引導內心的網球惡魔，但沙芬始終不曾完全解決這個問題。

沙芬曾坦言：「我很容易打到一半就覺得無聊，或是很快就在場上炸鍋。」

沙芬有許多支球拍都慘遭犧牲。而和費德勒不一樣的是，職業生涯中，沙芬屢屢飽受身體的重大傷害所苦，但他為了職業獎金，還是咬牙苦撐。

所以，這不禁令人好奇：假如沙芬在十幾歲的時候，有像費德勒一樣遇到體能訓練師帕格尼尼那樣的貴人，花些時間好好向心理諮商師馬可利傾訴，又遇到像米爾卡一般的人生伴侶，可以理解、全心全意支持他走上世界冠軍之路，且面對權勢時直言不諱，那麼，沙芬的職業生涯會不會截然不同？

沙芬是個真正領導型的網球天才，而我完全相信，他原本有機會和費德勒、納達爾一起在二〇〇〇年左右成為三巨頭、稱霸網壇，並引領一個新世代。

但這期望終究沒有實現。正當費德勒把實力揮灑得淋漓盡致、積極抓住各種機會的時候，沙芬卻止步不前。

不過，這並未讓外界失去對沙芬的興趣，只是恐怕成就沒那麼多，沙芬最終還是成為了國際網球名人堂的一員，比他的台維斯盃隊員卡費尼可夫（Yevgeny Kafelnikov）早三年入選，成為首位進入國際網球名人堂的俄籍好手。

二〇二一年，正值新冠疫情全球肆虐，我透過 Zoom 視訊訪問他。沙芬回憶：「我爬得越來越高，腦袋卻越來越沉。有時我打出一些好球，會覺得開心，但更多時候是拖著沈重的壓力前行，時時刻刻都無法擺脫，最後精疲力盡。」

沙芬於一九八〇年在莫斯科出生。父母都是韃靼人，也是穆斯林，這個民族在幾世紀前曾統治過中亞，屬於突厥人的後代。

沙芬的父母都是網球球員。沙芬的媽媽伊雷諾娃（Rauza Islanova）曾是蘇聯女子網球排名第二的選手，如果生在不同時代，或許也會成為職業網球選手，到世界各地打巡迴賽。沙芬的媽媽成為莫斯科的斯巴達克網球俱樂部（Spartak Tennis Club）教練，而沙芬的爸爸米夏（Misha）則是俱樂部老闆。雖然沙芬本來想當足球明星，但因為爸媽的關係，最後成了網球選手，沙芬也與未來的兩位明星球員米絲琪娜（Anastasia Myskina）、庫妮可娃（Anna Kournikova）是青梅竹馬，在球場上一起長大，兩位女子選手小時候的教練都是沙芬的媽媽。

伊雷諾娃也是自己兩個小孩的啟蒙教練，除了沙芬以外，還有小他很多歲的妹妹、未來的世界球后迪娜拉（Dinara），這是唯一一對雙雙成為單打世界第一的兄妹檔。顯然，伊雷諾娃很清楚自己的目標，就在她才華洋溢的寶貝兒子滿十二歲時，她取得沙芬的同意，讓他到國外接受狀況更好、氣候更怡人的室外訓練場地。

於是，年幼的沙芬飛往佛羅里達，到波雷提耶利學院接受磨練。波雷提耶記憶猶新，當初他非常猶豫，究竟該把獎學金給沙芬，還是給只有大他一點的里奧斯。最後，波雷提耶利選擇了里奧斯，這位智利選手也攀上了球王寶座，只是魅力顯然就輸給沙芬一大截了。「真希望人生中可以不需要做這種殘酷的決定。」波雷提耶利對我說。

遭到拒絕後，沙芬打道回府，回到莫斯科，但很快就又飛往西班牙——另一個這位俄籍好手心目中的理想訓練地。小沙芬那時才十三歲，一年只能見到爸媽和妹妹兩次，每次只能待兩週就得離開。即使媽媽和妹妹最後飛到西班牙瓦倫西亞與他同住，但此後，沙芬再也沒和家人一起住過俄羅斯的家。雖然沙芬開朗表示：「凡殺不死我們的，必讓我們更強大。」但他也承認，童年時期離鄉背井，影響了他後續的情緒成長和穩定度。

「年幼時期就獨自一人，生活裡有很多事無處可傾訴，也不知道該怎麼理解才好。」沙芬告訴我，「只能把所有事都深埋心底，不知如何處理，最後就是拖著沉重的包袱前進。」

經過四年在瓦倫西亞的門舒亞（Rafael Mensua）教練門下淬煉，沙芬在一九九八年法網打敗阿格西及當時的衛冕冠軍庫爾登（Gustavo “Guga” Kuerten），一砲而紅。

無論是體能或臨場反應，沙芬不太可能會否認，自己在二〇〇四年澳網並非以最佳狀態迎戰。這次他是傷癒回歸，二〇〇三年因為左手手腕韌帶撕裂傷，沙芬整個球季表現都不甚理想，世界排名慘跌至八十六。

儘管這次沙芬不是種子選手，但他以浴火鳳凰的健康狀態回歸網壇，在墨爾本一連串的馬拉松賽事奮戰，還連續打了兩場精采的五盤鏖戰，包含八強賽對上羅迪克，還有四強賽迎戰阿格西。

二〇〇四年澳網，沙芬和費德勒形成鮮明的對比，費德勒在這次澳網中沒有任何一場被逼到第五盤。沙芬場場累積下來的疲勞是個隱憂，但他在決賽與費德勒王對王之前，還有兩天的休息時間。

費德勒說：「很高興能夠看到沙芬回歸，大家可說是既開心又害怕。」

費德勒和沙芬的交情一直不錯。二〇〇〇年二月，哥本哈根舉辦ATP賽，費德勒還和沙芬一起出城。那時沙芬二十歲，費德勒十八歲，沙芬說他們要進去夜店，卻被人擋在門外，因為沒人認識他們，或相信他們打進男單四強賽。

沙芬說：「現在回想起來，真的好好笑。」

二〇〇一年，沙芬和費德勒甚至組成雙打，拿下瑞士加斯塔德ATP賽冠軍。沙芬說，費德勒在他眼裡是個非常敏感的人，觀察力很好、十分感性。

不過這次，曾經的雙打搭檔則位在球網兩側，爭奪大滿貫冠軍頭銜。他們在底線來回的速度，打從一開始就很激烈，雙方都不願讓步，不斷跨步衝向角落救球。在費德勒拿下第一盤搶七之前，兩邊互相廝殺、不斷互破。費德勒雖然領先，但他一度表現不穩，不過他用盡辦法排除腦中雜念。這場賽事有許多成敗都是在網前攻防，也往往最吸引觀眾目光。費德勒的正手是主要的得分武器，而雖然疲憊的沙芬於第三盤一開始對觀眾席喊著：「我沒事！」但他也只能虛張聲勢了。費德勒最終成為澳網冠軍，以七比六（三）、六比四、六比二拿下勝利。比賽結束時，費德勒不敢相信，愣了幾秒，接著雙膝跪地，雙手向天空高高舉起。

費德勒獲得生涯第二個大滿貫頭銜，而這次各大報紙終於再也不會看到頭版寫著「冠軍羅傑．費德勒又在場上哭哭啼啼」。這次賽後費德勒風平浪靜，似乎也反映出這位選手已準備好未來不斷迎接最高殊榮。然而，費德勒依舊有痛苦的時刻。他不禁想到卡特，以及若卡特還在世、人也在現場，那麼在他的國家摘下大滿貫金盃的意義有多大。卡特生前一直相信費德勒會成為全世界最頂尖的選手。他甚至尚未把費德勒介紹給史密斯認識之前，就和史密斯的兒子布雷特說過這句話。

此時，雖然卡特的神預言尚未完全成真，但費德勒已經攀上世界第一，還連兩年都贏得大滿貫冠軍，終結由八位不同男子選手分別拿下八座大滿貫冠軍的時代。費德勒的崛起，意味著網壇戰國時代的落幕。

他說：「我會盡我所能守在第一名的位置，越久越好。」

二〇〇四年開始，費德勒穩居自己的球王地位：他闖進十一次男單決賽，每一場都奪下冠軍頭銜。費德勒稱霸三種主要場地：七次在硬地，兩次於紅土，另外兩次是草地。他的勝利足跡遍布四大洲：澳洲、亞洲、北美、歐洲，締造七十四勝六敗的輝煌紀錄。

當然他也有沮喪的時候，像是在邁阿密公開賽（Miami Open）以六比三、六比三爆冷敗給前途無量，但當時還沒沒無名的西班牙小將納達爾。

四月的台維斯盃，瑞士隊在八強賽敗給法國隊，儘管費德勒贏了兩場單打比賽，力克埃斯屈代（Nicolas Escudé）和克萊門特。不過，費德勒法網再次滑跤，直落三輸給法網三冠王庫爾滕，那時庫爾滕還在設法從臀部傷害康復。最重要的是，費德勒再度與奧運獎牌失之交臂，他和阿格耶羅組成的雙打止步第二輪，單打第三輪則敗給力大無比的捷克年輕小將柏蒂奇（Tomáš Berdych）。

但是，這個賽季依舊快樂多過於失望，費德勒澳網、溫網、美網滿載而歸。在溫網賽事中，費德勒一路勢如破竹，首輪先以直落三輕取博格丹諾維奇（Alex Bogdanovic），第三盤還讓對手一局未拿、第二輪強攻法拉（Alejandro Falla）、八強與休威特碰頭，以六比一、六比七（一）、六比零、六比四結束這回合。四強賽則遇到因雨延賽，比賽歷時兩天才打完，費德勒直落三擊敗法籍好手塞巴斯蒂安．格羅讓（Sebastien Grosjean）。最終，費德勒於決賽再度與羅迪克狹路相逢。

羅迪克這次草地賽季的表現也很亮眼。他決定直到輸球才要刮鬍子。羅迪克剛於女王俱樂部賽事成功衛冕冠軍，踏上決賽草地前，他只失過一盤，此時站在決賽球場上的羅迪克，看起來滿臉鬍渣、邋裡邋遢。

羅迪克和教練吉爾伯特決定千萬不要讓費德勒有時間和機會揮舞他的網球魔杖。對策是：善用羅迪克的孔武有力，盡量縮短比分與比分之間的時間差，通常是從底線得分，這招在過程中多數時候的確管用。

休息時間坐在場邊的板凳上，你可以感覺到費德勒的震驚和羅迪克的決心。羅迪克一開場，氣勢就銳不可擋，感覺就像鬥牛賽一開始剛打開閘門，狂奔進場內的公牛。

「面對羅傑，毫無疑問，你得強硬一點。」羅迪克解釋，「我一點都不想跟他在那邊來回對抽，他會突然使出高招，殺你個措手不及。」

羅迪克在第三局破發，迅速取得領先，之後短暫因雨延賽，接著一路維持優勢，直到拿下第一盤。費德勒承認：「雖然大家都知道羅迪克的能耐，我還是嚇了一大跳。」

費德勒第二盤也沒打退堂鼓，以四比零取得領先，但羅迪克力挽狂瀾，追平到四比四，直到費德勒打出一顆正手致勝球，三度破發，第二盤由費德勒拿下。

羅迪克再度捲土重來。第三盤取得四比二領先，但隨著雨勢漸大，兩位好手不得不再度離開球場避雨。這次，費德勒在休息室獲得斯陶布利和米爾卡的建議，決定採取新的攻擊戰術。他的發球上網變得更加頻繁，也增加打下旋後上網的次數以及更多積極上網戰術。

這步棋真是下對了，費德勒在決勝局反敗為勝，第三盤成功搶七。

羅迪克說：「大多數選手可能心想：『靠，羅迪克今天把我電慘。』但費德勒卻能穩住陣腳，改變戰術，你就知道他的網球智商有多高。」

第四盤來到二比三，費德勒還需要救回六個破發點，不過，這將是費德勒二度贏得溫網頭銜的決勝盤，費德勒最終以四比六、七比五、七比六（三）、六比四讓溫網金盃刻上自己的名字。

羅迪克在場上說了一句令人難忘的比喻：「我使盡全力搬起廚房洗手槽丟過去，但他居然跑到浴室搬浴缸出來。我對他放大絕，但他對我放一記更大的。」

最近我問羅迪克：在中央球場那個濕漉漉的下午，他是否真的覺得自己已經使出渾身解數對付費德勒，還是只是剛好金句脫口而出。

「兩者都有。」他回答，「但我能做的就這樣了，和費德勒對打，我的優勢就只有那些。你只能全力迎擊，想辦法過他這關。並不是說我可以再改變戰術、耍小聰明吊小球、削球之類，因為這樣最後只會死得很慘。當下或許我還可以做一點調整，不過我原本採取的打法就已經是唯一戰術了。在很長一段時間裡，迎戰羅傑時我必須要走險棋才有勝算。」

我問羅迪克有沒有曾經打得跟這場一樣好，但最後還是輸球的時候？

他想了很久才回答，一反他一貫的靈敏迅速。回答我的時候，他的聲音非常輕柔。

「是有幾次，」他說，「而且都是對上羅傑的時候。」他笑了一下，比起覺得有趣，更像是帶點苦笑。他又補充了一句：「在我輸過的對手裡面，沒有人打得比費德勒更好。」

但羅迪克依舊認為：儘管他因為費德勒的神乎其技吃盡了苦頭，但二〇〇四年的溫網決賽，是自己讓機會從縫隙中溜走的，而不是費德勒篤定會贏的一場。

吉爾伯特也同意。他說：「在我的教練生涯中，我會把這場比賽排在最惋惜的前三或前四名。因為，天啊！原本羅迪克真的有機會贏。他在那場比賽奮力擊球，平常他總是因為費德勒的發球受盡折磨，但光那場他就破發四次。決賽是那麼高水準、高張力，我認為那場原本應該是羅迪克會贏，但確實，費德勒拿下那場冠軍後，他的實力又來到另一個境界。他首次蟬聯兩年大滿貫賽事冠軍，正式邁向成為偉大球員之路。但在那之前，我覺得兩個人的差距只在毫釐之間。」

所以，究竟在未來幾個月、甚至幾年，是什麼讓這個毫釐之差越拉越大？

吉爾伯特是網壇最傑出的戰術教練之一，他注意到費德勒的發球不斷進步，落點越來越精準、讓對手越來越難判讀。他察覺到費德勒的回擊也變得更加穩定，儘管他的回擊位置幾乎在底線，而不是像他其他選手一樣停留在內場「他很常從底線回擊，跟阿格西很像。」吉爾伯特告訴我，「不過費德勒回擊得比阿格西更好，很多球被他這樣安穩擋回界內。」

在盛行發球上網的年代，打深遠球路不太管用，因為擅長上網、移位快速的選手會在球還未落地前就強力回擊，打出致勝球。但在現在這個年代，發球上網的選手越來越少，就連費德勒也不如過往那麼常使用這招。由此可以看出時代趨勢和球員調整的迎戰對策。

不過，就吉爾伯特看來，費德勒的厲害武器就是他非常懂得善用自己的發球局，逮住機會就痛擊對手的回發球，他最常使用強大的正手回擊。再加上回球速度極快，所以比賽大多時候，他只要打出正手回球送到空檔的半場，對手便只能望球興嘆。

「在〇五、〇六年的他，是我看過最強的選手，他只要發出一顆精準發球，等你再回擊，接下來他基本上就可以隨心所欲的痛宰你。」吉爾伯特說，「對我來說，這就是他後來最可怕的進化，光靠這招就不知得了幾分，而這也讓費德勒提升到更高境界、讓羅迪克後來最頭痛的地方。」

費德勒曾向我解釋：在某種程度上，在中場打出正手，就如同當代版的發球上網。「以前上網是關鍵，但現在，重點是發球後你最好必須掌握主導權，否則就得付出代價。」他說。

羅迪克受訪時，我請他敘述一下，對戰〇四、〇五年的費德勒和往後幾年感覺有什麼不同，以及對戰費德勒和對戰其他頂尖選手的差異。

一開始，羅迪克並未提到費德勒的正手，而是先談論他的反手切球。

「球迎面而來，但感覺它幾乎在向後旋轉，所以除非你有確實抓好適當的拍面角度回擊，否則會死得很慘。」羅迪克解釋，「費德勒的切球和別人不太一樣，你無法直接硬生生回擊過去，需要帶點技巧處理。像是韓曼的反拍就比較不轉，山普拉斯的反拍也是，球直接朝你撲來。相較之下，羅傑的切球速度不快，但路線詭譎，既不好回擊，也不好跟球。」

接著，羅迪克提到了費德勒的發球，這至今仍是費德勒職業生涯中最被外界低估的一環。

羅迪克說：「費德勒的發球球速達到每小時一百九十六公里，但不會讓你感覺有這麼快。球不會硬生生撞上你的球拍，感覺來得很柔，但速度奇快，希望這樣講能好懂一點。」

羅迪克知道其中的物理原理嗎？

羅迪克回答：「我又不是科學家，光是要回擊就夠我焦頭爛額了。」

阿格西稱讚費德勒是最偉大的「正中紅心的發球好手」之一，因為費德勒總有辦法把球壓在界內角落，甚至直接壓線得分，很多時候在令人捏把冷汗的勝負關頭，他依舊大膽打出這些超水準好球。

許多球員評論：費德勒在接近底線位置的正手上旋球下墜，這和他早期的「懸念魔球」有些許不同，但概念上顯然是一脈相承。讓羅迪克驚豔的是，費德勒竟有辦法打出如此凌厲、充滿後勁的上旋球，他的打法看起來卻不怎麼費勁。

「其他選手的動作通常很誇張。」羅迪克舉納達爾為例，「拉法會把球拍先拉到耳後位置，打出這樣的球。」羅迪克繼續解釋，「一般來說，會需要有個預備動作來打出這樣的球，但費德勒就是不需要任何預備動作，就能打出這種球路。」

至於回擊，費德勒出色的身體協調也讓羅迪克既羨慕又嫉妒。羅迪克表示：「我可以發出球速兩百二十五公里的球，但需要花很大的力氣，而費德勒能夠在距離球大約十五公分的位置揮拍，就達到同樣的效果。」

費德勒在場上的處理速度，也是他之所以脫穎而出的祕密。

「就算我發出時速兩百二十五公里的球，費德勒還是可以不疾不徐應對。」羅迪克說，「如果不是手部控制力絕佳的選手，是完全辦不到的。通常我發出這種球，對手都會做出很大的動作來迎擊，姿勢也會跑掉。反觀費德勒，就算當天狀況不佳，他的身體協調依然良好，這或許是我覺得最難打的地方。」

對羅迪克而言，出色的身體協調能力，正是讓費德勒成為網壇長青樹的關鍵原因。

「只要想想費德勒省略了多少我們這些選手在職業生涯裡做的多餘動作，你就知道這無形中省下他許多不必要的跑動和心理壓力。球拍就像是費德勒手的延伸，和他對戰給我這種感覺。」

自律、球技升級的費德勒也沒有留給像羅迪克這樣的選手什麼破綻，他在場上的球路更難判讀，尤其是在你面前的時候，完全看不透他的心。

「你真的討厭不了他，這就是他討人厭的地方。」羅迪克大笑著說，「我曾經和休威特是死對頭，所以遇到他總會心想：『去你的啦！看我怎麼痛扁你！』這種殺氣有時候不錯。或許針對某些特定對象的狠勁，可以在場上助你一臂之力，很多時候我會藉由這股力量發揮好表現。不過，面對山普拉斯和阿格西完全派不上用場，因為他們倆是我心目中的英雄。至於羅傑，他既不會斜眼看你，也不會在賽前用鼻孔看人，更不會在奇怪的時間點對著你握拳揮舞勝利手勢。他不會特別對你表示些什麼，這對常常在職業生涯狹路相逢的對手來說，非常少見。」

羅迪克告訴我：「這種態度對他的職業生涯有莫大幫助。在這十年間，有多少男子選手會讓我們想要找個理由討厭他，但費德勒總不會讓你稱心如意。你沒辦法像街頭格鬥一樣對他提起那種狠勁。」

總之，費德勒找到了他最適合的處世之道，他更喜歡團結合作，而不是惡意相向，也許跟瑞士國情一樣，他喜歡自己的行程順順當當，如同滑在平坦下坡路段的滑雪板一樣。費德勒很在意形象，而這也是讓他的行為一百八十度大轉變的契機。如今，他學會怎麼與情緒和平共處，比賽中再也不會製造吵雜的背景噪音，再也不會隨意咆哮。他用傑出的表現證明實力，往往擲地有聲。

不過，作為費德勒的對手，可就不那麼好過了。時光拉回二〇〇四年美網決賽，休威特慘遭費德勒輾壓直落三，僅僅歷時一小時五十一分，費德勒就奪下美網冠軍，比數為六比零、七比六（三）、六比零。

對於澳洲野兔休威特這樣的硬漢而言，如此懸殊的比分實在難以承受，畢竟他也曾叱吒網壇，如今東山再起，以十六連勝的不敗紀錄闖進美網決賽。在決賽之前甚至一盤未失，但踏進決賽後，費德勒才用十八分鐘就拿下第一盤，在開局第一分就以正手致勝球漂亮得分，發球局第一發就用一記愛司攻下。休威特似乎已嗅到大事不妙，但也無能為力，面臨破發點時，他發出致命的雙發失誤。

休威特在第二盤扳回一城，換費德勒開始頻頻失誤，比分來到五比四的時候，費德勒在發球局遭到休威特破發，沒能拿下第二盤。不過，瑞士特快車在搶七決勝時將油門催到底，順利攻下。而在第三盤，費德勒就像個調情高手，揮舞手上球拍打出令人血脈賁張的完美網球。

後場、前場、發球、回擊、攻擊、防守樣樣難不倒他。無論哪個區域，他都打得稱心如意。看一場一面倒的球賽可能會很痛苦，就像聆聽一個緊張兮兮小孩的鋼琴獨奏一樣折磨。在這個開闊的長方形球場上，潰不成軍的休威特無所遁逃，也不能找代打上場，但至少費德勒氣派大方地擊敗了他。

「我可敬的對手，你真的打太好了。」比賽結束後，休威特走到網前向費德勒祝賀，這位昔日的雙打夥伴，如今已在同個賽季坐擁三座大滿貫金盃，也成為了全球巨星。

休威特之後坦言：「我不覺得我活到現在，有看過打得像費德勒一樣出色的選手。」

不過數據會說話，費德勒這場有達到呼風喚雨的程度嗎？費德勒的一發進球率只有百分之五十六，致勝球和非受迫性失誤是四十比二十六，的確表現優異，但並非前所未見。然而，第一盤和最後一盤，他的表現真的亮眼極了。回顧美網決賽史，自一八八四年地主好手西爾斯（Richard Sears）以降，費德勒是第一位讓對手兩盤抱蛋的球員。

時任美國網球協會主席的艾倫·施瓦茨（Alan Schwartz），在頒獎典禮上緊握麥克風，用充滿磁性的聲音向群眾致詞。

「那些一直好奇神乎其技的網球究竟是什麼樣子的人，今天你們終於親眼見證。」施瓦茨說完這句話，轉身望向費德勒，「羅傑，你就是活生生的例子，告訴人們比賽就是這麼輕鬆，應該說你讓比賽看起來不費吹灰之力。我從來沒看過有人可以打得這麼行雲流水。」

聽了這一席話，新科美網冠軍報以微笑，不過，諸如此類的評論，費德勒在二十二歲的時候就聽到耳朵長繭，它既是讚美又有點貶低。因為誠然，他的比賽非常精采，但太多評論忽略掉一件事：費德勒究竟有多麼努力，才能看起來毫不費力。

同樣打起球來極為流暢的山普拉斯，職業生涯也有類似遭遇。山普拉斯告訴我：「看起來簡單，並不代表背後沒有下苦功。這類評論會讓我和羅傑看似沒有盡全力，或對球賽沒那麼投入。但我們只是非常講究效率：每一個動作、每一局或每一個擊球。評論講的好像一揮拍、一記正手、一次發球，然後『登愣！』不費吹灰之力奇蹟就發生，而其他選手就是在努力、拚命、奮鬥。」

儘管費德勒知道困擾的源頭，但人們的誤解還是讓他有些困擾。

「我覺得在生涯早期的時候，這種講究效率的打法確實一度帶來困擾，因為人們會看著我說：『沒錯，這傢伙真的很有才華。』」費德勒在紀錄片《天才之擊》的訪談裡說：「輸球的時候，人們會批評我：『怎麼不再努力一點啊？』而等到贏球的時候就會說：『天啊！真是神乎其技！』」

費德勒感覺到，在大家的評論裡，似乎沒有中間地帶可言。他知道，無論自己外表看起來多麼吊兒啷噹、漫不經心，內心卻是在不斷在鞭策自己前進。完美藝術家表現成為他的招牌特色，不過到了生涯後期，他更自豪的卻是在表現不佳的時候自己的急中生智，就像現場演奏彈錯了幾個音，必須趕快想辦法找到對應的琴鍵，繼續演奏下去。

「做出正確的場上應變而獲勝，是如今我對自己最滿意的表現，因為我並不是每次都能展現出拚命奮鬥、堅持到底的樣子，儘管這些也是我非常重要的特質。」他說，「如果只靠燃燒拚勁，我的職業生涯沒有辦法贏得超過一千場比賽。但這就像是一把雙面刃，多數時候總讓我覺得五味雜陳。」

確實，許多球員很樂意擁有像費德勒這樣的「困擾」。因為費德勒完全不缺正面評價。此外，這種風格也會令其他明顯使勁的對手備感威脅，覺得很難跟上節奏。

比如羅迪克這類球員，比賽過中總不斷拉扯球衣、調整帽子、動作粗魯；或是像休威特那樣的選手，為了增加力道，和教練拉席德一起增肌超過四點五公斤。

二〇〇四年初，休威特和費德勒的對戰紀錄是七勝二敗。接著費德勒大發威，讓休威特吞了六連敗，包含在休士頓大師盃的兩場賽事，休威特和費德勒到二〇〇四年年底的對戰紀錄，一下子就來到七勝八敗。

面對費德勒，休威特已經無計可施。費德勒只需要停留在底線位置就能拿下比賽，把休威特打得潰不成軍。如果費德勒選擇積極上網，他的回擊力量也夠、球拍技巧也運用成熟，甚至還能以其人之道還治其人之身，使出同為休威特的拿手絕活：打出漂亮的穿越致勝球。

美網決賽中，網前對決的三十五分，其中就有三十一分是費德勒拿下，這可能是當天最驚座四方的數據紀錄。

休威特又能奈他何？

史密斯仍記得：有次比賽，休威特坐在他旁邊，嘴裡喃喃自語。

「我不太記得是哪場比賽了。」史密斯說，「那時我們坐在某處的一道牆上，我聽到休威特口中念念有詞，才發現他在說：『他真的速度太快了。』我問他：『誰速度太快？』休威特回答我：『羅傑的速度真的太快了。』」

史密斯接著講：「那個時候，大家都覺得在網球場上，沒有人的移位速度能超越休威特。不過，休威特當時就看著我說：『羅傑的速度真的很快，雖然大家都看不出來，但真的有夠快。』」

這一臉驚愕的表情，既寫在休士頓休息室的阿格西臉上，也寫在坐在牆上的休威特臉上，這是費德勒帶給他們最真真切切的感受。

二〇〇五年賽季開打前，山普拉斯接受《運動畫刊》訪問時，就捕捉到當時網壇的時代精神：「費德勒所向披靡，未來四、五年裡，費德勒會不斷刷新各種紀錄。」

雖然費德勒已有四座大滿貫金盃，但大家的焦點都是他能否突破山普拉斯的十四座大滿貫頭銜紀錄。二〇〇五年初，費德勒重回墨爾本尋求澳網衛冕冠軍，人們也談論著自一九六九年以來，首位同年包下年度大滿貫的羅德．拉沃，關注費德勒是否今年也有機會效法網壇前輩。

獲得年度大滿貫的機率可說是微乎其微，但對費德勒來說，並非遙不可及。和山普拉斯相比，費德勒可說是紅土常勝軍。費德勒擁有不同材質場地的全面技能，有贏得年度大滿貫的本錢。他也聘請了一位新教練——托尼．羅氏，這位教練出生於澳洲沃加沃加（Wagga Wagga）、個性內向、下巴突出，職業生涯曾奪下法網火槍手盃。目前費德勒只差這座獎盃，就可以集滿四大滿貫冠軍。

羅氏沒有簽正式合約，他是費德勒團隊的兼職顧問，但他因為技巧和策略能力而備受景仰，也指導過兩位前世界冠軍——伊凡．藍道和派翠克．拉夫特。費德勒決定讓羅氏加入最核心的內部團隊，團隊成員包含費德勒父母與米爾卡，顯示了即使擁有二〇〇四年的亮眼表現，費德勒也不畏懼改變。

二〇〇五年方拉開序幕，費德勒就在杜哈ATP賽事橫掃五場，抱得冠軍，打響澳網前的第一戰。接下來到墨爾本後，又一盤未失，連續送五位對手打包回家。

時年三十四歲，排名第八種子的阿格西，休賽期間依舊努力想再次回到上位圈。他減重大約六公斤，希望在場上可以移位更快、並減少他臀部傷害的壓力。這位四屆澳網冠軍，帶著嶄新的樂觀態度和能量，偕同妻子和兩個小孩，回到澳網迎戰。

但他隨即在八強賽中，以六比三、六比四、六比四，成為費德勒的手下敗將。

阿格西說：「我會建議，費德勒接下來幾輪的對手最好不要諮詢我。」

費德勒的下一個對手是沙芬，他就正在尋求專家建議。他在二〇〇四年四月雇用了新教練——彼得．隆格倫。

與費德勒密切共事一段時間後，隆格倫很清楚費德勒迎戰沙芬的想法。他了解費德勒敏感的一面，針對特定選手的比賽打法會和迎戰其他選手有所不同。

「從費德勒的臉上就看得出來，他不愛對上某幾位選手。」隆格倫說，「我可以從他的臉部表情看出端倪，明白他打得很有壓力。」

時間倒轉至休士頓世界巡迴賽決賽，那是沙芬聘用隆格倫後，首次對戰費德勒。費德勒於四強賽直落二，以六比三、七比六（十八）獲勝。但在費德勒於第八個賽末點終於拿下比賽之前，兩人經歷了一個如同史詩般，共三十八分來回對峙的決勝局。

站在費德勒敵方的隆格倫，在休士頓告訴我：「現場觀賽的時候，我感到處境艱難，有種奇怪的感覺。不過，我覺得沙芬展現出自己的實力，能夠與世界最優秀的選手抗衡。所以隔年，我們希望可以再修正一些地方，期待可以挫挫幾場羅傑的銳氣。」

休士頓決戰的那一局，是當時男子單打史上歷時最長的決勝局。過去更有名的是一九八〇年的溫網，那時馬克安諾和博格在第四盤的決勝局，比數也打到了十八比十六。

這兩場馬拉松式的決勝局，最令人嘆為觀止的地方是選手面臨壓力，還能發揮高水準的實力，我們看到雙方打出更多的精采致勝球，而不是頻頻失誤才讓對手得分。

費德勒說：「我們不斷逼出對方的極限。」

最終，分出勝負的地方是兩人同為十八比十八的時候，輪到沙芬發球，但他卻在關鍵時刻祭出雙發失誤，也是該盤的第一次，就此拱手讓出冠軍獎盃。

「我應該是太想打出好球了，因為我知道對面站的是費德勒。因此我必須發揮到極限才行。」沙芬說。

對戰費德勒顯然讓沙芬有些過度在意，影響了他的發揮，但在兩人於墨爾本再度狹路相逢前，隆格倫希望也讓費德勒對沙芬產生類似的畏懼。

休士頓賽後，隆格倫和沙芬坐下來回顧、討論比賽狀況，他問沙芬對未來有什麼期待。

沙芬回答：「我希望自己還能再多打幾場。」

隆格倫又把同個問題拋向他一次，沙芬依舊給出同樣答案，於是隆格倫拉高語調，對沙芬說：「小子，我告訴你，我當過費德勒的教練，我知道他特別尊敬少數幾位球員，而你是其中之一。」

接著，隆格倫轉身離開。

「我就只告訴他這句話，沒有再多講些戰術或其他有的沒的。」隆格倫對我說，「說完，沙芬盯著我看了幾秒，不發一語，我知道他把話聽進去了。」

之後的澳網對決，可說是史上最偉大的一場比賽之一：從晚場時段一路大戰到深夜，雙方你來我往、精力瀰漫、靈感飛馳、不屈不撓，且不只有沙芬，兩人都在緊張的氣氛中不斷握拳大吼。

按照沙芬自己的標準來看，他有好好控制自己的情緒。他說：「我知道假如讓情緒牽著鼻子走，我就完了。」

我們很少看到費德勒汗如雨下。但隨著球賽越打越激烈，費德勒甚至開始顯得狼狽：長髮糾結在一起、整頭頭髮亂成一團、濕透的藍色運動衣上的拉鍊也歪了一邊。

費德勒和沙芬就像是延長了休士頓賽那場搶七決勝局，而那晚坐在羅德·拉沃球場超過午夜十二點的觀眾，則享受著必然會成為心目中數一數二、精采絕倫的頂尖賽事。

「我看過的球賽那麼多，這場一定是我心目中的前十名，甚至前五名也不為過。」隆格倫說。

每一盤的比分都咬得很緊。分與分之間的時間差很短、球球都充滿爆發力，但這場比賽最精采的地方，是雙方都拿出絕活一較高下：費德勒的招牌正手對上沙芬的經典雙手反拍；費德勒迅捷輕巧的上網截擊，對上沙芬重如砲擊的完美穿越致勝球。

能夠親眼見證這場比賽的觀眾，實在是再幸運不過，但即使是在多年後看精采重播，也會感到內心澎湃。整場賽事高潮迭起，儘管沙芬球球進逼，但依舊是費德勒先行一步，迎來第一個賽末點。

第四盤搶七，比分來到六比五，輪到費德勒發球。費德勒二發奇襲，想嘗試發球後上網。沙芬把球掃向球落點的對角區域，費德勒一個箭步衝去，以反手截擊，然後縱身躍起，攔下下一顆沙芬打來的穿越球。以他所在的位置要這麼處理，實在是極高難度，但他打出了一記精采萬分的小球，球在沙芬的前場落地。但是，沙芬活脫脫像逮住獵物的獵人，他料到球路，疾步前衝打出一記高吊球，飛過費德勒頭頂，落在後場界內。

瑞士特快車拚命往後跑，接著還做出反常的舉動。他沒有看似輕鬆地打出一記困難的回擊，而是把一個看似只能直接回擊的球弄得複雜許多。費德勒居然嘗試想胯下擊球得分，而不是跑過球的位置，用更好的處理方式送回去。費德勒屁孩式的胯下擊球沒有成功過網，他向後仰頭，對著天上的月亮大聲咆哮。

「就算有個人擁有鐵石一般的手，他一輩子也不可能那樣把球轟進界內，但如果是羅傑，或許有機會辦到。」沙芬告訴我，「我站在網前，雙眼緊閉，不過他並沒有得逞。」

二十五歲的沙芬，在那一刻恍若新生。他善用這股突如其來的力量，連下兩分，把球賽逼至第五盤。超過三小時的纏鬥，兩人再度平手，球迷緊守現場，幾乎沒人捨得離開。

「就在費德勒胯下擊球失敗的當下，彷彿醍醐灌頂，一扇希望之窗打開了。」沙芬一邊和我聊，一邊捲起一根香菸繼續回憶，「我內心吶喊著：『機會來了，給我好好抓住啊啊啊！』我知道勝利會屬於我，這是我有生以來第一次對自己這麼有信心。」

費德勒顯露出疲態，他邊跑邊忍受左腳腳底的一顆水泡。第四盤後，因為右手食指神經夾擠，他申請防護員進場。

不過，第五盤依舊值得大家期待，因為兩位戰士都已做好準備，要給對方致命一擊。

費德勒救回了兩個盤末點，把比分推向五比三，兩人鬥得你死我活，還要經過半個小時，才能揭曉獎落何方。

坐在沙芬包廂裡的隆格倫，一邊看球一邊向沙芬的經紀人特索巴尼安（Gerard Tsobanian）進行即時解說。特索巴尼安表示：「隆格倫知道羅傑什麼時候會出手、什麼時候會鋌而走險。他也知道面臨破發點的時候，羅傑會把球發到哪裡。」

接著，在局數四比五、在三十比四十的時候，費德勒的截擊又成功在一陣混亂中挽救一個賽末點。雙方一路爭鬥到六比六，費德勒在移動過程中打出正手失誤，球出界，讓沙芬逃過遭破發的一劫，最終還是順利保發。之後，費德勒在六比七時挽救兩個賽末點、七比八時再度救回一個。

沙芬的時間感和思緒越來越散亂，但就在迎來第七個賽末點時，他抓緊機會，從邊線打出一記反拍回擊。費德勒嚇了一跳，趕緊向右跑，摔了一跤仍奮力把球打回，但球拍也跟著脫手飛出。

歷時超過四小時的鏖戰，這場刺激絕倫的四強賽終於要畫下句點。沙芬掃回一記正手到費德勒空出一大片的界內區，而費德勒只能雙膝跪地，看著球在場內彈跳了兩下。

比賽結束，沙芬並沒有揮舞自己的拳頭，也沒有撕扯上衣，或是像伐木工砍倒一棵紅杉樹後大聲咆哮。他只是揮動雙手，彷彿在說：「謝天謝地！終於結束了！」接著，他走上前倚靠在球網上，等著費德勒爬起、拾起球拍，走向網前和他握手。

「那場比賽實在太艱難了。」沙芬說，「我只想趕快、趕快、趕快結束。」

比分收在五比七、六比四、五比七、七比六（六）、九比七。但比起分數，還有其他事情更值得記住：來回精采對抽時的球迷感嘆聲，或是費德勒在第四盤盤尾扔了球拍，顯示在面臨沙芬的巨大壓力下，他剛培養好的優雅球品又暫時消失，故態復萌，又或是輸掉比賽後不久，費德勒光著腳、低著頭，步履蹣跚走進拉沃球場的走廊。

儘管費德勒體力不支、腳底起水泡，要擊敗他仍是一項艱苦卓絕的任務。鏡頭拉回到場上，沙芬正在接受兩屆澳網冠軍名宿庫瑞爾的賽後訪問。儘管已是深夜，場上還是座無虛席，雖然已屆午夜十二點，代表沙芬生日已經過了，但球迷還是為他唱生日歌。

沙芬在進入決賽之後，接著打敗休威特，獲得第二座大滿貫金盃。但這與其說是沙芬未來勝利之路的開端，更毋寧說是他退場前的最後輝煌。

「我徹底被內心的衝突給淹沒，關於我的生活、我的事業，我完全是一片困惑。」沙芬對我說。

沙芬大大小小的傷勢，也並沒有幫助他好好沈澱、釐清未來。沙芬在二十九歲宣布掛拍，就此揮別網壇。

不過，對費德勒來說，二〇〇五年澳網則確實是他前途絢爛的風向儀。費德勒當時無疑已是世界最頂尖的球員，但這場比賽是他成為他人典範的起點。費德勒和沙芬在溫暖的澳洲夏夜對決時，他的對手和後起之輩，也正在遠處全神貫注地看著。

第 8 站

西班牙，馬約卡島帕瑪

PALMA DE MALLORCA, Spain

納達爾的存在提醒了球迷：勝利得來不易，所以無論比賽規模大小，他們對費德勒的獲勝總是百看不厭。

這是有史以來最奇特的網球賽事之一，七千張票全數銷售一空，球迷來到西班牙馬約卡島的帕瑪體育館，引頸期盼觀賞費納大戰。

比賽活動總監阿爾伯特（Alberto Tous）說：「就算有一萬五千張票可賣，肯定也會迅速賣光。」二〇〇七年五月二日，球迷抵達場館時，看到臨時的比賽場地蓋著兩塊防水布。隨著慶祝活動拉開序幕，防水布慢慢揭開，活動賣點終於現形：球網一側是滿滿紅土，另一側則是嫩綠草地。

如此瘋狂的突發奇想出自阿根廷廣告鬼才坎波（Pablo del Campo）之手。出賽當下，納達爾已在紅土球場和法網取得七十二連勝；費德勒則在草地賽事連勝四十八場，也在溫網蟬連四年冠軍。坎波的主意是希望讓草地至尊與紅土之王在彼此最擅長的場地來場頂尖對決。

我承認，這個創意真的是前所未見。此場比賽又稱作「場地之戰」（Battle of Surfaces），可以看出在現階段有多少球迷有興趣觀賞無論是哪種形式的費納大戰。

費納對決壟斷網壇的黃金年代，而我當時也感到非常驚訝，費納二人居然同意中斷春季賽季，冒著受傷的風險，答應在這個充滿變數的場地進行這場表演賽（即使他們一人可拿到四十萬歐元的出場費）。

但馬約卡，這個位在地中海的西班牙小島，是納達爾的故鄉。兩位選手當時的服裝贊助商都是耐吉，也同屬IMG運動經紀公司。坎波打從二〇〇五年就嘗試說服費德勒接受這個點子，最終成功了。

無論是不是發神經，它如今已然成真。

「場地之戰聽起來也太瘋狂了，大家可能會覺得：為什麼選這個時候？時機也未免太糟了。」費德勒在到達表演賽場館前說，「不過，偶爾只因為好玩打網球也不錯啊，不需要每次在球場上都搞得那麼嚴肅嘛！」

費德勒的確有理。網球表演賽往往邊打邊笑，逗樂觀眾，選手時而炫技，時而滑稽，但很快人們就會發現，這場表演賽不同以往。費納二人顯然使出渾身解數對戰，打出漂亮穿越球，並運用了許多在正式比賽時的戰術、打法。

唯一純屬搞笑的只有「一半紅土、一半草地」這個概念，費納兩人每換一次場就得更換專屬球鞋。因為草地網球鞋的鞋底採顆粒式設計，並不適合紅土球場，但費德勒賽後坦承，就算換上紅土球鞋，他有時還是會忘記要滑步。

費德勒和納達爾有草地地面可用還算幸運。由於當初第一批送到體育館的草皮慘遭蚯蚓襲擊，而且缺乏色澤，所以在比賽前夕，籌辦人不得不從當地一座高爾夫球場緊急挖來一大堆綠草皮做為代替。

使用高爾夫草坪當作網球的草地地面，可想而知，彈跳力不盡理想，包含第三盤搶七賽末點，費德勒打出的一記正手。最終費德勒不敵納達爾，地主選手西班牙蠻牛成功以七比五、四比六、七比六（十二比十）拿下冠軍。

現在用電腦重看這場表演賽，「一半草地、一半紅土」的混合球場看起來還是很奇怪：兩種不同色調的場地，感覺就像開了兩個視窗，而不像在看同一場球賽。雖然一年後，費納對決又在同一個球場上演，但混合球場的構想再也沒有重現。

表演賽取名「場地之戰」，這是為了致敬一九七三年在休士頓太空巨蛋體育場舉辦，頗具時代精神的「性別大戰」（Battle of the Sexes）。那時溫布頓女單冠軍比莉・珍・金持拍擊敗自封男性沙文主義的選手鮑比・里格斯（Bobby Riggs）。想當然，「性別大戰」絕對是更古怪的賽事，時齡五十五歲的里格斯坐在黃包車上，由多位女模推著車入場，二十九歲的金則坐在華麗的花轎上，由胸肌霸氣外露的猛男抬轎進場。

不過，金和里格斯至少是在相同類型的場地上競爭。

二〇二〇年，我和納達爾聊到這場「場地之戰」時，他說：「我不得不承認，這是一場奇特的球賽。對我和羅傑都蠻有挑戰性的，不過老實講，我打得很盡興。那場球賽會一輩子留在我們的腦海裡，一生一次、絕無僅有。」

費德勒和納達爾一起創造了許多回憶。

納達爾是個正手拍如同揮鞭、總是大聲呼喊「Vamos！」激勵自己的網球神童，網球訓練從家鄉馬約卡萌芽，啟蒙教練是他的親叔叔托尼．納達爾（Toni Nadal）。

就像費德勒小時候在巴塞爾的ＡＴＰ賽當球僮的經驗，納達爾也很早就接觸頂尖網球好手。從一九九八到二〇〇二年，ＡＴＰ紅土賽事固定在西班牙馬約卡島舉行，其中贏家包括未來的大滿貫金盃常勝軍費雷羅、沙芬和高迪歐（Gastón Gaudio）。

納達爾與家人一同參與賽事，而在二〇〇〇年，拉法滿十四歲的時候，憑著在青少年組的優異成績，獲得於台維斯盃決賽開幕式擔任西班牙舉旗手的殊榮，比賽在巴塞隆納聖喬治宮體育館（Barcelona's Palau Sant Jordi）舉行。納達爾留著一頭短黑髮，站在西班牙球星科雷查、科斯塔（Albert Costa）、費雷羅的身旁，室內紅土場上播著國歌，年輕的拉法顯得有點侷促不安。那時誰能預料到，納達爾將會成為眾西班牙選手中最耀眼的網球明星？

當時，西班牙是最厲害的傳統網球強國。但台維斯盃打從一九〇〇年創辦起，西班牙始終無法把一座金盃留在自己國土。而這次，為期三天的比賽歡聲雷動、眾人情緒亢奮，現場一萬四千五百個位置座無虛席。西班牙最終結束將近一世紀之久的漫長等待，在關鍵的一場賽事中，隨著費雷羅在四盤大賽擊敗休威特，西班牙成功奪冠。

當時在位的國王胡安．卡洛斯一世（Juan Carlos）就坐在第一排見證歷史性的一刻。納達爾也全程觀賽，十七個月後，這位西班牙網壇新星持外卡參加馬約卡公開賽（Mallorca Open），生涯首次在巡迴賽等級的賽事獲勝，擊敗世界排名前一百的巴拉圭選手拉蒙．德爾加多（Ramón Delgado）。

年僅十五歲的納達爾已經不是第一次在自己家鄉打敗比他年長的網球好手了。在這前一年的年初，澳籍球星凱許抵達馬約卡島，準備與同為明星球員的德國好手鮑里斯．貝克在聖蓬薩國家俱樂部（Santa Ponsa Country Clu）打表演賽。

表演賽前，上了年紀的貝克臨時因傷退賽，凱許覺得表演賽不能就此取消，所以答應和島上前途看好的網壇新星對打，這樣至少買票進場的球迷不至於大失所望。時年三十六歲的凱許從沒聽過納達爾的名號，也無法想像自己將面對怎樣的一個十四歲小子，或者，更精確一點的說，將開啟怎樣的一場眼界。

「納達爾跳了出來，就像終於有機會可以大展身手，而觀眾也馬上熱烈回應他的青春活力。」凱許在《倫敦時報》的文章中寫道，「如果你覺得休威特活力充沛，那你應該看看納達爾的樣子。他不斷用力握拳，擺出的勝利姿勢，為自己的得分喝采。那場比賽我大概聽他喊了一百次『Vamos！』」

第一盤由凱許拿下，納達爾奪得第二盤，第三盤來到搶七決勝局，勝利女神最後對納達爾露出微笑。

「他衝到網前，打出一記看似不可能的截擊，然後高高跳起、緊握拳頭慶祝勝利。」凱許回憶道，「一方面，我覺得這小子有夠失禮，但等到我從被小毛頭打敗後的怒火中回過神來，我意識到剛剛和我對戰的，是未來最有機會摘金的年輕好手。所以隔天，我就打電話給我的一些贊助商，告訴他們一定要好好投資這個潛力股。其中有些人現在一定後悔當時沒有聽我的話。」

也有些贊助商並不需要這通電話：早在納達爾十二歲時，耐吉就慧眼獨具簽下了他。耐吉的前網球部主管中島麥可（Mike Nakajima）告訴我：「耐吉在選手十一至十三歲時，就會相準要贊助的未來新星。我們在莎拉波娃十一歲的時候就簽下她了，那時她才剛學會說六個英文單字。我記得她對我說的第一句話是：『我不喜歡你的襪子。』」

拉法的英文也好不到哪裡去，不過他有禮貌多了。

身為體育記者，我報導過的第一位來自納達爾家族的選手並不是拉法，而是拉法的叔叔米格爾（Miguel Ángel），一九九四年美國舉辦世界盃足球賽，壯碩的米格爾作為西班牙國家代表隊的中後衛為國出征。

當時拉法只有八歲，和叔叔一樣熱愛踢球，有時會去替叔叔效力的巴塞隆納隊加油，儘管拉法和爸爸賽巴斯蒂安（Sebastián）一樣都是皇家馬德里隊的鐵粉。拉法想成為職業運動員一點都不意外，而只消看看他叔叔米格爾粗獷的體格，就能知道他結實的身體從何而來。米格爾直到三十八歲才退役，或許也為他姪子旺盛持久的精力與職業生涯提供了一絲線索，無論在這段過程中他需要忍受多少痛苦。

納達爾家族世世代代都住在馬約卡島，他們家族的封地在馬納科（Manacor），這是個愜意、充滿魅力的內陸小鎮，在納達爾的童年時期，小鎮居民不到四萬人。納達爾和父母、爺爺、奶奶和其他家族成員住在小鎮廣場上的一棟五層樓建築，俯瞰著十八世紀的教堂，距離馬納科網球俱樂部和俱樂部所屬的紅土球場都非常近。馬納科和克里斯托（Porto Cristo）這個漁村兼旅行勝利不遠，納達爾家族是當地富裕人家，在克里斯托擁有不只一家公司，並共同享有海上的部分產權。

納達爾的小鎮生活童年，證明了冠軍不需要從困頓中脫穎而出。拉法的兒時日常就在馬納科與克里斯托之間穿梭，在足球與網球之間跑跳，而正是拉法的另外一位叔叔托尼，在拉法三歲的時候，將網球帶進了他的生命。

納達爾十二歲以前，足球在他的生活中有著無可撼動的地位。他是一位反應迅速的左翼，常常以頭槌射門得分。同時，納達爾也是他年齡組中的西班牙與歐洲青少年網球冠軍。納達爾的爸爸塞巴斯蒂安覺得是時候讓兒子在兩者之間做出選擇了。

在與費德勒同樣年紀的時候，納達爾決定把自己的運動才能投注在網球上，因為比起足球，他更喜歡網球的個人運動特色，能擁有完全的掌控權。與費德勒的際遇更相似的是，納達爾也曾因為練網球而錯過一次足球練習，那時新官上任的足球教練決定罰納達爾禁賽一次。

納達爾說：「假如不是那位教練，我可能就會當足球選手了。」

納達爾人生中的這個轉捩點，成就了費納二人在網壇王碰王的命運。

和費德勒一樣，納達爾在青少年時期，平日晚上都無法和最親密的家人一起度過。因為在馬納科缺乏實力相當的訓練夥伴，他常常需要坐火車去帕瑪的訓練中心，帕瑪是馬約卡島的最大城，在馬納科的西邊約五十五公里。為了減少通勤時間，拉法開始上寄宿學校，他的爸爸與托尼叔叔也是該所學校的畢業生。不過，拉法常常想家，最後還是受不了，回到了馬納科。

納達爾還有一點和費德勒如出一轍：他對學科不太上心。有次我問他：「你求學時期最喜歡的科目是什麼？」納達爾想了一會兒，回答我：「體育。」

西班牙官方網球單位注意到位在離島的納達爾前景看好，說服納達爾父母把拉法送過巴利阿里海

（the Balearic Sea），到西班牙的運動訓練重鎮——巴塞隆納。

馬約卡島另一位優秀選手：身材高大、沉默寡言又有種不尋常帥氣的莫亞，也曾走過同樣的歷程（實際上，莫亞才是首位在球場上穿著無袖運動上衣的馬約卡人）。

一九九八年，長髮及肩、正手火力全開的莫亞，在法網贏得男單冠軍。在法國擔任主辦國的世界盃前夕，從巴西足球球王比利（Pelé）手中接下火槍手盃。隔年，莫亞曾短暫名列世界第一，他的成就也讓同樣出身的納達爾明白，在網壇登峰造極並非痴人說夢。納達爾十二歲時第一次和莫亞打球；十四歲時開始定期一同訓練。莫亞可說是釋出很大的善意，這對納達爾來說也是莫大的鼓舞。畢竟，有多少具備才華的年輕選手可以和正值顛峰的大滿貫冠軍定期訓練呢？

納達爾家族相信，為了拉法的好處著想，儘管會需要西班牙官方的金援，讓拉法留在馬約卡生活和接受訓練還是比較合適。

「拉法的爸爸覺得他適合留在家鄉，周遭有親朋好友可以當他的後盾。」托尼對我說，「年少時期離鄉背井，網球實力的確會更上一層樓，但是對於人格養成不見得有好處。雖然在訓練過程中遇到一些困難，但努力奔走後，我們還是成功在馬約卡島上找到和拉法程度相當的訓練夥伴。」

納達爾一家諮詢過住在帕瑪的國家隊教練波塔（Jofre Porta）。托尼叔叔對姪子的打法做了很大的改變：在拉法九歲的時候，把他原本習慣打的雙手正拍改為單手正拍，因為托尼和波塔都知道，在男網中，能夠以雙手正拍從兩側擊球的球員相當罕見。從來沒有這種打法的男單球員問鼎過世界第一，雖然莫妮卡．莎莉絲（Monica Seles）曾經在女網成功辦到。

在同一時期，拉法也開始練習用左手持拍打正手，雖然他平常吃東西、寫字、投籃、打高爾夫都是使用右手。他踢足球也是左腳比較有力。打網球的人都知道，左撇子因為相對罕見和反向效應，在場上往往占優勢，更能夠在接反手角落帶切的發球時，把對手調度到另外一邊，進而增加進攻的空間。

托尼注意到，他的姪子用雙手擊落地球的時候，從左側打出的球最強勁，最容易打出致勝球。托尼告訴我：「拉法打這側看起來更自然，所以必須打左手正拍才行。」

最後，選擇權落在拉法手上，而這一轉捩點也替未來費納的精采對決埋下伏筆。以納達爾的天賦、人格和比賽當下的專注、不屈不撓的態度，就算是右手持拍，也有很大的機會稱霸網壇。但如此一來，在對戰的時候，就不會對費德勒造成這麼大的技術折磨，因為費德勒可以使出自己的拿手武器——內外正手和短斜線反手削球。

對納達爾而言，決定這麼打的最大困擾就是對左肩造成的壓迫、疼痛感。因此納達爾發展出他的招牌正手：在以驚人的拍頭速度擊球後，左手像揮鞭子一般繞過頭頂，來舒緩左肩的不適感。波塔和其他教練把納達爾這一招命名「納式正手」（the Nadalada），但這個絕招的西班牙名稱從未成為主流稱呼，實在可惜。

我和納達爾家族的初次見面是在二〇〇三年的溫布頓，當時正值十七歲的納達爾是首次參加大滿貫賽事。在這之前，我從未在電視轉播或現場看過納達爾打球。二〇〇三年，是還沒有 YouTube、推特、Instagram 和直播的時代。許多比賽的播放平台很有限，公眾對網球新星也沒有像現在那麼關注。當時我應該更仔細做功課的，在二〇〇二年，納達爾擊敗了拉蒙．德爾加多，而我為《國際先驅論壇報》撰寫一篇關於納達爾的文章，文中我提到：納達爾就像當時的法國年輕新秀加斯凱，打著出色的**單手反拍**（我們當記者的總會痛不欲生地發現自己犯過的錯誤）。

但坐在全英俱樂部的觀眾席上，看著納達爾在第二輪對戰持外卡的地主選手李．柴爾斯（Lee

Childs），自信地在球場上迅速移動，依然讓人感到安心。西班牙對納達爾前程看好的報導一點都不浮誇。

遠遠看起來，納達爾就像一個成年男子，只有靠近細看，才會發現他有多年輕。那時他的臉還沒像現在這麼稜角分明，臉頰有著嬰兒肥，剃不剃鬍子沒有什麼明顯差別。

當時納達爾最引人注目的特質，就是我們今天所熟悉的那種在比賽中堅持不懈、始終相信自己的態度。雖然臉上偶有失望的神情一閃而過，腦中也可能浮現過輸球的念頭，但這些負面想法從未在他腦海逗留太久，而只是一種去面對眼前挑戰和下一分該怎麼打的反應。

費德勒花了好幾年時間控管自己的脾氣，以及他對自己過高的自我期許。但在這方面，納達爾似乎一開始就抓到了訣竅：不必請運動心理諮商師，也沒有球拍被無辜摔爛。

「我從不摔球拍。」納達爾說，「假如我真的把球拍摔了出去，之後就換我叔叔把我轟出球場了。」

納達爾不只享受比賽的當下，假如把「球賽」比擬作動物，納達爾就是給予球賽一個熊抱，把牠高舉空中，任憑牠的腳跟在空中狂踢。二〇〇四年三月的邁阿密公開賽晚場，第三輪比賽的費納對戰，納達爾就是抱持著這樣的精神迎戰。

雖然人們總說邁阿密大賽是費納生涯首次碰頭，但其實這是第二場。在邁阿密大賽的前一週，兩人才在印地安泉大師賽第二輪雙打交手過。當時納達爾的戰友是羅布雷多（Tommy Robredo），費德勒則和阿列格羅搭檔，納羅組合以五比七、六比四、六比三贏得勝利。

但是，雙打的短暫交手並不足以讓費德勒摸透納達爾的底細，也還沒完全領教過納達爾的招牌正手，以及涵蓋全場跑動的鬼神防守功力。

那些認為納達爾會被費德勒嚇慘的人，真應該看看拉法在前一年漢堡公開賽的對戰，這是納達爾首次在巡迴賽中對陣莫亞，以七比五、六比四的比數擊敗這位前輩高手。

在球場上，就算是網球選手童年時期所仰慕的巨星前輩，面臨充滿活力與才氣的納達爾，也無法倖免。不過，與大家設想的不同，費德勒並不是納達爾的童年偶像。雖然兩人差了五歲，但費德勒當時才剛從一群年輕的頂尖好手中脫穎而出。在納達爾的成長過程中，費德勒並不是他心中的假想敵。這種情況和費德勒在溫布頓面對山普拉斯、或大坂直美對戰小威廉絲不太一樣。

那時，費德勒剛登頂世界第一，穩居寶座。在這場比賽之前，他在澳網、杜拜、印地安泉三場比賽都順利奪冠，並在邁阿密公開賽之前的六十二盤中取得五十六盤的勝利。費德勒身體有點不舒服，儘管還不到比不了賽的程度，前一晚才在與達維登科（Nikolay Davydenko）的三盤對戰中艱苦獲勝。

在比賽轉播擔任球評、德高望重的英國網球名宿巴雷特（John Barett）負責轉播這場費納單打第一戰，他問另一名球評：「你覺得納達爾真的有可能打敗費德勒嗎？」

那時是第一盤，比分來到一比二，納達爾的發球局，巴雷特的夥伴阿德勒（Doug Adler）回答：「我覺得不會，誰會想輸給一個十七歲的新秀呢？」

巴雷特同意，並說：「我覺得如果費德勒在狀態上，那比賽可能就會……」

他的話說到一半，就被納達爾拋到空中的球打斷了。正是這一球，讓費德勒從此見識到此後對上他的比賽會有多難打。費德勒以削球回敬到納達爾的反手位置，但納達爾用極快的速度閃身打出了一記正手。費德勒又以反手猛力把球回擊到另一側的角落，眼看自己就要得分了，想不到納達爾快如閃電衝到後場，用盡全力以正手再度回擊，救回這一球，最終以一個打穿越球的假動作，實則為一記重扣，收下這一分。

邁阿密對戰巧妙預示了未來幾年的費納對決。巴雷特顯然原本認為納達爾撼動費德勒地位的機會微乎其微，幸好他夠機警，再也沒把原本那句話說完。

即便在那個時候，納達爾從某些方面來看，已經和今日我們眼中的納達爾差不多了。他會在換邊休息時間精準擺好水瓶的相對位置，而且，嗯，也會拉褲底。不過，還有一些習慣動作還沒誕生，比如說在發球前碰自己的肩膀、鼻子和耳朵。

在比分之間，他的步伐似乎經過深思熟慮，但又不會顯得笨重遲滯。大抵來說，納達爾在面對費德勒時表現出色，而費德勒面對對方的強力上旋球、強力抽球與豐沛能量，則顯得有些掙扎。

費德勒沒有打出應有的水準，正手拍頻頻失誤、截擊也時時掉漆，不過，這也是因為納達爾帶給他不小壓力的關係。

其他選手打不到的球，納達爾都能一一化解，因為他的快速移位和回擊實力，落在難打位置的球，也都讓他一一送回球網的另一邊。納達爾擊出的穿越球神乎其技，導致費德勒的前六次上網一分未拿。

來自馬約卡的小夥子面對新科世界球王，也不是完全順風順水：在第一個破發點上，納達爾的擊球並不穩，但他很快就調整好狀態，代表壓力排山倒海而來時，他依舊思路清晰。比賽持續進行，納達爾通常穩穩在後場掌控比賽步調，就算費德勒朝底線逼近，或試著加快節奏，他還是處變不驚。納達爾的一發進球率高達百分之八十一，整場沒有面臨任何一個破發點，在最後準備迎接賽末點的最後一個發球，面對無比沮喪的球王，他無情痛擊費德勒的反拍，最後上網扣殺結束比賽（另一個未來費納對決球路預告）。

最終比賽結果：六比三、六比三，納達爾只花六十九分鐘，就讓費德勒潰不成軍。

巴雷特說：「我們忍不住遐想：這位才華洋溢的馬約卡左撇小夥子，未來會打出多少精采的比賽。」

看著納達爾在邁阿密擊垮費德勒，顯然他已具備王者風範，端看他的身體狀況何時能夠讓他真正登頂。

二〇〇四年，這個願景仍未實現。由於左腳骨折，納達爾錯過了大半紅土賽季和溫網。阿根廷選手高迪歐像是中樂透一樣，那年在成功從同胞科里亞（Guillermo Coria）的手上搶救兩個賽末點後，奪得了法網的火槍手盃，這是職業生涯唯一一座大滿貫金盃。法網男單冠亞軍也是這兩位選手生涯最輝煌的紀錄了。

就我看來，如果任何人對納達爾的網球能力、在壓力下保持水準的能力有所質疑，在看過二〇〇四年西班牙塞維亞（Seville）舉辦的台維斯盃決賽、納達爾與羅迪克的那場對戰後，應該也會一掃而空。

決賽在兩萬七千兩百位觀眾面前開打，刷新當時官方球賽公布的最多現場觀看人數紀錄。十二月初的西班牙，室外體育場天氣嚴寒，還可以在空氣中看到自己呼出的氣。

納達爾原定只出戰雙打，但西班牙隊長們可不是傻瓜，知道隊上有個厲害的殺手鐧，決定冒著內部分歧的風險，為國家榮譽做出最有利的打算：讓納達爾代替沮喪低迷的費雷羅上場，站上台維斯盃開幕場的單打舞台。

羅迪克既熱愛網球，也非常愛國。他對台維斯盃的喜愛並不亞於巡迴賽，也鬥志高昂。不過，納達爾拿出超水準的表現，最終以六比七（六）、六比二、七比六（六）、六比二贏下比賽。

當時我住在塞維亞，坐在比賽看台，穿著毛衣、裹著圍巾，寫下了這段文字：

網壇有眾多在底線練習時，看起來前途不可限量的新秀，但最終脫穎而出的，往往是能在重大比賽克服壓力、發揮水準的選手。撇開西班牙人「享受生活」的形象，西班牙頂尖好手往往在球場上表現出沉默獨立的一面，像布魯格拉、科雷查、科斯塔、莫亞、費雷洛都是如此。但納達爾一向情緒外顯，藏都藏不住，如果他不是穿著無袖上衣的話，這樣的比喻會更貼切（譯按：wear his emotions on his sleeve，意指情緒寫在臉上，此處雙關納達爾早年穿無袖球衣的喜好）。他會揮拳吶喊、抬腿高躍、大聲吶喊，表現好時喜形於色。

總而言之，納達爾就像康諾斯、休威特，讓現場觀眾熱血沸騰。或許這不是在漫長賽季中保持體力，或是贏得其他選手友誼的好方法，但納達爾的打法無疑擄獲了西班牙人民的喜愛。在這場精采絕倫的比賽結束後，西班牙人像是被下了咒語一樣，傾倒在納達爾迷人的球技之下。

當時，納達爾的世界排名還只有五十一，不過他可沒一直安於這個位置。二〇〇五年，蠻牛發威，靠著十一座冠軍頭銜一砲而紅，其中包含十九歲時的法網初登場。到七月的時候，他已迅速登上世界第二。

費德勒努力保持自己的領先優勢，二〇〇五年的邁阿密公開賽決賽，費德勒和納達爾再度狹路相逢，這次的五盤大戰，納達爾先拿下兩盤，費德勒在第三盤局數一比四落後時，開始急起直追。

比賽的激烈程度，讓費德勒失去了他好不容易修煉而來的冷靜，就像幾個月前在澳網對戰沙芬的時候一樣。在第三盤努力追成四比四的費德勒，因為沒有成功破發，終於忍不住脾氣，扔出了手中的球拍。

「我一而再、再而三的讓機會從手邊溜走，就像不斷走在上坡路，爬得很吃力。」費德勒說，

「我感覺受夠了，所以把球拍重重扔了出去。不過，或許發洩一下反而對我比較好，或許之後我突然就覺醒了。誰知道呢？」

納達爾看到費德勒罕見的舉動，當作是勝利即將手到擒來的跡象，而在接下來的幾年，納達爾會越來越習慣費德勒的這些情緒變化。

「看到費德勒摔拍，當然會覺得驚訝，」納達爾說，「不過也代表勝利之神離我越來越近了。」

納達爾的冠軍獎盃確實是一步之遙：在第三盤搶七決勝局中，他以五比三領先費德勒，但費德勒很快就捲土重來，力挽狂瀾連得四分，並拿下第三盤，接下來勢如破竹逆轉勝，以二比六、六比七（四）、七比六（五）、六比三、六比一，贏得二〇〇五年的邁阿密公開賽冠軍。

費德勒曾說：「二〇〇五年的邁阿密決賽對我來說意義重大，因為我知道納達爾未來一定會是不容小覷的選手。」

納達爾的崛起並沒有讓費德勒等太久。兩個月後，在巴黎的紅土球場上，費德勒走投無路，納達爾在生涯首場大滿貫賽事，也是十九歲生日當天，與瑞士特快車交戰四盤後，讓費德勒無緣晉級。兩天後，納達爾在決賽力克普埃爾塔（Mariano Puerta），躋身網球巨星博格、韋蘭德、貝克、張德培、山普拉斯等人的行列，在青少年時期就拿下大滿貫賽事冠軍。

懷抱著火搶手盃，納達爾第一次在贏得勝利後落下淚水（在愛哭這點上，他和費德勒倒是不那麼像）。

克普埃塔評論納達爾：「他以後會成為網壇傳奇。」

足以贏得大滿貫金盃的選手都很優秀，值得成為大眾注目焦點。想想看，有將近幾百萬人在打網球，要能夠爬到金字塔頂端，實在是道阻且長。不過所謂的網球神童，無論是好是壞，都擁有一種神奇的吸引力。他們的成功具有一股宿命的氣息，就像在爬梯子，人們總著迷頂尖選手怎麼跳過凡人需要一步步踩好踩滿的台階，也好奇取得領先的球員，以後可以爬得多高。

從一九六〇年代馬諾羅・桑塔納（Manolo Santana）贏得四座大滿貫冠軍以來，西班牙網球選手可說是高手輩出，但納達爾卻是首位西班牙網球巨星：他是網球天才，在他身上集合了「我能辦到」的霸氣和謙虛、愛家這些傳統價值觀。納達爾的帥氣外表也很吃香。在西班牙，網球依舊帶有菁英主義色彩，讓人聯想到高級私人俱樂部與階級，但納達爾靠著他的狂野拚勁打進了主流。

不是只有西班牙人民為納達爾瘋狂：我所撰寫關於納達爾法網奪冠與後續慶祝活動的文章，被刊登上《紐約時報》的頭版。

這個時期的納達爾，英語依舊坑坑疤疤，而我的西班牙語還算勉勉強強，儘管住在塞維亞多年，還稱不上說得很溜。接近午夜，納達爾在夏樂宮特羅卡德羅廣場（the Trocadéro esplanade）的人類博物館咖啡廳（Café de l'Homme），一邊欣賞艾菲爾鐵塔，一邊慶祝這場重大勝利，一邊接受我的採訪。讓人驚訝的是，慶祝活動比想像中來得平靜，而我們也在多年後見證，納達爾家族對於贏得勝利一直保持態度低調，甚至有點過於謙虛。

慶祝活動上，親朋好友簇擁著新科冠軍。納達爾穿著一套黑色西裝和不太顯眼的領帶，與球場上穿的螢光綠無袖上衣與白色海盜褲形成鮮明對比。

納達爾說：「我希望自己能夠一直保持初衷，保有最初的自我，我期許自己以後可以成功，我也相信自己未來能夠達成夢想。」

作為足球明星米格爾的姪子，對納達爾來說當然有好處。納達爾家族數十年來一直過著家中有公眾人物、應對鎂光燈的生活。納達爾家族比起其他家庭，更懂得如何把公領域和私領域的界線劃分清楚。

***

在二〇〇五年法網開打前，我和費德勒第一次短暫聊到納達爾，當時他接受我代表《紐約時報》和《國際先驅論壇報》的採訪，我們坐在巴黎瑰麗酒店（Hôtel de Crillon）的頂樓套房裡，這裡是費德勒喜愛的棲身之處，著名地標協和廣場與法國國民議會盡攬眼底。

費德勒當時生活已步上軌道，當時他已連續兩年穩坐世界第一，米爾卡也過得很愜意。這個時期的費德勒，正缺一名全職經紀人，前段時間他剛和ＩＭＧ經紀公司分道揚鑣。費德勒的父母協助他管理商業合作案，米爾卡因慢性腳傷退役，正身兼多職，既是個人助理、媒體聯絡人，也是他最心愛的女友。

因為公私界線模糊，他們還在找尋解方。我訪問費德勒的當下，米爾卡正在試穿名牌服飾，因為有雜誌安排好要進行拍攝。她偶爾會插入採訪，詢問費德勒對於她剛換上休閒時尚風穿搭的意見。費德勒聚精會神看著女友，回答她「這可以」、「我覺得不行」、「還不錯看」，接著又禮貌地轉回來採訪，問我：「不好意思，你剛剛說什麼？」

「納達爾，我剛剛提到納達爾。」

「他很了不起，對吧？」費德勒說，「他已經比我強大了，還小我五歲，想像一下他五年後會是什麼樣子！對網壇來說，有不同類型的選手是件好事，但回顧我十八、十九歲的時候，我沒有納達爾那麼厲害。」

我回答：「這個心態的確會讓你有點危機意識。」

費德勒接著說：「我覺得左手持拍也是他的優勢，目前網壇沒有那麼強的左撇子選手。」
他也和我談到一些網球名宿，像是湯瑪斯·穆斯特（Thomas Muster）、伊凡尼塞維奇、里奧斯，清一色都是頂尖的左手持拍選手。費德勒當時的教練羅氏也是優秀的左手持拍球員。
「現階段很缺左手持拍選手，」費德勒表示，「所以納達爾的出現很棒，因為這也改變了看待球場的角度、擊球的球路。當球反方向旋轉，一切都會變得更加有趣，迎戰左手選手，就要制定完全不同的作戰策略。」
從不同角度來看，費德勒的回答很耐人尋味，不只因為他提起納達爾，就好像他的出現是一種自然現象，類似特別大的潮汐或熱帶風暴（關鍵語氣：「很了不起，對吧？」）。
不過，直到米爾卡打斷我們，用「這件鄉村風襯衫怎麼樣？」帶走話題的時候，費德勒的言談真令我印象深刻，因為他的口氣儼然是個網球守護者。這個來自西班牙的年輕人正嶄露頭角，準備把對手都（禮貌地）殺得一敗塗地，而費德勒認為這為比賽帶來豐富的變化。或許這也是費德勒試著擺脫納達爾對他與他的生活造成的直接影響，可是，我相信費德勒的言談也是來自真正的好奇。費德勒已經看過無數場比賽，其中也包含自己的比賽回放。
費德勒告訴我：「我是說，我們已經看不到沙芬、休威特、羅迪克、科里亞和左撇子對戰了，只看到他們和右手持拍選手的比賽。」
當時我心想，納達爾家族沒聽到這段話真是太可惜了，畢竟當初經過深思熟慮後，納達爾選擇左手持拍，如果聽到這段話，一定會覺得很有趣，也更確定當初做了正確的選擇。
費德勒也明白他和其他選手未來所要面對的挑戰。
「在很久之前，我就感覺到他就要風生水起，只是時間早晚而已。」費德勒說，「去年，在西班牙隊決定讓納達爾上場打台維斯盃決賽時，我就心想：『安迪，祝你好運啊！』」

但至少在二〇〇五年，納達爾並沒有威脅到費德勒的地位。那年費納沒有再對戰過。在法網結束後，納達爾又贏得了五個冠軍頭銜，而這些賽事費德勒剛好都沒參加，但納達爾之後又爆冷，早早從溫網和美網出局。

費德勒贏了這兩場大滿貫冠軍，在溫網對戰羅迪克直落三；美網以四盤終結阿格西。

阿格西此時三十五歲，是繼一九七四年羅斯威爾之後，打進大滿貫男單決賽年紀最大的選手，場上的他依然很有競爭力。但是當阿格西在採訪室裡，談到與費德勒的對戰會是如何，他覺得自己獲勝機會微乎其微。

決賽賽前，阿格西在訪問時說：「其實我所面臨的挑戰很簡單。大多數人都有弱點，且只有一招拿手絕活，但費德勒無懈可擊，絕招又不只一個，所以這就是個大問題。」

賽後，阿格西在訪問中則這麼說：「山普拉斯非常棒，這點無庸置疑，但皮特還是有弱點，我終究知道該怎麼對付。如果知道怎麼迎戰，至少有機會占上風。但在費德勒身上我就是找不到破口，他是我打過最厲害的對手。」

此時，費德勒創紀錄的數據令人目瞪口呆。他闖進大滿貫單打決賽的紀錄是六勝零敗，並已連續二十三場決賽都獲勝。在此之前，網球公開化年代的最高決賽連勝紀錄是十二場，由博格和馬克安諾並列。而費德勒這些勝場涵蓋了所有主要場地，包括十六場硬地、四場草地與三場紅土。

美網決賽隔天，我與費德勒在時代廣場的一間運動酒吧見了一面，那是他奪冠後的媒體公關活動之一。他凌晨三點才上床睡覺，看起來比平常來得沒精神。他在一張椅墊厚厚的椅子上坐下，伸直雙腿，臉上流露著更像是滿足而非得意的神情。費德勒無論在球場上或私底下，舉手投足都像一隻貓，我在《紐約時報》寫道：「費德勒讓我聯想到一隻精心打扮、看起來心滿意足的貓。」

在訪問中，我提到了他的二十三連勝紀錄。費德勒說：「這個紀錄讓我感到驕傲。我的穩定度一直不怎麼為人稱道，所以我試著改變，而這讓我現在更有自信了。這代表只要我認定一件事情很重要，我就可以找到方法達到目標。我可以在比賽中保持高水準表現，並試著繼續保持，就算我知道這個狀態也可能會隨時消失。」

人們越來越好奇，費德勒什麼時候可以打破山普拉斯的十四座大滿貫紀錄？而隨著兩年後山普拉斯宣布退役，這個成就不再顯得那麼遙不可及了。

「我覺得不應該只把眼光放在大滿貫賽事上，」費德勒說，「對我而言，其他比賽也很重要，重點是你在幾千位球迷面前對戰不同好手。你可以看到，在我的三十二座冠軍頭銜中，只有六座是大滿貫，其他都是來自不同的比賽。」

這點的確值得一提。在媒體爭相下標吸引眼球的年代，數字比較總是最受矚目。大滿貫數量絕對這個階段最閃耀的焦點，但並不足以作為球員生涯成就的唯一參考，回顧歷史就不證自明。比如網壇巨星博格生涯只打過一次澳網，更別說像是康諾斯這樣職業生涯長達二十年的選手，也只打過兩次。

比較不同時代的網球選手其實有點弔詭，有時意義也不大，而就算是阿格西，他在職業生涯前八年都沒參加澳網。之後還因為受傷缺席不只兩次。不過，這也許讓阿格西在年過三十後，依舊戰力滿點。

「阿格西年過三十還想繼續征戰網壇，我一點都不驚訝。」費德勒跟我說，「只要身體沒有狀況，一年開開心心打個幾場，又有何不可？」

如果你想要瞭解費德勒職涯的長期布局，這就是他的中心思想。費德勒一直密切關注阿格西的動向，但不用過多久，他就會把注意力轉移到納達爾身上了。

＊＊＊

西班牙蠻牛確實是個狠角色，不過好景不常，納達爾因為左腳腳傷復發，不得不在二〇〇五年年底、二〇〇六年年初再次暫別巡迴賽。他的主治醫生也百思不解，後續尋求另一位西班牙專家，納達爾終於知道他的病灶是先天問題，他左腳中的一塊小骨頭，專業說法是「舟骨」（tarsal scaphoid）在作怪，專家說他恐怕無法再打那麼高強度的球賽了。納達爾聽了如雷轟頂，但他父親是個執拗的樂天派，經過不懈的努力、又利用特殊訂製的鞋墊和球鞋，順利減輕對左腳舟骨的壓迫，這量身訂製的鞋款，是他們前去奧勒岡州的耐吉所做出的智慧結晶。

於是，納達爾繼續他的網壇征戰，不過他現在知道了網球生涯是如此轉瞬即逝。一直以來，納達爾把每一球都當成生涯的最後一分來打，而在左腳腳傷復發後，他開始感到這想法可能隨時成為現實。

在缺席二〇〇六年的澳網之後，納達爾以復仇者之姿重返球場，在杜拜的硬地球場霸氣輾壓費德勒。杜拜對當時的費德勒來說，已經是自己的第二個家，也是氣候宜人的訓練基地。

就在今年，他們的宿敵關係大致底定。二〇〇六年，兩人總共對決六場，也是他們對戰次數最多的一個賽季。納達爾包辦其中四場勝利，有三場是在紅土場地。這六場對決除了其中一場外，其他都是在決賽碰頭，其中義大利公開賽（Italian Open）是一場超長馬拉松大戰，總共僵持五盤，經過五小時又五分的激戰，最終由納達爾摘下勝利錦旗，比數為：六比七（零）、七比六（五）、六比四、二比六、七比六（五）。

即便經過這麼多年，單從球技來看，我仍然覺得二〇〇六年義大利公開賽決賽是我心目中排名第二的費納經典對決，也是兩人關係最緊張的一場，因為在比賽中，費德勒控訴納達爾的托尼叔叔在球員包廂違規對納達爾下指導棋。

納達爾在決勝盤從一比四的劣勢逆轉，並救下了兩個賽末點，而費德勒的招牌正手卻出現兩次非受迫失誤。從這些失常以及隨後在決勝局的致命失誤，可以清楚看出納達爾對費德勒造成的心魔有多大。

與其他選手對戰的時候，費德勒打得行雲流水；但面對納達爾，費德勒打得綁手綁腳。當時，費德勒仍穩坐球王寶座，在溫網和美網這兩項最受矚目的賽事中，他依然穩坐冠軍，但納達爾逼出了費德勒的窘境，讓世人看到費德勒不堪一擊的一面。

這樣講似乎有點太誇張，畢竟費德勒在二〇〇六、二〇〇七年的四大滿貫中就抱走了其中三座金盃，但無論費德勒的賽季表現有多輝煌，納達爾還是一而再、再而三在紅土場地上慘電費德勒，在那裡你看得出費德勒下巴抬不起來、信心也十分低落。

如果費德勒在同樣場地上輸給不同對手，至少不會那麼傷他自尊，但是費德勒一再輸給同一個人，還比他小五歲，放大了對他的傷害，也增加了球迷對納達爾的興趣。

費德勒自由馳騁、輕鬆寫意走在其他競爭者之前的時間，比你我記得的都短：在二〇〇四年整季（如果邁阿密決賽那場不算的話）與二〇〇五年大多數的賽季中，網壇都還是費德勒的天下。不過隨著與納達爾的角逐迅速發展，雖然對他戰績不利，卻也讓他顯得更有人味，我認為這也是費德勒長久受到球迷歡迎的原因。費德勒流暢、自由揮灑的球賽，即便門外漢也能欣賞；費德勒的禮貌、對球迷的友善讓他充滿魅力；而他即使身體疼痛也不屈不撓、盡全力打球的態度，更贏得球迷的敬重。不過，費德勒也只有一、兩個賽季在場上所向無敵。

納達爾的存在提醒了球迷：勝利得來不易，所以無論比賽規模大小，他們對費德勒的獲勝總是百看不厭。

羅迪克跟我說：「球迷想與費德勒更接近，想瞭解他身為人類脆弱的一面。阿格西就是很好的例子，你可以看到他所向披靡、年輕氣盛、海盜打扮時期，和他之後私生活醜聞曝光的另一面得到的不同觀感。人們希望和球員產生連結。所以費德勒遇到困難的時候，人們就會想：費德勒在某方面還是和我們一樣。雖然事後他不會解釋給我們聽，因為他沒有不安到需要自我防衛。」

娜拉提洛娃認為費德勒的國籍也發揮了一點作用。「我的意思是，費德勒是瑞士人，他很中立，不會給人威脅感。」她說。

話是這麼說，但瑞士國籍並沒有帶給辛吉絲明顯好處，讓她成為人見人愛的世界球星。九度拿下溫網女單冠軍的娜拉提洛娃一度在網壇所向披靡，在一九八〇年代連續六次贏得大滿貫冠軍頭銜。但她也沒有成為球迷寵兒，在生涯全盛期，她打起球來毫不留情。

「我上網的時候總是冷酷無情，移位比對手更快、體格也更壯，所以觀眾常常心疼我的對手。」她坦承，「不過，比賽的時候就算羅傑占上風，觀眾也不會同情他的對手。球迷只會欣賞他的球技，不會擔心對手遭他重挫後的感受。」

可是，對費德勒而言，想重挫納達爾實在是難上加難。就算全英俱樂部的嫩綠草地一直是費德勒的後花園，也很快就要被侵門踏戶。

蠻牛已經不只是在紅土發威的選手了，儘管大家花了一段時間才明白這一點。從納達爾還小的時候，托尼叔叔就一直訓練他適應不同場地，要求他面對實力較弱的球員時勇敢上網，就算這樣可能會導致輸球。

雖然他正手動作幅度大、也沒有重砲發球，並不最適合快速場地，但他的力氣大、體能好、心態佳。納達爾勇於嘗試，就像他也願意在一大群觀眾面前嘗試用並不擅長的英語表達，值得人們肯定、欣賞。

同樣是職業網球選手出身，托尼叔叔自知缺乏致命武器，導致無法出頭，因此他希望姪子可以練就一擊必殺的招數。

「我屬於防守型選手，覺得場上表現並不好，所以我希望可以把拉法培養成進攻型選手。」托尼告訴我，「現在看來，這樣的打法也與拉法的個性不謀而合。」

實際上，納達爾可說是一個非常矛盾的人。在他二〇一一年出版的自傳《拉法》（*Rafa*）中，納達爾的母親安娜瑪麗亞（Ana Maria）提到兒子一直以來都很害怕家人會發生不好的事。有次，媽媽載他去帕瑪的路上，納達爾不斷提醒媽媽開慢一點、晚上要記得把火爐的火熄掉，甚至有次他人在餐廳，還特地打電話回家確認有沒有熄掉爐火。

跟其他西班牙男子選手不同，納達爾從小就一直把溫布頓當成目標。托尼從拉法小時候就和他強調溫網有多重要，儘管當時西班牙選手如布魯格拉、科斯塔、莫亞都是贏得法網冠軍，把火槍手盃抱在懷裡。納達爾十四歲的時候，曾公開表示自己想在溫網奪冠。不過早在一九六六年，桑塔納就在英國草地球場上證明過西班牙人的奪冠實力。而在納達爾首度亮相溫網前，比納達爾年長五歲的西班牙左手持拍選手羅培茲，就已二度闖進溫網第四輪，他擊球優雅，反手拍也打得乾脆俐落。

納達爾首次參加溫網比賽時告訴我：「西班牙選手在草地上越打越好了，尤其年輕選手越來越喜歡草地球場，並量身打造適合的球路，我覺得這對網壇是件好事。」

另一件對納達爾的利多，則是溫布頓草地漸漸也不再只是強勁發球與頻頻上網的天下。球在草地上的彈跳越來越，讓底線型選手有更多擊球變化，打出更有殺傷力的穿越球。而聚酯纖維網球線和球拍技術的進步，也助底線型球員一臂之力，讓這類型的選手在四大公開賽都能發揮高水準表現。

同樣是草地之戰，費納對決與山普拉斯對戰伊凡尼塞維奇不太一樣。論球風，費納在溫網對戰，感覺和在澳網硬地對戰的差異不大，都是頻繁的底線抽球、偶爾上網、遇到落地反彈快或球飛的位置偏高時，會在三拍來回內決勝負。

二〇〇六年，納達爾首度闖進溫網決賽，將費德勒逼到第四盤，他為自己的表現感到開心。而費德勒則是在獲勝後鬆了一口氣，四度成功衛冕溫網冠軍。

但到了隔年，也就是二〇〇七年，蠻牛再度站上溫網決賽草地，他對自己有了更高的期待。那年是溫網史上特別的一年。溫布頓的中央球場拆掉舊的屋頂結構，改成安裝開闔式屋頂。中央球場相當於網球界的環球劇場，但在二〇〇七年盛夏，它的外觀看來更像美國玫瑰盃球場（Rose Bowl），屋頂敞開，陽光灑入，帶給溫布頓決賽充足的自然光線。

比賽來到第五盤，納達爾在費德勒發球的第三局和第五局，都以四十比十五的優勢領先，但費德勒兩次都因納達爾的失誤成功脫離險境，納達爾在四個破發點中，有兩次非受迫失誤，然後又在焦躁下打失了正手。

接下來，費德勒破了納達爾的發球局，以一記漂亮的閃身正拍直線致勝球，將比分追到四比二，掀起氣氛緊張的絕地大反攻。氣勢就此轉移，費德勒最終成功贏下了迄今為止最艱難的大滿貫決賽。比賽結束時，費德勒雙腳癱軟，就像突然被飛行物擊中一樣，躺在地上、雙手掩面。

倒在地上的費德勒已淚流滿面，而雖然納達爾在場上強忍情緒，但賽後進入淋浴間，蓮蓬頭水聲流淌，他的淚水不禁奪眶而出，為自己第五盤的保守打法感到無比沮喪。

費德勒已蟬連了五年溫網冠軍，追平博格自現代網球以來的紀錄，這也是當年他阻斷山普拉斯辦到的偉業。

一向泰然自若的瑞典網球名宿博格，也坐在皇家包廂第一排見證費德勒的成就，如今這位傳奇的一頭黃髮已轉為灰白。人們更常把納達爾的上旋球、雙手反拍和殺手氣息和博格類比，但費德勒不僅瞭解博格的打法，也從博格的球技汲取靈感。

費德勒說：「一切恰到好處，看到博格坐在看台上，實在棒極了。」

我覺得很有趣，看著博格在看台上試圖壓抑自己的情緒，直到費德勒奪冠；而費德勒在場上也按捺住自己的激動，秉持熱情全力迎戰。

費德勒頒獎典禮時的穿著，彰顯出溫布頓的歷史傳統：一襲白色西裝外套、白色運動長褲，褲子走復古風（儘管費德勒不小心把褲子穿反了）。

手捧熱騰騰的金盃，費德勒在場邊接受ＢＢＣ記者蘇．巴克（Sue Barker）的採訪，被問及對納達爾的看法時。費德勒說：「我很高興現在觀眾眼裡還有我，因為之後大家都只會注意納達爾了，他真的進步神速。」

這是費德勒的第十一座大滿貫冠軍，兩個月後，他又會收集到另一座美網金盃，把大滿貫數推至十二，但費德勒越來越能接受人們把他和納達爾相提並論。

「一開始的時候，我其實並不想要競爭對手。」他說。

＊＊＊

在許多方面，費德勒和納達爾在風格上迥然相異，這是出自耐吉的精心安排，就像一九九〇年代，耐吉同樣為山普拉斯和阿格西打造不同風格。

費德勒優雅、沉著、打起球來看似不費吹灰之力；納達爾活力滿滿、鬥志熊熊、擁有健壯的二頭肌。若流暢與典雅是費德勒的同義詞，粗獷和前衛就是納達爾的關鍵字。費德勒是古典傳統，納達爾代表年少有為。

費納二人的賽前準備也有著天壤之別。二〇〇六年，當時世界排名第四的美籍選手布雷克，在印地安泉大師賽四強擊敗了納達爾，卻在決賽慘敗給費德勒。

「他們賽前在球員休息室的氛圍落差真的很有意思，」他回憶道，「他們都是很好的人，但比賽開始前，拉法會戴上他大大的 Bose 耳機，在休息室裡跑來跑去、練習短跑衝刺、在手指上捆防滑膠帶，像極了一隻籠中獸。接著隔天，我準備迎戰羅傑，賽前我們聊著他在瑞士的家，他告訴我最近買了些地，和太太米爾卡有什麼計畫，就像朋友一起坐在咖啡廳閒話家常。」

這兩位選手都擅長切換「備戰開關」，一旦進入迎戰狀態，眼中堅定瞄準的只有冠軍金盃。不是只有納達爾好勝心強，費德勒也是，只是納達爾早在休息室就轉換完畢，費德勒則是雙腳踏上球場才啟動開關。

「我覺得人們太低估羅傑的殺傷力了，」布雷克說，「因為他在賽前總是一派輕鬆自在。還說：『歡迎你來欣賞瑞士的鄉村風情，景色很怡人呢！』然後一上場就火力全開，毫不留情把我痛宰一頓。費德勒擁有堅強鬥志，相信**勝利只屬於我**，只是他並非一般會聯想到的那種類似拳王洛基的風格。」

上場前，納達爾有自己的一套儀式，會在選手通道上做袋鼠跳熱身，恫嚇對手，顯露戰士的形象。費德勒則更接近〇〇七，一舉一動都帶有致命威脅，但你看不出他的殺氣，就像是及時趕上雞尾酒盛宴，卻沒有滲出一滴汗珠。

然而，費納二人也有很相似的地方，他們都兼具大而化之與細膩的特質。

這兩位選手都很善解人意、富有同理心。家裡從小教育他們重視禮貌：與人握手要握緊、注視對方的眼睛、別人的付出與恩惠要謹記在心。費德勒的座右銘是：「成為重要的人很好，但成為好人更重要。」納達爾的家訓則是：「一個人之所以特別，不在於他的身分，而在於他的為人。」

費納二人都是熱血足球迷，本來也有可能成為職業足球選手，兩人雖然都在十六歲結束校園生活，但穿梭在世界各地，追求網球榮耀的同時，對廣袤世界的好奇心依舊不減。在家庭方面，兩人都與父母非常親近，而在開始選手生涯前，都十分依賴一位不得志的前職業網球選手。他們甚至在選體能教練的風格上都很接近。費德勒的教練帕格尼尼和納達爾的教練福卡德斯（Joan Forcades）都屬於深思熟慮型，更希望在幕後幫助選手，而不是跟著球員四處征戰、繞著地球跑。

帕格尼尼和馬約卡兼職教師出身的福卡德斯意識到：傳統的訓練方式並不適合他們的合作對象。他們避開跑步訓練和舉重，專注在與場上擊球直接相關、打擊節奏明確的訓練。

阿列格羅在費德勒職業生涯後期提到：「我認為羅傑在這二十年來的訓練菜單裡都沒有跑步。」

從更基本面來看，費納二人都扎根於一種平等主義文化的價值觀裡，這樣的文化背景讓他們不會過度看重自己，也讓住在瑞士的費德勒和馬約卡島的納達爾家族能夠低調生活、不受外界打擾。

兩人之間有很長一段時間存在著語言隔閡，但隨著納達爾的英語程度越來越好（雖然費德勒的西班牙語一直沒進步），他們漸漸一步一步瞭解到：兩人之間的共同點之多簡直超乎想像。

大概在十幾年前，費德勒跟我說過：「我和拉法彼此尊重，從他的眼神中我看得出來，他也能透過我的眼神明白。我們知道彼此的感受。」

從兩人的定義來看，他們可能稱不上密友，但絕對是雙方人生中的特殊存在。

「我覺得用『友情』一詞來形容有點太過，因為這是份量很重的詞。」在近期的一次採訪中，納達爾對我說，「不過我和羅傑的交情確實很好，相互尊重、彼此信賴，我覺得信賴是最重要的。我無法拿費德勒和我在馬約卡的多年老友相比，但是，我相信我和羅傑都很珍惜我們共同有過的經歷。」

費德勒也一路見證了場外的納達爾越來越有自信（至於在場上，納達爾從來不缺自信）。

「我們喜歡和對方碰面，也喜歡一起聊天，一起確認網球有朝正確的方向發展。」費德勒說，「我記得拉法年輕的時候很害羞，他很敬重我，並對我說：『只要羅傑說好，我就好。』後來他變得越來越堅強，但我們還是處得很好。」

費德勒和納達爾都是老派作風，喜歡面對面交流、重視傳統價值，運動也沒有改變他們一直以來的信念和觀念。

「總歸一句，我們確實滿像的。」納達爾告訴我，「我和羅傑聊過很多，我們很多方面的看法都很像。我們對運動、對我們做為運動員的生活方式都有相似的看法。」

因為教練的要求，費納二人都注重訓練的數據分析，但他們更傾向在場上自由發揮，在面對壓力時更相信自己的直覺判斷。

「舉例來說，羅傑沒那麼喜歡談論數據，」納達爾說，「其實我和他一樣。羅傑很喜歡網球史、敬重昔日選手與名宿的冠軍故事，我也是。我覺得我們有許多相似之處，而經年累月下來，也更瞭解彼此。」

他們之間也都承認：兩人的競爭關係為事業帶來莫大效益。

就算沒有二〇〇八年的頂尖對決，上述說法也依舊成立。除了那年以外，兩人已經有多次的精采對戰，但二〇〇八年，是人們在集體潛意識中將費德勒與納達爾緊緊相繫的關鍵點。

它包含了兩個階段：一、期待落空的紅土，二、精采萬分的草地。

低潮出現在那一年的法網決賽，這已經是費德勒連續第三年與納達爾在羅蘭．加洛斯球場，也就是法網的中央球場決賽碰頭。球迷的歡呼聲如同吼叫，我似乎閉著眼睛還能看到美國軟體巨頭，也是百萬富翁的艾利森（Larry Ellison）在決賽開打前最後幾分鐘入座。艾利森是不折不扣的體育愛好者，名列富比士全球百萬富翁，買得起夏威夷的一座島（他的確買下了拉奈島〔Lanai〕）或投注數億美元在日益沒落的美洲盃帆船賽上。不過，在巴黎的那個週日下午，艾利森透露出此時此刻，他不想去地球上的任何地方，只想坐定位好好觀賞費納之間的精采決鬥。

比賽只花了一小時四十八分鐘就結束，而且之所以花了這麼多時間，一大部分原因出在納達爾把發球時間拉得很長。

自從一九八四年馬克安諾在溫網決賽只讓康諾斯拿下四局以來，這場法網以六比一、六比三、六比零告終，是大滿貫男單決賽比分最懸殊的一場。

納達爾在開局就破了費德勒的發球局，接下來大展神威，在二十五分裡拿下其中的二十二分。

費德勒一如既往，試圖力挽狂瀾。他待在底線，展開反擊，但納達爾速度太快、太會把握機會、打得太精準了，整場球賽只出現七個非受迫性失誤。費德勒企圖上網，但只換得被納達爾狂野正拍打出穿越球的命運。

比賽結束，納達爾似乎還顯得比費德勒尷尬一些。費德勒最後一個正拍出界時，一般都會在羅蘭．加洛斯球場躍身慶賀的納達爾，此時只是高舉雙臂、掛著笑容，拖著腳步走到網前和費德勒握手。

「首先，我並不是刻意要做勝利姿勢，那只是當下情緒的自然流露。」納達爾說，「之前我以四盤獲勝的那場，比分咬得比較緊。但這次我沒有那麼緊張，況且，考慮到我和羅傑的交情，我在那時不想表現得太激動。」

這是一個坦率、得體的回答，就像納達爾的一貫作風。不過，他的驚訝程度並不亞於當時在座的觀眾。

才在幾週前，在同屬紅土賽事的漢堡大師賽，納達爾經過三盤比分接近的纏鬥才擊敗滿血回歸的費德勒。但漢堡的場地球彈跳較低、土質也較黏。而在巴黎的納達爾，已換好費德勒所沒有的紅土迎戰裝備，使他成為繼博格之後，首位一盤未失拿下法網男單冠軍的頂尖好手。

博格同樣坐在第一排的看台上，這次的情況和他去年溫網欣賞費納對決（或此時似乎要改稱納費對決）已截然不同。納達爾現在於生涯對戰中保持十一勝六敗的紀錄，在紅土賽事中，十場中就包下九場勝利。

「我明顯感覺納達爾球技又更上一層樓。」費德勒說，「他的防守更好了、進攻也大躍進。當你打得綁手綁腳，納達爾卻能夠在底線隨心所欲，嗯，最後就是慘劇收場，當他的對手真的蠻難受的。」

與納達爾對戰就是這麼棘手，所以我們難免好奇在二〇〇八年紅土賽季結束後，對費德勒是怎樣度過打擊。

「這個嘛，回顧我們的對決，我也曾六比零讓他抱蛋，也在決賽中打敗過他，也有幾場贏得輕輕鬆鬆。」費德勒說，「不過在紅土場地上，我就是沒有優勢。」

綜合多種原因來看，費德勒的確吃盡了苦頭。才在那年三月的時候，我獨家報導了費德勒剛從單核細胞增多症（mononucleosis）中痊癒之事。在社群媒體還未興盛的時代，我成為首位報導此事的記者，因為當時費德勒決定把這件事告訴我，並讓《紐約時報》把消息公開，讓人們知道他近期遇到的困境。

二〇〇八年，費德勒只參加了兩場巡迴賽，全都鎩羽而歸。那時喬科維奇在澳網四強賽直落三擊敗費德勒，之後更以二十歲之齡拿下生涯首座大滿貫金盃。

費德勒在賽後記者會上感受到人們的錯愕，並說：「我創造出一隻怪物，感覺我好像必須贏得每一場比賽才對，不過你們知道的，四強其實也是不錯的成績。」

澳網結束，休息五週後，費德勒在杜拜錦標賽首輪再度敗給另一位二十歲小夥子——安迪．莫瑞。

休息期間，費德勒在六週內三度生病，接下來在瑞士和杜拜做了幾次檢查。醫生才告知他得了單核細胞增多症，約在二〇〇七年十二月確診。這種病的症狀和流感很像，而且會持續一段時間，患者會四肢無力、莫名疲勞。醫生通常建議病患避免高強度運動，降低脾臟破裂的風險。克羅埃西亞天才選手安契奇也飽受這種疾病所苦，不得不退出二〇〇七上半年的賽事，臥病在床超過兩個月。最終更因此退役。另一位費德勒的宿敵索德林（Robin Söderling）同樣也因為此病而提早引退。

有次費德勒在電話裡告訴我：「在我瑞士的家鄉俱樂部，有位足球選手因為單核細胞增多症，有兩年無法踢球。聽到有人兩年上不了場，有人六個月無法比賽，我心想：『天啊！』」

費德勒表示，在杜拜錦標賽前，他就收到康復證明，可以重回場上訓練。

「我終於康復了，可以回復百分之百的訓練強度，只做半吊子的訓練實在不怎麼有趣。」他說，「生病很不好受，但是這件事仍然是有趣的，因為無可避免，選手總有受傷生病的時候，這點我很清楚。擁有夠長的職業生涯是我最重視的要務，這代表我必須克服各種傷病。」

他說他當時其實不大想公開自己的病，生怕會使喬科維奇和莫瑞的勝利失色，費德勒在說這段話的時候，顯得有點難為情。

不過，他覺得在回歸印地安泉大師賽前，有必要告訴外界自己的身體狀況。如果那些說長道短的人和其他運動員要質疑自己的實力，至少他們得瞭解事件全貌。

就費德勒看來，要他停止稱霸網壇，還早得很呢。

「我覺得這麼說並不是很公允。」他說，「對我而言，年輕選手崛起只是時間早晚而已。如今後浪出現，表現也很出色，但此刻我還是世界第一。我覺得他們的表現可圈可點，但過去幾年我也一直維持高水準表現。所以我覺得如果有人評論我『這傢伙怎麼搞的？今年只打兩場比賽還都輸，看來他大勢已去。』這實在有失公允，甚至有點失禮。」

＊＊＊

從職業生涯初期，費德勒就特別擅長讀空氣。他頭上彷彿有一根天線，對負面訊息的接收速度幾乎和迅速跑到中場打出半截擊一樣快，往往能夠適時阻止媒體記者脫口說出會令他不舒服的問題。

不過，二〇〇八年要扭轉輿論風向可不是那麼容易。費德勒聘請了受人景仰的西班牙籍教練伊格拉斯（José Higueras）從艾斯特里ＡＴＰ賽開始，協助他在紅土賽季的訓練。這位前西班牙網球明星當時住在美國加州棕櫚泉的牧場，曾幫助張德培和庫瑞爾在法網贏得火槍手盃，而費德勒的大滿貫展示櫃裡恰巧缺的就是這一座。

「羅傑不在最佳狀態，我認為他的身體需要大約一年半才會完全恢復。」伊格拉斯對我說，「我和羅傑在艾斯特里會合，當時我把行李弄丟了，身無分文。吃過晚餐後，羅傑對我說：『嘿，荷西，來我房間一下。』所以我就跟他走了進去，我們一起看球賽看到凌晨一點。其中讓我印象最深刻的是，費德勒對一切都很感興趣，什麼問題都問。他也知道年輕選手，幾乎認識所有人，坦白說，這出乎我原本的預料。」

伊格拉斯說服半信半疑的費德勒在紅土球場試著用正手放小球來改變比賽節奏。費德勒一向學得很快，順利贏得艾斯特里ATP賽冠軍。不過，伊格拉斯的所有建議仍沒有幫助費德勒在法網決賽派上用場。

伊格拉斯說：「拉法整場比賽都維持在巔峰狀態，明顯羅傑打得很吃力，不只是技術面，他的心理狀態也十分煎熬，而一旦他心理狀態開始下滑，實力就無法完全發揮。」

伊格拉斯只在費德勒的團隊待了幾週，就決定要前往西班牙探親，但在法網決賽後不久，他就收到費德勒經紀人葛席克的訊息，費德勒希望伊格拉斯能夠在哈雷和他會合，為下週德國的草地賽事做準備。

「我已經買好飛西班牙的票了，但我心想：『天啊，經過法網的打擊，我怎能說不。』」伊格拉斯說，「所以賽前我們先在蘇黎世待了幾天，之後前往哈雷，到練習球場上去，費德勒感覺就像他連續贏了五次法網冠軍一樣，一臉開心地打著球，這讓我心情也好了起來。像這樣忘懷得失的態度，要不是他從別人身上學到的，就是他天生如此，這真的讓我留下很深的印象。我覺得這是他職業生涯始終保持的態度。」

費德勒最終一盤未失，贏得哈雷冠軍，氣勢慢慢回來了。但實際上，在二〇〇八年溫布頓之前，費德勒只贏了艾斯特里和哈雷兩場小型賽事冠軍。費德勒的狀況無疑亮起紅燈，而那年納達爾的實力越來越強，打敗了羅迪克和喬科維奇，在比哈雷更高等級的女王俱樂部草地球場奪得冠軍。

吉爾伯特評論：「納達爾簡直銳不可擋。」

溫網剛開打，費德勒就明顯感覺到了，他也提升自己的狀態，在決賽以前一盤未失，納達爾則只輸掉一盤。

費納對決再次上演。

「這絕對是每個人夢寐以求的決賽。」費德勒說。

所有的夢幻元素確實都到齊了。

二〇〇八年溫網決賽，是網球史上最有氣氛和歷史意義的一場。費德勒試圖打破博格在現代網球時代的紀錄，挑戰六連冠，而納達爾則是希望贏得首座溫網金盃，成為繼博格之後首位贏得「海峽大滿貫」，也就是在同年先後贏得法網與溫網雙料冠軍的選手。

「一般認為，經過去年在法網宰制羅傑之後，納達爾今年注定會贏得溫網。」卡希爾在溫網決賽前跟我說，「但我很欣賞費德勒在巴黎之後的表現。我覺得這回溫網是他在〇八年狀態最好的時候，他會帶著良好的狀態闖進決賽，就像過去五年一樣。他的發球完全回歸巔峰，能把球漂亮打進界內，還發出許多在中線附近的愛司球。我也很欣賞他移位快速、步法輕盈的樣子。他又恢復了昔日的敏捷。」

看起來，納達爾不可能再次直落三盤打敗費德勒，但他才剛下定決心做好準備，來迎接第三度與費德勒在溫網決賽碰頭。沒錯，決賽前，納達爾需要先注射止痛藥，來舒緩他棘手的左腳痛，但這在他也是常事。他不覺得自己這次勝券在握，但另一方面，他也認為自己不是完全沒勝算。

在納達爾看來，誰獲勝都有可能，或許也因為納達爾相信這一點，比賽後來確實緊張萬分。比賽開始，納達爾先取兩盤，第二盤還是從一比四落後倒趕，雖然費德勒接發球越打越順，更頻頻上網，納達爾仍差點就拿下第三盤。局數來到三比三，費德勒在發球局以零比四十完全落後，但之後幸運逃過一劫。追平比數後，費德勒搶先來到五比四領先，卻因突如其來的雨勢，比賽暫停超過一小時。

由於沒有正式教練，伊格拉斯也不在，主審宣布因雨延賽後，費德勒下了場，只和米爾卡交談了一下。根據維特姆（Jon Wertheim）暢銷書《天才之擊》（*Stroke of Genius*）的描述，當時米爾卡鼓勵費德勒：「你才是溫網五冠王，不是納達爾。」但事後費德勒表示，他不記得米爾卡講過這句話。「老實說，我不覺得米爾卡會說這種話。」費德勒後來接受《星期日泰晤士報》訪問時這麼說。

一個多小時後，費德勒帶著嶄新精力，再度踏入中央球場，成功拿下第三盤搶七，將比賽逼到第四盤。真正的好戲這時才要開鑼，雖然費德勒奪回優勢，但納達爾也不甘示弱。

對球迷來說，親眼見證歷史的一刻當然很棒，而溫網應該是所有球迷心中一生必訪的賽事。這裡比想像中還要擠一點，也沒有那麼明顯的俱樂部球場樣貌，但它就是如此地位崇高。光是中央球場的色調和音效就值回票價，加油聲在空中相互交融，融合成隆隆聲響，匯集球迷團結一致的應援。

親臨現場看球的感覺無可取代，讓你能夠瞭解，而且是真正瞭解，納達爾和費德勒的正手旋球有多麼旋、他們可以多快從底線位置跑去回擊落在網前的小球，以及雙方都想把對方打垮的時候，他們擊球的衝擊力有多強。

這些都無法透過電視螢幕感受到，但當然，十年過後，我們沒有人可以乘坐時光機回到那一年的決賽現場，然後在任何停格的一刻按下播放鍵，來感受最後兩小時的現場張力。美好的當下就凝結在兩位戰士迎戰時的聚精會神，停留於現場群眾看球時當下的直接反應。

情況轉變得很快，而這也是一場經典網球賽的必備特質，當時支持納達爾的一方眼看蠻牛在第四盤搶七取得五比二領先，頓時鬆了一口氣。他距離擁抱溫網金盃只剩兩分之差，而之後的兩分都是由他發球。

你問：究竟納達爾有沒有學會如何在溫網擊敗費德勒？看起來答案是否定的，因為納達爾在一個猶豫不決的二發發球時，竟落得雙發失誤，直接打中網帶。接下來他打出一記短球，正中費德勒下懷，而後納達爾反拍穿越球失誤，這記在面對實力沒他好的選手時早已打過數千次的球路，卻在關鍵時刻失常。

比分來到五比四，換費德勒發球，在瑞士特快車急起直追連拿兩分後，西班牙蠻牛徹底失去優勢。納達爾之後救回一個盤末點，也從拉鋸戰中撐了過來，比賽來到七比六，終於迎來一個冠軍點。費德勒也毫不拖泥帶水，發出一記漂亮的一發，納達爾正手過長出界，費德勒將比分追平到七比七。納達爾是時候該擊出一記跑動中的正手穿越致勝球了，要不是費德勒搶先打出一顆反手穿越致勝球，而後交換發球，救回了第二個冠軍點，否則比賽可能就此分出勝負。

費德勒頂住重重壓力，把球送到精準的位置，比數來到八比八平手，費德勒接下來連拿兩分，起死回生開心迎接第五盤。

與那時相比，此時此刻邊回味邊敘述這場比賽，更能帶給我純粹的樂趣。因為雨延賽代表現場媒體要趕歐洲報紙出刊的最後底線，所以當時迎來第五盤，代表整場賽事會繼續推進，可說是讓我們這些記者苦樂參半。

在剩下的時間裡，我不斷把目光從場上飛速移向筆記型電腦螢幕瘋狂打字，同時不免希望如果可以單純享受比賽，那該有多好。

在這種時間緊迫的情況，媒體人通常會準備「新聞轉換標語」（switch ledes），意思是「同一故事，兩種版本」，先預測任一方獲得冠軍的情況。我寫下其中一個版本是：費德勒隨著暗下的燈光，結束了他多年的網壇統治；另一個版本則是：納達爾再度黯然淚灑溫布頓。此時至少還要再等一個多小時，我才能確定究竟要刪掉哪一條標題。

最後一次主審宣布因雨延賽，正值費德勒的發球局，比數二比二，停在四十比四十的局末平分。將近半小時後，比賽再度開始，費德勒踏上草皮，馬上氣勢如虹，連轟兩記愛司球拿下這一局，讓納達爾毫無招架之力。

費德勒端出準備迎接勝利的姿態，在一局領先的情況下，來到納達爾的發球局，局數三比四，三十比四十，納達爾掃出一記強勁正手，然後用一個高壓扣殺痛擊費德勒過短的防守高吊球，順利保發。

看起來納達爾也準備好了要迎接勝利。

「羅傑加油！拉法加油！羅傑一定贏！拉法一定贏！」中央球場應援聲此起彼落，兩邊球迷都拒絕接受大勢已定。

費德勒只差兩球就可以拿下冠軍，比賽來到納達爾的發球局，局數四比五，三十比三十，但納達爾用大膽的回球逃過一劫。

記分板上的數字看起來會永遠這麼拉鋸下去：五比五、六比五、六比六，又到七比六、七比七。

不在現場看球的人，可能很難知道當時天色已經越來越暗。電視轉播的攝影機不得不把燈光再開大些。情況不太允許比賽繼續進行下去，因為來自一萬五千名觀眾席的自動閃光燈此起彼落，記錄每一個驚心動魄的當下。

誰又怪得了他們呢？整場比賽高潮迭起，無論場上有多暗，都值得相機的快門等待。接下來的比賽，費德勒救回三個破發點，米爾卡坐在包廂，身體前傾、雙眼緊閉，不敢看男友這有驚無險的一幕。費德勒沒有救回第四個破發點，局末最後一分，正手沒算好距離，打出了界。

費德勒說：「光線暗到我幾乎看不清楚對面站的是誰了。」

而納達爾在黑暗中依舊努力戰鬥，比分來到八比七，納達爾的發球局，也是最終決勝局。此時更換新球，球場一片昏暗（已超過當地時間晚上九點），納達爾渴望趕快結束這場比賽，他可不想又因為賽事延後，而得在溫布頓球場附近租的房子度過週末，星期一才能重回中央球場決勝負。

如果把這場史詩級的對決硬生生中斷，實在太過可惜。即使是費德勒也瞭解一這點，但他絕對不是因為不想拖到星期一，所以助納達爾早早衝過終點線。這是溫布頓最後一年必須看天說話，中央球場的開闔式屋頂已經動工。隔年，也就是二〇〇九年，屋頂將會竣工並架設燈光設備。此後無論天氣好壞，決賽一定會在同一天打完，當天就會知道鹿死誰手。

從很多方面來看，在這屋頂還沒架好的二〇〇八年，也是屬於納達爾的一年。比分來到四十比三十，出現納達爾的第三個冠軍點，費德勒則打出他這場比賽中最精采、堅決的一記反拍回球，三度救回冠軍點。不過納達爾也不是省油的燈，接下來打出強而有力的一發，讓費德勒望球興嘆。

這下迎來第四個冠軍點。此時，納達爾的頭髮浸溼了汗水，緊貼著脖子，做完發球習慣動作後，祭出一發，接著下一球回擊反手，打得略為保守，落在費德勒的前場右側界內。

費德勒飛身向前，企圖使出他五度蟬連溫網冠軍的最大武器：招牌費式正手。但這次，球打到了網上，下一秒，納達爾整個人倒在溫布頓雨後的草地上，白色的無袖球衣沾上了濕軟的泥土。

溫布頓的新男單冠軍誕生了，替未來賽事帶來了新的脈動。比賽結果為：六比四、六比四、六比七（五）、六比七（八）、九比七。

一如各位想像，費德勒露出了落敗會有的樣子：神情沮喪、畏縮、受傷。

「這可能是我至今最苦澀的一次失敗，沒有什麼比這場失敗更難接受了。」費德勒稍後接受訪問時說，他的眼眶仍然泛紅。

納達爾則一臉心滿意足，他爬進球員包廂，擁抱他的家人和教練團隊。這不禁令人想起凱許在一九八七年贏得溫網冠軍，同樣爬進球員包廂的過往，但納達爾不僅如此，他還穿過球評所在的小屋屋頂，來到皇家包廂，向親臨現場觀賽的西班牙費利佩王儲與萊蒂齊亞王妃致敬。

「這是他職業生涯以來最棒的一場勝利，現在他在心理上是前所未有的強大，」納達爾的托尼叔叔說，「就連法網的狀態都沒有像現在這麼好。」

不過，費德勒相信，二〇〇八年法網奪冠，是帶給納達爾強大信心和力量的因素之一，為他的溫網決賽鋪了路，從他頭上摘下王冠。費德勒也抱怨當天視線不好，主辦方卻讓比賽繼續打下去。

「這對我的球迷、媒體、我們團隊和所有人都很殘酷，不過又能怎麼辦？」費德勒說，「這實在不容易消化，你輸掉全世界最重要的網球賽事，只因為或許少了一點光線。」

但當然，對納達爾來說，當天的比賽光線也是一樣不理想。但他仍然努力奮鬥，並奪得了金盃。

「我想，我已證明自己不只是個紅土選手，」納達爾表示，「不過在溫網奪冠還是非常特別。畢竟在四大公開賽中，溫網最有傳統，它是一場真正的錦標賽。」

＊＊＊

不過，二〇〇八年溫網決賽是史上最偉大的王者對決嗎？我們真的必須做出選擇嗎？時光拉回一九八〇年溫網，博格經歷五盤大戰擊敗馬克安諾的那場決賽，也同樣精采不容錯過。這場同樣是左手持拍與右手持拍的對決，比起費納，兩位選手的性格、風格上都有著更鮮明的對比，這場比賽的網前對峙也多於底線對攻。對我這一代和先前的球迷來說，這是溫網最完美的象徵。

馬克安諾說，二〇〇八年費納對決是「他看過有史以來最精采的對戰」。不過在一九八〇年，他自己顯然忙於比賽，而無法評論自己的表現優劣。當時他救回了七個冠軍點，比費德勒多了四個，其中五個還是在搶七。當時他以十八比十六拿下第四盤，將比賽逼至第五盤。儘管第五盤的發球局大多沒什麼拉鋸，但這場比賽的最終一球，是博格打出一記充滿自信的反手穿越致勝球獲勝，而費納對決的最後一球，則是出自費德勒來得很不是時候的致命失誤。

而說到源源不絕的體力和鋼鐵般的心志，更不能不提二〇一二年的澳網決賽，喬科維奇經過將近六小時鏖戰，才擊敗納達爾拿下冠軍，也值得大家津津樂道。若要說不屈不撓的精神和百感交集的結果，縈繞在我腦海裡的會是伊凡尼塞維奇和拉夫特二〇〇一年溫網決賽的五盤大戰，這場比賽在「民眾的星期一」（People's Monday）舉行，因為賽程被雨天打亂，民眾必須在週一來溫布頓現場觀賽，不過我知道，當時已經純粹是靠意志力作戰，而非聽從大腦的理智決定了。

無論如何，所謂的經典對決，顯然無法只靠一個人完成。它需要一段漫長的醞釀、一個令人著迷的故事，當然也需要充滿懸念、讓你難以置信的演出，讓我們重新想像人類如何憑著手上的一支球拍創造奇蹟。

究竟哪場才是史上最精采的史詩王者對決，就由你自己決定吧。如果是我，我會選博馬對決，但說穿了，這些都是場外茶餘飯後的閒聊。經典對戰，無論是一九八〇年或二〇〇八年的溫網決賽，最終都與後來的發展息息相關。

四十年後的今天，博格和馬克安諾談笑風生，相知相惜，反映出兩人的多年情誼。博馬兩人的對戰於一九八〇年揭開序幕，但沒人能料到隔年博格就會揮別網壇。一九八一年的溫網決賽，馬克安諾終於突破博格障礙，拿下溫網與美網雙料冠軍，而博格卻告別球場。自始至終，兩人的宿敵關係不過持續了四個賽季。

費德勒和納達爾就不同了。兩人的宿敵關係維持夠久夠長，足以深植人心，成為理所當然。二〇〇八年的溫網對決只是前哨戰。但兩人都彼此理解、惺惺相惜，他們都明白，這場溫網大戰不只深深影響了球迷，也影響了對方。我也推測，這場戰役讓兩人在未來不同場合能夠走在一起、力挺彼此，就像二〇一六年的冬天，費德勒前往馬約卡島，參加一場夢幻程度不輸給當年「場地之戰」的活動。

當時他和納達爾都才剛剛傷癒復出，納達爾經過一番悉心籌劃和資金挹注，他在馬納科建立的網球學院終於開幕。他需要費德勒明星光環的加持，而費德勒二話不說，從瑞士跳上飛機，飛到納達爾家鄉一起為學院落成站台。

費納二人並肩坐在台上，他們的形象是如此深刻地彼此相連，就像那晚在全英俱樂部球場，閃光燈在他們的臉上打得通亮，納達爾驕傲高舉金盃，而費德勒悶悶不樂捧著銀盤的那一刻。

第 9 站

巴黎
PARIS

「2004年之後我打得更好了，」費德勒說，「我打進四強和決賽，問題是拉法完全無法撼動，拉法就是拉法，想贏真的很難。」

二〇〇八年法網決賽結束還不到一個小時，「費神」費德勒卻有如被壓碎做成法網紅土的紅磚一樣潰不成軍。

他還相信自己有朝一日能拿下法網嗎？

「是的。」費德勒在低氣壓的敗戰賽後記者會上回答。

「你確定嗎？」同一位記者語帶懷疑追問。

「要我說不是你才開心嗎？」費德勒少見地面露不悅答道：「那樣的話確實不是，畢竟你心中早有答案了，但我明明就說是啊。」

外界的質疑有其道理，費德勒在對陣納達爾的三盤比賽中僅拿了四局，彷彿是拿弓箭對抗雷射導彈一樣。他已經連續三年在法網和納達爾上演決賽戲碼，競爭力卻逐年下降。

不過以費德勒的眼光來看，未來並非一片黯淡。在那個時期，毋庸置疑，他是世界上第二優秀的紅土球員，擊敗納達爾以外的所有人算是家常便飯。

喬科維奇崛起速度很快，已拿下大滿貫冠軍，但離紅土球技巔峰還有一段距離。瓦林卡才剛進入前十大高手之列，而紅土名將費雷羅和科里亞競爭力已下滑許久，庫爾頓更是早已宣布退休。

從費德勒的角度來看，擋在前面的只有一個人，就是那個人讓他遲遲未能完成全滿貫的壯舉。他怎麼可能會無法破解法網的魔咒，就像職業生涯早期突破休威特障礙和自己的脾氣一樣？

提及納達爾時，費德勒表示：「要打敗他確實很難，但並非完全不可能；這兩者之間有很大的不同。」

紅土是費德勒最早接觸的場地。他在巴塞爾的紅土上學會如何比賽：溫暖的月份在戶外打球，接著就進入老男孩俱樂部這種巨大泡泡充氣加熱包覆的室內場地練習。

「泡泡室內紅土球場在瑞士司空見慣，即便入冬，俱樂部也能繼續運作，」費德勒告訴我，「我也打過地毯球場或一些類似表面的場地，不過青少年時期幾乎都是在紅土上度過的。」

北美風格的硬地球場在瑞士很少見，那裡都是紅土的天下，對所有年齡層都有好處。由於球撞擊地面時會增加摩擦力，比賽速度較慢，相對有時間建構每一分的戰術以及練習放小球等全方位的擊球技巧。在速度快、砂礫較少的表面上，常常大拍一揮即可結束來回對峙，在紅土則需要更多的耐心。多年下來，我越來越喜歡看紅土賽事：看移位、看戰術運用，或純粹出於美學欣賞的角度，羅馬或巴黎近傍晚時，陰影在紅土場上延伸開來的景象，著實賞心悅目。

美國網球協會前球員發展總監派屈克．麥肯羅（Patrick McEnroe）認為，二〇一〇年代美國的一線男子網球選手荒，和歐洲人在紅土上練出來的優勢有一定關係。他也指出很多年輕美國球員的一大盲點，就是很會抽球，卻不擅長打整場比賽。這樣說來，紅土確實是最好的教室，減弱球員天生蠻力的同時，更強調分與分之間的鋪陳，以及其他不少優勢。

費德勒能夠在巡迴賽二十多年屹立不搖的原因之一，或許就是年輕時沒打那麼多硬地比賽，造成身體嚴重耗損。紅土場地通常對關節衝擊沒那麼大，不過紅土卻曾對費德勒的自信造成很大的打擊。

在他一九九八年的第一場巡迴賽級比賽格施塔德，他就在紅土場上敗給盧卡斯．阿諾克，接著就一直輸球。

「我前十一場比賽都吞敗仗，真的很嘔，」費德勒後來告訴我，即使過了許多年，數字他還記得一清二楚。「很多場都打得很接近，但輸了就是輸了，足足輸了十一場。」

他早期紅土賽事失利的其中一場，便是一九九九年法網，也是費德勒的大滿貫處女秀，對上的是一九九七年和一九九八年連奪兩屆美網冠軍、發球上網速度很快的拉夫特。這位極具個人魅力的澳洲好手是天生的快速場地球員，卻也深諳紅土上的滑步和進攻之道。他就像澳洲偉大前輩球員羅德．拉沃及愛默生一樣，在陽光明媚的昆士蘭（Queensland）長大，從小在「蟻床（白蟻丘取出的泥土碾碎物）」製成的場地打球。

「場地很滑，在上面我會一直滑步，」拉夫特說，「在昆士蘭最接近紅土的東西，非蟻床莫屬了。」

曾於一九九七年闖入法網四強的拉夫特在展開法網前幾天，才勇闖義大利紅土公開賽決賽。從未見過拉夫特的費德勒當年才十七歲，運氣很好獲得主籤外卡。法網外卡通常是為有潛力的年輕法國球員保留，雖然費德勒在法網青少年組賽事成績不佳，單雙打都是第一輪出局，但他當時IMG的經紀人瑞吉．布魯內特是前法國球員，人脈很廣，加上他又是一九九八年年終青少年世界第一，因此順利取得外卡。

拉夫特當時是知名球星、高居第三種子，因此大會安排比賽在法網第二大場地——可容納一萬人的蘇珊．朗格倫球場（Suzanne Lenglen Court）進行。

這座優雅、現代的競技場視野極佳，記者席就在底線正後方的絕妙位置，可將比賽全局盡收眼底，是無須扭動脖子跟著球跑的最佳場所。我是看台上成千上萬人裡的一員，也可能是來看費德勒而非拉夫特的少數幾人之一。身為網球作家的職責，便是要隨時留心明日之星，而我認識的兩個經紀人都看好費德勒成為下一個大人物，且他們和費德勒都沒有工作往來，更是勾起我的好奇心。他們沒有捧他的必要，可見他們覺得費德勒有多特別。

外卡是年輕球員崛起的主要管道之一，讓他們跳過或縮短冗長的衛星賽或資格賽，快速取得重要積分以及曝光機會，這對潛在的贊助商而言可是件大事。大滿貫主辦國——澳洲、英國、法國和美國——的球員可以提前獲得進入大滿貫賽事的門票，優勢最大。費德勒雖然出身瑞士，卻毫不影響早年各大會發給他的超過十張巡迴賽級外卡，其中一張是在一九九九年他贏得溫布頓青少年組冠軍後拿到的。在巴黎，他希望利用這個機會提升自己的排名。當年，沒沒無名的非正賽選手擊敗高排名球員，除了會贏得比賽所獲得的常規積分外，還能有額外積分進帳。

「在大滿貫擊敗拉夫特可以拿到雙倍積分。」費德勒說，「所以是四十五分乘以二，整整九十分。雖然事實擺在眼前，我怎麼可能贏他，但我還是忍不住開始做夢，想著『說不定真的可以？那對積分會有多大的幫助？』我比賽前腦子裡面想的都是這些。」

那時的費德勒還沒和優雅畫上等號，也還不認識美國《*Vogue*》的主編安娜．溫特（Anna Wintour）。上場時，他一身寬鬆的網球衣加上時常反戴的棒球帽，分與分之間急急躁躁，好像對拿下分數不太耐煩，然後又一心只想打出致勝球，過於冒進。在那個階段，他的比賽相對鬆散，他還不懂如何整理身心情緒。不過，他的抽球華麗、發球動作流暢、一氣呵成，以一名十七歲的球員來說，在場上展現出的力道已經夠令人印象深刻了。他大拍一揮先下第一盤時，我頓時覺得有幸在對的時間來到對的地方，開心不已，這是一種記者對於新聞性的永恆追尋。不幸的是，費德勒的爆到此為止，在那之後只拿了僅僅五局，最終拉夫特以五比七、六比三、六比零及六比二擊敗費德勒。

「我覺得自己是大賽型的選手，愛上大場子打一流高手，但我也知道這場比賽自己的單手反拍對上拉夫特的上旋球會很難打，」費德勒告訴我，「第一盤之後，他大概掌握了我的打法，接著就又切又削，好好的把我料理了一番。我少了一些對抽來回的致勝武器，而拉夫特經驗豐富，他知道自己在做什麼。」

賽後，拉夫特對這位年輕對手留下深刻印象，而且不是出於他一向只說人好話的緣故。

他說：「他真的很有天分，簡直無所不能。他的發球很好，截擊也不錯，回發球也很猛，威力致命，而且正反拍都很強。他很年輕，要趕快開始加強訓練才行。練得夠勤也夠投入的話，一定會成為出色的球員。」

多年下來，拉夫特的分析依舊精準到位。不過對費德勒來說，儘管他的法語流利又從小接觸紅土，法網依舊是充滿挑戰的環境。他在二〇〇〇年打進第四輪，二〇〇一年進入八強，這對當時的他來說已經是非常出色的成績了。但二〇〇二年首輪，他就敗給了摩洛哥的希查姆·阿拉齊，二〇〇三年已經進入世界排名前五，卻依舊第一輪就爆冷打包，不敵祕魯選手路易斯·奧爾納。

他對上阿拉齊和奧爾納的兩場，都是被直落三吞敗。費德勒自我分析，表示菲利普查特里爾主球場（Philippe Chatrier Court）有點太大、太寬闊，線外可移動空間比平常多了很多，讓他有點不知所措。

「這個球場大小真的讓人無所適從，」費德勒告訴我，「視野所及，有時讓人覺得沒什麼踏實感。」

再者，壓力似乎才是他掙扎不已的主因。二〇〇四年，他在第三輪以三個四比六輸給了庫爾頓，這個結果對於只把重點放在庫爾頓紅土技術一流、曾坐擁三座法網冠軍的人來說可能有點誤導。其實，庫爾頓當時因為慢性髖關節疼痛，實力已大不如前，二〇〇四年他也早過了巔峰期，種子序僅排在第二十八位。

而費德勒身為世界排名第一，並已斬獲了溫布頓及澳網冠軍頭銜。他說：「我應該可以擊敗他的，不知道為什麼，就是施展不出來。」

考慮到這一點，費德勒決定在二〇〇五年早早就來到巴黎，盡可能花時間在中央球場練習，希望在場上能真正覺得舒服自在。法網開始前不久，費德勒受訪時自信滿滿，我提到所有曾拿下其他三個大滿貫、卻從未能在巴黎登頂的偉大進攻型球員時，他還一一反駁。那串名單包括貝克、艾伯格和山普拉斯，而費德勒現在也是其中一員。

費德勒說：「要靠發球上網拿下法網冠軍真的很難。」

我回道：「山普拉斯有試著多留在底線一點了。」

「是沒錯，但他的大砲發球，加上底線技巧平平，天生就適合發球上網，」費德勒說。「而且他用的還是拍面很小的球拍。」

費德勒指的是山普拉斯職業生涯長期使用的 Wilson Pro Staff Original 威爾遜經典球拍，拍面85平方英寸，不過他後來也後悔自己從沒想換成其他球拍。費德勒在二〇〇一年用同一支球拍擊敗了山大王，但二〇〇二年換了一支拍面稍大的球拍，讓自己有更多的失誤空間。

「我的意思不是山普拉斯換球拍就能奪下法網，但一定有幫助，」費德勒解釋道，「90平方英寸球拍在手，確實可以讓我往後站很多很多。特別拿馬克安諾和我比真的沒有意義，如果是和艾伯格、貝克和山普拉斯比較還說得通，他們都頻繁上網，甚或可說是不得不上網，不然很可能輸球。有能力讓他們留在底線的話，就可能佔上風；但我覺得自己在底線反而會佔上風。」

費德勒面對問題的直言不諱一直是我喜歡採訪他的原因，即便有時聽來有點傲慢。他明知有這個風險，仍選擇這種——套句他自己的話——比較「自然」的應對，主要是他想讓整個過程更簡單，也免去後續自我矛盾或還要多加解釋的麻煩。

他真心相信自己比他的偶像們在法網更有機會，兩相比較之下，他說的確實有理。馬克安諾的最佳狀態就在網前，這毋庸置疑，並且上旋非常少。艾伯格的正拍在多拍來回時反而成為弱點，而貝克的移位在任何場地上都沒達到費德勒的水準（草地飛身救球除外）。山普拉斯來到紅土，表現通常會打折扣，加上他有先天性地中海貧血，讓他在時常演變為長期抗戰的紅土比賽上耐力不足，相對吃虧。

費德勒表示：「溫布頓在我心中永遠是最重要的。我對那裡有特別感情，大家都知道，我的偶像們也都曾是溫布頓冠軍。但我清楚知道拿下法網對我的歷史定位有多麼重要。出於這個原因，以及我的備戰方式，法網對我來說有著特殊的地位，因為我只有再七到十次、最多十五次的機會。」

「十五次？！」我不禁要把嘴巴裡的東西都噴出來了。

費德勒那時二十三歲，卻想著生涯還有十五場法網，真的是把眼光放超遠的思考模式。

費德勒笑了出來，接著說：「想想阿格西就知道，那應該也是我之後會走的路。」阿格西在那年下半年，還以三十五歲高齡勇闖美國公開賽決賽。「我是喜歡挑戰的人。紅土上有很多難打的對手，比其他場地多得多，也正因如此，我在紅土加倍努力。不過我還是要說真的很遺憾，我各種場地都打得太好，所以真的沒有餘裕為紅土做最好的準備，花的時間不夠，也沒能打到一定數量的巡迴賽。」

回頭來看，費德勒二〇〇四年可說錯失了一個大好機會，因為這正是納達爾開始君臨法網前的最後一年。他二〇〇五年開始參加法網後，改寫了一切規則，破壞了每個人的作戰計畫。納達爾在紅土就像「飛魚」費爾普斯（Michael Phelps）在泳池一樣，無懈可擊。

「二〇〇四年之後我打得更好了，」費德勒在職業生涯後期曾這麼跟我說，「我打進四強和決賽，問題是拉法完全無法撼動，拉法就是拉法，想贏真的很難。」

費德勒形容的納達爾，簡直是拿著魔法錘子的北歐神靈，而不是出身西班牙馬約卡島、拿著Babolat球拍的平凡人。但誰能怪他呢？納達爾的法網記錄中，不見一絲人類的弱點。二〇〇九年時，他已連續四年奪冠，並在包含台維斯盃和大師賽決賽的所有五盤三勝制紅土比賽中，締造了四十五勝零敗的驚人戰績。

「簡直難以想像。」納達爾的眾多紅土受害者之一，美國好手奎里（Sam Querrey）說。「去年在台維斯盃紅土場上，我曾從他手中拿下一盤，而且我還不是專打紅土的高手，所以大多數人可能覺得打到現在他一定也累了，或是有人某天會如有神助，而他卻不在狀況內，不過納達爾似乎已經先排除前述可能性了。」

然而，來到二〇〇九年，納達爾確實出了些令人關注的事，其中兩件事只有在他小圈子內的人才知道。眼前，大家看到的是費德勒在法網開賽前一週的馬德里紅土決賽中擊敗了他。不過這並不令人意外，畢竟馬德里球場是海拔約六百四十公尺的快速場地，而且最重要的是，納達爾對壘費德勒的前一晚，才在四強賽和喬科維奇激戰了四個多小時。

不為眾人所知的兩件事，則是納達爾膝蓋有肌腱炎，而他的父母塞巴斯蒂安和安娜瑪麗亞（Ana Maria）已經分居。

塞巴斯蒂安是在二月份和拉法從澳網返程的飛機上告訴兒子這件事。當時納達爾才剛在那裡擊敗費德勒，首次贏得澳網冠軍。

他正處於自己年輕的職業生涯中最充實的階段，得知父母分居讓他非常震驚。納達爾在二〇一一年出版的自傳《拉法》中提到，他回程路上沒再和父親說一句話，自己默默消化一切。在西班牙《國家報》（*El País*）英籍記者約翰・卡林（John Carlin）協助下，他回憶起那段故事，娓娓道來：

父母是我生命的支柱，那根支柱就這麼塌掉了。我生命中延續已久的寶貴關係硬生生被切成兩半，一直以來井然有序、情感上的依賴受到意料之外的巨大打擊。其他子女已經成年的家庭（我二十二歲、妹妹十八歲）或許可以從容接受分居，但對我們這種關係緊密、團結的家庭來說簡直無法接受，我們從來沒有明著來的衝突，向來是一片和諧歡樂。得知我的父母近三十年婚姻面臨這樣的危機著實令人心碎，我的家庭一直是我生命中神聖不可觸碰的重心、是我安定感的來源，美好童年的回憶總是一幕幕在我的生活中上演。然而一切來得如此突然，毫無預兆，幸福的全家福在我眼前崩壞。我的父親、母親和妹妹都過了一段痛苦的日子，他們的痛苦我感同身受。家裡每一個人都受到波及：我的叔叔和嬸嬸、祖父母、侄子和侄女們。所有人的世界都變得不穩定，也是我印象所及、第一次覺得和家裡其他人互動變得尷尬和不自然；畢竟一開始沒有人知道該如何反應。回家一直是件快樂的事；現在卻變得不舒服、感覺很怪。

納達爾仍和父母同住，在馬約卡島很多與他同輩的人也是如此，並不稀奇。過了一年，父母分居消息見報，他接受訪問時曾說：自己身處四處征戰的路上，除了面對別無他法。「很多時候是自己一個人在遠方擔心受怕，我不在家，不知道情況如何，」他說，「我無法判斷他們跟我說的是真是假、是好還是壞。」

納達爾內心雖然很慌，但誠如他自己所言，父母分居對他打球不構成阻礙，二月到法網開始之前，他總共拿下了四個冠軍。

實際上，他的身體才是真正的問題所在，尤其是他的膝蓋，自從三月邁阿密大師賽以來他就飽受困擾，當時他在八強第三盤搶七失利，輸給了剛剛嶄露頭角的阿根廷新星德爾波特羅。

但在網球這種體能耗損極大、重複性高的運動賽事中，能夠拿出百分之百的表現實屬罕見，而納達爾經歷過的痛苦比大多數人都多。早期嚴重受傷是原因之一，再加上他的強猛風格和非正統的正拍打法，很多像我們這種長期關注網球的人，都篤定他在二十幾歲後應該就無法在巡迴賽中馳騁、繼續取得勝利。

「他很早就開始贏球，也許會像博格一樣二十六歲就退休。」法國當代高手之一格羅讓曾這麼預言。

我們都錯了。納達爾打球的動力甚至比他的左臂（或是右臂？）還要強。二〇〇九年，他在馬德里決賽後短暫休兵，接著決定前往法網，尋求衛冕。

費德勒結束納達爾在紅土的三十三連勝之後，乘勝追擊從馬德里來到法網，同時還帶著本賽季早些時候的疤痕組織一同前來。

近年來，墨爾本帶給費德勒許多歡樂和痛苦，也讓他受到最大的傷害。儘管背部痠痛，他還是闖進二〇〇九年澳網決賽，還比納達爾多休息了一天。澳網是唯一一個男單四強分兩天舉行的大滿貫，費德勒週四晚上直落三輕取羅迪克，而納達爾則是在週五深夜，費了好大一番工夫才擊退西班牙同胞好手沃達斯科（Fernando Verdasco）。

五小時十四分鐘，這是澳網史上最長的馬拉松大戰，同時也是一場高品質的對決：滿場飛相互調動、跑動間打致勝球、關鍵時刻的發球取分，即使事與願違以雙誤做結的機率也很高。在現場待到超過凌晨一點、看到目瞪口呆的觀眾也對納達爾和沃達斯科的驚人表現起立報以熱烈掌聲。

大戰結束，納達爾已經連站都站不太穩了，還得在不到四十八小時之內恢復體能，要在二〇〇八年溫布頓決賽以來首次對戰費德勒。冰浴、冰按摩和蛋白質補充劑，應有盡有，納達爾和團隊無所不用其極，他的叔叔兼教練托尼更發表了他有史以來最棒的一次更衣室信心喊話，還引用就職不久的美國總統歐巴馬（Barack Obama）競選口號「我們做得到！」（Yes, we can!）

納達爾告訴我，每次換邊時，他都對著自己重複唸這幾個字，希望動搖費德勒的士氣，讓他覺得自己縱然不是滿血回歸，仍是一流的網球選手。他最終在五盤大戰中勝出，若非兩人前一場是史詩級的溫布頓決賽，相信這場澳網對決得到更多熱切的評價。

為了贏得這場七比五、三比六、七比六（三）、三比六及六比二的五盤大戰，納達爾第一盤就火力全開，並且牢牢守住第三盤自己出現的六個破發點，到了第五盤則是沒什麼懸念，納達爾早早破了費德勒發球局取得領先，並且固守到最後一刻。

「或許我根本不該打到第五盤的，」費德勒說。「我應該拿下第一盤和第三盤，接下來就跟我們想的一樣，不用說了。」

吃下這場敗仗，讓他無法追平山普拉斯保持的十四次大滿貫男單冠軍紀錄，但錯失紀錄的痛苦跟在又一場重要比賽輸給納達爾相比，簡直小巫見大巫。

從拉沃手中接過亞軍獎盃時，費德勒不禁哽咽，這位偉大冠軍集彼得．卡特和托尼．羅氏和他談論過的各種澳洲價值於一身。費德勒發表亞軍感言，才感謝完觀眾，就開始泣不成聲。

「天啊，我真的沒辦法了。」他說，儘管大家加油聲不斷，但他哭到講不下去，只好離開麥克風講台。

後來他表示，大家誤解他說的話了。他的意思是發表感言讓他「沒辦法」，而不是輸掉決賽讓他「受不了」。不過他情緒瀕臨潰堤這點是毫無疑問的。

納達爾目前和他的對戰紀錄，已經以十三比六遙遙領先，大滿貫決賽也是五比二的優勢（法網之外是二比二平手）。而且場地之爭的論述顯然已經不管用：納達爾已然侵門踏戶，攻進費德勒的領土了。

換成另一個文明尚未開化的時間點和場地，大家可不會以如此慈愛眼光看待費德勒在澳網決賽後的情緒崩潰。很難想像任何一位澳洲傳奇球員輸球後出席頒獎典禮時會如此失態。

在拉沃、羅斯沃爾和紐康姆的全盛時期，大家會覺得這種情緒表現「不夠man」。不過無論勝利和失敗都常哭、情緒豐富的費德勒可說擴大了男單冠軍選手展現情感的幅度。二〇〇六年，在同一場地、不同情況之下，他擊敗意外闖入決賽的大黑馬巴格達提斯（Marcos Baghdatis），並從拉沃手中接過冠軍獎盃時，他也感動落淚。

「那是欣慰的淚水。」他說。

費德勒對於表達自己的情緒相當坦率，即便如此，他仍對搶了納達爾獲獎時刻的觀眾注意力感到些許尷尬。

「我不希望大家覺得我在澳網敗北很可惜，」他後來告訴我，「也不希望別人對我在溫布頓輸球感到難過，不該是這樣的。看網球就應該要開心，慶祝值得開心的時刻、為贏的人開心才對。當然可能也會有失望的感覺，但大到蓋過比賽輸贏那就太多了。」

納達爾於此展現無比的格調、細膩照顧到費德勒的情緒。費德勒已經講不下去，大會請納達爾提前上台，他接過獎盃後繞到費德勒身邊，左臂摟住他的脖子，把頭湊近費德勒的臉安慰他。

費德勒在納達爾催促下回到麥克風前。「再讓我試一次，」費德勒說。「我不想最後都變成我在說；這傢伙真的實至名歸。恭喜你，拉法。你打得太好了，冠軍是屬於你的。又是一場精采的決賽，祝你這個賽季一切順利。」

費德勒隨後也感謝「傳奇球星們」觀賽，接著忍不住又哽咽起來，但這次他很快說了結語，把舞台留給他的對手。

「大家晚安，」納達爾打完招呼後轉身向費德勒說道：「首先，羅傑，今天不好意思啦。」

觀眾哈哈大笑。

「我完全知道你現在的感受，」納達爾繼續說道。「真的很難。但請不要忘記，你是一位偉大的冠軍。你是歷史上最好的網球選手之一，鐵定可以把山普拉斯十四個滿貫紀錄繼續往上堆高。」

我從一九七〇年代初期看網球至今，還沒看過像他們兩人之間的那種心理動力及刺激。即使費德勒二〇〇八年才剛締造美網五連冠的紀錄，很顯然地，納達爾已在對戰中取得上風，主宰了球壇，但他依舊堅持——至少不是在場上對戰時——對於費德勒這個對手報以尊敬和推崇。

老實說，這聽起來已經到了有點虛偽的程度了，簡直是一種全新形式的一廂情願。第二天，我們一群人來到墨爾本一家飯店採訪納達爾時，特別追問了這一題。

「羅傑現在大概有五十六個冠軍頭銜，我還只有三十二個，差了一大截，」他說明，「他手中握有十三個大滿貫，我只有六個；他拿了十四個大師賽，我十二個，這是我們唯一接近的地方。」

「沒什麼好再說的，沒什麼好再說的。」他重複道。

也許我理解的速度有點慢，但那天是我第一次完全意識到納達爾有多麼專注於過程：比起痛下殺手的滿足感，他更在乎狩獵的快感。許多冠軍選手都在尋求一種釋放，從壓力、期望和眼前的挑戰中解脫出來。

但納達爾不一樣，超越費德勒帶來的愉悅並不是重點，打好每一分才是意義所在。

「我喜歡比賽，不只是網球而已，」他告訴我們。「我喜歡生活的方方面面都有競爭。上場比賽時，我享受在場上、為勝利而戰的感覺。」

說到這裡，他頓了片刻，挑起他的招牌左眉。

「也許，」他說，「我更喜歡為了求勝而戰，而不只是為了贏球。」納達爾還太年輕，離墓碑上要刻什麼還太遠，假如他真從亞馬遜訂了一個，上面那句話就應該是他的墓誌銘。

費德勒要刻什麼我說不準，他的主旋律更難捉摸。像納達爾、博格和多數偉大球員一樣，年輕時不管輸什麼都讓他受不了，一怒之下就會踢翻大富翁桌遊或類似的東西。如果他並不享受這種經歷和一路上取得的成就，怎麼可能打巡迴賽長達二十年的時間？

「老實跟你說，我不是會列清單、完成後打勾的那種人，」他曾這麼跟我說。不過從一個局外人的角度來看，他打勾的東西已經夠多了。

作為和諧關係的中心，似乎讓他最有成就感：他有辦法轉移他人的注意力，卻又時時是眾人的焦點所在。別人的崇拜他處理得很好，適應力也很強，是自信和高情商的表徵。他最終已經適應了一個自己並非「最優秀」的網球世界，但我一直覺得過往那種身為網壇第一人的日子，還是讓他念念不忘。

「費德勒是力與美的化身；這是他的特點，」網球名將庫瑞爾曾這麼說，「拉法則是意志力的代名詞，我曾聽他說：『如果我能把和羅傑的比賽變成一場拳拳到肉的對壘、激戰甚或一場戰爭，那種狀況下我比他更自在，所以我會贏。』這話確實有道理，羅傑打球美得像幅畫，看的人很容易進入，這對他來說輕鬆寫意。他自己也說很懷念沒有對手的那幾年，一切都是那麼簡單。他懷念那個零挑戰的世界，二〇〇〇年代中期除了紅土之外幾乎如此，不過在那之後出現了許多挑戰。」

而納達爾可說是在挑戰中成長的。庫瑞爾喜歡用「帶著質疑奔跑前行」這句話來形容他，當目標可見卻仍遙不可及、汗水從鼻樑不斷滴落，正是他最滿足的時候。

「一如我們一路上看到的拉法一樣，他就是那樣的人，把自己放在一個謙遜的立足點一路往上爬，」庫瑞爾說，「這也是他能如此腳踏實地和積極進取的原因。他覺得每天都要證明自己的能力，而每天所做的一切，到頭來根本又無足輕重。他不像羅傑那樣擅用語言表達自信，羅傑說的話聽在耳裡，有時已經到了傲慢的地步，但對他來講只是實話實說而已。」

西班牙《國家報》的資深體育編輯聖蒂亞哥・塞古羅拉（Santiago Segurola）則稱納達爾是一個「看似來自地中海島嶼，其實是個穿著短褲的喀爾文主義信眾」。

這就是問題的關鍵所在，不過小心不要把納達爾是清教徒的比喻無限上綱：他確實手戴價值一百萬美元的手錶，最近還花了六百萬美元買了艘二十五公尺的遊艇。

到納達爾或費德勒賽事期間住的飯店採訪他們，對我們來說是一種提醒：你住不起他們的飯店，他們有時也會對非金字塔頂端的百分之九十九其他人的生活展現出無知的一面：費德勒就曾好心建議一位中產階級的工作人員買勞力士手錶。不過在這種為數眾多的陷阱題之外，兩人仍保有一種從未改變的特質，這和他們恪守的基本價值觀，以及網球沒讓偉大選手比較「好過」的這一點密切相關，你在每場比賽都可能跌倒。球星們可能會有一些首輪輪空或夢想中的禮車接送服務，但絕對無法找人幫你打球。有了這種體悟，可以讓腦子更清楚、步伐更快，把厭倦的情緒和恐懼拋諸腦後，只要你真能日復一日享受拍面打到球的快樂。

費德勒和納達爾似乎真的很享受這種感覺，彼此不斷追求卓越，在相互砥礪下堅持不懈。

納達爾在費德勒的刺激之下，反拍不斷演進，包括雙手抽球和單手切球，他的發球支撐更好、來回之間更靠近底線，找機會快速取分。費德勒則是進一步提升了網前技巧，反拍變得更有威力，甚至找新教練聽取不同意見。

費德勒在埃居布朗時期的朋友、現任台維斯盃瑞士國家隊隊長魯奇已經成為他團隊的固定成員，但伊格拉斯在二〇〇八年年底已經回到美國網球協會工作。費德勒一直以來對卡希爾相當有興趣，這位聰明且善於表達的澳洲教練曾帶過休威特及阿格西，成績斐然，他也是網球界最早透過比賽影片分析破解對手模式的先驅，費德勒很想延攬他進團隊。

「儘管羅傑已經很棒了，但多雙眼睛幫忙看總是好的。」伊格拉斯告訴我。

「大家有時會問我：『你還能教羅傑什麼？他不是什麼都知道了嗎？』」魯奇曾經告訴我，「但多年下來我注意到，他就是需要別人再提醒他，包含重心放低靠近球這種小事。他說有時候忘記一些事情難免，或者根本沒想到。」

已辭去澳洲台維斯盃隊長職務的卡希爾，在二〇〇九年正式與費德勒接上線，等到費德勒背痛緩解之後，他們立刻決定三月在杜拜見面，進行為期十二天的測試。我和和許多人一樣，覺得兩個人應該會很搭，所以三月中費德勒經紀人葛席克打電話告訴我說兩人合作沒有下文時，我嚇了一跳。對我來說，他們的夥伴關係猶如命中註定，且不說卡希爾和彼得・卡特的關係密切，甚至費德勒的母親麗奈特早在幾年前，也曾與他談過阿格西退役後就來協助費德勒的事。

卡希爾告訴我，在杜拜時他得以「一窺費德勒的生活、訓練方式和他的專業精神，一切的一切絕對都是身為教練的夢想，毫無疑問。」

不過測試期接近尾聲時，費德勒還沒能打定主意，卡希爾也擔心能否繼續保有和ＥＳＰＮ以及愛迪達球員發展計畫的良好關係，對自己內心的不安，他也感到驚訝。

「每天看著羅傑就讓我想起彼得，」卡希爾說，「在他身邊會勾起美好的回憶，同時痛苦也湧上心頭。」

「我真的不知道該怎麼說，只是會覺得：我這麼做是正確的嗎？這樣做會不會讓彼得生氣？腦子裡一直在想這到底是不是正確的選擇、我對羅傑來說是不是對的人。我沒辦法過自己這一關，說到底，羅傑是彼得帶出來的，我心中一直覺得他是彼得的孩子。這不是我認為不該合作的原因，我只想讓你知道我內心真正的想法。」

因此，費德勒來到法網時，身邊並沒多帶一位備受矚目的教練，不過魯奇在這個階段的貢獻，無疑值得更多肯定。他總像是午覺小盹剛醒來，帶著昏昏欲睡的眼神和不羈的髮型，他也從沒成為巡迴賽等級的球員。但法網最有經驗的教練之一君特·布列斯尼克堅信人不可貌相。

「巡迴賽中最被低估的教練就是魯奇，」他告訴我，「他為人謙虛、低調，從沒想出頭，但是他一直都在，困難的時刻他特別可靠。技巧上來說他不是最好的教練，不是那種會培養球員、教你怎麼抽球的人，不過他總陪在球員身邊，徹底瞭解球員需求，什麼時候該推一下，什麼時候該給點空間、怎麼在對的時間說對的話，我敢說他絕對是世界上最好的教練之一。」

布列斯尼克可以和魯奇講德文，看得很透徹，也知道他如何與費德勒交流，他們兩人主要以瑞士德語溝通。

二〇〇九年春天在球場內外都是多事之秋。球場上，費德勒在三月的邁阿密大師賽四強敗給了喬科維奇，還因為情緒失控砸了支球拍。場外，費德勒和米爾卡兩人四月十一日在巴塞爾結婚，當時米爾卡已有幾個月身孕。這對新婚夫婦決定把蜜月延到今年晚些時候再去。

紅土賽季開始，費德勒在法網開局不穩。第二輪對上狂野的阿根廷人荷西·阿卡索（Jose Acasuso）時碰上大麻煩，最終才以七比六（八）、五比七、七比六（二）及六比二獲勝，救了四個盤末點，在搶七逆轉三比六的劣勢，拿下第一盤，第三盤遭兩次破發後，也曾救下一個盤末點。

週六的第三輪比賽中，費德勒也花了四盤才通過法國好手馬修（Paul-Henri Mathieu）的考驗，但隔天，費德勒還在休兵，卻傳來震驚法網的大消息：索德林完成了前所未有的壯舉：在五盤三勝制的紅土場上打敗了納達爾。

出身瑞典的索德林目光如炬，有著堪比中世紀鐵匠的髮型，是一位重砲型選手。名列二十三號種子的他帶來的威脅性不小，上一輪才讓纏鬥力十足的西班牙好手費雷爾（David Ferrer）吃下敗仗。

不過考量納達爾紅土之王的氣勢以及法網三十一連勝的可怕記錄，索德林戰勝納達爾仍是網球歷史上最大冷門之一。再加上兩人五月初在羅馬對陣的結果，更是讓人加倍難以置信。

當時納達爾秋風掃落葉，以六比一、六比零獲勝。

但這次納達爾未能持續有效打出夠深的抽球及回發球，讓索德林有足夠空間及自信打出正拍大角度以及雙手反拍的對角穿越。身高一百九十三公分的索德林沒讓納達爾的上旋球把他推到後場，而是積極進攻、重砲攻擊，讓納達爾沒時間重整腳步。他也是前世界排名第二名的馬格努斯・諾曼（Magnus Norman）的高徒，整場比賽網前對壘的三十五分就囊括了二十七分，對於納達爾這種防守技術一流的球員來說，不啻是一大打擊。他的防守似乎不似以往滴水不漏，箇中原因也只有他核心圈子裡的人才能理解。

「我不驚訝他的發揮，」納達爾說。「反倒是我自己的表現嚇到我了。」

法國觀眾對於納達爾的節節敗退毫不同情，反而渴望政權更迭，大聲為索德林喝采，反覆高喊他的名字「羅賓」，直到他最終以六比二、六比七（二）、六比四、七比六（二）拿下勝利。

觀眾的反應讓納達爾和他的叔叔托尼覺得很受傷。

「好像整座球場的人都希望我輸，」納達爾多年後告訴我時還覺得受傷，「我那麼喜歡這個地方，也很愛法國的球迷，我愛巴黎更甚世界上任何城市，所以更加搞不清楚到底為什麼。」

不過法網的觀眾球迷早就習慣擁抱弱者，而對陣納達爾時，每個人都是弱者。

「我試著去想『什麼都不要想！』」索德林說。

甚至有人用那句話做了件T恤。費德勒很快也採行相同的理念。巴黎紅土上，納達爾這個難題已經不見了，索德林幫忙解了題，加上喬科維奇已在第三輪輸給菲利普．科爾施賴伯（Philipp Kohlschreiber）提早打道回府，眼前這機會實在不能視而不見。

這是費德勒贏得法網的好時機。

納達爾仍然扮演他的啦啦隊長，在他回老家馬約卡島（而非巴黎）慶祝生日前，他明確表示支持費德勒奪冠。

他說：「能完成他的大滿貫拼圖很棒，他在法網運氣不佳，已經輸掉了三場決賽和一場四強賽。要我說誰有資格拿法網的話，就是費德勒了。」

然而，有資格贏和真的贏是兩件不同的事情。莫瑞曾五度闖入澳網決賽，理應「有資格」拿下澳網冠軍，卻從沒成功過。這對費德勒來說是一種新的壓力，他很習慣成為奪冠大熱門，卻不習慣「突然」成為大熱門。

「羅傑今晚上床感覺一定會不一樣，」法國老將桑托羅（Fabrice Santoro）說，醒了之後也會完全不同。

「光只是想到、感受到團隊中的那種緊張感，」費德勒說。「就好像突然之間每個人都在說『我的天，這可是是你的好機會！』一樣。」

索德林爆冷後的第二天，費德勒出戰對上曾讓他二〇〇〇年奧運處女秀無功而返的危險級德國好手哈斯。這一次，他似乎又想如法炮製，讓費德勒難得的「無納達爾」機會泡湯。

費德勒開局不錯，前六局發球局猶如瑞士特快車，一分都沒丟，但卻在輸掉第一盤搶七後開始不穩，因非受迫性失誤而顯得更加急躁。

哈斯繼續拿下第二盤，接著費德勒在第三盤三比四落後時的發球局犯了平時不會犯的錯，連續兩次正拍非受迫性失誤，來到三十比四十，哈斯出現破發點。

觀眾似乎一下子不知該如何是好，在費德勒準備發下一球之前，掌聲稀稀落落。費德勒一發想發T點中線沒進，但二發發到哈斯的反拍。哈斯往上勾了一個對角回發球，而靠在球場那一角的費德勒來了記他在壓迫下打過數千次的球：閃身在雙打線後打了個跳躍正拍。在這個輕風徐徐、陽光明媚的下午，這記招牌回球風險可不小，但他猛地躍起揮拍，打出一記角度刁鑽的漂亮對角致勝球。

救下破發點之後，他也扭轉了局勢，保住他在法網的晉級之路。「真的很猛。」歐洲體育台評論員佛魯．麥克米蘭（Frew McMillan）說。「我真的做到了，想說『看吧』！」費德勒賽後說道。

他的內心發生了轉變，儘管他在那決定命運的正拍致勝球後沒有表現出太多情緒，但在贏得接下來兩分時，他都振奮大叫幫自己打氣。保發後來到四比四，觀眾全神貫注，為費德勒的致勝球以及哈斯的雙誤而不斷歡呼，哈斯更是在一次糟糕的正拍截擊之後丟了發球局。

局勢正朝對費德勒有利的方向走，搶下第三盤後他只讓哈斯再拿下兩局，最終以六比七（四）、五比七、六比四、六比零及六比二取得勝利。兩人在接下來幾年成為非常親密的朋友，也充分展現哈斯不計前嫌的個性。這是一場兩個人都難忘的比賽。

費德勒在八強擊敗了另一位危險球員「跳跳人」孟菲爾斯，獲得的觀眾支持幾乎和這位以軟Q出名的地主選手一樣多。費德勒一向不喜歡縮在飯店不出門，不管住得多好（這次是奢華的五星級巴黎柏悅酒店）都一樣。他喜歡享受他來工作的城市氛圍，帶著米爾卡逛巴黎時也能得到很多人的正面回應。

「走在街上、開車或吃晚飯時，碰到的人都會說『今年是屬於你的，一定要拿下來！』」費德勒說，「他們從機車上下來或走出車外，一路尖叫，還有人不惜闖紅燈也要找我簽名或拍照。」

不過進入四強，紅燈又閃了起來，面對的是身高一百九十八公分、年僅二十歲的阿根廷新星德爾波特羅，他的平擊正拍極有威力，足以造成巨大傷害。看著身穿無袖球衣的波特羅在紅土上致勝球連發、左右情勢發展，想必勾起了費德勒對於納達爾的痛苦回憶。

費德勒盤數二比一落後，最後逼出了第五盤。兩人一開始互破發球局，接著德爾波特羅雙誤出界丟掉發球局，讓費德勒再次超前，來到三比三。五比三時第一個賽末點費德勒雖沒能拿下，卻沒讓第二個機會跑掉，藉對手的回球穩穩打了記漂亮的正拍對角，取得決賽門票。

「我並不覺得自己打得比他好，」費德勒說，「只是過去的經驗幫我度過了難關：我參加過很多次大滿貫四強，這卻是他的初體驗。」

比賽結束後，費德勒走向前等待德爾波特羅來握手時，重重靠在網上，低頭片刻。追逐冠軍的壓力可想而知，但如果懷孕七個月的米爾卡都能承受的話，他應該也沒問題。

「我表現得很棒，」米爾卡在那時的一次深入訪談中跟我說，一臉開心，費德勒則是又藉故逃脫不來。

費德勒和職業生涯大滿貫之間的阻隔只剩索德林了，後者在晉級路上又擊敗另外兩位排名高的種子選手，證明自己對納達爾的出色表現並非僥倖。

他在八強直落三擊敗世界第十名的達維登科輕騎過關；四強則在五盤大戰中力挫排名十二位的岡

薩雷斯（Fernando González）。

「一路征戰不容易，但沒我想的那麼難，」索德林說，「在巴黎紅土上擊敗納達爾，我克服了網壇目前最大的挑戰。不過比賽還沒打完，我還在法網，打一場精采的好球還不夠，我想要更多，這種感覺很強烈。」

在普通賽季，像索德林這樣有突破性表現的球員通常會成為法網的主要話題，但今年不是，所有人的焦點都在費德勒身上。他追逐山普拉斯大滿貫紀錄的同時，也要藉由贏下「法國這一仗」，完成山大王從沒做到的事。

法網告捷，意味著費德勒將進入史上最偉大球員的討論之列，不過大家也心知肚明，這個問題絕不可能出現眾人服氣、毫無爭議的人選。

「變化實在太多，不同『時代』真的無從比較起，」吉爾伯特說。現代網球運動有著悠久歷史，即使不回溯到室內時期，現在所謂「真正的網球」最早是中世紀歐洲皇家宮廷玩的遊戲，溫布頓公開賽首次登場也是一八七七年的事了，早期的冠軍只須贏得一場比賽即可衛冕，也就是所謂的挑戰賽。

直到一九六八年，只有業餘球員才有資格參加大滿貫賽事和當時就已極具份量的台維斯盃。一九二〇年代最偉大的男子球員，美國的比爾．提爾登（Bill Tilden）也要等到一九二五年法網正式開放非法國籍球員參加，才有機會挑戰法網。他常錯過溫布頓，而參加澳網比起去溫布頓搭輪船還要更久，他更是從沒參加過。

把提爾登的十個大滿貫單打冠軍和山普拉斯十四個單打冠軍相來比，這顯然不公平。第二次世界大戰後，最頂尖的業餘男子選手常在職業生涯早期轉職業，參加由美國球星傑克．克萊默（Jack Kramer）舉辦的大小鄉鎮巡迴賽。像克萊默、潘喬．岡薩雷斯（Pancho Gonzalez）、盧．侯德、羅斯沃爾和拉沃這種早期選手，其實錯過很多年的大滿貫比賽，他們也很少統計自己累積的大滿貫總數。這不是他們特別重視的事，儘管拉沃曾在一九六二年一舉拿下四大滿貫賽，締造貨真價實的年度大滿貫記錄而備受推崇。

後來，拉沃還在網球公開化後一年，即一九六九年，完成了第二次年度大滿貫壯舉，職業生涯最終累積十一個大滿貫。

「但那不是我們經常討論的數字。」拉沃告訴我。

大家當然也會好奇，如果他一九六三年到一九六七年都符合比賽資格的話，還能多拿幾次冠軍？但這樣一來，你必須也把到一九六二年為止的大滿貫賽事納入考量，假如當時世界上最好的球員，像霍德、羅斯沃爾和岡薩雷斯等人也都符合資格的話，拉沃一定會面臨更加激烈的競爭。

正因如此，關於男子網球史上誰最偉大的討論簡直莫衷一是，甚至把時間限制在公開化年代之後也沒個結果。博格、康納斯、馬克安諾和其他七〇、八〇年代的球星，經常直接跳過當時距離最遙遠、名氣最小的澳網不打。康納斯、博格等那代人並不把大滿貫數量當成衡量自己成就的決定性數據。如果早知道這在今日會變得那麼重要，他們可能會願意多去幾次澳洲參賽。

「現在是大滿貫的時代，」康納斯在 Podcast 節目《加拿大決勝點》（*Match Point Canada*）中如此說道，「我參加過兩次澳網，生涯巔峰時期錯過了六、七年的法網，基本上，我的名氣以及聲譽主要來自兩個大賽：美網和溫布頓。

「我二十年只打了大概五十場大滿貫賽事，現在的年輕人一年四次卯起來打，所以一切都和現在的主流趨勢有關，不管哪一種運動都是如此。」

但至少拿費德勒的大滿貫總數和山普拉斯的總數來比還算公平。他們都身處球員及贊助商一致認為四大滿貫是最高價值的時代，贊助商還常把參與大滿貫及大滿貫成績獎金條款納入合約當中。

費德勒最終締造了連續參加六十五次大滿貫的紀錄，山普拉斯雖然職業生涯後期贏得法網的機會基本上為零，仍每年出場，直至二〇〇二年他最後一個賽季為止。

儘管山普拉斯和費德勒私交不錯，卻沒有出現在二〇〇九年法網決賽的看台上，而他職業生涯中長年的死敵阿格西倒是應法網大會之邀，特地從拉斯維加斯家中來到法國。

他也是經過漫長等待，一九九九年對上一個意想不到的對手安德烈・梅德維傑夫（Andrei Medvedev），才捧起生涯唯一一座法網冠軍。梅德維傑夫是位方肩、善於思考的烏克蘭選手，採訪他大概和採訪阿格西差不多吸引人，當時他的世界排名已經跌到第一百位。阿格西當天是先輸兩盤再倒趕三盤才贏得冠軍。

費德勒不需要如此戲劇化的劇情。他一面倒拿下兩人法網前碰頭的九場比賽，也才剛在馬德里紅土賽場擊敗過索德林。觀眾完全站在他這一邊，費德勒跟著索德林進場時還獲得全場起立鼓掌。

不過不免俗地，比賽中還是出現了一些奇怪的轉折。費德勒率先取得一盤領先，索德林局數一比二發球時，突然有人闖入，從看台下半部樓梯跑了下來，只見他一躍跳過障礙物，直往費德勒那半場衝去。他走近費德勒，揮舞著布條，試著想把一頂帽子強行戴在他的頭上。

「他一接近就讓人覺得不舒服，」費德勒回想道。

幸運的是，入侵者——這位只想尋求眾人注目的慣犯——並無意傷害任何人，雖然警衛花了很長一段時間才出現，把他抓起來之後架著他離開會場。

索德林繼續保發，但費德勒卻首次在決賽中出現些許動搖。

「我的節奏當然有點跑掉，」費德勒說。「打了一局後，我想或許該坐下來花一兩分鐘想一下剛剛發生的事：『那是真的嗎、還是什麼的？』」

這終究是費德勒可以永遠消除自己法網心魔的一天，雖然當天似乎不是比賽的好日子。打到一半有陣旋風襲來，比賽後兩盤大部分時間還一直下雨，從幾乎沒感覺的毛毛雨到幾近傾盆大雨。賽事總監吉爾伯特·伊森（Gilbert Ysern）曾考慮讓決賽暫停，但是下午晚點的天氣預報也不樂觀，週一更是可能下大雨。他知道比賽越快打完越好，費德勒也算盡了自己一份力量：第二盤搶七表現精采，四次發球都是愛司，進入第三盤更是在索德林首個發球局便破發成功。

到了五比四邁向勝利的發球局時，他的心臟怦怦跳個不停，就像二〇〇三年在溫布爾對上菲利普西斯一樣。比賽接近結束，費德勒開始手軟，而後先是在三十比四十時救下一個破發點，接著罕見的突襲上網再下一城，然後冠軍點出現，在滿場球迷吶喊聲中，他的發球讓索德林回球掛網，費德勒雙膝跪在潮濕的紅土上，把臉埋進雙手之中。

他的生涯大滿貫在二十七歲那年順利完成。

「這可能是我生涯最大的勝利，也讓我從巨大的壓力中釋放出來，」他以六比一、七比六（一）、六比四獲勝後說道，「職業生涯接下來的時間裡，我可以輕鬆打球，再也不用聽到別人說我從沒贏過法網冠軍了。」

至少那後半句話說得沒錯。至於前半句話，只能說費德勒的職業生涯延續太久，以至於無法面對每一個挑戰都能保持輕鬆的心情。不過他確實在巴黎毛毛雨中覺得人生功德圓滿，也成為當時史上四大滿貫全拿的第六人。前五人包括唐·巴奇（Don Budge）、佛雷德·派瑞（Fred Perry）、愛默生、拉沃和阿格西，費德勒正是從第五人阿格西手中接過火槍手冠軍盃，再適合不過了。

「這已經是某種命中注定的感覺了，」阿格西在球員休息室跟我們說，「很多人說運氣比球技重要，但我寧願捨棄好運也想成為羅傑。這傢伙在比賽中表現出色，拿下冠軍實至名歸。如果他真的在這裡連一次冠軍都拿不到，那簡直可說是犯罪了。他連續五年都是紅土第二優秀的球員，如果不是有個來自馬約卡的孩子擋在前面，他早拿好幾座回家了。」

費德勒已經吃過夠多苦頭了，當然若擊敗納達爾奪冠，毫無疑問會更具象徵意義，但他也沒讓眼前的機會跑掉，緊緊抓牢。

「能在法網擊敗拉法當然很棒，但那不是我的職業生涯一定要有的紀錄，」費德勒後來告訴我，「有些人認為不這樣就沒那麼名正言順，但話說回來，我在美網決賽中也沒有跟拉法交手過一次。籤表就長那樣，另一邊誰贏球就跟誰打。不要誤會我的意思喔，能交手當然很棒，只是我不知道會更增加什麼特殊意義就是了。」

對他而言，這次法網勝利與二〇〇三年溫布頓冠軍和二〇一七年意外的澳網冠軍，並列他最喜歡的前三名。

「我就這麼愛上法網了，」費德勒開心地告訴我，「我不得不，你怎麼說的？對，敞開雙臂擁抱它。」

「不是鼎鼎有名的法網終於等到你那種感覺，」他邊說邊折手指，喀啪一聲，「那個我會永遠留給溫布頓。我還記得貝克、艾伯格和山普拉斯獲勝後高舉獎盃的情景，而這三個人在法網都沒機會這樣做。」

苦等多時終於一舉拿下法網，正好是大滿貫處女秀對陣拉夫特的十年之後，讓這一切更加不同凡響。

費德勒說：「二〇〇四年時，我已經贏得了其他大滿貫，而法網讓我等了這麼久，也是意義深長。球迷這樣想、我也這樣想，這也是為什麼我能在巴黎蛻變成男人，長成一個完整的人。法網真的帶給我很多挑戰，二〇〇九年真是下足了一切工夫才得到好成果。對我來說，這是一場巨大的精神勝利：對哈斯和波特羅的比賽之驚險，簡直難以置信。孟菲爾斯也很難纏，還有雨中的索德林。知道拉法提早出局對我來說也造成各種層面的挑戰，畢竟會不會有下次都很難說。每當想起法網，我就想到自己迎向的挑戰，也像是諸多複雜正面情緒的集合。」

奪冠將近一年後，我們在巴黎再次相遇。時值深秋，他回到法網，在室內訓練。樹葉掉光了，平時擠滿了人的通道和查特里爾主球場（Chatrier stadium）一樣空空蕩蕩。

「是該花點時間享受這些時刻，這真的很美好。」他說。「在看台上挑個地方坐著，是吧？低頭回想一下。」

他告訴我他的記憶就像幻燈片一樣，從一張圖連到下一張。「我跪了下來，不敢置信，」他說，「球拍落在我身邊，橘色的紅土生氣蓬勃的樣子浮現在我眼前。我舉起獎盃親吻，聽到國歌不禁落淚。這些畫面現在仍常出現在腦海裡。」

但一年後，他向我描述了頒獎典禮及腎上腺素狂飆之後接踵而來的事件，卻讓他幾乎喘不過氣來。

他的父親羅伯特病倒了，無法親自參加決賽。費德勒回到飯店房間時，他的母親和米爾卡已經把門打開等著他。

「他病得很重，一直躺在床上，毯子整個蓋到這裡，」費德勒比著下巴邊說，「我說『嘿，你好嗎？』他回說『真的很糟』，我給他看獎盃，告訴他『你看！我們做到了！』當下我真的萬分激動。」

他們父子倆，從羅伯特強迫脾氣暴躁的兒子從巴塞爾紅土球場自己找路回家那時開始，確實並肩走了很長一段路。

與羅伯特親近的費德勒前教練安納孔說：「我們有時會聊網球，而且他偶爾會說：『羅傑，反拍死活打下去好嗎！球不是那樣回的。』他會直接跟羅傑那樣說，然後兩人就笑著互相肘擊，羅傑甚至還會頭部固定他老爸。真的是太有愛了，真的很可愛。」

傍晚時分，費德勒回到了在巴黎的飯店房間，獎盃還握在手中。法網大會通常不會讓獎盃離開會場，冠軍只會拿到一個小一點的複製品。但在費德勒好說歹說之下，他特別獲准把獎盃帶出來一個晚上。

「他們跟我說獎盃只有一個，我最好保證不會弄不見或被偷走。」費德勒說。

在這麼多年的等待以及對納達爾吞下許多敗仗後，他可不會大意，把獎盃直接放在床頭櫃上。

「我就睡在火槍手旁邊。」他笑著說。

第二天早上睜開眼睛時獎盃還在。不，這不是在做夢。

第 10 站

洛杉磯

LOS ANGELES

費德勒在中央球場高舉獎盃繞場，羅迪克則神情落寞地坐在自己的椅子上，此時他聽到幾聲叫喊突然變成一陣如雷的歡呼：「羅迪克！羅迪克！羅迪克！」

當費德勒內心充實而自在時，就是他表現特別神勇的時候。二〇〇九年溫布頓，費德勒一路殺進決賽，山普拉斯和老婆布莉姬（Bridgette）匆忙買了機票從洛杉磯起飛，趕在決賽當天一早抵達倫敦。

當時山普拉斯憑著十四座大滿貫單打冠軍在男子網壇高居第一，而費德勒在法網奪冠追平了他的紀錄。不過山普拉斯自認他的紀錄很快就會被超越，因為費德勒不但在法網有所突破，接著又乘勝追擊，準備要在溫布頓與羅迪克爭冠。

山普拉斯在禮拜五收到全英俱樂部的邀請，隔天他人就在飛機上了。

「有時候你就是會為了網球做這些事，」山普拉斯說，「這是出於我對這項紀錄還有對羅傑的尊重。從打包行李到跳上飛機的一切決定，對我來說都是再自然不過。」

山普拉斯自從二〇〇二年溫網第二輪爆冷輸球後，就再也沒踏進這個地方。他當時以第十三種子的身分站上第二球場，與瑞士球員巴斯特（George Bastl）鏖戰五盤後慘遭淘汰。許多種子球員都曾在這個舊的第二球場中箭落馬，因此這裡又有「種子墳場」之稱。

山普拉斯百般抵抗，比賽中途換邊時還希冀從老婆的支持信獲得力量；雖然他在落敗後堅持不懈，不願以這樣的結局告別溫網，然而這位七屆溫網冠軍沒能如願以償，終究含恨離場。

巴斯特是費德勒台維斯盃的隊友，世界排名僅一百四十五名。其實他在會外賽就輸球了，只是因為有人退賽，才讓他以幸運輸家的身分遞補到會內賽。

多年後，山普拉斯向我坦承：「我實在不想以這種方式在第二球場告別溫布頓。」他對於被排到第二球場出賽始終耿耿於懷，因為這好比在外百老匯演出告別秀一樣。不過他其實更是對自己的表現非常失望。

「種子墳場」準備要在二〇〇九年拆除，由新的建物所取代。溫布頓長年進行現代化工程，但有時溫網現代化還真讓人覺得是犧牲傳統換來的，韻味也失了幾分。

隨著山普拉斯的霸權走入終結，各項重大改革皆已陸續完成。其中最具規模和代表性的，莫過於中央球場重達千噸的開闔式透光屋頂。即使屋頂開著，陰影仍不時投射在皇家包廂上頭。

毫無疑問地，這座全網壇最迷人的球場因為新屋頂而變了樣。然而，溫網賽事過去百餘年來每逢下雨必中斷，儘管屋頂造價不菲，卻也終於有了牢靠的雨備方案。殊不知，屋頂啟用那年的第一週，竟然一滴雨也沒下。

網球之神真是幽默。

「這是溫網史上第一次有人在等雨。」全英俱樂部執行長伊恩．瑞奇（Ian Ritchie）說。

山普拉斯退休後和費德勒成為好友。二〇〇七年十一月，他們在亞洲舉行了三場巡迴表演賽，次年三月又在紐約麥迪遜廣場花園舉辦另一場，吸引將近兩萬名球迷共襄盛舉。

他們的交情也因為這趟亞洲行變得更加緊密。

「山普拉斯是我的偶像之一，」費德勒告訴我，「我一直很想趁現役就到世界各地打表演賽，而不是等到退休後。在球員時期就完成這些事，意義是截然不同的。」

費德勒這趟賺了不少，不過能和自己從小就景仰的球員培養深厚情誼也正合他意，像他後來聘請艾伯格當教練一樣。

時年三十六歲的山普拉斯本來很猶豫要不要參加表演賽。他和妻子還有兩名幼子克里斯汀和萊恩定居在洛杉磯，能夠天天陪在家人身邊令他感到幸福。山普拉斯現在比較常打高爾夫，網球反而很少打。他深知必須恢復以往的練球模式，才能和費德勒打出精采刺激的比賽。

「我本來和羅傑沒這麼熟。不過我們這趟亞洲之旅一起搭機、用餐，彼此就熟了起來，也打了很多場好球。」山普拉斯跟我說，「羅傑有時很愛惡作劇，他有很調皮的一面。不過也因為我已經退休了，所以已經很放得開。」

費德勒是和米爾卡同行，而山普拉斯與哥哥兼經紀人葛斯（Gus Sampras）結伴。山普拉斯在當球員時，一直很苦惱公私領域劃分的問題，也說自己可能不會選在球技巔峰時期巡迴各地打表演賽，更不用說與馬克安諾那些前輩搭擋。

「我可能根本不會點頭，但羅傑不只欣然接受，還樂此不疲，」山普拉斯說，「我們會一起出去，也會打屁聊天，聊網球啊、運動啊，天南地北地聊。後來我們仍然會用通訊軟體或簡訊保持聯絡。」

他們倆的個性有如天壤之別，山普拉斯害羞內向，面對人群比較拘謹，費德勒活潑外向，在人群中如魚得水。

不過，山普拉斯和人一對一相處時就能暢所欲言，而且自在許多。這兩位網壇大師發現他們除了單手反拍、跑動正拍、很難破解的發球、對溫布頓都很迷戀之外，還有不少共通點。

他們的母親都是有著超凡毅力的移民，兩人也都曾因為悲劇痛失教練兼摯友。彼得．卡特在南非車禍驟逝時年僅三十七歲；山普拉斯的教練提姆．葛利克森（則是在一九九六年因無法開刀切除的腦瘤而逝世，享年四十四歲。葛利克森曾帶領山普拉斯登上世界第一，並奪下六座大滿貫單打冠軍。

我認識提姆．葛利克森，也認識他的孿生兄弟湯姆。他們出生於威斯康辛州，自小便懂得敬重他人，品格在網壇堪稱典範。一九九四年，提姆跟著山普拉斯去歐洲比賽，卻一度在飯店房間昏倒，事發之後我還跟提姆聊過天。他被這次意外弄得一臉割傷和瘀青，但也因為過於輕忽而不知病情嚴重，初期甚至一度誤診。

一九九五年澳洲網球公開賽期間，提姆再度昏倒，不得不返美接受治療，山普拉斯跟庫瑞爾打八強賽時更淚灑球場。後來提姆再也無法跟著山普拉斯巡迴各地，不過只要一有機會，他就會從遠端給予指導。

費德勒跟山普拉斯一樣，都在年紀還很輕的時候一邊打球一邊學著走出傷痛，也都因為思念導師而獲得力量。此外，費德勒與山普拉斯不僅備受員工與親友敬重，也都曾聘伊格拉斯和安納孔執教。

在朝夕相處之下，山普拉斯很驚訝地發現費德勒心胸開闊、樂於嘗試新事物，然而山普拉斯自己的熱情早在一站又一站的賽事中消磨殆盡，年僅三十一歲就退休了。

「羅傑酷愛旅遊，」山普拉斯說，「他喜歡走訪新城市、認識新朋友，比我自在多了，他跟我完全是不同的人。我到世界各地除了打球還是打球，緊張到不行，滿腦子想的都是世界第一和拿下大滿貫冠軍，這股壓力肯定對我造成某種程度的打擊。」

山普拉斯記得以前在大滿貫快結束時他都非常開心，不只因為冠軍獎盃近在咫尺，更因為此時的球員休息室幾乎空空如也。

休息室裡靜悄悄的，他獲得內心的平靜，也得到了獎賞。

「溫布頓最後幾天是我最快樂的日子，因為此時身邊除了自己沒有別人，」山普拉斯說，「我的獎賞就是終於不用在三十個人面前偽裝自己。」

社交壓力將山普拉斯整個人榨得一乾二淨，然而費德勒完全沒有人際互動的問題。費德勒的嗓音迷人、擅長與人談笑風生，他只要上場前再切換成比賽模式即可。

「羅傑懂得如何卸下心防讓旁人親近他，」山普拉斯說，「我只要一進休息室就往置物櫃走去，盡量和大家保持距離。他則是風度翩翩地跟每個人問好。他就是這麼友善。」

山普拉斯不太知道怎麼和對手打交道，面對好友庫瑞爾等人更是手足無措。費德勒則和同儕打成一片，他不僅在ATP球員理事會多次擔任球員代表，後來更創辦拉沃盃。費德勒在這場團體對抗賽花了更多時間和對手相處，甚至有時輸給其中一些人。

「我從小看馬克安諾、藍道和康諾斯長大，他們都不太喜歡對方，」山普拉斯說，「到了我們這一代，我和阿格西、庫瑞爾、張德培、貝克彼此倒沒有敵意，只是會保持距離。我實在不知如何一邊打球一邊交朋友。不過庫瑞爾和我交情倒是不錯，我很反常地會和他一起吃飯、搭擋雙打，也會一起去外地比賽。但我在比賽對到他時總會渾身不對勁。這樣講可能有點誇張，但我彷彿在跟自己的親兄弟比賽一樣。我開始變得綁手綁腳，甚至贏球時還會有點內疚。我很討厭這種感覺，討厭到我在比賽前一晚或是比賽當下還會為此所苦，腦中不斷浮現這句話：『他人又不壞。』」

山普拉斯曾在比賽期間因為壓力太大而胃潰瘍。對他來說，球場不像是他的第二個家，出外比賽反而像是駕船航行在一個充滿暗礁岩石的港灣，必須小心翼翼地前進。

「回想起來，我之所以對很多球員疏離又冷漠，就是這個原因，」山普拉斯憶道，「我不想再體會那種內疚感，不想在場下和他們變得太好。我希望一切都簡簡單單，才不致影響心情。我知道羅傑和拉法交情非常好，私下也很常聊天。只不過每當我比賽打得正順，心情總會因為網子對面的人而受影響。亦敵亦友這做法對我來說行不通。」

雖然費德勒很懂得區隔工作和私人生活，但如果說二〇〇九年以前費德勒對納達爾絲毫沒有敵意，那肯定是騙人的。納達爾那年並未在溫布頓出賽，他因為膝蓋肌腱炎的傷勢退出，稍早前也因傷提前在法網出局，無緣衛冕。

納達爾這次因傷缺陣，讓費德勒獲得喘息空間。然而，許多人原本盼望兩人能重演前一年溫網決賽戲碼，最後卻期待落空。那場經典決賽當時可是在全世界都掀起網球熱潮。

二〇〇九年，費德勒贏得法國網球公開賽後，便回到瑞士慶祝並休息了一陣子，隨後連一場草地熱身賽都沒打，就出發前往全英俱樂部。費德勒上一次打草地賽已是一年前的溫網決賽，他敗給納達爾後士氣大傷。

不過費德勒顯然沒有因為這場敗仗而一蹶不振。即使他在二〇〇九年澳網決賽輸球，不但淚灑頒獎台，還丟了世界球王的寶座，這一切都沒有擊潰他。

費德勒維持一貫優雅，但也展現了十足的韌性，即便自尊心重挫，還是能捲土重來。我們只要看他二〇〇八年溫網吞敗後的下一場大滿貫表現就知道了。費德勒從球迷的鼓勵和安慰獲得力量，隨後在美國網球公開賽連五年拿下冠軍。

溫網結束時，球迷都告訴他：「羅傑，我們很遺憾你溫網輸球了。但這場比賽真的打得很好！」費德勒慢慢發現，其實二〇〇八年溫網決賽稍稍卸下了他對納達爾的防備，起碼維持了一陣子。那場對決實在太扣人心弦，比賽本身的影響甚至大於勝負結果。我們看到兩種截然不同球風的較勁、見證了運動家風範，也得到一個戲劇性的結尾。

「這場比賽什麼元素都有，」費德勒在紀錄片《天才之擊》受訪時說道，「一直到後來，我才發現這場比賽對我的打擊有多大。雖說比賽結束後，我一回到休息室就哭了出來，離開時也還在哭。我也記得很清楚，我在走出千禧大廈時心想：『天啊，今天真是我人生中最糟的一天。你們大可嚷嚷這場比賽打得多好，講幾次都一樣，反正我是輸球了。我寧可直落三輸掉，這樣還簡單得多，我的心情也不會這麼大起大落。』」

不過，在二〇〇八年美網前，他對這場比賽的看法已經超越了勝負，輸球的沮喪被一股超然的成就感所取代。要是能在史上最經典的比賽之中帶走勝利當然好，但至少網球已經是最終贏家。

費德勒在二〇〇九年奪得法網金盃，進一步證明他已東山再起。安納孔把這件事拿來和山普拉斯做比較：二〇〇二年，山普拉斯在溫網意外敗給巴斯特，但僅僅兩個多月後他就在美網奪冠。

「我還記得山普拉斯當時的情況，」安納孔跟我說，「有好幾個月我們都在討論：『怎麼了？慢慢來就好。你才剛結婚沒多久，忙這又忙那的。』我很清楚皮特還不想退。偉大的球員往往都會正面迎接挑戰，這也是羅傑達到的成就。」

費德勒的運氣也還不錯，因為納達爾已經先爆冷輸給索德林，但他也得通過哈斯和德爾波特羅的兩場五盤大戰，並且想辦法平息內心質疑的聲音。

回到溫布頓，對他來說就像回到家一樣。法網打完後他渾身散發只有冠軍才有的光彩，而他球員生涯中的大哉問終於獲得肯定的答案。

由於納達爾缺席溫網，費德勒的第一輪賽事被排在中央球場，通常只有衛冕男單冠軍才能享有這種待遇。球場的草正青翠，費德勒很快就以直落三淘汰來自台灣的盧彥勳。

這場勝利為費德勒本次的征途定調，他以極具說服力的表現一路殺進決賽。

準決賽的對手哈斯上回已在法網遇過，當時哈斯在第三盤中後段握有一個破發點，卻被費德勒閃身正拍大外角給化解，比賽局勢也就此改變。

「比賽結束，勝負已成定局，」哈斯說，「身為他的好友，我知道贏得法網對他來說有多重要。我很開心他那球拿下了分數。」

但在溫布頓的哈斯就開心不起來了，因為他全場竟然逼不出一個破發點。不過也實在是費德勒這次溫網的發球狀態太好，冠軍簡直是他的囊中物。他在季初因椎間盤產生的背傷也已煙消雲散，至少暫時如此。

「我的背很痛，這很明顯吧，」費德勒告訴我，「這是老毛病了。我跳起來時重心在右腳，著地時重心在左腳，顯然背部承受了不小的壓力，更別說我十多年來不斷重複這個動作，狀態自然不太樂觀。」

法網前不久，費德勒在羅馬迎來了一個關鍵時刻。他向教練魯奇和團隊表明：在紅土練球時務必把他操到極限。

「要非常極限，」費德勒說，「我跟他們說：『你們要在球場打得我滿場跑，甚至把球送到雙打線外都可以。我必須要去追打每一顆球，我可以滑步、可以把背部拉到最開、可以蹲低，反正不管怎樣都要把球打到對面、送回去就對了。我必須要有能力打到這些球，否則我永遠沒辦法知道我的背撐不撐得下去。』那時還是會覺得害怕。」

費德勒發球時也有這樣的顧慮。

「這就是為什麼我今年澳網和納達爾打到第五盤時，會這麼不滿意自己的發球，因為我怕我的背撐不下去，」他解釋道，「這是我下意識的反應。雖然我不自覺地感到恐懼，但只要下工夫好好訓練、連續發球，確認背部承受得了就好。後來，一切都到位了。」

不過，這次溫網還有最後一場比賽要打，對手也不陌生，而且從他的發球就可以感受到強烈的信心指數和爆發力。

羅迪克聽從新教練史提方基（Larry Stefanki）的建議，減重了六公斤，他宛如重生，移動也變得更加敏捷。史提方基是位充滿自信的美國人，他講的話經常變成金句，更厲害的是，許多頂尖球員給他一調教，往往突飛猛進。

「史提方基第一天跟我碰面時就說，以一個網球員而言我太胖了，」羅迪克告訴我，「但我哪有時間難過，畢竟我們都在想辦法讓我變得更強。」

此時費德勒和羅迪克都才剛結婚，而且都是在四月。費德勒的太太是米爾卡，而羅迪克的新婚妻子布魯克林．黛珂（Brooklyn Decker）則是一位模特兒兼女演員。

兩人皆已將體態和狀態調整到最好，準備力拚溫網冠軍。羅迪克即使籤表很硬，仍一路過關斬將，先在八強賽逼退休威特，接著又在準決賽淘汰了莫瑞。

這是羅迪克第三度闖進溫網決賽，以他前一年止步第二輪的成績而言，這次回歸令人印象深刻。此外，羅迪克很有比喻的天分，他用一個很酷的例子來比喻去年溫網出局的感受。

「這就像你曾在觀眾席最前排看滾石樂團（The Rolling Stones）的表演，結果現在突然只站在第七、第八排，而且前面還有位高個兒揮舞雙手、大聲歡呼，基本上你什麼表演都看不到，」羅迪克說，「這就讓這場表演沒這麼好看了。」

那他今年是站在第幾排呢？

「往前移動了，」羅迪克說，「我現在已經可以看到主唱傑格（Mick Jagger）穿什麼衣服囉。」

在場的媒體爆出一陣大笑。不過這場決賽對羅迪克而言意義重大，原因很個人。羅迪克比費德勒更早出頭，費德勒還沒登頂時他就先當上球王了，只不過後來他很快就被比下去，即使拚了命也追不上。

「我從來沒有覺得嫉妒，」羅迪克賽前說道，「我是失望過、沮喪過，但我過得最糟糕的一天，其實是很多人作夢也不曾有過的經歷。我一直抱持這樣的想法，這對我來說還蠻有用的。」

史提方基加入團隊後，羅迪克在二十六歲時重拾自信，也懂得以更聰明的方式善用他的絕佳利器。

「我覺得他贏球機率很大，」史提方基告訴我，「他只要能放輕鬆、保持心情平靜、對自己的打法充滿自信，就很有機會拿下這場比賽。他不一定每次都要靠蠻力打球。」

不過這場決賽之前的對戰紀錄說明了一切。費德勒生涯面對羅迪克取得十八勝二敗不是沒有原因的，而其中七次在大滿貫賽事碰頭，費德勒也是以全勝佔據上風。

費德勒這次在溫網強勢回歸，羅迪克知道自己必須全力阻止他奪冠。

「這可能是他生涯最重要的一場比賽，」美國台維斯盃隊長派翠克．馬克安諾說。

雖然羅迪克大多時候都很幽默，但他也有無禮又憤世嫉俗的一面。他反應機靈不容易被唬弄，但有時純粹是他想太多。在場上，如果說費德勒動作優雅宛如一首詩，羅迪克打球則像一篇鏗鏘有力的散文，他的移動迅速、攻勢又急又快，還很會流汗，他的汗水會從帽子、球衣和球褲一路滴到地上。

「我真不知他怎麼流汗流成這樣，」費德勒說。他幾乎很少汗流浹背。

但我必須說，我其實越來越佩服羅迪克。不只因為他可以輕鬆地將思緒轉化為充滿機智的言語（多有當作家的本錢啊），更因為即便有越來越多人感嘆他根本生錯年代，他仍持續不斷地努力著。

羅迪克堅持信念，在決賽中卯足全力，以七比五帶走第一盤。他的雙手反拍變得更強、發動攻勢的時機掌握得宜，讓費德勒驚訝不已。

第二盤羅迪克在搶七決勝局發球強勢、砲火猛烈，比分來到六比二，準備拿下第二盤。他只要再得一分，就可以搶下這場比賽的領先優勢。

「盤數二比零再加上他的發球，這實在不太妙，」費德勒跟我說。然而費德勒後來挽救了四個盤末點，其中就屬比數六比五、羅迪克發球的那一個最令人印象深刻。一發過長，二發有進，費德勒反手帶切將球打向對面半場，球又低又沉，他這種回球多年來一直讓羅迪克和其他球員很頭痛。不過羅迪克這次的戰術更加明確，腳程也更快，所以他快步移動，然後一記正拍打向費德勒正拍角落，接著衝向網前。

費德勒站在底線深處，回擊一顆正拍高吊穿越球，但因為這顆球飛得很高，羅迪克原本都打算放掉了，卻還是在最後一刻決定出拍。不過他這記反拍截擊失準，球遠遠落在場外，比數被追成六比六。接下來的兩球打完，雙方戰成盤數一比一。

「我太猶豫要不要出拍了，」二〇二〇年我和羅迪克聊到這顆離譜的截擊失誤時，他這麼說。「那時突然有一陣強風，看起來像要把球吹進場內。大家都說如果你沒把握就要出拍，很不幸地我還是出拍了。不過我其實對這顆失誤沒什麼印象。」

多年後羅迪克在健身房踩腳踏車，螢幕碰巧重播這盤的搶七，他也才跟著重看。另一個也相當關鍵的盤末點，則是六比二的下一顆球。

羅迪克在跑動時揮出正拍，球飛向底線，正好落在費德勒腳邊。費德勒隨性地用反拍半截擊將球打向對面半場，這是一記致勝球。只有面對壓力仍處之泰然的人，才能有這種即興發揮。

「我覺得很不可思議，大家竟然不是討論這顆半截擊，而是把焦點關注在我那顆截擊失誤。那球不好打耶，因為它又高又遠，何況費德勒人還在遙遠的後場。」羅迪克說。「因為只有那顆失誤球被拿出來討論，我根本忘記他有打出這顆半截擊了，是看到重播才回想起來。這分被他拿下令我非常訝異。」

第三盤搶七，費德勒一度五比一領先，雖然被追到六比五，但還是成功贏下第三盤。他在盤末點時以一個強勁一發開啟這一分，接著趁對方回球過短用一記正拍拿下分數，盤數來到了二比一。

羅迪克贏了第四盤，表示溫網男單決賽連續兩年都打到第五盤，都要靠長盤制分勝負。這次比賽沒有因為下雨中斷，距離入夜還很久，而費德勒和羅迪克也確實把每分每秒都用得淋漓盡致。雙方你來我往，每個發球局都把握得紮紮實實，無人預期也無人能解。

從洛杉磯搭乘紅眼班機的山普拉斯已經一夜沒闔眼，他在比賽進行到第三局時才抵達皇家包廂，費德勒也已在場上向他致意。

「我已經記不太清楚了，」山普拉斯憶道，「我記得光是回到溫布頓就讓我感觸很深，此外我腦中還有很多事情在打轉，像是他才剛回歸就奪冠創下紀錄等等。才過不到五個小時，我彷彿歷經一場風暴，感覺很奇妙、很不真實。」

不過其他觀眾不需要調時差也會這麼覺得，第五盤在愛司球滿天飛和各種保發之中度過。費德勒一度看向他懷有八個月身孕的妻子米爾卡，腦中閃現一絲憂慮。

「我當時有點擔心，」他說，「暗自想著：『哇，我們通常都不會有太多來回的，但這場比賽卻打了很久又很難熬。』」

但他似乎無法讓這場比賽很快分出勝負。局數八比八，費德勒在自己的發球局十五比四十落後，但他下一顆發球落點極佳，化解第一個破發點，隨後又靠著一顆凌空抽擊，逃過了第二個。

羅迪克並不知道這是他本場比賽最後的破發機會，不過他應該也不想知道這件事。當時他的一發發不進，處境岌岌可危，只能想盡辦法延長戰線。

一年後，美國另一位發球巨砲伊斯內在首輪遇上法國球員馬胡特（Nicolas Mahut）戰成五盤，最終伊斯內以七十比六十八帶走比賽勝利，整場比賽耗時三天才打完，震驚全網壇。

二〇〇九年，羅迪克和費德勒也創下另一項紀錄，他們的第五盤是有史以來大滿貫單打決賽打最久的一盤。隨著比賽進入白熱化，費德勒告訴自己：經歷過二〇〇八年那場決賽之後，運氣注定會站在他這邊。

接著，羅迪克在局數四十比十五時發球，局勢突然有了變化。在這之前他已經連續保了三十七個發球局，但此時卻開始顯露疲態，除了腳步和擊球時間點越來越跟不上，抽球也漸漸失了準頭。費德勒兩次逼出局末平分，隨後他終於在破發點暨冠軍點出現時拿下比賽。

羅迪克發的第一球掛網，接著發出第二球，不過他在兩人來回第五拍時正拍發生失誤，替這場史詩級的決賽畫下句點，整場比賽耗時四小時三十八分鐘。

費德勒並不是倒在地上享受勝利，而是跳起來慶祝然後小跑步到網前。費德勒用他的方式展現對羅迪克的尊重，因為他不想讓這位熟識的好友在收下這麼慘痛的敗仗之後，還得等他起身握手。

「比賽有時候很殘忍，網球也是，這點我們都很清楚，」費德勒說，「我也在大滿貫決賽打過幾次五盤然後輸球，那感覺真的難受極了。」

費德勒聽起來像是在聊古早以前的網球比賽，但他明明才在過去十二個月之內和納達爾打了兩場五盤大戰，而且兩次都吞敗。儘管如此，因為費德勒這次回歸實在太快又太成功，在納達爾養傷的這段時間內連拿兩冠，簡直讓人以為回到了納達爾還沒進入網壇的時期。

費德勒拿下第十五冠，超越山普拉斯十四冠的紀錄。山普拉斯打破愛默生十二冠的紀錄後，大街小巷都認識大滿貫紀錄了。

「抱歉了，皮特，我有試著要阻止他。」羅迪克在頒獎典禮上說道。

這場比賽幾乎變成羅迪克的代表作。他的整場比賽包括發球在內，都打得又精準又篤定，但他的表現卻還是不夠出色。

「我替安迪感到可惜，真的，」山普拉斯說，「他的機會就在眼前，只差臨門一腳。不過羅傑是最後的勝者，他打得更好一點。」

山普拉斯畢竟才剛看完一下午的球，這句話講得較為零落，但稱讚的意圖很明顯。這場比賽戰況難分難解，勝負只在毫釐之間，此外費德勒奪冠的效率更令人印象深刻。

山普拉斯花了十二年、在大滿貫出賽五十二次，才拿下十四座冠軍；費德勒只花六年、出賽四十一次便贏得了十五冠。

費德勒整場比賽發出五十記愛司球，創下生涯新高，表現出奇穩定，羅迪克則只發出了二十七個。

這次沒有人在溫布頓中央球場落下淚來。

「不，這次不哭了，」費德勒跟我說，「我後來看到米爾卡和我的團隊的時候，情緒是有點激動，但我在場上沒有想哭，反而有種『我辦到了！』熱血瘋狂的感覺。我看到比賽畫面重播時心想：『我的天，我居然像個小男孩一樣亂跳，彷彿不相信自己真的贏了一樣。』」

時隔多年。當我們聊到這場比賽時，費德勒聽起來依然像是鬆了一口氣。「有時候你實在不想看某些比賽結束，這場就是其中之一，」他說。「感覺像是在丟銅板比輸贏一樣。」

然而，羅迪克在溫網竟然連丟銅板也丟不贏費德勒，他的難受眾人感同身受，即便是當天全程替費德勒加油的球迷也有目共睹。

費德勒在中央球場高舉獎盃繞場，羅迪克則神情落寞地坐在自己的椅子上，此時他聽到幾聲叫喊突然變成一陣如雷的歡呼：「羅迪克！羅迪克！羅迪克！」

「這感覺太不可思議了，」羅迪克告訴我，「大概是我生涯經歷過最酷的一刻。」

旁人對他的鼓勵還未就此停歇。決賽打完幾天後，他和老婆一起走在紐約市區，無論是在咖啡店裡的咖啡師或是正在忙著修路的工人，都向他表示惋惜。

「我每走不到一個街口，就會有人上前和我聊這場決賽，」羅迪克說，「我還是第一次遇到這種事，而且他們還不是網球迷喔，這些人只是碰巧看到那場比賽，真的很酷。好多偶像和我崇拜的人也傳訊息表示關心。過去的職業生涯中，我從來沒有獲得這麼大的迴響。」

對羅迪克來說，二〇〇九年溫網前後的轉變非常明顯。一場決賽的擲銅板對決，讓他成了全世界最悲情的人物。

「回頭想，如果不是因為輸了那場球，我就不會知道這麼多人對我的看法，更不會因此改變我看待網球的方式，」羅迪克說，「我覺得那是我身為一個網球員最巔峰的一天了。而假如我贏了那場球，事情的走向可能截然不同。」

羅迪克也聊起他的「星巴克時刻」。

「儘管這場比賽已經事隔十一年，我每次去星巴克都還是會有陌生人找我聊天，大家討論的都是那一場球，」他說，「即使我拿過美網和其他比賽的冠軍，最受矚目的永遠都是這場比賽。在費德勒和山普拉斯歷史地位的爭奪之中，我扮演著一顆棋子……這在在說明了，我就是那天擋在他們倆中間的那個人。至於山普拉斯，他搭機哪都不去就去溫布頓，很明顯他是要來見證王的加冕，我只是那個追殺斑比的壞獵人而已。」

羅迪克的語氣只是有點遺憾，今天的他並不難過，但他確實有非常氣惱的時刻。溫網結束兩個月後，費德勒在美網決賽和德爾波特羅打到第五盤，卻在盤尾發生兩次雙發失誤將發球局送給對方，也奉上這場比賽的勝利。

「我記得看球時我真的有罵這句：『媽的！羅傑！』」羅迪克大笑著說，「德爾波特羅這人超棒，我很替他開心，但同時我又很氣羅傑，因為他根本是失常。講『失常』有點言重，雖然這詞被講到爛了，但用的時候還是要小心。他那天等於是把第五盤送給對方，所以他真的讓我很氣，之前從沒這麼氣過。」

後來，羅迪克只再打了三年。直到他二〇一二年退休前，他再也沒闖進大滿貫八強。他在山普拉斯、阿格西、庫瑞爾和張德培的美國網壇黃金世代之後，扛下接班的重責大任，最後也算是鞠躬盡瘁。

這四位前輩一共拿下二十七座大滿貫單打頭銜，雖然羅迪克只拿過一座，但他仍是二〇〇三年以來首位奪冠的美國選手。隨著時間一年一年過去，羅迪克的生涯成就越顯突出，不過這也反映出美國男子網壇深陷低谷。

「我一直對安迪很有信心，」費德勒在羅迪克退休時跟我說，「我記得他還曾經謝謝我給他鼓勵，就像我也會在外界唱衰休威特時鼓勵他一樣。我們這一代球員對彼此都十分敬重，因為我們是一起熬過來的，我們知道自己的實力，也知道要維持在世界頂尖有多麼不容易。我們不斷鼓勵對方，這點很棒，因為身體力行並非看來這麼簡單。我們每一天都可能被淘汰。這跟足球不一樣。足球隊一比〇贏球，禮拜天還可以去放風，全隊晚上都可以安然入睡，因為沒有人會因為一場球被淘汰。我們就不一樣了，輸球就必須打包，沒有第二句話。網球員沒有偷閒的本錢，我們一年有十一個月都在做苦工。」

然而，並不是下苦工就會有甜美的果實。羅迪克退休時才三十歲，費德勒卻還在役，甚至過了二〇二〇年都還沒退。

費德勒已是全英俱樂部的終身會員，然而當羅迪克二〇一五年回到溫網替英國國家廣播公司播球時，還有別的煩惱在等著他。

在此之前，他已花費很大工夫試圖走出輸球陰霾，有時他甚至會半夜驚醒，彷彿「肚子被人揍了一拳」。不過，退休後首次回到全英俱樂部又是另一回事了。

「直到此時我才意識到輸球有多難受，」他說。「我不是覺得自己悲情，只是我好希望能以溫網冠軍的身分走進俱樂部的大門，就像美國的兄弟會成員可以自由進出兄弟會館一樣。」

向來注重傳統與禮節的溫布頓，也特別重視俱樂部和歷史的連結。無論羅迪克是不是俱樂部成員，三次拿下亞軍的他已在溫布頓歷史留下一頁，而他也跟藍道、羅斯威爾與拉夫特等名人堂成員一樣，沒辦法回到過去的溫網替自己改運。

而山普拉斯和費德勒等級更高，他們有自己專屬的一個類別：全英俱樂部公開化年代以來最偉大的兩位男子球員。即使兩人的打球風格截然不同，這層連結卻將他們維繫得更加緊密。

多年來，山普拉斯都對兩人球風的差異感到好奇，甚至有些困惑。安納孔成為費德勒教練之後，趁二〇一一年三月印地安泉大師賽開打前，在洛杉磯安排了一場晚宴。

費德勒本來就是NBA重度球迷，他和山普拉斯一起去看洛杉磯湖人隊的比賽，還見到科比·布萊恩（Kobe Bryant）本人。布萊恩生前不僅愛看網球，也是莎拉波娃和喬科維奇等人的私人顧問。但在二〇二〇年，布萊恩不幸因直昇機墜機事故喪生。

賽後，山普拉斯、費德勒與安納孔三人偕妻至比佛利山莊（Beverly Hills）一家餐廳的私人包廂聚餐，山普拉斯之前就老纏著安納孔問問題，他想知道網壇現在流行什麼打法，也想深入瞭解為什麼費德勒在二〇〇一年溫網第四輪對上他時，明明是靠著發球上網的經典戰術贏球，後來再拿冠軍卻已改採底線戰術。

「羅傑那時早已是大滿貫常勝軍，但他心裡還是個毛頭小子，依然景仰著皮特，仍以傳奇名將為偶像，他就是這樣的人，」安納孔說，「皮特面對人群會很害羞，但在這種私人場合他完全應付得來。所有人坐下來後，我真的一句話都沒講喔，皮特劈頭就問：『好的，小子，所以現在網球是怎樣？』羅傑問：『什麼意思？』皮特回：『都沒有人要去看溫布頓了。怎麼會發生這種事？為什麼啊？』

「羅傑想了一下，接著他替皮特解釋了一番網壇改朝換代的演變，講了整整兩個小時。我如果是記者，肯定會把對話內容偷偷錄下來。」

費德勒解釋，如果每個人在草地都採取發球上網，死守底線就是錯誤的選擇，因為這表示球員會過度依賴穿越球取分。然而球拍改良之後，選手的打法也變了，費德勒發現自己在底線稍微占上風，在硬地時也一樣，甚至在紅土時，只要對手不是納達爾，他同樣有優勢。

現在草地的作戰模式已經不是傳統的發球上網，而是發球後越早出拍越好，只在必要時才上網。一樣是攻擊為主的打法，只是形式有所不同。

但也有人對費德勒的結論不以為然。

「我認為羅傑之所以捨棄傳統的發球上網，是因為他以為大家都不想發球上網了，」持續與喬科維奇和安德森等人合作的網球分析專家歐沙涅希（Craig O'Shannessy）說。「但仔細研究發球上網的勝率，其實一直都蠻高的。在溫網，發球上網率百分之三十或百分之六，勝率都在百分之六十五到七十之間。當然，費德勒拿下八座溫網冠軍的表現無話可說，不過從數據來看，打溫網卻捨棄發球上網，實在不太明智。」

網球是一門需要不斷精進的學問，除了要對症下藥，還要找到解毒劑。這過程通常是無限循環的，如果新秀及早磨練，並在高壓環境下磨練發球上網的技巧，說不定哪天發球上網又會開始在溫網流行起來。

不過在這天來臨之前，費德勒的成就卓越已不言而喻，山普拉斯亦然。儘管兩人的網球哲學大相逕庭，他們在各自時期都是草地之王，也對彼此的球技和意志欽佩不已。

二〇〇九年溫網決賽落幕後，雖然飛回洛杉磯的航班非常漫長，山普拉斯仍慶幸這趟快閃之旅順利成行，就算紀錄被改寫了也沒關係。

「我從來沒有料到，」他說，「有人可以只花七年就打破我十四冠的紀錄。」

而接下來的幾年，還有更多驚喜正等著山普拉斯。

第 11 站

瑞士，弗希斯堡

FEUSISBERG, Switzerland

許多新手爸爸在小孩出生後，馬上就回到球場上，包括阿格西也是如此，但費德勒似乎特別執著於要立刻帶著全家人一起上路，而且堅持這樣打球下去。

「歡迎來到瑞士！」羅傑・費德勒自豪地說道，伸手往蘇黎世湖的方向指去。

費德勒又重回網球界的頂峰，我在二〇〇九年八月七日拜訪他時，他正如日中天。當時因為他比預期的還要早回歸比賽，因此我從法國趕來採訪他。在他的建議之下，我們在他住所附近的全景度假村及水療中心（Panorama Resort and Spa）遼闊的景觀平台碰面，吃一頓早午餐，這裡因能從制高點俯瞰蘇黎世湖而得名。

「我就住在下面那邊，」他說，指向那座湖和富裕的小鎮沃勒勞（Wollerau）。「舒適又安靜，只要開五分鐘的車就能看到牛了，我很喜歡。」

那是個美好的早晨，接近中午——陽光灑落，閃閃發亮，微風輕拂——至今除了在大滿貫贏得賽末點外，我還沒看過費德勒心情這麼好。

這次的採訪跟以往有所不同，不完全是在談論網球表現，而是談論成為父親這件事。兩週前，七月二十三日，米爾卡在蘇黎世產下一對同卵雙胞胎：夏琳（Charlene）和邁拉（Myla）。

「不用照鏡子就能看到自己的模樣，是非常美妙的事，」費德勒這樣描述自己的女兒，「她們肯定會把我們搞得團團轉。」

充滿瑞士人準時的特色，費德勒夫婦在兩場大賽的夾縫中升格為父母，前面是溫布頓，費德勒奪下他破紀錄的第十五座單打大滿貫，後頭緊接著美國網球公開賽，即將尋求連續第六座單打頭銜。

「我們並沒有特別選擇要在哪個空檔生孩子，所以剛好生在這個時候算我們幸運，」費德勒說，「我很怕，你懂的。滿二十五週後，寶寶隨時都可能出生，所以法網開打的時候，我就在想我們得熬過兩場大滿貫。」

打溫布頓時，他們更進一步討論要是米爾卡開始陣痛了該怎麼辦。

「米爾卡表示：『你就去比完你的比賽再回來，你不能棄比賽於不顧，那是行不通的。』」費德勒說。儘管時間緊迫，最後他們兩人都沒錯過關鍵時刻。費德勒在七月五日贏得溫布頓，再過了一週多，米爾卡在醫師的指示下，入住蘇黎世頂尖的醫院 Privatklinik Bethanien，時間遠早於預產期。費德勒陪著她，在剖腹產生下雙胞胎前，他們整整在同一個房間裡睡了九天，生下後又睡了十天。

「感覺就像連續打了三場大滿貫，巴黎、溫布頓，接著是醫院。」費德勒這麼說。

他們發現米爾卡懷孕時是一月初，當時費德勒正在卡達的杜哈參加巡迴賽。

「我當時很震驚，超開心的那種震驚，」他表示，「我開心到昏了頭，還跟米爾卡開玩笑：『小心喔！別拿那個！妳該躺著的！』然後她回答：『夠了，別說得好像我已經要生了一樣。』」

兩週後，他們在墨爾本的澳洲網球公開賽第一次產檢，得知懷的是一對雙胞胎，羅傑再次感到頭昏腦脹。

「我那時候覺得：『我的天！這簡直是最美好的事情！』」他表示。

隔天，他在八強賽中以六比三、六比零、六比零擊敗了年輕強勁的胡安・馬丁・德爾波特羅。

「雙胞胎讓我如虎添翼，是吧？」費德勒說，「感覺像是給了我肯定，米爾卡去產檢或什麼的不會影響到我的表現。這是個好的開始，我很有信心。」

決賽敗給納達爾後，費德勒夫婦等到三月才公開米爾卡懷孕的消息，且醫師告訴他們最好不要馬上提到雙胞胎的事。羅傑後來才曉得他的外婆原本也是雙胞胎，但另一胎在生產時就過世了，因此一定要小心為妙。

「我完全不知道會發生什麼事，」費德勒說，「但一眨眼今年就過了七個月，而且也不會有人特別問我到底是不是雙胞胎，所以我說：『好，我就裝傻裝到底。』」

但這表示在記者會裡，他得要說成是「那個寶寶」（非複數），有時候因為他太習慣了，就連在我採訪他時也會說成「那個寶寶」。

「我真的得克制自己，」他說，「有幾次我說了『我們很期待有『寶寶們』的生活』，然後驚覺：『這樣是露餡了嗎？』」

費德勒知道我是三個女兒的父親，也問起我家裡的事。

「我被女人團團包圍，現在你也是了。」我說。

「感覺如何？這是好事嗎？」他提問。

「嗯……我覺得這會引發人感性的一面，不過我覺得你應該不需要更感性了。」我回答。

費德勒大笑回答：「沒錯！」

眾所皆知，費德勒對打比賽和參與巡迴賽的愛超乎常人，但這是我頭一次意識到，就算從網球冠軍的角度，他這種愛也是超乎常人。

許多新手爸爸在小孩出生後，馬上就回到球場上，包括阿格西也是如此，但費德勒似乎特別執著於要立刻帶著全家人一起上路，而且堅持這樣打球下去。米爾卡和雙胞胎週二才在蘇黎世出院，而不過週五，邁拉和夏琳已經拿到她們的瑞士護照，再過幾個小時後，她們就會第一次搭飛機。

「當然，只有在確定絕對安全和沒問題的情況下，我才會這麼做，」費德勒表示，「米爾卡昨天做了點檢查，寶寶已經在醫院住了十天，一切都在軌道上。所以我們決定就這麼辦，大型家庭旅遊，順其自然。我們準備再次出發，我很興奮，想看看我們會如何面對這一切。」

身為一名娶了巴黎人的美國人，又在全球各地報導運動賽事，我有不少帶著嬰幼兒長途旅行的經驗。雖然我很珍惜女兒的陪伴，但想到要打包行李、半夜會被吵醒，還有要在紅眼班機的經濟艙鄰居看到嬰兒時應付他們的恐懼，這種時候「興奮」可不是最先浮現腦中的形容詞。不過費德勒一家人不需要搭經濟艙就是了，雖然他們夫婦也曾多次搭乘商用航班橫跨大西洋，不過第一次家庭出遊他們選擇了私人專機，準備飛往蒙特婁；他們也帶了一名護理師上路。

「帶著護理師對我們幫助很大，不過米爾卡什麼都想親力親為，」費德勒說，「米爾卡不介意半夜爬起來，不介意在任何時候餵寶寶、換尿布。對她來說，如果她不能親自做這些事，就好像錯過了什麼一樣。」

他們原先的計畫是在蒙特婁賽後那週，前往辛辛那提回歸巡迴賽，但米爾卡明確表示：如果沒有任何健康狀況，她願意提早出發。他們在週四決定去蒙特婁，然後隔天就上路出發了，也就是為什麼我得在他們起飛前火速趕到瑞士來。

「每天米爾卡都在問：『我們要出發了嗎？要出發了嗎？』」費德勒說，「她已經準備好了。」

如果還有人不明白費德勒在走入家庭之後，怎麼還能有超過十年的輝煌成就，答案就在上面那段對話裡。

「她堅若磐石，」費德勒表示，他常常用這個詞形容他的妻子。「非常堅強，可能也是打網球培養出來的。她的意志很堅強，打從雙胞胎出生後，她都是以這樣的態度在面對每一件事。我眼裡的米爾卡就是這樣，她是如此了不起，但她更向我證明她是一位偉大的母親，她現在已經做到了，這令我很感動。」

費德勒講英語的時候，詞彙和時態往往不如他的網球球技流暢，但就算逐字聽寫出他的話語，也很難重現出他的溫暖和正能量。他有開放的肢體語言，不會雙手抱胸。他的眼窩雖深，眼中卻充滿喜悅。他的語調輕快詼諧，要是稍有結巴——難以想像贏得這麼多比賽和過著奢華的生活，竟然還有這種事——那也是為了取悅聽眾：為了給出要捕捉這一刻所需的全部資訊，任你發揮。

接下來這幾年，費德勒在球場上還會遇到許多難題，像是納達爾持續精進的球技，以及與喬科維奇之間的輸贏拉鋸，但米爾卡絕不會是他傑出表現的阻礙。她全心全意支持費德勒的網球事業，享受四海為家的生活，展現出主管級的商業敏銳度。

「我認為羅傑一半的成就要歸功於米爾卡，因為她負責了非常多事情，」馬克．羅塞特表示，他在兩人交往前就認識他們了。「如果你是一名頂尖運動員，娶了一位演員，而她說很好啊，你可以練球或參加巡迴賽，但或許我們也可以做點這個或那個，那事業就可能提早中斷。」

米爾卡絕非花瓶，她很瞭解丈夫需要什麼才能持續贏得獎盃。身為移民珠寶商的女兒，她當然也享受網球菁英帶來的物質生活：高檔豪宅、商品、五星級旅行、輕易就能接觸顯赫人物，包括時尚雜誌《*Vogue*》的編輯安娜．溫特，她也是狂熱的網球粉絲，後來也成為一位非正式顧問。

「我覺得安娜對米爾卡和羅傑的影響很深，」麥克斯．埃森巴德（Max Eisenbud）說道，他是IMG網球學院的副總裁，亦曾擔任瑪麗亞．莎拉波娃多年的經紀人。

「我犯過一次錯，請米爾卡幫我安排我的蜜月旅行，」已退役ATP巡迴賽選手兼球員理事會代表賈斯汀．吉梅爾斯托布（Justin Gimelstob）表示，「她規劃了最完美的蜜月地點：每一位接待、每一間飯店、每一個景點，就連順序安排等所有細節都很棒。只是我收到帳單的時候才想到，我去的是拿下二十座大滿貫冠軍等級的蜜月旅行，而我最高的世界排名只有六十三。」

但米爾卡跟其他網球界傳奇人物的支持型伴侶不同，她對這項職業比賽瞭若指掌，她自己曾是排名前百的球員，也是奧運賽事及聯邦盃（Fed Cup）隊員。要不是慢性腳傷使她退役，她肯定也能有一番了不起的成就。

雖然現在大概難以想像，不過當初在二〇〇〇年的奧運後，朋友都勸十九歲的費德勒別跟二十二歲的米爾卡交往。他們看出在那個階段，米爾卡比費德勒更加成熟穩重，感情可能很快就會變得認真。

「我們大家都說：『不不，羅傑，你還那麼年輕，可以再單身久一點，』但他不聽我們的建議，」葛羅納瓦德告訴我，「顯然他做了正確的決定。」

早在費德勒搖身一變成網壇新星、拿下第一座溫布頓前，米爾卡就已經是他認真交往的女友，對於這點費德勒充滿感謝，也很信任她。

「我們交往的時候我什麼冠軍也沒有，我們就這樣一路一起走過來，現在我們擁有一個家庭，」費德勒這麼對我說，「我覺得很不可思議。」

他也很欣賞她真的懂球賽且會打球這件事。

「我不是為了這個才跟網球選手交往，」費德勒告訴我，「不過以我的狀況來說，我覺得這點絕對有幫助，因為她明白打球要付出的代價，而她的程度已經很好卻又跟我有所差距。她自己已經花了無數時間在這上面，所以如果我跟她說：『嘿，我得去練球，』她肯定會馬上說：『我懂，我知道你需要練球，你大概只需要我練習量的百分之二十就夠了。』」

伊夫・阿列格羅是費德勒的朋友兼前雙打搭擋，也一直跟羅傑和米爾卡保持密切聯絡。在他們開始交往之後，他發現羅傑馬上有所轉變。

「在那個年紀，女生本來就比男生早熟，而她又長了他三歲，」阿列格羅對我說，「羅傑的穿著變得不太一樣，變得更成熟了。至於米爾卡，畢竟那時候她還是選手，她也懂網球，對於羅傑的穩定性來說是完美的組合。她絕對是羅傑生涯中的關鍵人物，在彼得・卡特過世時也是他堅強的後盾。」

費德勒剛與米爾卡交往時，他的經紀人是比爾．萊恩。「他們一交往，很明顯就是由她主導這段關係，」萊恩說，「你可以看出他對她有多著迷。」

米爾卡多年來持續擔任費德勒的網球智囊，就算後來羅氏、伊格拉斯和保羅．安納孔等經驗老道的教練加入團隊，她也不曾缺席。

「我印象中，她從不會講出像是『保羅，你何不讓羅傑試試這個或那個？』這種話，」安納孔說，「從來不會，但越是到大場面，她越會提出一兩個問題。」

安納孔回想起二〇一一年要跟喬科維奇打法網四強賽的前一晚，當時喬科維奇已經連贏了四十三場單打比賽，後來費德勒用絕佳的表現終止他的連勝紀錄。「我記得前一晚我們全聚在一起，米爾卡說：『好，所以大家是怎麼想的？』」安納孔表示。

「接下來我們的對話就只討論技術而已。」

二〇一〇年，安納孔因為試用期來到蘇黎世時，他和羅傑與米爾卡共進晚餐。那時候，他已經透過前任雇主韓曼和費德勒的經紀人東尼．葛席克，跟米爾卡交流了一番。

「米爾卡很直接，」安納孔說，「她問了一些問題，像是『羅傑在這些地方有策略性的問題，你有什麼看法？』那頓晚餐像是在交流資訊，我並不感到壓力，羅傑也是。我沒有覺得被壓迫，也不覺得超出我的負荷能力，而且越跟他們相處，我越尊敬且欣賞他們的關係和角色。因為羅傑顯然不求回報地愛她，而她很堅強又聰明，懂網球也懂生活。她也會不顧一切保護她愛的人，包括她的丈夫和家庭，當然還有在團隊裡工作的人。」

其他認識費德勒的人表示：相對於扮白臉的羅傑，米爾卡可以扮黑臉，她直截了當和勇於承擔的作風，讓羅傑能維持他想保有的形象。

「羅傑喜歡事情平平順順、沒有衝突，但她可以很強硬，可以很難搞。」一名退役球員為了不要破壞他與費德勒夫婦的關係，匿名表示，「她對羅傑、他的網球和他的作息影響很深。要是發生在我身上，我肯定會很痛苦，這對婚姻準沒好處。」

但羅傑和米爾卡很習慣同時談公事和談感情。

二〇〇二年一月，他們一起為瑞士出征霍普曼盃（Hopman Cup），兩人都綁著一條黑長馬尾，戴著白色的耐吉頭帶。澳籍退役好手弗雷德．史托勒（Fred Stolle）訪問兩人時，一直影射他們的關係（還唸不出米爾卡的全名），使他們羞紅了臉，不停呵呵笑。

現在回頭看那個時候，會覺得特別惆悵，因為當時米爾卡的球員生涯已經快到盡頭了。

「我記得在霍普曼盃，她在與維卡里奧對打前哭了，我問她：『妳怎麼哭了？』」費德勒對我說，「而她回答：『你不懂，我的腳好痛，我根本跑不動了，但我還得出場比賽。』我告訴她：『那就別打吧。』但她回：『我當然要打，只是真的好痛。』我從來沒有過這樣的經驗。我是說，我也差點變成這樣，但我還能繼續打，只是米爾卡的狀況嚴重許多，因為不久之後她確實引退了。」

她在澳洲網球公開賽資格賽的第一輪就出局，後來也輸掉了印地安泉大師賽和邁阿密大師賽，疼痛一直都在，她休息了幾個月之後才決定在腳跟動手術。二〇〇二年秋天，在手術恢復期間，羅傑問她能不能幫他訂個飯店。接下來，她便越來越常為羅傑和當時的教練彼得．隆格倫規劃行程。

最終，醫師告訴米爾卡動手術是個錯誤，但她已再也無法回復比賽所需要的移動能力。當時她才二十四歲。

「我非常努力想要回歸，我很想回歸，但我真的無能為力。」二〇〇五年春天米爾卡在巴黎表示，那時她已經退休，但腳仍然疼痛。

當時她與羅傑一起行動，替他張羅贊助和媒體採訪事宜。這個階段羅傑已經不再與ＩＭＧ合作，仰賴父母、米爾卡及一名瑞士法律顧問替他處理蓬勃發展的事業。

「我認為，某種程度上她的事業在我身上延續下來，尤其是頭幾年，」費德勒在二〇一六年告訴我，「我覺得我的事業正好在她退役後起飛，對她來說是件好事，因為她可以全心投入下一件事。她根本沒時間去想『天啊，我的腳好不舒服，我的腳跟快痛死了，而且我可能再也無法打球了。』至今她的腳仍然沒有完全復原，所以我想她沒花整整三年的時間復健，其實是做了正確的決定。」

而他在二〇〇三年一舉奪下溫布頓後，米爾卡馬上扛起安排蜂擁而至的訪問及出席請求的角色。

「突然間聲名大噪，大家都想從我們這裡挖點東西，」羅傑對我說，「我們嚇了一大跳，但還滿有趣的。」

他模仿米爾卡的聲音：「『噢，我的手機響不停！太瘋狂了，我不知道該怎麼辦。』」

他又變回自己的聲音說道：「我說：『就關機啊，我想跟你獨處。』」還耍賴般地把「你」字的尾音拖得特別長。

他又模仿米爾卡的聲音：「她就說：『我不能這麼做。』」費德勒用英文重述這段對話，雖然他和米爾卡都會說多種語言（米爾卡還會說英語和斯洛伐克語），不過兩人平常是以瑞士德語溝通。但不管語言為何，在早些年，工作與生活間的平衡絕對是個癥結點。

「一開始有時候我們意見不同，我會這樣想，而她卻那樣想，我們會說：『好，我們別吵架，』」費德勒在二〇〇五年時對我說，「就算我們真的吵起來，吵完就忘了，還是可以彼此擁抱。現在我們已經沒這個問題了，不過拿到第一座溫布頓冠軍時，有時候她精疲力盡，甚至跟我一樣有點不耐煩，但那天仍無法收工。有時候大清早她就查看電子郵件，或得再打一通電話，我就會說『哼

▲費德勒流暢如大鵬展翅的單手反拍：完成揮拍動作後，眼睛依然凝視著擊球點。攝於馬德里。（照片提供：Ella Ling）

◀一九九八年溫網，費德勒以十六歲之姿贏得青少年組單打冠軍。（照片提供：Mike Hewitt/Getty Images）

▲二〇〇三年七月，費德勒做為新科溫網冠軍，在全英俱樂部與米爾卡、麗奈特、教練隆格倫（左一）與物理治療師科瓦奇（右一）合影。（圖片來源：Thomas Coex/AFP via Getty Images）

▲二〇〇八年溫網決賽結束時天色已暗，費德勒與納達爾走到網前向對方致意。這場決賽是網球史上最經典的比賽之一。（照片提供：Ella Ling）

▶費德勒二〇〇九年在邁阿密與喬科維奇比賽時沮喪摔拍。對於當時已經懂得控制脾氣的費德勒來說，這次失控十分罕見。（照片提供：Ella Ling）

▼納達爾慶祝贏球的身影被刊登在《紐約時報》頭版，網球難得如此受到矚目，不過二〇〇八年溫網男單決賽的意義已超越網球本身（照片提供：作者）。

"All the News That's Fit to Print"

The New York Times

Late Edition
Today, limited sunshine, scattered showers, high 84. **Tonight,** humid, patchy fog, low 74. **Tomorrow,** hazy sunshine, very warm, high 90. Weather map appears on Page B6.

VOL. CLVII . . No. 54,364 © 2008 The New York Times NEW YORK, MONDAY, JULY 7, 2008 $1.25

Rafael Nadal celebrating after breaking Roger Federer's streak of five consecutive Wimbledon titles and 65 straight wins on grass in a 4-hour-48-minute match.

VASSIL DONEV/EUROPEAN PRESSPHOTO AGENCY

In Epic Battle, A Reign Ends At Wimbledon

By CHRISTOPHER CLAREY

WIMBLEDON, England — No man had beaten Roger Federer at Wimbledon since 2002. But in near darkness, one of the greatest tennis matches ever played concluded in the Wimbledon final

Decades Later, Toxic Sludge Torments Bhopal

By SOMINI SENGUPTA

BHOPAL, India — Hundreds of tons of waste still languish inside a tin-roofed warehouse in a corner of the old grounds of the Union Carbide pesticide factory here, nearly a quarter-century after a poison gas leak killed thousands and turned this ancient city into a notorious symbol of industrial disaster.

The toxic remains have yet to ... dues in the neighborhood wells far exceeding permissible levels.

Nor has anyone bothered to address the concerns of those who have drunk that water and tended kitchen gardens on this soil and who now present a wide range of ailments, including cleft palates and mental retardation, among their children as evidence of a second generation of Bhopal victims, though it is impossible to say with any certainty what is the ... the mess they left. But the question of who will pay for the cleanup of the 11-acre site has assumed new urgency in a country that today is increasingly keen to attract foreign investment.

It was here that on Dec. 3, 1984, a tank inside the factory released 40 tons of methyl isocyanate gas, killing those who inhaled it while they slept. At the time, it was called the world's worst industrial accident. At least 3,000 people

QUIETLY, BRAZIL ECLIPSES AN ALLY

A Softer Turn to the Left Than Venezuela's

By SIMON ROMERO and ALEXEI BARRIONUEVO

CARACAS, Venezuela — Presi-

DOCTORS PRESS SENATE TO UNDO MEDICARE CUTS

10.6% REDUCTION IN FEES

Medical Association Ads Take Aim at G.O.P. as Battle Grows

By ROBERT PEAR

WASHINGTON — Congress returns to work this week with Medicare high on the agenda and Senate Republicans under pressure after a barrage of radio and television advertisements blamed them for a 10.6 percent cut in payments to doctors who care for millions of older Americans.

The advertisements, by the American Medical Association, urge Senate Republicans to reverse themselves and help pass legislation to fend off the cut.

How to pay doctors through the federal health insurance program is an issue that lawmakers are forced to confront every year because of what is widely agreed to be an outdated reimbursement formula. But the dispute, which showcases the continued potency of health care issues, has reached a new level of urgency this year. Some doctors are reassessing their participation in the program

▲二〇〇九年，終於贏得法網冠軍的費德勒喜極而泣，並從他的前對手阿格西手中獲頒獎盃。（照片提供：Ryann Pierse/Getty Images）

▲費德勒的招牌武器：騰空閃身正拍。（照片提供：Julian Finney/Getty Images）

▲二〇一四年台維斯盃，瑞士隊在里爾贏得隊史首冠。左起：拉梅爾、丘迪內利、瓦林卡、費德勒、隊長魯奇。（照片提供：Julian Finney/Getty Images）

▲費德勒參加過上千次賽後對勝利者的場邊訪問，圖中是他在2017年澳網接受吉姆·庫瑞爾的訪問。（照片提供：Ella Ling）

▲費德勒擊球時表情不會扭曲，這已道盡一切。打網球對他而言是輕鬆自然的事，是身體與心靈的延伸。（照片提供：Ella Ling）

▲王者回歸：費德勒二〇一七年澳網奪冠的瞬間，這是他拿過最令人意外的一座大滿貫冠軍。（照片提供：Ella Ling）

▲喬科維奇，全網壇柔軟度最好的球員。（照片提供：Ella Ling）

▲二〇一七年拉沃盃在布拉格展開，費德勒與納達爾首度合拍雙打（而且他們贏了）。
（照片提供：Clive Brunskill/Getty Images for Laver Cup）

◀費德勒在紅土球場，站在魯奇和柳比西奇中間，在旁邊做伸展運動的則是陪練夥伴丹・伊凡斯。（照片提供：作者）

▲二〇一九年溫網決賽，費德勒吞下最難受的一場敗仗。（照片提供：Matthias Hangst/Getty Images）

▲二〇一九年瑞士費爾斯貝格，費德勒在以他命名的「羅傑球場」練球。身旁的教練柳比西奇一臉酷樣。（照片提供：作者）

◀費爾斯貝格網球俱樂部成員欣賞費德勒練球的身影，遠處可見白雪皚皚的阿爾卑斯山。眾人直到他練球完畢才鼓掌。（照片提供：作者）

▼費德勒的職業生涯夠長，小孩已經大到能在場邊看他打球。兩對雙胞胎在溫網的球員包廂前排，身後則是體能訓練師帕格尼尼（後排左一）、米爾卡、麗奈特與魯奇（右一）。（照片提供：Ella Ling）

▲二〇一九年拉沃盃，費德勒與納達爾在場邊振奮不已。（照片提供：Julian Finney/ Getty Images for Laver Cup）

▲費德勒的發球不是最有爆發力的，但他最為人稱道的是即使面臨壓力，發球落點仍十分精準。（照片提供：Ella Ling）

▲二〇二〇年，費德勒與喜劇演員Trevor Noah出席開普敦的表演賽，破紀錄吸引51,954 名觀眾共襄盛舉。隨後疫情肆虐全球，各國關閉邊境、體育賽事也陷入停擺。（照片提供：Ashley Vlotman/Gallo Images/Getty Images）

……』，但這不構成什麼大問題。」

二〇〇三年十二月起，由於費德勒意外與隆格倫分道揚鑣，米爾卡的影響力和地位也持續攀升。

「米爾卡是那個真正為費德勒善後的人，」法籍物理治療師兼整骨師保羅．多羅申科表示，他們倆年輕時都曾跟他合作過。「我真心覺得費德勒跟隆格倫分道揚鑣其實是她的主意。她並不和善，甚至很冷漠，但她為費德勒做了很多有幫助的事，因為她負責了一切，羅傑只要專心打球就好。她打理了所有細節，而且這種事情越來越多。」

米爾卡對網球的意見遠比羅傑多得多，但或許這是因為她盡心盡力維護著他們的家庭，而且刻意減少與外界溝通的緣故，但若我們把她在球員包廂裡抬眉、加油時的握拳和惱怒時的嘆息都當作溝通，那可就不少了。這些年來，她在球員包廂裡嚼過的口香糖可比一壘指導教練還多。

「我真的很喜歡她、很尊敬她。」費德勒的老對手羅迪克這麼表示。

莎拉波娃告訴我，她意外在十七歲奪下溫布頓冠軍那次，在冠軍晚宴上剛好與米爾卡和羅傑同桌，當時費德勒剛剛蟬連兩座男子冠軍。

「在我起身要往舞池領取他身旁的獎盃時，我記得米爾卡跟我說我的洋裝歪了，當時我想：『天啊！我可不希望我站在費德勒旁邊，結果洋裝是歪的！』」莎拉波娃說，「因此我回答：『太感謝妳了，米爾卡。』我真的完全不曉得。」

曾經指導費德勒的瑞士球星羅塞特指出，早期米爾卡一肩扛下了把關媒體這項吃力不討好的任務。

「由於瑞士媒體不高興他們得透過米爾卡才能接觸羅傑，一開始她備受批評，」羅塞特說，「但批評前，你應該站在她的角度思考。她的工作很辛苦，她是公關經理，而且這一切當然都是為了讓羅傑能過最平常的生活，專注於網球。她保護著她的男人，這很合理。一開始怨聲四起，但說真的我對她沒什麼不滿。米爾卡做了她認為對費德勒最有幫助的事，而如果羅傑接受且滿意，我們就沒有置喙的餘地。」

葛羅納瓦德認為米爾卡為費德勒規劃了清楚的未來。

「她知道該做什麼，」他表示，「當初決定要跟隆格倫合作的人是她，合作結束時，她當然也有份。對於羅傑來說，做教練相關的決定很為難。他對合作對象太忠誠了，要他放手是難上加難。」

費德勒一直以來都是這樣的作風，不過就算他必定有跟米爾卡討論與隆格倫分手一事，最終做決定的人仍是費德勒。隆格倫告訴我，雖然這對他來說很難受，但確實也正是時候。

二〇〇四年的大多數時間裡，費德勒並沒有正式的教練，一直到二〇〇五年年末他才又再度攜手IMG。費德勒的御用穿線師羅恩·俞（Ron Yu）還記得，二〇〇四年他抵達費德勒在漢堡的飯店與他們首次見面時，米爾卡也參與了會議。後來葛席克接下了公關職務，讓米爾卡不用再一直拒絕媒體，但她仍然密切參與費德勒的事業。

「在我們還沒有孩子的時候，尤其是我沒有教練或經紀人的那段時間，幾乎每天的早餐、中餐、晚餐都只有我們兩人在餐桌上，」費德勒在邁拉和夏琳出生不久後對我說，「你可以想像，我們有好多時間可以談論所有事情，那是我們生命中很有趣的一段時光。現在每天餐桌旁有六到八個人，都要滿出來了，所以改變很大，我們想要獨處，就要有很明確、很精準的安排。」

費德勒承認，他和米爾卡「獨處」的時候，網球仍是他們的話題。

「我知道她也喜歡這樣，」他帶著微笑說道，「我喜歡跟她聊網球，因為我知道她比誰都還常看我練球和比賽，有時候我就從她那裡聽取一點意見。」

當然，如果能從米爾卡那裡得到關於這一切的看法就再好不過了，但她和費德勒在兩千年到二〇一〇年之間，就決定不再讓她接受採訪，一部分也是為了用更強硬的手段保護他們的私生活。

二〇〇九年四月十一日，他們在巴塞爾的小型婚禮保密到家，就連一些參加瑞士台維斯盃的隊友都不知道。在我跟費德勒的所有訪談之中，他只有一次真的露出怒色，發生在二〇一二年，那時我提到他在瑞士阿爾卑斯山脈靠近連哲海德的老家。

「別寫我住在哪裡，」他冷不防說道，「我不喜歡。」

他的住址後來還是曝光了，儘管身為全球知名人物，且以親切聞名，費德勒卻逐漸更想劃清界線，這表示曾經專門負責新聞事務的米爾卡將再也不對媒體發言。如果有人對他們夫婦有問題，就由費德勒來回答。

對於想要瞭解全貌的我們來說，這顯然是一大損失。網球球星配偶的故事通常不如米爾卡的故事來得吸引人，她肯定能補充許多細節甚至能提出反駁，包括她在羅傑之前與杜拜皇室交往的報導。除此之外，能夠聽聽她對丈夫事業的看法，鐵定也非常精采。費德勒能在球場上展現出自己最好的一面，還有建立自己的品牌形象，米爾卡功不可沒。

「我不是他的教練，給他點意見就夠了。」二〇〇五年，她在最後幾場訪問中這麼告訴法國的體育報紙《隊報》。

「羅傑喜歡談論網球，而我懂球賽和技巧。他很聰明，就像是張濾網：他只保留最有用的訊息。也許就是這樣我們關係才會如此緊密，因為我們都來自同一個網球世界。我絕對不會在大滿貫決賽的前一晚找他去逛街。」

但旅程並非一直如此順遂。他們兩個投資的羅傑．費德勒香水就是個失敗，不過這卻為他們留下了一版的「RF」花押字，之後它被改造並由耐吉和現在的Uniqlo使用，成果非凡。

「那頂RF帽是我們最熱銷的帽子，你要知道耐吉製作超多帽子，而網球只是耐吉很小的一個事業，」在耐吉服務三十年的中島麥可說，「米爾卡對於羅傑穿什麼的意見比他做什麼多得多，我得說，她更能表達出羅傑喜歡什麼、不喜歡什麼，什麼顏色在他身上好看、什麼顏色不好看。另一半會存在都是有原因的。有時候羅傑不好意思說『我真的不喜歡你們這樣』，而在這種時候，米爾卡就會出面。」

幾年下來，米爾卡承擔得越來越多，包括生下第二對同卵雙胞胎（不可思議的是費德勒的姐姐黛安娜也生了雙胞胎）。米爾卡和羅傑的兒子利奧（Leo）與藍尼（Lenny）出生於二〇一四年五月六日，讓羅傑正好來得及趕上義大利公開賽和法網。有時候一切後勤事務極為繁瑣惱人，但米爾卡的目標是要把旅途變得跟家一樣，偶爾甚至還會租借野營車。

無庸置疑，錢讓一切變得容易許多。他們多次搭乘私人飛機，還有好幾個輪班的保姆。「我們多聘了幾位確保他們不會過勞，也能保持愉快的心情。」費德勒對我說。

等到夏琳和邁拉要接受正式教育時，費德勒夫婦聘請了合格的老師與全家人一起旅行，度過幼兒園及小學階段，讓女兒在飯店房間或其他改造成教室的空間唸書。

「我覺得就是該這樣做，因為我們可以聚在一起，」費德勒在二〇一五年告訴我，「一開始，我不確定這是不是我真正想給孩子的生活，但我必須說，這樣確實能讓我們都聚在一起。女兒很喜歡，而我愛待在家人身邊，米爾卡也是。她愛待在我身邊，如此一來我們倆每天都能見到對方，我覺得此時此刻，這比我們彼此分離、讓她們去唸一般學校還重要，不過情況也可能會很快改變。」

費德勒在二〇一六年和二〇二〇年間，分別因為膝蓋手術以及新冠肺炎疫情長時間休養。（二〇一七年和二〇一八年，他亦放棄了整個紅土賽季。）

「孩子會漸漸習慣，不過女兒一直問我：『我們什麼時候再出發？』」費德勒對我描述二〇一六年閉關的那六個月，「因為她們很樂意再次出發。她們會一直問：『什麼時候要再去澳洲？還是什麼時候要去紐約？』而我會回答：『可能要再一陣子。』」

費德勒一家人至今仍一起環遊世界，而且現在凡是他們去過的地方，夫婦倆和孩子幾乎都有朋友。

「我打巡迴賽的這二十年來認識了很多人，在每個城市裡我們都認識一些人，也很喜歡跟他們聊聊，」費德勒告訴我，「這也是為什麼巡迴生活也可以像家一樣。」

安納孔回憶，他指導費德勒的那幾年間，每場活動肯定都「至少有三到四對夫妻或朋友」在現場，與費德勒一家人共度時光。

「他們會吃頓晚餐、白天窩在一起，消磨時間、聊聊天、出去散步，做夫妻會做的事，」安納孔說，「這種抽離就是他的動力來源，讓他能在網球場上保持高水準。」

與較為孤僻的山普拉斯合作過的安納孔，一度擔心費德勒會被社交消耗殆盡，他先後與葛席克、魯奇，最終與費德勒談論了他的擔憂。

「羅傑說：『我覺得我應該還沒老到社交就會讓我疲憊的程度，』」安納孔說，「的確，我從沒看過羅傑因為社交而輸過比賽，從來不會有『啊，是因為有朋友來拜訪他』而輸球這種情況。他在處理情緒和練球上非常有效率，他做的每件事情都能幫他充電。這些交際互動比起消耗他的能量，更像是讓他重生。」

就連他女兒也曾經在練球時給過他建議。

「有一次她們跟我說我應該在底線上打球，」費德勒在二〇一六年的澳洲網球公開賽解釋道，「她們覺得這樣打比較好，我就說：『好啊，我會試試看。』」

她們還建議要狡猾地看向一邊，再把球打向另一邊。

「我說：『好，我也會試試看，雖然這並不像妳們想的那麼容易，但我會嘗試的。』」他說。

費德勒經常提到，對孩子來說旅行並不勞累，因為他們一直以來都是這麼過日子的。「是對我們來說很辛苦，」他指的是他和米爾卡，「因為我們會擔心。是因為我們想辦法讓他們盡可能過得輕鬆，所以他們才會覺得很輕鬆。」

費德勒並非第一位帶著全家一起旅行的男性球星。萊頓・休威特與他太太貝可（Bec）就曾帶著他們出生於二〇〇五年的女兒米亞（Mia）和二〇〇八年出生的兒子克魯茲（Cruz）一起巡迴，後來在二〇一〇年女兒艾娃（Ava）出生後，更成為五人家庭。二〇一六年從單打退役的休威特，時常在球場上跟兒子打球，克魯茲偶爾也有機會和費德勒和納達爾揮上幾拍。休威特的例子肯定讓費德勒更加覺得家庭旅行計畫是行得通的。

「這一路上，他們會跟我留下一輩子的回憶，」休威特說，「大概也是因為這樣，我才盡力打得更久一些，希望他們也能從中得到點什麼。」

不過休威特的巔峰停留在二〇〇五年，而費德勒忙碌於他的大家庭和遠大網球抱負的同時，仍持續拿下大賽冠軍。

「我肯定做不到，」羅迪克對我說，「還沒有家庭責任之前，我就覺得壓力很大了。以前我需要網球，而現在我需要家庭和事業，我鐵定沒辦法兼顧。」

二〇一七年時，羅迪克詢問費德勒有沒有遇到什麼挑戰，費德勒回答：有幾週他們得要全家人都待在同一間房間裡，像是某一年在辛辛那提參加西南公開賽（Western & Southern Open）時就是如此，他覺得特別有趣。

羅迪克聽了簡直目瞪口呆。

「我那時候問他：『你說全部人都待在同一間房間是什麼意思？是很多連接在一起的房間嗎？』而羅傑回答：『不，就是我們全部人住一間大房間。』我心想：『老天，根本沒人會這樣做，就算做了也鐵定會發瘋，一邊得要跟四個孩子和太太住在同一間房間，另一邊還能贏下一場大師賽，這根本超乎常理。』」

但費德勒對於劃分生活可是越來越擅長。帶著孩子去逛逛巴黎的博物館或墨爾本的公園，讓心思脫離網球，使他在上場比賽時更能全心投入。「在夜場比賽前，大家都待在房間裡設法休息，身上接著一堆儀器，確認球員已經準備好了、吃飽了，而羅傑卻跟孩子在中央公園裡，」頂尖網球經紀人約翰・托比亞斯（John Tobias）說，「我覺得這種休閒方式對他打網球很有幫助。其他人因為整天都想著比賽的事，全身緊繃，真正上場時反而難以發揮。」回歸家庭還能讓他更快從輸球中走出來——在他和米爾卡有小孩以前，這就已經是他的強項了。

「他有幸福的靠山，」克里斯・艾芙特（Chris Evert）對我說道。「我很欣賞他們跟著他到處旅行，像是一場旅行走秀一樣。他們全家人的關係很緊密，令我很敬佩。我也認為羅傑是個非常善良的人，他有一顆善良的心，參與的卻是這麼硬的體育項目，實在難得，在這裡很難見到這種溫柔。」

安納孔回憶二〇一一年費德勒打溫布頓時，在八強賽裡輸給了喬—威爾弗雷德・松加，那是他職業生涯裡首次在大滿貫中率先拿到兩盤卻輸球。當時該是個令人絕望的時刻，至少表面上是這樣。

「我那時候想著，等等我發言時該說什麼呢？」安納孔這麼告訴我，「結果他回答完記者會的所有問題，我們跳上車回到他的住處，距離溫布頓大概三十秒的車程，然後他在我們進門時放下包包，接著蹲下身跪在地上，不過三十秒他已經跟雙胞胎女兒在地上玩成一塊，邊笑邊鬧。」

費德勒起身後，安納孔提議他們出去走一走，進行賽後討論。安納孔詢問費德勒，是怎樣的思維讓他從慘敗中看開，還能馬上無顧忌地跟孩子打成一片。

根據安納孔所述，以下是費德勒的回答：「你想想，我贏過很多獎項，也輸過不少，我覺得這些事情都會互相抵銷。我可以舉出我贏得僥倖的比賽，也可以舉出我錯失了關鍵時機的例子。大多時候我會贏，但我覺得瞭解這種事在所難免才是重點，最終它們都會互相抵銷。」

彷彿像是要加強這項論述一樣，費德勒隔年就再度贏得了溫布頓，這是他自從二〇一〇年澳網後贏得的第一個大滿貫單打頭銜。

法籍選手皮埃爾–雨果・赫貝特（Pierre-Hugues Herbert）曾說，跟家人一起旅行讓他在球場裡外都有種「輕鬆」感。費德勒肯定會同意這點，不過他和米爾卡根本是讓孩子直接融入他們長久以來的旅行方式。

事實上，費德勒年輕的時候對飛行有恐懼感。「以前我搭飛機會很不舒服，」他說道。但他很快就克服了，且在職業生涯初期，他和米爾卡選擇不入住大多數球員和教練下榻的官方合作飯店。「我在球場上跟他們見得夠多了，我只是想抽離一下、多一點隱私，」費德勒二〇〇五年時跟我說。「我們也盡可能住在最市中心的飯店，這樣才能好好欣賞城市，而不是只逛了飯店房間和球場。」

那年在巴黎，他很雀躍這是他第一次拜訪羅浮宮，而在全世界各大城市他也都會展開類似行程。「幾年下來，就會想做一些不一樣的小事，好脫離網球，」他說，「網球是生活的重心，但生命裡也有其他事情，像是我和女友還有家人的私生活面向。我也想要保有這些，畢竟只有在快樂的情況下，我才能把網球打好。」

不論過去或現在，費德勒的第一順位都是讓自己的身體和心靈維持健康：他善於安排訓練量，也知道該讓自己曝光多少、參與群體多深。皮特．山普拉斯看見費德勒在休息室或球員餐廳與大家閒聊或碰拳，還以為他是個極愛交際的人，但就算不到那種程度，他也絕對是個外向的人。

費德勒會保留他的體力，又或者更精確地說，他會保留他的熱情，這樣如果他不得不出現在公共場合，他就能熱情地招呼大家。

這對大家來說都很值得學習。我和費德勒在很久之後又再次聊到這件事。

「雖然我會認真看待事情，我也很能順其自然，這樣我才能很快看開，」他在二〇一九年時說道，「我認為對於許多選手和年輕人來說，這是很關鍵的事，在離開那個場所時對自己說：『好，我要把這些事都放下。我當然知道我是名職業網球選手，但我需要放鬆。我要用任何能讓自己減壓的方法放鬆。』」

費德勒暫時停止發言，給我看了他緊握的左拳。

「假如你一直是這個狀態，」他看著他的拳頭說道，「你就會被壓垮。」

「難道你從來沒有一點被壓垮的感覺嗎？」我問，他想了整整三十秒才開口回答。

「如果我覺得自己快不行了，我就會試著讓事情回歸最簡單的樣貌，那就是練習、比賽和家庭，」他說，「這些都很基本，但或許之後可以少參加一點記者會、少簽一點名、少出現在公眾場合。我會在場外練習，因為我需要趕快打起精神，讓我有力氣面對真正的目標，也就是比賽。有一陣子大概有三個月，我得拜託賽會幫我一點忙，當時我實在疲於每天要不斷出現在媒體面前。那是我最感到要撐不住的時候，不過也沒有持續很久。從印地安泉大師賽和邁阿密大師賽開始，一路到整個紅土賽季結束。」

他不大確定那是發生在二〇一二或二〇一三年，不過二〇一三年他並未參加邁阿密大師賽，所以應該是二〇一二年才對。

「我覺得可能跟邁拉和夏琳也有關，因為我完全投入在孩子身上，」他說，「現在回想起二〇一〇年和二〇一一年，我只記得沒在打網球的片段，而不是我在球場上的表現，因為我成為了爸爸，非常喜悅，但一〇年和一一年的記憶一片模糊。如果你問我：『你二〇一〇年在法國的表現如何？』我會回答不出來。『那二〇一一年在墨爾本表現如何？』我也回答不出來。二〇一二年因為我贏了溫布頓什麼的，所以記憶又鮮明了，但在那個時候，我可能真的因為要照顧孩子而很疲累，只顧著跟米爾卡一起努力學習要怎麼應付這一切。」

二〇一一年十一月，我負責報導法國室內網球錦標賽（Paris Indoor），我記得費德勒告訴我，他在決賽要對上喬─威爾弗雷德．松加的前一晚，幾乎沒睡到覺。

雙胞胎女兒之一在清晨四點把他和米爾卡吵醒。「米爾卡說：『讓她跟我們睡同一張床，就這樣吧。』」費德勒表示，「我完全沒有反駁，直接把她抱到床上。畢竟在清晨四點鐘沒人想吵架。」

費德勒還是擊敗了松加，拿下冠軍頭銜，雖然跟嬰幼兒一起旅行肯定影響了他的睡眠，但他似乎不大受到干擾，仍然能持續精進與競爭。

「我在加州接到一通電話，」安納孔說，「我會跟他講電話，然後問道：『現在杜拜那邊不是凌晨兩點四十五分嗎？』他會回答：『對啊。』我說：『所以你在幹嘛？』他回答：『沒幹嘛，就看看電子郵件。』」我認為半夜是他充電的時間，是他私人、做自己的時間，我這樣講沒有惡意，但在這段時間，他可以不用當保羅的球員或米爾卡的丈夫，或邁拉和夏琳的爸爸，或大家的偶像羅傑・費德勒。」

安納孔表示，他指導費德勒的期間，一開始很擔心他的睡眠模式。

「我一開始跟他合作的時候非常擔心，因為我無法理解，」他說，「我和塞韋林聊了很多，也跟東尼和米爾卡聊了很多。我不是說他都不睡覺，只是我沒見過像他這麼有彈性的人。參加溫布頓的時候，他每次都住在不同地方，他不迷信、不用每次在同一個地方練球，也沒有最愛的餐點。睡眠也是一樣，只是我每次都還是很驚訝他睡這麼少，仍可以精力充沛、樂觀正向。」

法國人有句諺語「*Joindre l'utile a l'agreable*」很適用於費德勒，這句話翻譯起來，意思大概是讓工作結合娛樂，不過要套用到更廣的層面，把日常事務也算在內。如果要負責洗碗或堆木柴，至少找個新穎又有趣的方式完成工作。

這一直是費德勒能夠維持長遠事業的關鍵要素。太多的例行工作會抹煞樂趣，過度長時間專注會使人體力耗盡。他的健身訓練員帕格尼尼肯定懂得這項道理，而有過慘痛經驗的米爾卡亦同。

「早期我成為世界第一時，我們跟皮耶選定了少即是多的策略，」費德勒在二〇一一年告訴我，「我們要照顧身體，像米爾卡的身體可能就是因為過度練習而不行了，所以我想她也能給我一點建議，一些實際經驗。現在她在運動的時候，身體還是很脆弱，我就不是這樣，而且我運動的強度比她高很多，這很驚人。我想可能也跟運氣有關，我身邊圍繞著機智的人，有她在身邊絕對也有幫助，這點無庸置疑。」

米爾卡不僅幫助他規劃大方向，也安排小細節。

「例如，不要一次訓練六或七小時卻不接受治療，」他說，「她無時無刻都全力以赴，結果就爆炸了。她還會跟我解釋怎麼處理起水泡的問題，聽起來有點蠢，但這些事都會積少成多。因為她用慘痛的經驗學到教訓，所以她才會如此關心我。」

近幾年費德勒就沒這麼好運了。長期以來，他的背部一直令人擔憂，但真正背叛他的則是他的雙膝。從沒動過手術的他，因為在墨爾本幫孩子洗澡時拐到腳，在二〇一六年進行了第一次手術。二〇二〇年他又動了兩次膝蓋的手術，不過這次他已年近不惑，而且此時因為疫情的關係難以進行運動賽事，巡迴賽停辦了五個月。

費德勒一直都善於掌握時機，這不僅發揮在擊落地球的時候，如果要選擇一個賽季幾乎完全不參與賽事的話，那就非二〇二〇年莫屬。

就跟我們大家一樣，疫情讓他有時間與家人待在一起。大多時候是在他和米爾卡於瓦爾貝拉打造的山莊，原先他們打算把這裡當成度假別墅，後來卻取代沃勒勞的湖濱住宅，成為他們的主要住所。

「我想，在一切繁忙事務中，孩子和我們還能享有這點寧靜，是很幸運的事。」二〇一九年新冠肺炎疫情爆發前，費德勒這麼告訴我。

米爾卡和孩子定期會去滑雪（而羅傑則在等待退休）。比起夏琳和邁拉，利奧和藍尼對打網球較有興趣，顯露出潛力，不過由於羅傑的父母從小就不會在他身上加諸過多壓力，因此他也很小心別將壓力投射到他們身上。

他明白光是能夠參加巡迴賽，就已經是極為難得的事情，更不要說成為一代名將的機率。他不會做出什麼偉大的金童或雙子星預言，但一如他自己的父母，他確實對兒女們有所期許。

「我希望他們能真的享受運動，因此我會試著跟他們解釋這有多好玩、該有多好玩，還有他們能學到什麼，」他說，「但有時候確實會有我父母的感受，像是『我都已經投入了時間，帶小孩練網球或練足球或上滑雪課之類的，結果回家時卻聽說他們表現很差，難免會有點沮喪。因為我花了時間帶他們去上課、看著他們，他們卻沒有盡力表現。』這是令我父母精疲力盡的地方。會覺得：『我再也不想帶你去上課了，順帶一提，為了帶你去上課還花了我大把鈔票。所以我寧可你待在家裡看書或對著牆壁玩些不用錢的，做自己的事，也不要浪費教練的時間。』這是我爸媽的態度，而我覺得米爾卡和我也有類似的觀念。我們只是希望他們盡力而已。」

理想的情況是由父母做榜樣，因為培養行為模式時，做給他們看的效果會比用說的好。年輕時容易過度焦慮的費德勒，並沒有期待孩子成為模範生。但他用自己的方式讓雙胞胎明白「盡力」的意思，這也包括了堅持：持續參賽並精進，使每個孩子都能有一段他在溫布頓中央球場、或美國網球公開賽練習場上的回憶。

那是米爾卡長久以來的夢想，或許部分也是因為她認為這能成為丈夫的動力來源。

體育和卓越這兩者，似乎都短暫得不可思議，但有了他的教練、他的訓練員、他的治療師、他的朋友、他的經紀人，當然還少不了妻子的大力協助，費德勒在這二十年間，讓它們更經得起時間的考驗。

「我不認為她現在還會希望我是在為她打球，」費德勒告訴我，「我認為她已經不再這麼想了。一開始我覺得這麼想對她有幫助，但後來我們自己在巡迴賽玩得很盡興，試著適應每件事情，有了孩子後又變得很新鮮、精采、新奇和幸福。」

事實證明，早在二〇〇九年八月那個陽光燦爛的早晨，看著蘇黎世湖在遠方閃爍微光，他的樂觀就已有來由。大型家庭旅遊、順其自然。他們確實做到了，他成功帶著孩子繼續打球，且遠比他或米爾卡預期的還要長久。

第 12 站

紐約

NEW YORK

有誰能夠料到，緊接在這個讓人眼花撩亂，費德勒式的華麗高峰之後，接續著他美網瘋狂連勝的，會是一連串讓人無法理解的長期失利？

「那是我職業生涯中最精采的一球。」費德勒在二〇〇九年的美國網球公開賽時這麼說。當然你也可以說：從那時候到現在，費德勒還是繼續在追求打出最精采的一球。

費德勒是在和諾瓦克・喬科維奇的準決賽快要邁向尾聲時，打出這驚天動地的一擊。那時候費德勒在一盤未失的情況下，手握兩盤擁有絕對的優勢，局數已經來到五比六，是喬科維奇的發球局，比數零比三十，頭兩分都給費德勒拿下了。喬科維奇發了一顆角度刁鑽的發球，隨球上網，緊接著放了一顆小球。費德勒即時趕到，也回敬了一顆短球。喬科維奇以一顆後場高吊球還以顏色，迫使費德勒立刻折返，背對著球場直奔底線，在球即將二跳這個千鈞一髮之際，費德勒做出了一個驚人之舉，他索性頭也不回就直接在兩腿之間把球擊回，直接穿越在網前看傻了眼的喬科維奇，精準地落在靠近底線的位置，一顆完美的致勝球。

或許是因為這一擊實在太讓人震撼，人們永遠津津樂道這記「胯下擊球」，而甚少談論後來連得三分將比分拉到零比四十的費德勒，更在下一球漂亮地轟出了一記回發致勝終結比賽，也寫下他在美國網球公開賽四十連勝的傲人紀錄。

在網球技術上，有些事情無疑更難做到，比如直接將對方強勁的發球或是反手位的後場高吊球，回以一記漂亮的短球（或是在紅土上擊敗納達爾）。

但在二〇〇九年，人們幾乎無法想像比賽場上會有人打出胯下擊球，這完全是一種表演，你可以想像胯下擊球得分之於籃球，就像不看人傳出一記灌籃助攻一樣。只要手腕輕輕一揮，就能夠旋乾轉坤、反守為攻。雖然費德勒的胯下擊球也常會失誤，有時候甚至根本在錯誤的狀況下選擇胯下擊球，但是這次費德勒真的是完美表現，跟他在二〇〇五年澳網與沙芬的準決賽，賽末點那記荒腔走板的胯下擊球真的不可同日而語。

「我當時那一球的速度和精準度，是真的難得一見。」費德勒說。

在該年度斬獲法網與溫布頓的勝利，又喜迎雙胞胎的出生，這位時間魔法師的充實與滿足完全寫在臉上。這場比賽的勝利更是他再次突破自己的證明，尤其這是他在美網對陣喬科維奇的三連勝，包括他們在二〇〇七年的決賽對決。

「我感覺他打得更輕鬆自在了。」喬科維奇說，「我想是因為他不但在今年結婚，而且成為了父親，同時也幾乎打破了所有前人留下來那些高不可攀的紀錄。他一踏上球場，只想發揮他最完美的一面，準備劍指更多的勝利。這讓他成為更加恐怖的對手。我的意思是，你也看到觀眾看到他那一記胯下擊球有多瘋狂，我能說什麼呢？」

但是又有誰能夠料到，緊接在這個讓人眼花撩亂，費德勒式的華麗高峰之後，接續著他美網瘋狂連勝的，會是一連串讓人無法理解的長期失利？或者這麼說，誰能料到這場比賽過後的十年甚至更久，費德勒就再也沒有在任何五盤三勝制的硬地比賽中贏過喬科維奇？當然也包括美國網球公開賽。

費德勒偉大的職業生涯充滿峰迴路轉，但這絕對是最讓人咋舌的一段。準決賽剛結束的星期日晚上，那時的我也完全無法料到之後的發展竟是如此，當時我還身處在縈繞著打字聲與截稿壓力的美網新聞發佈室中，焦頭爛額地趕著要交給《紐約時報》的稿件。

當德爾波特羅在準決賽以三個六比二的比數橫掃納達爾時，我確實一度感到震撼。但我其實並沒放在心上，不覺得他會威脅到費德勒，因為納達爾其實在這一整年都是帶傷上陣，更別說他在比賽的時候飽受腹部肌肉撕裂傷之苦。況且這位二十歲年輕好手和的費德勒前六次對陣，費德勒可是以六勝零敗獲得壓倒性的全面勝利。這位身高一百九十八公分的高大網球選手，性格溫和，但比賽風格卻積極兇猛，最讓人聞之色變的是他招牌的「雷射正拍」。由於他來自阿根廷，因此又被暱稱為「坦迪爾的高塔」（the Tower of Tandil）。雖然德爾波特羅當年在法網對戰費德勒時，曾把比賽逼到第五盤，但年初兩人在澳網比賽時，費德勒獲得壓倒性的勝利。加上美網球場的材質會讓球速變得比較快、彈跳也比較低，能讓費德勒擅長的切球發揮最大效用，看起來，這是一個能夠帶給德爾波特羅十足威脅與折騰的理想戰場。

「無論德爾波特羅星期天在球場上表現得多出色，費德勒仍然是奪冠的大熱門。」那時候我在報導中寫下這句話。

由於前面的賽程被下雨給打亂，使得決賽被迫延後至週一傍晚舉行，而當這場比賽邁入第五盤的廝殺時，滿場都充滿了瘋狂的正手致勝球以及瘋狂的觀眾，激昂的觀眾已到了常常干擾到球員發球的地步。

費德勒是很有機會主宰整場比賽，但讓人意外的是，他不僅沒有主宰比賽，而且還打得跌跌撞撞。他並沒有成功靠發球拿下第二盤，在第四盤的搶七也沒有拿出最佳表現：而是在搶七的第一分就發出一記要命的雙誤。接著，由於在第三盤末尾，德爾波特羅遲疑了一會才對一個出界提出挑戰，但主審接受了，這個爭議行為，讓費德勒甚至失去他一貫的冷靜自持，以粗魯的態度和美國籍主審傑克．加納（Jake Garner）爭執不下。

費德勒其實骨子裡是個網球傳統主義者，他從二〇〇六年起就反對使用鷹眼。三年過去了，他依舊對鷹眼的存在感到不悅，他使用鷹眼的方式就像是那些不情願上路的人走路時總是拖著腳步前進。這或許可以解釋為什麼像他這樣在比賽場上擁有如此卓越洞見的人，有時候會提出很離譜的挑戰。

「拜託！」費德勒邊說邊一屁股坐到他的椅子上，「線審判完兩秒我都無法提出挑戰了，那傢伙每次都可以花個差不多十秒。你怎麼可以允許這樣的事發生？難道你不需要遵守任何規則嗎？」

對這太慢挑戰的行為，費德勒的抱怨有理，但是加納試著要他冷靜。

「你可以不要再對我比這個手勢了嗎？」費德勒惱火地說，「別想叫我閉嘴，我想講什麼就講什麼，好嗎？我他媽的不在乎他說了啥，我想表達的只有一件事：他過太久才提出挑戰。」

這樣的反應，和觀眾平常對費德勒優雅得體的印象大相徑庭。一瞬間他又回到了那個易怒時期，這顯示他感受到了危機，就像他在年初最後輸給喬科維奇的邁阿密大師賽，在比賽末段，他打出了一記失誤後，一反常態地摔爛了他的球拍。

德爾波特羅後來因為嚴重的腕傷和膝傷，生涯表現逐漸下滑，但他可沒有錯失這個絕佳良機。他在費德勒回擊的上旋球飛到最高之前，就以他招牌的雷射正拍加壓橫掃，並以驚人的輕鬆保發，最終勢如破竹地以三比六、七比六（五）、四比六、七比六（四）、六比二，爆冷擊敗費德勒。那些認為費德勒總是能獲得觀眾壓倒性支持的人，肯定是沒有親臨現場參與這場比賽。兩邊的加油聲幾乎是一半一半，而且比起第二十一度闖進大滿貫決賽的費德勒，首次打進大滿貫決賽的德爾波特羅，在關鍵時刻的表現竟顯得比費德勒更加沈著冷靜。

重看一遍費德勒與主審加納之間的爭執，讓我想起費德勒很久以前的體能訓練師保羅·多羅申科的觀察。

「我們今天在球場上所看到費德勒優雅得體的形象，其實是耐吉公司為了行銷目的刻意製造出來的。他們試圖營造我們期待賦予網球的價值：紳士風度之類的東西，」他這樣跟我說，「但是在骨子裡，費德勒可不是紳士。他是一位戰士。當他面帶微笑對納達爾伸手致意時，我根本不相信那是真正的他。」

他的觀點並不主流，但很挑釁。畢竟，能代表一個人的是他的行徑，還是他的想法呢？重點是那些被壓抑的東西？還是被表達出來的東西？

二〇〇九年的美網決賽，費德勒似乎展現出自己疏於防備的另一面。但這終究並不重要，畢竟費德勒多年來仍是場內場外的模範生。而他的這種自制，讓人聯想到他童年時期的兩位偶像——艾伯格和山普拉斯。但是費德勒的前輩們，可不是只有這種具有彬彬有禮形象的球員，如吉米．康諾斯、約翰．馬克安諾，甚至是年輕時活像個異議份子的阿格西，不僅口吐穢言，遊走在道德邊緣，有一次還對裁判吐口水。

在四大滿貫賽事中，美網最容易挑起球員們的敏感神經。作為四大滿貫賽中的最後一場，此時已經接近球季尾聲，球員等於已經將近一整年不斷飛往異地、變換時區。而他們和前往觀賽的球迷一樣，也必須穿越曼哈頓及皇后區才能抵達比賽現場。這裡有著一切屬於夏末的狂歡：喝不完的雞尾酒，魚貫而行的瘋狂球迷，閃耀著漢普頓招牌的古銅色皮膚，再佐以深夜裡頭從球場傳出震天價響的喧譁聲。儘管歷經擴建，人群之間的熙來攘往仍然讓整個球場充滿著緊繃的氛圍。

費德勒雖然出生在一個更為寧靜祥和的地方，但是他長期下來卻是在喧囂競爭之中茁壯。他學著愛上了曼哈頓，年年都會進住不同的飯店，以便用新的視角去體驗這座城市。

我曾於二〇〇六年美國網球公開賽開打前，前往位於市中心半島酒店的套房採訪他。在米爾卡的打點下，這間套房可以說是纖塵不染。十一支剛穿好線的球拍整齊地排成一排，把手都以相同的角度靠在壁爐的磁磚上。

「你知道的，在這點上，米爾卡幫了我很大的忙，」費德勒說，「我也喜歡環境維持得乾淨整潔。雖然我以前很髒亂。曾經有一段時間，我甚至會想把周圍搞得亂七八糟。」

「現在，也許在這個混亂失序的世界中，維持一定的整潔秩序或許是件好事。」我回答。

「一點都沒錯，」費德勒說，「尤其是你要在這個地方待至少三星期以上的時候。」

但這不是說他要一直宅在飯店裡。

「一開始每個人都說，這實在是太麻煩了，」他說，「他們總會說去參加巡迴賽要跑多遠、場地有多大、而且這裡是紐約，交通糟透了，諸如此類。但我現在已經從不同的角度去看待參加巡迴賽這件事。在比賽場外，這些賽事能給予我什麼樣的風景？我當然知道比賽現場周圍的狀況，我指的不是這個，你不能夠只從賽場附近的環境去思考一個巡迴賽。你還必須去看這座城市能帶給你什麼，然後你會發現它有多麼不可思議。這永遠不會讓你感到無聊，永遠都有新事情可做，你可以上頂級的餐廳，也可以盡情購物。這些都讓這座城市充滿美好的活力。

「宅在旅館看電視、出發前往比賽場地然後和大夥一起出去玩耍，這是過去的我才會做的事，」費德勒說，「現階段，我想要多去瞭解我所造訪的地方，更深入知道這個國家的歷史。這和以前的我是非常非常不同的，因為那時候我滿腦子都陷在怎樣可以做得更好、你會是偉大球員的接班人，你只想實現這個願望，壓力山大。除了網球以外，一整天你不會想別的事情。現在當然不一樣了。在這三年，特別是在成為世界第一之後，我開始對網球有了全新的看法，而這對我很有幫助。我的身心更加平衡，儘管面對排山倒海的壓力，我再也不會特別感受到它們的存在，這讓我更享受在比賽之中。」

完成美國網球公開賽五連霸的壯舉，顯然讓他更加喜悅，儘管接連面對休威特、阿格西、羅迪克、喬科維奇以及莫瑞這些頂尖好手，但在奪冠過程中，費德勒甚至沒有一次被逼到要打決勝盤。

但是，德爾波特羅卻在二〇〇九年成功阻止了他完成美網六連霸，就像去年納達爾硬生生地攔截了他尋求溫布頓六連霸的壯舉。

「能拿五座冠軍已經是不可思議了，」那時候在紐約的費德勒說，「當然如果能拿六座，那會更加夢幻。但你不能總是肖想得到一切。」

「這並不是什麼難關，我想我能輕鬆度過，我在這裡度過了最精采的夏日時光。」費德勒繼續說道，看來他對自己所言是深信不疑。

然而，他這回無疑錯失一次良機。畢竟他在仍然狀態絕佳的情況下，白白浪費了這個機會。但可以肯定的是，在快速硬地場上如魚得水的他，每年總有機會再度重返拉法盛草原可樂娜公園（Flushing Meadows），而在二〇一〇年，費德勒確實強勢回歸：在準決賽中，費德勒再次上演一場五盤大戰，他在喬科維奇的發球局中，以四比五、十五比四十的比數取得兩個賽末點，將他逼到了死角。

喬科維奇雖然無法以一發成功創造進攻優勢，但是他仍設法將這兩分拿下：一記大膽的正手凌空抽擊將比數推往三十比四十，接著再輔以一記同樣勇猛的正手致勝球，將比分拉到了局末平分。

費德勒當然可以在第二個賽末點上表現得更進取，但是喬科維奇瘋狂的表現幾乎把他的氣勢給整個戳破，他不只有驚無險地保下這局，並在下一局成功破了費德勒的發球局。

在喬科維奇邁向勝利的發球局裡，再次面臨破發點的他，又以一記強勢的正拍讓試圖要藉此逆轉的費德勒完全招架不住。再次來到局末平分，喬科維奇接著連拿兩分，收下了比賽。這次進入決賽的，不是費德勒，而是喬科維奇。

「這是一場讓人永難忘懷的比賽，」喬科維奇如此告訴哥倫比亞廣播電台具有非凡洞察力的分析家瑪麗．喬．費南德茲（Mary Joe Fernández），儘管她已經和費德勒的經紀人東尼．葛席克結婚，但在競爭激烈的網球世界中，喬科維奇仍然選擇接受她的採訪。「老實說，當時我幾乎是閉上眼睛，用最快速度使盡洪荒之力在賽末點上拚命回擊。如果球在界內，你就得分；如果球出了界外，也不過就是再一次在美國網球公開賽輸給費德勒。」

時間快轉到一年以後，二〇一一年，在同樣的球場、同樣是在準決賽。但現在，總是老三的喬科維奇在這一年登頂球王。他在所有類型的場地都拿過一輪冠軍，並在七月摘下他第一座溫布頓冠軍後，首次排名衝上世界第一。

年初的時候，費德勒曾經在巴黎擔任程咬金的角色，在法網準決賽中擊敗喬科維奇，終止了他瘋狂的四十三連勝，現在，費德勒又在紐約將喬科維奇逼入絕境。

這是一場煎熬又磨人的殊死戰。費德勒率先連下兩盤。喬科維奇又逆勢連追兩盤，而在第五盤的時候，費德勒取得領先優勢，將局數推到五比三，準備在他的發球局一舉拿下通往決賽的入場券。比數來到四十比十五，費德勒又一次手握兩記賽末點。亞瑟・艾許球場有著四面陡峭如碗的觀眾席，兩萬三千名費德勒的粉絲正瘋狂地為他們的偶像搖旗吶喊，在這四面楚歌的絕境中，若對面站的是一位心臟比較小顆的對手，當下大概已經崩潰，但喬科維奇不一樣，他又一次挺了過來，二〇一〇年的劇本再次上演。他擺起昂首闊步的身姿走著，然後不明所以地點了一下頭，抿了抿嘴唇，擺出接發的姿勢。有些人認為這個舉動代表他對費德勒俯首稱臣，承認費德勒比他更優秀。但在我看來卻完全不是這麼一回事。

費德勒發出一記外角帶切的漂亮發球，喬科維奇見狀立刻向右側飛奔，在雙打線的外側用正拍全力回擊，結果橫掃出一記乾淨俐落的致勝球，這一切都來得太突然，費德勒完全被釘在原地，動彈不得。

喬科維奇抓住眾人看傻眼的這一瞬間，一邊向觀眾高舉雙臂，一邊走向球僮要毛巾，觀眾的喧囂聲中夾雜著歡呼與倒采：這一刻，簡直像是接下來十年觀眾對待他態度的縮影。喬科維奇好整以暇地回到底線，準備挽救他面臨的第二個賽末點，他面帶微笑，彷彿在說：「儘管出招吧，但我絕對不會被擊潰。」

面色凝重的費德勒，對喬科維奇發出一記漂亮的近身發球，喬科維奇只能用反拍勉強將這球給擋回。這個防守回擊雖然不算是回得特別深，但也已夠了。費德勒立刻閃身要用正拍打出對角進攻，但是這項招牌武器卻在關鍵時刻直接觸網，球沒有順利掉到另一側。

連續兩年，喬科維奇竟都成功救回兩次賽末點，跟上次不同的是，這次是費德勒掌握發球優勢，面對這突如其來的狀況，費德勒顯得有些慌張，很快就以雙發失誤丟掉這一局。

在接下來的三局裡頭，也是這場比賽最後的三局，費德勒很快就丟掉比賽，全場陷入如喪考妣的沉默之中。

這個結局對費德勒來說很殘酷，但對喬科維奇來說是重溫甜蜜時刻。在兩人握手致意之後，他繃緊全身，向他團隊所在的球員包廂發出野性的嘶吼。但是喬科維奇很快又重回這個充滿既視感的詭異重演：在死裡逃生之後，在麥克風前接受瑪麗・喬・費南德茲的訪問。

「非常相似的情況，」喬科維奇說，「我盡我所能地擊出最好的正手拍，你心知肚明這就像一場賭博。如果出界了，你就打包回家；如果球落在界內，也許就還有一些機會，我想今天我是比較幸運的那位。」

然而，這並不是去年美網的完全重播。這次，他在賽後訪問帶動全場觀眾隨著他一同起舞，之後他更應費南德茲要求，在場上秀出一段舞步。

和費德勒的賽後記者會相比，這簡直是天國與地獄的差別。對於經常維持在高點的費德勒，這實在是他職業生涯的低谷之一。

「我並沒有發出最好的發球，」這是他針對第一個賽末點的發言，「但重點在於他的回球，對手其實也不相信自己會贏得這分，再次輸給這樣的對手令人非常沮喪，你覺得他已經不管勝負，然後就打出了一記幸運球，然後就這樣了。」

有人問他：喬科維奇能打出這樣的致勝球，是瞎矇中的幸運，或是出於他的自信？

「自信？你是在跟我開玩笑嗎？我的意思是，喔，拜託，」費德勒一邊用手揉臉一邊說，「聽著，有些球員從小到大就是這樣打球的。我記得青少年時我曾輸過這樣的比賽。我原本在第三盤五比二領先，然後他們會開始拚球。某些選手會這麼打球是有原因的，因為這就是他們長大過程中面對低潮的打球方式。我不會這樣打球。我相信一分耕耘一分收穫，可能是因為在我年輕的時候，並不會所有事都耗盡全力去做。所以，我很難理解他怎麼能在賽末點上打出這樣的球。但也許他這二十年來都這樣幹，這對他來說非常自然。你得問他才能知道答案。」

二〇一一年美網對費德勒來說就像是**另一次**的失守，儘管有些人仍會站在費德勒那邊。

「喬科維奇那時候的狀態很糟，他幾乎已經放棄了。」吉姆．庫瑞爾表示，「憤怒狀態的喬科維奇，反而有助於他打出致勝球。這不是很好的比賽方式，羅傑也是對此頗有微辭。我不是說他有酸葡萄心理。諾瓦克完全有這個權利這樣回擊。並沒有什麼白紙黑字的規定說你不可以這樣打球。只是如果這是對的打球方式，我想喬科維奇會球球都這樣打，因為他是個數學家，他打的是最精準的網球，而那球完全不是這種風格。費德勒和喬科維奇對此都心知肚明，也是因為這樣才激怒了費德勒。」

如果喬科維奇不是如此有力地主宰著男子網壇，那這個對費德勒來說有些苦澀的插曲可能會有不同的結局。這位塞爾維亞人在二〇一一年的戰績，在該場比賽為止是瘋狂的六十三勝二敗。而他即將在決賽中以四盤擊敗納達爾，奪得他在二〇一一年的第三個大滿貫。

我認為，比起喬科維奇滿溢的自信心，他在賽後記者會上的自嘲，似乎在他面對巨大壓力時將它轉化為優勢這件事上，扮演了更重要的角色。

費德勒通常能夠直面自己的失利，這次卻感覺有點輸不起，而值得一提的是，喬科維奇在面臨第二個賽點上，已經不再需要孤注一擲、一翻兩瞪眼，因為甚至在喬科維奇出奇招之前，費德勒就自己送上了一記正拍失誤。

但費德勒的那記失誤並沒有留在人們的記憶裡，在那之後，喬科維奇一腳踩過莫瑞，打破費納雙雄長期在網壇的壟斷，實現自己所發下的豪語：成為開放年代最成功的網球選手。庫瑞爾直截了當地把這個戲劇性轉折稱為「回歸」。

「當你經歷了四個小時的拉鋸戰，並在第五盤面臨對方賽末點的情況下，你擊出了這樣一個正手致勝球，你一定會有點驚訝自己到底是怎麼辦到的。」喬科維奇說，「你絕對無法事先規劃去使出這招。到頭來這完全是心態問題，我認為，關鍵是你在心態上能否好好應對壓力，讓你有能力在危機中把握住驚鴻一瞥的轉機。」

在我看來，喬科維奇是在當今網球的黃金時代中，不斷堆高紀錄的挑戰者中最迷人的一位選手。他是天生好手、一頭粗短的棕髮，綜合了慷慨與好戰的特質。他總愛在賽末點的大逆轉後狂野地撕裂他的戰袍，卻也醉心於耕耘他內在禪修的心靈花園。

對一名記者來說，喬科維奇身上的雙面性與複雜性，是一個難解的謎。若是你自以為終於成功地賦予了他一個輪廓，他在網路上或其他地方的粉絲們會迅雷不及掩耳地提醒你：他們這位英雄的形象，其實早已被西方媒體給扭曲。他是如此變幻莫測，不僅不斷試圖改變他的比賽模式，更力求改變他自己。

不可否認的是，比起費德勒和納達爾，喬科維奇經歷了悲慘許多的童年。他並非來自舒適的中產階級家庭，也並非出生在一個國情相對穩定的歐洲國家。他出生於塞爾維亞，南斯拉夫因內戰而解體的時候，在一九九九年三月至六月，北大西洋公約組織（NATO）的戰機持續轟炸貝爾格勒（Belgrade），在這段被塞爾維亞人稱為「七十八天的恥辱」的歲月中，喬科維奇正值十一、二歲，那時候的他必須要邊練網球邊尋找防空洞。

「凡殺不死你的，必定使你強大，這是塞爾維亞人親身實踐出來的座右銘。」喬科維奇有次這麼告訴我，「所有這些事情，我們都牢牢記著，而且永遠不會忘記，因為它已經深深植入你內心，和最深的自我密不可分。這是一次創傷經驗，肯定是不好的回憶。在這如同地獄般的兩個月裡，我們每天至少會聽到三次空襲警報，我住的城市成天都會傳出劇烈的爆炸聲。對我而言，即使到了現在，只要一聽見很大的聲音，都會引起我些許創傷。」

對他而言，在賽場上環繞著觀眾們的咆哮聲，對於從事網球選手這個職業，必定構成了一定程度的挑戰（除非出現了一個瀰漫全球的流行病，迫使觀眾席必須保持淨空）。且正如同費德勒、納達爾等運動神經發達的選手，在他的運動生涯中，喬科維奇也很可能往別項運動發展。他的爸爸斯爾詹（Srdjan）和他的叔叔戈蘭（Goran）是前南斯拉夫的競技滑雪運動員。喬科維奇三歲時，就在塞爾維亞山區的渡假勝地科帕奧尼克（Kopaonik）第一次滑雪。他的家人在那裡經營幾家季節性的小型企業，包括位於購物中心地下樓層的披薩店與藝術畫廊。

「當然，我們認為諾瓦克可以成為一名滑雪選手，因為我們都是。」戈蘭．喬科維奇對我說。

如果不是巴塞爾的卡特，費德勒可能會成為一名足球員。如果不是馬納科的托尼叔叔，納達爾可能也會做出跟費德勒一樣的選擇。

喬科維奇的網球繆思是一位當時五十多歲、聰穎又有魅力的女性：耶萊娜・蓋西奇（Jelena Genčić），她是一名前南斯拉夫國家隊的手球選手，有著淡藍色的眼睛以及絲綢般的輕柔嗓音，讓學生們（甚至包括來訪的體育記者）都不禁起雞皮疙瘩。蓋西奇年輕時就執教過兩位未來的大滿貫冠軍：莫妮卡・莎莉絲以及戈蘭・伊凡尼塞維奇。但是在一九九三年的夏天，六歲的喬科維奇對這些都還一無所知，他穿過馬路前往三座硬地球場，巧的是這三座硬地球場剛好就蓋在他們家開的餐廳旁邊，有些巧合就是會像這樣改變你的一生。

蓋西奇那時正在開設一間網球診所。

「那是我在科帕奧尼克第一年的第一天，」二〇一〇年十一月，我為了《紐約時報》和《國際先驅論壇報》前往塞爾維亞採訪蓋西奇時她說，「那時候我注意到喬科維奇站在網球場外看了一整個上午，我對他說：『嗨，小朋友，你喜歡這個嗎？你知道這是什麼嗎？』」

在蓋西奇的邀請下，當天下午，喬科維奇就準備好了一整袋整齊的裝備赴約。他那時候其實已經接觸過網球，而且會在衛星電視上收看網球比賽。但是在嚴格意義上，這才是他那堅毅不撓的網球之旅的起點：在對的時間點遇到對的導師。

「一支球拍、一條毛巾、一瓶水、一根香蕉、一件備用的乾T恤、腕帶和帽子。」蓋西奇一邊回憶一邊數算。「我說：『好，這袋是誰準備的？你媽媽嗎？』結果他非常生氣，他對我說：『不，是**我**要打網球！』」

從一開始，喬科維奇的敏銳以及仔細聆聽的態度，就讓蓋西奇大為驚豔。

「他吸收每一個字，」她回憶道，「非常優秀的男孩。非常聰明。我說：『你明白我的意思嗎？』他會說：『是的，但是請你再告訴我一次。』他想要做到能完全、扎實地了然於心為止。」

到了第三天，蓋西奇聯繫了喬科維奇的父母斯爾詹和迪亞娜，告訴他們喬科維奇是一位「zlatno dete」（塞爾維亞語中的「金童」）。

「在莫妮卡．莎莉絲八歲時，我也這樣評價過她。」她說，「在我和莎莉絲一起打過三、四次球之後，我告訴她的爸爸卡羅爾，她將會成為世界最棒的網球選手。」

蓋西奇沒有小孩，她在科帕奧尼克以及塞爾維亞的首都貝爾格勒與喬科維奇密切合作了六年，並在之後持續給予他各種建議。

「她教會我所有事情，」喬科維奇跟我說，「我認為六、七歲到十二歲的這段期間是網球生涯最重要的部分。因為那就是你學習如何打網球的時候，你必須在那時學會好的技術，並且要有一位偉大的教練。」

在職業網球裡頭，菁英等級的女教練真的太少了。這需要改變，但重要的是，喬科維奇並非唯一在成長階段受到女性教練指導的球王。康諾斯、沙芬和安迪．莫瑞在運動生涯早年，都是接受母親的優秀執教。

蓋西奇在喬科維奇比賽上的教導可說是面面俱到，她也促使喬科維奇承認：比起偶像皮特．山普拉斯使用的單手反拍，雙手反拍更能發揮他所擁有的天賦與優勢。

蓋西奇也精準地把握到：未來網球必須擁有在網球落地彈跳後，第一時間回擊的技能。而當喬科維奇在位於海拔將近六千英尺的科帕奧尼克訓練時，那裡的客觀條件讓球速變得很快，讓他的反應和移位都必須更加快速。

莎莉絲已經改變過女子網球的生態，她是第一位能夠緊貼底線，用她強力而落點犀利的雙手來進行強抽，進攻左右兩側的女子網球選手。

阿格西在男子巡迴賽中也表現出類似進取的風格，而這是蓋西奇堅持喬科維奇也必須學習怎麼在不退縮的情況下，掌控並創造出有利的節奏。儘管固若金湯的防守、無堅不摧的接發是喬科維奇技驚網壇的招牌技術，但是蓋西奇當時也非常強調網前技巧的訓練。

「他早年的時候，網前截擊打得非常出色。」她說。

她也強調伸展運動的重要性。任何人只要看過喬科維奇在嘗試守住對手進攻邊角的回球時，展現出那誇張到幾乎把自己身體撕裂成兩半的滑步救球，都會知道這樣的建議必定對喬科維奇起了關鍵的影響。

「諾瓦克並不是非常強壯的男孩。」蓋西奇說，「你知道他的彈性和柔軟度有多好，你知道為什麼會這樣嗎？因為我不想要讓他跟我一起訓練的時候太過辛苦。」

蓋西奇給我看了她的球拍，那是一把飽經風霜的王子牌網球拍，握把上的底座早已脫落。

「他訓練時拿過最重的東西就是這個而已。」她說。「我只鍛鍊他的腿、他的速度，針對的是球場需求，而不是重訓室。我們做伸展運動，以及訓練打網球需要的特殊移位，要靈活、要敏捷，移位速度要快。現在他真的很優秀，非常優秀。」

如果有什麼特質可以界定觀眾心目中喬科維奇式的比賽，必定就是他在移位中展現的柔軟度。除此之外，他的一切是如此堅固結實，以至於這點很容易被低估。

資深美國教練布拉德．斯汀（Brad Stine）曾表示：「諾瓦克真的是強到沒話說。」他也曾與吉姆．庫瑞爾、凱文．安德森以及其他網球選手共事過。

但是沒有任何其他男子網球選手能夠像喬科維奇一樣，像個橡皮人般做出各種扭曲的動作。

「在諾瓦克之前，確實也有人會滑步救球，但是我們從沒看過有誰可以像他一樣，滑步以後能夠迅速調整回進攻模式，打出充滿侵略性的回擊。」二〇一一年溫布頓冠軍，之後也與馬力恩・瓦伊達（Marián Vajda）一同成為喬科維奇教練的伊凡尼塞維奇說。

喬科維奇的柔韌度是一種天賦，但這其實也是他用一生戮力培養出來的習慣。在巡迴賽的準備期間，他總是會把自己的身體扭曲的不成人樣，或是用手指把自己掛在門框上。

在接受倫敦泰晤士報的採訪時，喬科維奇的妻子伊蓮娜（Jelena）曾被問到：在網球巡迴外之外，他們的真實生活究竟是什麼樣子？

「這很好回答，」伊蓮娜說。「他的生活就是一場伸展操。我有時幾乎只能貼著地板才能找到他，他的腿能夠伸展到各種地方。」

這個回答讓喬科維奇樂不可支，而在二〇一三年過世，享壽七十六歲的蓋西奇，肯定也會喜歡這個答案。

「她教導我並說服我，」喬科維奇曾在溫布頓接受訪問時告訴我，「如果我保持足夠的柔韌性，我不只可以在球場上得心應手地移位，更能在賽後很快恢復，擁有更長的職業生涯。」

曾擔任喬科維奇教練的前美國球星陶德・馬丁，親眼見證喬科維奇和他的團隊們每天和物理治療師瑪麗安・阿馬諾維奇（Miljan Amanović）一同進行的例行公事。

「諾瓦克一醒來，在他享用早餐的柳橙汁之前，他會將雙腿架在瑪麗安的肩膀上，看上去就像是在彼此擁抱。」馬丁這樣跟我描述，「他做任何事之前都會先去拉腿部的肌肉，而且我告訴你，他真的太神了。」

其實擔任網球教練只是蓋西奇的興趣，她並沒有把這件事情用來營生。她真正的職業是一名記者，在南斯拉夫以及後來的塞爾維亞擔任國家電視台藝術節目的編輯。她也因此向喬科維奇介紹了許多高尚文化：俄羅斯的詩歌或古典音樂，包括柴可夫斯基的《一八一二序曲》。

「我可以看出他覺得這非常美妙。」蓋西奇說，「我向他解釋：『當你在比賽的時候，諾瓦克，有件事情很重要。在賽場上也許你會突然沮喪或是不順心，記住這些音樂，記住你的身體和你的胃仍然充滿腎上腺素。讓這些音樂的美好激勵你越戰越勇。」

喬科維奇的家人們並沒有網球相關背景，但是他們肯定知道莫妮卡．莎莉絲，這位來自塞爾維亞城市諾維薩德（Novi Sad）的匈牙利人，當時已經贏下了八座大滿貫冠軍，並在與家人移民到美國後，一路成為世界球后。

莎莉絲也賺進了數百萬美元，在南斯拉夫陷入危機的時候，值得認真投資時間與金錢去開發喬科維奇這位金童的天賦。

但最大的問題就是：錢從哪來？

「斯爾詹還有他的妻子，他們完全沒有哭窮，而是認真地思考這件事。」蓋西奇說。

他們向朋友借錢，傾盡自己微薄的財力在這項對整個家庭舉足輕重的計畫。同時，蓋西奇願意免費授課，同時她作為貝爾格勒網球俱樂部的主席，也為喬科維奇安排了一套完全免費的網球配備，包括王子牌球拍。但光是這樣還不夠，他需要國際級水準的競爭經驗來激發他成長，但是那時候他們手上的資金實在是太匱乏了。

「斯爾詹當時像是著了魔一樣，」戈蘭．喬科維奇回憶起那時候他哥哥的樣子，「有時候人們並不喜歡他，但是他擁有公牛般的能量。這並不是一段美好的歲月，那時候我們被國際制裁，戰爭爆發了。對於塞爾維亞、對於南斯拉夫來說，這段時期很煎熬。但是我們把一切全都投資在諾瓦克身上。他必須成為這個家裡頭的第一順位，他必須要得到他需要的所有東西：新的網球拍、好的食物，以及能夠幫助他的一切。當然，如果他不打網球，我們可以過得更輕鬆，但我們是以長遠的目光來看待事物。

「如果可以選，我們當然想要正能量而不是負面情緒。」戈蘭補充道，「但人們一直議論紛紛，明嘲暗諷地說：『這家人瘋了，他們到底覺得自己是誰？他們憑什麼認為諾瓦克是個咖？』」

當我二〇一九年在蒙地卡羅拜訪喬科維奇時，他已經與伊蓮娜和兩個孩子住在豪華的宅邸，他告訴我在他童年的時候，有一段記憶對他造成根深柢固的影響。

那一天，在貝爾格勒他們租的公寓裡，他的爸爸召集了一家人，包括喬科維奇和他的兩個弟弟，在他們面前把十馬克的鈔票狠狠甩在廚房的桌子上。

喬科維奇講到這段時，也跟著把自己的手砸在桌上。

「十馬克相當於十美元，然後我的父親說：『這就是我們擁有的全部了。』」喬科維奇說，「然後他告訴我們：必須要比以前更團結一致，共度難關、尋找出路。那是在我成長的過程中，我整個人生，我們一家人一起經歷過非常衝擊、非常關鍵的一刻。」

喬科維奇十二歲的時候，蓋西奇意識到他必須離開塞爾維亞，去尋求充分的競爭與進步。她聯繫了老朋友尼古拉·「尼基」·皮里奇（Nikola "Niki" Pilić），這位來自克羅埃西亞的前南斯拉夫球星，曾在一九七三年打進法網決賽，但接著因為他與國家隊的爭論，導致男子球員抵制當年接著法網後舉辦的溫布頓網球錦標賽。

皮里奇在慕尼黑經營一間網球學校，儘管學校的政策不接受十四歲以下的球員，蓋西奇仍說服他接收喬科維奇。

喬科維奇與他的叔叔戈蘭一同前往慕尼黑。由於塞爾維亞對邊境的管制，他們不得不先把他們的車留在北馬其頓（North Macedonia）的史高比耶國際機場（Skopje），再透過航空方式越過邊境前往德國，但是他的叔叔很快就返回塞爾維亞，把喬科維奇留在一個完全語言不通的陌生的國家將近三個月之久。

當費德勒十四歲離家訓練的時候，至少，他可以在週末搭火車回到巴塞爾。

「這一切都會影響到你的心態，以及你的心理素質。」喬科維奇對我說，「我十二歲半的時候就這樣一個人在陌生的地方待了三個月，所以我必須開始學會為自己的行為完全負責。我必須獨力培養出足夠的勇氣，不斷壯大，這就是我所做的。我學習如何成為一個獨立的人。」

年輕的喬科維奇將會在皮里奇的網球學院待上好幾年，這樣的經驗對於一些不得不離開家鄉以求突破的傑出塞爾維亞網球選手來說，可以說是相當常見，其中包括未來會成為世界第一的安娜．伊凡諾維奇以及伊萊娜．揚科維奇（Jelena Jankovic）。

「諾瓦克真的非常早熟，」克羅埃西亞球星伊凡．柳比西奇說，他後來和喬科維奇跟著義大利教練里卡多．皮亞提一同受訓。「諾瓦克知道他要什麼。他知道怎麼樣去得到它們，這是非常寶貴的特質，所有頂尖人物，像是拉法或羅傑都有這樣的能力。一般人會在消耗戰中做困獸之鬥，並迷失方向，但他們反而在壓力下快速學習，他們就是能夠做到這點。」

但是跟喬科維奇比起來，費德勒和納達爾都擁有一條安全的後路，讓他們可以無後顧之憂，而喬科維奇缺乏這樣的東西，他**一定**得成功，因為他的家人為他犧牲了一切，而儘管蓋西奇預測喬科維奇會在十七歲時成為排名前五的頂尖選手，但這件事拖了更久一些才真正實現。

「我們錯過了整整兩年的時間，因為我們沒有錢可以達到我們想完成的目標。」她跟我說。

喬科維奇十七歲時第一次在大滿貫舞台登場，他獲得澳網會內賽的資格，並於第一輪在羅德．拉沃球場對陣馬拉特・沙芬。

沙芬以六比零、六比二、六比一的比數輕取喬科維奇，也拿下了那一年的冠軍。

「我是世界排名第四，而那傢伙不過就是剛通過資格賽的新人，我能對他抱有什麼期待？」沙芬說，「我打得很好，我志在奪冠。他充其量只是來觀摩的。不過看看他現在的驚人成就，我認為他應該好好請我吃頓晚餐！」

喬科維奇雖然固執，學習吸收能力卻非常快，雖然費德勒有著備受稱許的多國語言能力，喬科維奇其實也不遑多讓。他能流利使用四國語言（塞爾維亞語、德語、義大利語和英語）也精通其他不同語言（法文、西班牙文、甚至一些俄文）。

在職業網球的路上，他也進步飛快。在二〇〇五年底，他已經躋身世界前百的行列。二〇〇六年底，他正式成為世界排名前二十的選手，二〇〇七年底，他已是世界排名第三，緊追在費德勒和納達爾之後，甚至在一千分級的蒙特婁大師賽中先後擊敗他們。

他二十歲時就成為了大滿貫冠軍的得主，二〇〇八年澳網，他在準決賽以直落三盤的俐落表現，再一次擊敗費德勒，後來贏下了當年的冠軍。

「吾王已死，吾王萬歲。」喬科維奇的母親迪亞娜在賽後發出這樣的宣言。

事實證明，這言之過早。那時的費德勒其實是因單核細胞增多症而狀態下滑，而他隨後就在二〇〇九年重返世界第一的榮耀。納達爾則是在二〇一〇年拉抬出一波生涯高峰。

喬科維奇一直要到二〇一一年擊敗納達爾贏得溫布頓後，才真正登頂世界第一。

「這四年來，寫下紀錄的名字不外乎是羅傑、拉法、拉法、羅傑，」迪亞娜說，「但現在，會是諾瓦克、諾瓦克、諾瓦克、諾瓦克。」

這點她倒是說對了。在二〇一一年，她兒子對上費德勒的戰績將以四勝一敗領先，和納達爾的戰績更是六勝一敗完勝（而且這些勝利遍及各種場地，包括納達爾最擅長的紅土）。但是殊難想像麗奈特·費德勒會在兒子如日中天時抱有類似的想法，更別說是做出像喬科維奇母親一樣的舉止。喬科維奇的家人顯然有著更好戰的鬥志，但是對於他的個人形象而言，這恐怕不是什麼加分的行為。

與喬科維奇的父親相比，迪亞娜頓時又成了聯合國的和平大使。斯爾詹曾這樣描述費德勒：「他或許依然是歷史上最偉大的網球選手，但他可不是一個好人。」並且在他四十歲生日將至之時，嘲笑他繼續在球場奮戰的行為。

「自從他開始感受到納達爾和諾瓦克已經緊追在後、對他虎視眈眈時，他根本無法乾脆地承認他們兩人總有一天會超越自己。」斯爾詹曾在運動俱樂部（Sport Klub，一個塞爾維亞的運動頻道）上如此公開放話，「老兄，含飴弄孫去吧，找點樂子，滑滑雪，早點去幹點什麼其他事吧。」

很明顯地，斯爾詹並沒有原諒費德勒在二〇〇八年蒙地卡羅大師賽時的舉止，在比賽過程中，費德勒一度對喬科維奇家屬包廂的他和其他人說：「安靜點！」

這些衝突看起來是有那麼一點小鼻子小眼睛，其實它就是如此枝微末節，同時費德勒竟也沒有對此做出任何回應。但喬科維奇的家人之所以那麼喜歡引戰，多少也是出於護子心切：他們堅信自己的兒子值得更多尊重，就像他們四面楚歌的國家一樣。

對於身為東正教教徒的喬科維奇家人來說，他的崛起甚至代表一種關乎神性世界的預兆。

雖然你確實時常看到羅伯特·費德勒載著繡有RF字樣的帽子，但是你絕對不會看到他在場邊穿著印上他寶貝兒子頭像的T恤為他加油，但斯爾詹和迪亞娜在二〇一〇年美網觀看喬科維奇對陣費德勒時，卻毫不含糊這麼做了。同年年底，當我拜訪斯爾詹在貝爾格勒的辦公室時，我注意到牆上有一幅關於塞爾維亞東正教會已故的牧首保羅的的宗教畫，而這幅畫的下面竟繪著喬科維奇光耀如日的面龐，儼然一幅體壇聖像。

「在這對塞爾維亞人民來說最黑暗的時刻，他就像是被上帝派來，證明我們塞爾維亞人是正常人，不是屠夫、更不是野蠻人。」二〇一一年斯爾詹在塞爾維亞接受採訪時，對喬科維奇在塞爾維亞的定位做出這樣的評註。

喬科維奇長期以來一直感到沮喪，身為塞爾維亞人，別人常常不假思索地把他當成邊緣人看待。在我跟他早期的訪談中，他時常提及這件事，但在二〇〇六年，他似乎出於經濟考量以及渴望獲得更多支持，一度有意放棄塞爾維亞國籍入籍英國。但最後，他決定拒絕此事。

「在**我的國家**，我從來沒有得到足夠專業的環境，能夠成功成為一名職業選手。」他跟我解釋，他指的是自己必須出國到慕尼黑或其他地方培訓這件事。

「因此，我當時去其他地方，只是試著要讓自己以及我的家人可以過得更好。」他說，「但我認為我做出了正確的決定，我們將維持現狀，跟自己的人民和宗教站在一起，那種感覺是很不一樣的。對我來說，回家的感覺意義非凡，你知道你就是屬於那裡。」雖然居住在小小的避稅天堂摩納哥，但是他已然幫陷入困境的塞爾維亞爭了一口氣，甚至成為比全世界最有名的瑞士人費德勒更加活躍的國際大使。

在斯洛波丹·米洛塞維奇（Slobodan Milošević）總統任內，南斯拉夫內戰爆發，這讓塞爾維亞成為了備受國際唾棄的國家。規模以及影響力不斷縮小。

當喬科維奇家族的發跡地蒙特內哥羅（Montenegro）宣佈獨立後，塞爾維亞就變成了內陸國家。科索沃之後也跟著脫離塞爾維亞，而科索沃是斯爾詹與他的兄弟姐妹的出生地。

「來自蒙特內哥羅、出生於科索沃的塞爾維亞人有一種與眾不同的氣質，」蓋西奇告訴我，「喬科維奇一家人都非常堅強。」

一九九九年，那起來自北大西洋公約組織，對喬科維奇產生極大衝擊的轟炸行動，其實是為了平息塞爾維亞人對阿爾巴尼亞分裂份子在科索沃進行的殘酷鎮壓，科索沃絕大多數的人口是阿爾巴尼亞人。在德國、美國等西方國家支持下，這個幾乎要分裂出去的省份於二〇〇八年宣佈獨立，但塞爾維亞和許多國家依然不承認科索沃是主權獨立的國家。

這個議題對喬科維奇一家來說非常敏感，諾瓦克曾表示他反對科索沃獨立建國。

「我讀過歷史書，我記得我是被怎麼教導的，」喬科維奇曾這樣告訴我，「這是我國家的一部分，也是我家庭的一部分。」

像這樣對政治議題公開表態，也是喬科維奇和費德勒一大不同之處，費德勒在某種程度上是天生的政治人物。不只非常會讀空氣，而且知道如何與別人打成一片，他能夠讓和他對話的人感覺置身在費德勒的世界中，無論這個人是巡迴賽的賽事總監或接駁車司機。

費德勒不濫用他的特權，在他的整個職業生涯中，他謹慎地避免做出政治評論，頂多只會對網球相關的議題公開表態，例如近期他對於ATP與WTA兩者之間的整併這件事上所表達的支持，以及他長期反對比賽過程中的場中指導。

從這個意義上來看，相對於二〇二〇後的世代，他在這方面小心謹慎的氣質，其實更接近二十世紀初的風格。在當今網壇，球員們越來越不避諱地願意在各種不同平台上，對於各項議題，包括性別歧視到氣候變遷等做出表態。費德勒曾面臨一些社運人士的譴責與小型抗議，主要是針對他的贊助商之一瑞士信貸在石化燃料上的投資行為。這群抗議者在社群媒體上使用了 #RogerWakeUpNow 的標籤，來「提醒」費德勒做出回應，而他們的其中一則貼文，也被著名的氣候活動家「環保少女」格蕾塔・桑伯格（Greta Thunberg）轉貼分享。

而費德勒在二〇二〇年初發表了公開的回應：

作為四位孩子的父親、以及不遺餘力推廣普及教育的支持者，我對於青年氣候運動抱持高度的尊敬與欽佩，同時我感謝年輕的氣候活動家提醒了我們所有人，應該重新檢視自己的行為並致力於找出突破性的解決方法。無論是對我們自己，或是對他們，我們都有責任去聆聽。對於那些提醒的聲音，不論是針對一個人、一位運動員，甚至一位企業家所應盡的責任，我都由衷感激。而我確實有這個義務，充分運用我的身份地位，去和我的贊助商對此進行商討。

在過去，贊助商並不希望運動員對各種議題表態，但現在的狀況已不可同日而語，最明顯的例子就是二〇二〇年美網，大坂直美用行動表達對種族歧視和警察暴力的抗議，同時又奪得該屆比賽的冠軍，你可以觀察在那之後贊助商的反應，他們現在甚至十分歡迎這樣的事情。

相對於費德勒，喬科維奇一直以來的評價都更加兩極，發言也比費德勒更直言不諱，甚至我們可以說，他比眾人都走得還要更前面。

在二〇一九年採訪完喬科維奇後，我寫了一篇文章，其中我把納達爾歸類為戰士，費德勒是巨星，而喬科維奇則更像一位冒險家。他總是不安於現狀，在球技上，他持續尋求方法上的突破；在觀念上，他則力求與時俱進，這無疑有助於他突破種種障礙，躋身於頂尖男子網球選手之林。

「無論是之於我自己、還是我的網球表現，費德勒和納達爾都激發出我最好的一面。」他有次這樣跟我說。

當費德勒出道時，上一個世代最好的球員，如阿格西和山普拉斯，都已是英雄遲暮。但喬科維奇不同，他出道時，擋在他前方的是處於顛峰狀態的費德勒和納達爾。隨後他成為了這兩位名將的宿敵，並硬是表現得比他們更為優秀，在生涯對戰紀錄逐漸佔據上風，在大滿貫比賽的交手紀錄也是如此。這或許比起在任何其他時期寫下優異的成績，都更能說明一位球員的歷史地位，以及他應得的榮譽及肯定。

「當我和拉法對戰時，我覺得更能揮灑自如，如果我想要縮短來回次數，我也可以做到，」費德勒有一次跟我說，「但和諾瓦克對戰，情況就完全不同。他的球質又重、球路又平、落點又深，不是說反擊就能反擊，因為事實上你就像是被他銬上了手銬，只能下定決心跟他纏鬥到底。」

喬科維奇無疑帶給費德勒許多惡夢：在二〇一四年及二〇一五年的溫布頓決賽中擊敗他，而當然，其中最令人難以置信，但卻千真萬確更是錐心刺骨的惡夢，就是二〇一九年，他在費德勒手握兩個冠軍點的情況下，上演了一場驚天動地的世紀大逆轉。

在我看來，在三巨頭的對戰組合裡，費喬對決總讓你感覺少了些什麼。畢竟費德勒和納達爾現在已經成為了朋友，同時也是國際男子職業網球協會的盟友。而費德勒和喬科維奇則更像是在同一家公司爭取晉升機會的同事。雖然他們從未在球員休息室裡對彼此大吼大叫。但他們在球網兩邊對峙時總帶有這樣的微妙氣氛，而這種無形的壓力，或許多少在費德勒有機會進攻得分時，讓他錯失了擊球的靈感和瀟灑。

雖然早年納達爾對陣費德勒時屢戰屢勝，但是納達爾當時對費德勒還是相當尊敬。喬科維奇則時常做出跌破大家眼鏡的舉動，像是模仿其他球員的動作來逗樂觀眾，雖然他的對手可能並不覺得好玩。而他職業生涯早期給同儕球員的印象，更是他那頻繁的傷停和要求場外休息，這通常會被認為是有意無意地打亂對手的節奏。

但在這裡，我必須為喬科維奇說句公道話，他在呼吸方面的問題是千真萬確的，在二〇一一年採用無麩質飲食之前，他做了多次鼻中隔彎曲的手術。現在他早已解決他早年耐力不足的問題，同時他也是最願意為對手的好球喝采的球員之一。但是費德勒和喬科維奇彼此會以國際男子職業網球協會球員理事的身分互動，兩人卻從未真正親近彼此。

「我認為對羅傑來說，對戰諾瓦克的包袱比拉法多。」保羅．安納孔告訴我，「雖說我也從來沒有跟羅傑談論過這件事，真的。他也從來沒說過諾瓦克是個混蛋之類的壞話，但是或許正因為如此，就是這微妙的張力，讓羅傑在打敗諾瓦克這件事上有些患得患失。」

如果費德勒總是會選擇在球場上進攻，那就會形成一種打球風格上的有趣對決：費德勒被低估的發球，對上喬科維奇無與倫比的接發能力；費德勒行雲流水的截擊，對上喬科維奇精準的穿越球；費德勒絕佳手感的前場短球，對上喬科維奇驚人的跑動能力。

和納達爾不同，喬科維奇是個右手持拍的球員，也沒有挑戰轉速極限的上旋球。他無法總是把球送往費德勒的單手反拍，並用上旋增加球的彈跳高度，造成費德勒反拍處理的困難。如果兩人都留在底線對抽，那就是力量與力量的對決：費德勒精準犀利的正拍，對抗喬科維奇控球靈活的反手拍，費德勒的多樣性對上喬科維奇的機動性。他們在對陣時都不會輕易地屈居守勢，彼此都能維持高超手感，掌握第一時間刀刀見骨地擊球，在兩人精采的龍爭虎鬥時，球場彷彿都變小了。

「我認為喬科維奇是唯一一位可以在任何場地的任何位置，正面迎擊費德勒攻勢的球員。」山普拉斯告訴我，「他完全可以招架羅傑凌厲的攻勢，因為他的移位實在太優秀了。而且要是喬科維奇反擊，甚至會讓費德勒有些慌張，並自問：『我現在該怎麼做？』」

和喬科維奇對打，有點像是在跟一個打不穿的銅牆鐵壁作戰，或是用更現代的詞彙來比喻的話。來聽聽這位曾經執教過選手對抗喬科維奇、現在反而成為喬科維奇教練的伊凡尼塞維奇怎麼說吧。

「當喬科維奇完美發揮時，他就像網球電動一樣扯，你他媽的根本沒有獲勝的機會，」伊凡尼塞維奇告訴我，「這是一場永無止境的輪迴，他就像是《魔鬼終結者》（*The Terminator*）中那個液態金屬人一樣，你持續砍殺他，他卻不斷恢復原狀。你連贏下一分都很困難，所以你根本不知道該怎樣指導選手去對付他。就打吧，我想。上場，然後祈禱你會贏。」

自從打出那記胯下擊球後，費德勒對陣喬科維奇依然有過佳作。二〇一一年法國網球公開賽的準決賽，我認為是他生涯最棒的表現之一。他在紅土上華麗演奏著凌厲的底線進攻，一開始就火力全開，並在開打經過七十分鐘左右，奪下搶七贏得第一盤的勝利。

在理應球速較慢的紅土場地上演的這齣「快打網球」，法國的《隊報》稱之為「乒乓網球」。不過，其實由於當年賽會使用了新的 Babolat 網球，且當時整場比賽的天候條件較為乾燥，球的彈跳速度其實較快。費德勒和喬科維奇一直想辦法要拖延對方回擊的時間，同時也緊抓住能加快進攻速度的瞬間。我在場邊幾乎目睹了整場比賽，它完全展現出這項運動最美好的一面：精準、大膽、足智多謀、幾近特技的炫目球技，以及高潮迭起的對戰過程。

在羅蘭·加洛斯現場觀眾的激勵下，費德勒把反拍擊球的轉速提升到了更高的檔次，而他的正拍更可以說是想打哪裡就打哪裡，再加上源源不絕的發球致勝，包括在第四盤搶七最後的那一記愛司球，費德勒趕在九點三十八分夜色完全降臨前，俐落地把勝利收下。

「我只希望能夠今晚結束比賽，因為若是持續到隔天，對我來說無異於是一場賭博，」費德勒跟我說，「我在場上感覺很好，事實上我心中非常平靜。」

如果他能保持這樣的水準和心態，他或許很有可能在決賽也擊敗納達爾。紅土之王那一年在他的寶座上搖搖欲墜。但是費德勒的反擊再次落空，儘管他曾經在第一盤手握五比二的領先優勢，但在那之後，他還是四盤輸掉了比賽。

「我想羅傑那年應該是能贏下冠軍的，」安納孔告訴我，「作為教練，我對這次的失利感到很難受，程度不亞於前一年美網準決賽對陣諾瓦克，最後錯失兩個賽點而輸掉的那場比賽，因為我心裡有個聲音告訴我：我沒有在決賽前給予羅傑充足的信心。那時我覺得拉法其實狀態並不是很好。」

然而，費德勒在二〇一二年溫布頓的表現就沒有讓大家失望，他不只在準決賽中擊敗喬科維奇，接著更在決賽時擊敗莫瑞，奪下他生涯第十七座大滿貫冠軍，並在頒獎典禮上，對落淚的莫瑞報以同情的眼神。

但是在接下來的十年，費德勒就再也不曾在大滿貫賽事中擊敗喬科維奇了。在這段期間，費德勒戰勝喬科維奇的八次勝利，都是在三盤兩勝制的比賽，其中兩場還是ATP年終賽的循環賽。

而他們於美網的再次交鋒，則是在二〇一五年的決賽。在賽場上，費德勒總是觀眾的寵兒，這次也不例外，比賽過程中，觀眾甚至比以往更加賣力地為費德勒加油。

對此，喬科維奇表示：「當我跟羅傑比賽時，觀眾是不是比較支持我，對我來說並沒有差別。既然事實是如此，那我也只能接受。我能做的就是打好每一場比賽，也許有一天我會獲得多數人的支持。」

這是在那年初夏的溫布頓決賽，喬科維奇以四盤戰勝費德勒之後所做出的發言。這可以說是預言了他們即將在紐約的交鋒。

那一年美網，納達爾提前被淘汰出局。喬科維奇和費德勒分別是妥妥的世界第一與世界第二。作為網壇的新一代霸主，打進決賽對喬科維奇來說幾乎是家常便飯了，儘管如此，相較於費德勒的五冠，當時喬科維奇在美網卻只收獲一冠。

更何況，當時費德勒以一盤未失之姿的霸氣闖入決賽，這次他可有十足的信心，認為自己有機會角逐冠軍寶座。但喬科維奇也不是省油的燈，在決賽前夕，他看了《三百壯士：斯巴達的逆襲》（*300*），在這個暴力熱血故事中，四面楚歌的斯巴達人儘管自知是逆天而行，卻仍然奮不顧身地迎戰。

主演《三百壯士》的傑拉德·巴特勒（Gerard Butler），當天也以喬科維奇朋友的身分坐在親友包廂中為他加油。而喬科維奇的表現甚至比斯巴達人還要出色，但他幾乎要被瘋狂為費德勒加油的紐約觀眾給擊敗：僅僅只是一發沒進，觀眾就會大聲喝采，更別說在他打出非受迫性失誤時，觀眾們更會賣力地喊著「羅傑」。搞得好像費德勒不是來自中立國家瑞士，而是一位來自美國的冠軍。

以費德勒三十四歲的年齡來說，他已經表現得非常出色，但是二十八歲的喬科維奇再一次突破了自己。

我曾經問過喬科維奇，和納達爾或莫瑞等對手相比，跟費德勒比賽最大的不同點是什麼？

「你很難預測羅傑的行為，他實在太有天賦，什麼球他都打得出來。」喬科維奇回答，「身為一個網球選手，或是說一位運動選手，最不想遇到的就是面臨不可預期的未知。但這就是羅傑的武器，他在比賽中太多變了，這會讓你分心去想，接下來他究竟會怎麼出招？」

喬科維奇談到了費德勒的「羅傑奇襲」（SABR，Sneak Attack by Roger），也就是費德勒趁對手發球時，一反常態地趨近發球區，並緊接著以半截擊回發的這項招數。「你發球的時候會想：他會不會這時候使出這招？」他說，「他會緊接著上網嗎？或是他會退回底線？他接下來會切球？還是抽球？你會陷入無止境的猜想，這就是和羅傑對戰時最麻煩的地方。」

費德勒確實增加了許多新招，二〇一三年與安納孔分別後，費德勒開始與艾伯格的合作，同時採納他的建議，增加了上網次數。但喬科維奇不只早已發展出絕佳的抗壓性，面對各種臨場狀況也能夠應對自如。第一盤對他有效的戰術，到了第四盤就沒用了。他自己也成了一位變化莫測的頂尖選手。

費德勒最後一次能把比賽延續到五盤的機會，是在比數五比四，喬科維奇邁向勝利的發球局時，他逼出了三個破發點。但是這三個破發點喬科維奇全都守住。事實上，整場比賽的關鍵，正是他在面臨費德勒總共逼出的二十三個破發點中，守下了其中十九個。

「你必須要適時冒險，」費德勒說，「有時候我做得到，但有時候沒辦法。」

喬科維奇以六比四、五比七、六比四、六比四的比數贏得勝利，獲得第十座大滿貫冠軍，讓他的大滿貫冠軍數量推進到兩位數，至於當時男子單打大滿貫冠軍數量的第一人費德勒，數量則是停留在十七座。

這場比賽的結果，也讓兩人的對戰紀錄來到二十一比二十一平手，在之後幾年，喬科維奇則漸漸拉開領先差距，而且恐怕會一直如此。

費德勒雖然抱憾而歸，但是場上那些來自異國的讚美與歡呼，仍然烙印在他的記憶深處。

「這些讓我起雞皮疙瘩的動人時光，絕對是我繼續待在場上的原因之一。」費德勒說，「在距離瑞士這麼遙遠的國家，還能得到這樣的支持，真的給了我極大安慰，尤其美國是世界體壇最有競爭力的國家之一。在這裡，人們喜歡贏家。」

喬科維奇肯定不會同意這樣的看法，隔天早上，他接受了勝利後的採訪，他也解釋了一番他對觀眾的反應採取的因應措施。

「我其實是在心理上催眠自己，」他在我們乘坐廂型車穿過城中時告訴我，「當觀眾大喊『羅傑！』我就會告訴自己，他們其實是在喊『諾瓦克！』」

他的這段告白，老實說有點讓人心酸，甚至感到同情。但是喬科維奇現在似乎已經越來越能接受這個事實：他是一位在塞爾維亞人見人愛的偉大冠軍，但在其他地方未必如此。

「就像每個人一樣，在場上，我也經歷了許多酸甜苦辣，」喬科維奇說，「我想，隨著時間過去，我學會了如何運用豐富的經驗，如何應對那些艱難的時刻。但是我也認為，這很大部分來自我的個性、我和別人不一樣的生長環境，這些形塑了我、形塑了我現在的人格。那些過往記憶，在像是昨晚這種時候，會帶給我一些力量，讓我知道怎樣去面對。」

喬科維奇的聲音略顯哽咽，他刺蝟造型的頭髮也顯得有些不合時宜。他的右手腕和手臂在決賽的前段，因為跌倒而摔傷。但現在我們已經下了車，快步走進中央公園，準備接下來的拍攝工作。在美網開打期間，喬科維奇通常會住在他朋友戈登．尤林（Gordon Uehling）在紐澤西的莊園，但這一年，他選擇和家人一同待在曼哈頓的飯店裡。

「我的一位密友認為這個決定是對的，這座城市有那麼強大的活力，光是待在這裡一下就會覺得充滿能量，」喬科維奇說，「但是如果待上太久，你反而會被消耗。」

我問他，這座城市是否有帶給他今年獲勝所需的能量？

「當然，但我感覺如果我再多待一天，對我來說就是負擔了。」他說，「所以，是時候該慢慢回家了。」

那時我們已經快要抵達目的地了，我只剩下一個問題的時間。所以我問他：該怎麼做，才能讓紐約的觀眾在大滿貫的賽事中，像是支持費德勒一樣支持你？

喬科維奇沈吟了一會，最後給出答案。他的想法總是很完整，不像有些人是想到什麼就說什麼。

「老實說，首先，我認為關鍵是你必須堅持不懈，」他說，「真正的網球迷尊重那些對這項運動做出承諾的人，這不只是關乎成績，也是關於對網球的熱情、對這項運動的尊重，無論是巡迴賽、對手或運動本身。另外，我認為你呈現出什麼樣的價值，這也是關鍵。你是否敬重生命的價值，你是否衷心感到自己深受這項運動之恩，必須湧泉以報？

「我想這些都是關鍵。也都是我嘗試去做的。我是這樣走過來的，我也希望觀眾們能認識到這一點。但是在這種情況下、在這個時間點與羅傑比賽時，我不會有太多無謂的期待。」

語罷，喬科維奇與我握手告別。

「前面就是你的舞台了。」我指著俯瞰沃爾曼溜冰場（Wollman Rink）的岩石說。

喬科維奇趨步上前，身後是市中心的天際線，朝向一群準備拍攝他的攝影師走去。很快地，美網金盃將再次從費德勒的手中溜走，回到喬科維奇的懷抱。

第 13 站

法國，里爾

LILLE, France

瑞士眾望所歸的第一座台維斯盃冠軍就在眼前，但在這緊要關頭，費德勒卻急不得，只能努力在週五對上法國隊的比賽前，盡量不受背傷的影響。

距離二〇一四年台維斯盃只剩下兩天，費德勒在室內紅土球場輕拍著網球，和以往不同，他似乎看起來年邁了許多。

在週三的短暫訓練中，羅傑沒有在皮埃爾・莫魯瓦球場（Pierre Mauroy Stadium）的紅土上滑行，沒有在網前練習截擊，更沒有在底線來回奔波。

瑞士眾望所歸的第一座台維斯盃冠軍就在眼前，但在這緊要關頭，費德勒卻急不得，只能努力在週五對上法國隊的比賽前，盡量不受背傷的影響。

費德勒的隊友都指望著他，且這些人不只是隊友，瑞士隊的四名隊員中，包含費德勒從小一起在巴塞爾長大的馬可・丘迪內利，以及他在比爾的室友麥可・拉梅爾。瑞士隊的隊長是塞韋林・魯奇，他是費德勒的長期個人教練兼知己，多年來陪著他四處征戰，絕對是賽場上最懂他的人。

此外，還有瑞士強力新星史坦・瓦林卡，是費德勒親自指導過的後起之秀，如今也是全球網壇的頂尖好手，二十八歲的瓦林卡，不久前在澳網奪下他生涯第一座大滿貫冠軍。

多年的職業生涯裡，費德勒大部分的時間都在追逐個人成就，優先安排自己的時間和需求，而台維斯盃作為網球中一大團隊賽事，當然也是費德勒的重要目標之一，贏下台維斯盃，為自己再立下一項生涯里程碑。不過和以往不同的是，這週於法國進行的台維斯盃，不單是為個人榮譽而戰，更是為了國家而戰，希望能為瑞士贏下期盼許久的冠軍。

費德勒告訴我：「這絕對是我待過最酷的團隊。」

在參加任何大滿貫賽事前，費德勒就打過台維斯盃了，在蒙地卡羅大師賽、羅馬大師賽、印地安泉大師賽等重要賽事前，他就參加過台維斯盃。

費德勒初次參與台維斯盃年僅十七歲，當時是一九九九年四月，他在家鄉對上義大利，比賽場地是位於納沙泰爾的室內快速硬地球場。費德勒棒球帽反戴，蓋住了他漂白的金髮，儘管充滿變數，但他球風穩健，在這場他人生的第一場五盤大戰中，最終以六比四、六比七（三）、六比四、六比四擊敗義大利老將達維德．桑圭內蒂（Davide Sanguinetti）。

回想當年在法國看了費德勒決賽前的練習，「我本以為羅傑會打得很辛苦，」瑞士前隊長克勞迪奧．梅薩德里說，「羅傑那時沒有任何五盤大戰的經驗，也是第一次在台維斯盃在這麼多觀眾面前打球，但他依舊冷靜放鬆，發揮得非常好，這讓我很驚訝。而且身為隊長，我也無需跟他叮嚀太多，當比賽結束時，他下場便開始和我分享剛才在賽場上的感受，『原來這就是聽到三四千人為你歡呼的感覺』，他腦中彷彿紀錄下了這一切，然後重播給我看。」

在後續的比賽，瑞士擊敗義大利，但在四月的準決賽輸給了比利時，費德勒的兩場單打都失利，他以五盤敗給克里斯托夫．范．加斯（Christophe Van Garsse），這位比利時好手從未衝擊過巡迴賽事，但在台維斯盃中時常有亮眼表現；接著在關鍵一戰中，費德勒最終四盤輸給了薩維埃．馬利斯。

這些失利當然不好受，但也讓費德勒見識到台維斯盃的特別之處：每場比賽都極具張力，包括范．加斯等任何球員都可能瞬間成為目光焦點。

費德勒在年輕時為瑞士隊打了每一輪比賽，甚至在二〇〇一年公開反抗當時的隊長雅各布．赫拉斯克，表示費德勒已經開始善用自己的影響力，不過，當費德勒站穩網壇頂端後，為了自己的賽程安排考量，他開始跳過台維斯盃的首輪比賽。

少了費德勒，瑞士在台維斯盃止步，無法順利晉級。

依照慣例，費德勒會在打完九月的美網後回歸，參加世界組升降賽力挽狂瀾，避免瑞士被降級，雖然這招幾乎都能奏效，但瑞士依舊有兩次被降級。

這樣的狀況既奇怪又令人不滿意，費德勒雖然幾乎每年都有參與台維斯盃，但最關鍵的時刻他卻不在。

「不參加對我來說也是很艱難的決定。」他在二〇一〇年告訴我，「我希望在過去這六年，能夠有一次是在沒有我的情況下贏得第一輪，接著我就有機會在八強或其他時機再加入，但很不幸地從未發生。隊友都是我最好的朋友，所以我一直相信那天會到來，我可以再和這些夥伴並肩作戰，對我來說，決定不參加首輪令人心碎，但我不能同時追逐所有夢想，只能做出取捨。」

然而，即使費德勒全程參與，也難保瑞士不敗。二〇一二年，瑞士於弗里堡（Fribourg）的室內紅土球場，以主場之姿全力迎戰美國隊。在賽事首日，馬爾迪．菲什在最後的第五盤，以九比七擊敗了瓦林卡，約翰．伊斯內則以四盤打敗了費德勒。

瓦林卡性格敏感，平時費德勒對他多是細心關切，但這次他非但沒有談論自己輸掉的比賽，還非常直接地批評瓦林卡對上菲什的表現。

「史坦沒有在第一天擊敗菲什並給對方帶來壓力，實在太可惜了。」他說，「那場比賽真的差一點就能贏了，贏下第一場可以改變很多，在那之後，對上伊斯內的比賽就充滿了變數。」

對費德勒來說，瓦林卡「打得不太好」，接著在他們兩人又輸掉雙打比賽後，費德勒再次發表了類似的批評：「這場雙打我打得不錯，史坦的表現也不差，但他在發球方面遇到了蠻多狀況。」

這次可說是費德勒的失言。也許他是對的，但他肯定不該這麼表達，在該賽季之後我再遇見他時，他說他非常後悔當初那樣講。

「在記者會上不應該想什麼就講什麼，因為那樣的話沒有用，對大家都沒有好處。」他說，「我當時說史坦很可惜，沒有發揮出最佳水準，但接下來就被說成『費德勒批評史坦』，我整個莫名其妙，你在跟我開玩笑嗎？我輸了兩場比賽，史坦也……輸了兩場比賽，但我是球隊的頭號選手，所以這是我的錯，不是他。只能說，我從那件事學到講話要有技巧，與其說『嗯，他打得不是很好』，還不如直接說『我自己打得糟透了。』」

費德勒說完笑著搖了搖頭，但當時觀賽的瑞士球迷臉上沒有任何笑容，因為美國最終以五比零擊敗了瑞士。

「一切都準備就緒，但我們突然在第一輪就全輸了，這真的是很大的打擊。」拉梅爾說，「這也提醒了我們，晉級之路是多麼艱難。」

二〇一三年，費德勒完全跳過了台維斯盃，而瓦林卡、丘迪內利和拉梅爾在納沙泰爾擊敗了厄瓜多隊，使瑞士在沒有費德勒的情況下，依舊留在了世界組。

「當時的感覺就像『我們來拯救一切吧』，大家都想贏球，共舉獎盃。」拉梅爾說，「我們都瞭解羅傑的情況，我們不該說『來吧，你必須參加！』他有那麼多的目標，對他來說，做這些抉擇也很艱難，我想每個人都知道他也想參與，但我們不想給他壓力，完全不想。」

二〇一四年，費德勒已準備好再次嘗試台維斯盃，但他到最後一刻才確定參賽，在原先表示可能無法參賽後，他最後決定前往塞爾維亞，參加二月份瑞士的首輪賽事。

這感覺是明智之舉：先不給出承諾，之後再給大家驚喜。他和瓦林卡一同前往諾維薩德，那裡是前女單世界排名第一莫妮卡．莎莉絲的家鄉，接著費德勒帶領瑞士隊取得了比賽勝利。

不過塞爾維亞的頭號球星諾瓦克．喬科維奇當時並未參賽，喬科維奇當年選擇跳過第一輪，這樣的情況也再次點出台維斯盃的問題：頂尖球員並未穩定參賽，使得台維斯盃失去許多強強對決的精采賽事，在這個男子網壇的黃金時代，球迷最殷殷期盼的就是頂尖好手或各大勁敵間的相互競爭，但台維斯盃幾乎沒有出現這樣的賽事組合，也讓這個成立已久的賽事逐漸失去吸引力。

在二〇一九年台維斯盃改變賽制之前，費德勒和納達爾從未在該賽事中交手過，費德勒和喬科維奇也只在二〇〇六年交手過一次，當時喬科維奇尚未成為費德勒的勁敵。

包括英國的安迪．莫瑞在內，網壇天王們都曾在台維斯盃中贏得至少一次冠軍獎盃，只是過程都沒有對上彼此。

球星們都認可台維斯盃賽的歷史意義，也認為台維斯盃能建立各國對於網球的關切，納達爾和喬科維奇皆透過台維斯盃作為跳板，在後來的個人職業生涯取得更大的成功，喬科維奇在二〇一〇年帶領塞爾維亞隊奪得冠軍，為他的二〇一一賽季開啟了良好的序幕。但由於台維斯盃的四輪比賽是在一年之中陸續進行，頂尖好手們一致認為，要全程參與實在太耗費精力了。

「如果你瞭解我們從一月到十一月在全世界參與的各項賽事，」費德勒告訴我，「參加一次台維斯盃，等同失去一次打一千分大師賽的機會。」

球員開始推動改革，而費德勒長期擔任ATP球員理事會主席，最終對負責辦理台維斯盃的國際網球聯合會主席弗朗西斯科．里奇．比蒂（Francesco Ricci Bitti）失去耐心，在溫布頓的一次會議上，一向溫和的球王費德勒罕見地大動肝火。

「為了台維斯盃，羅傑在我們所有人面前大罵ITF主席，他認為ITF的所作所為缺乏傾聽，即便看似有傾聽，也未做出任何改變。」當時的ATP理事會代表吉梅爾斯托布（Justin Gimelstob）說，「羅傑真的豁出去了，要對方為此負起全責。」

之後，里奇．比蒂確實在他任內批准了一些賽制的細微更動，但由於台維斯盃的收入對國際網球聯合會至關重要，他依舊讓賽事每年舉行，也不同意進入決賽的隊伍在下一年可以跳過首輪賽事。

經過爭取，問題卻依舊沒有明確解決，費德勒持續極度關注此事，但也同時感到壓力。

二〇一四賽季是他終於可以擺脫重擔的機會。要贏得台維斯盃冠軍，若只靠一位頂尖選手非常困難，因為該球員必須在三天內的每一輪比賽中，贏得五盤兩勝制的單打比賽和一場雙打比賽，若是隊上同時有兩名頂尖好手，勝算便會顯著提高，到了二〇一四年，瓦林卡無疑也已躋身網壇頂端。

瑞士隊抵達法國時，費德勒世界排名第二，瓦林卡排名第四，但令人擔憂的是，費德勒能否在決賽前及時康復？以及費德勒和瓦林卡之間是否能冰釋前嫌？

前一週在倫敦舉行的年終賽中，兩人在準決賽都遇到了一些狀況，費德勒救了四個賽末點，最終以四比六、七比五、七比六（六）贏下該場勝利，但在賽後他的慢性背部問題卻越發嚴重，最終不得不放棄隔天對上喬科維奇的決賽。

「我也不懂怎麼會這樣，」費德勒告訴我，「可能是東一點西一點累積下來的，也許就是背部或身體累了，也可能是因為破發局中太過緊繃，真是倒霉。」

此外還有另一個問題，在準決賽期間，米爾卡在場邊觀賽和歡呼，在第三盤後段，瓦林卡不滿她在第一次和第二次發球之間製造噪音，而米爾卡則回應稱瓦林卡為「愛哭鬼」。

「你們有聽到她剛說什麼嗎？」瓦林卡對費德勒和裁判塞德里克．穆里埃（Cédric Mourie）說。

瓦林卡也對穆里埃提出抱怨。

「她在溫布頓也做過同樣的事，」他指的是今年稍早，費德勒在溫網準決賽打敗瓦林卡的時候，「每次我在球場靠近她那側時，她都會在我發球前大吼大叫。」

有鑑於費德勒的聲望和一向良好的品格，這樣的抱怨肯定會引起轟動，更何況還發生在全球媒體焦點的倫敦，且費德勒和瓦林卡正即將聯手為瑞士出征台維斯盃，法國籍的主審裁判穆里埃甚至打破慣例，就此事接受了法國媒體的採訪。

「事情突然就爆發了，」，費德勒後來告訴我，「然後我看著，看著米爾卡，甚至還不知道發生什麼事就成了夾心餅乾。那只是一時的衝突，但之後卻以超快速度不斷傳播。這也不難理解，因為米爾卡只是為了支持我，而不是為了分散他的注意力，我想史坦自己也知道。」

賽後，費德勒和瓦林卡在O2體育館的私人包廂裡長談，多年來一直為瓦林卡提供建議的魯奇也參與了討論。

最終總算成功達成共識。

「米爾卡絕不會對我的對手生氣，」費德勒說道，「十五年來她從未如此，現在也沒有，更不可能是對史坦生氣。」

但六年後，當瓦林卡被問到他職業生涯最大的遺憾時，他說「至今為止」最遺憾的是在倫敦敗給了費德勒，不過他沒有提到米爾卡當時的舉動。

「那是年終賽的準決賽，是僅次大滿貫之後最負盛名的賽事，匯集了世界上最頂尖的八名選手，」瓦林卡告訴瑞士《傑出》雜誌，「我讓機會溜走了，那對我來說真的是很大的挫敗，當天晚上我徹夜難眠，想了很多，並跟我身邊的人討論解決方法，而最後結論就是我必須振作起來，和瑞士隊一起參加台維斯盃決賽。」

週日，瓦林卡、魯奇，以及瑞士隊新成員大衛·麥克弗森一同搭上歐洲之星火車，麥克弗森是美國雙打冠軍組合布萊恩兄弟的長期教練。

魯奇和麥克弗森關係很好，魯奇在世界巡迴賽總決賽期間，就曾針對即將到來的台維斯盃，請教麥克弗森瑞士對法國雙打比賽的建議，當時麥克·布萊恩也有參與討論。

「我們提供了魯奇一些建議，然後布萊恩半開玩笑地說：『你要不要乾脆找麥克弗森一起去里爾？』」麥克弗森告訴我，「我當時不確定魯奇是不是也在開玩笑，但他馬上就問：『呃，真的可以嗎？』於是我說：『當然囉，如果羅傑也想要我去，我怎能拒絕呢？』」

費德勒也很開心麥克弗森能加入，在二〇〇八年，費德勒和瓦林卡在北京一起贏得了奧運會雙打金牌，那對兩人的職業生涯來說都是一大亮點，但在過去四場台維斯盃的雙打比賽中，他們卻都失利了，感覺就是哪裡不太對。

由於背部的傷勢，費德勒比瑞士隊的其他成員晚一點出發，當費德勒抵達里爾後，他和瓦林卡似乎早已冰釋前嫌，「我們面帶微笑地看著對方，那說明了一切，」瓦林卡說道，「過去的就讓它過去吧。」

「場面沒有一絲尷尬，」麥克弗森說，「團隊就像一個溫暖小家庭，氛圍很好。」

首次的團隊晚宴結束後，費德勒邀請麥克弗森去他的房間討論雙打。

「全程只有我們兩人，總共在他的房間裡待了將近九十分鐘，」麥克弗森說，「我很驚訝羅傑對雙打的用心，以及他多麼認真地想成為一名更好的雙打選手，他對網球求知若渴，而這場雙打是他職業生涯中少數非常重要的一場，他真的全心投入，不想留下任何遺憾。」

麥克弗森後來整理了有關他們潛在的法國對手的筆記和錄影片段，並彙整了費德勒和瓦林卡在北京奪金的精采片段，其中包括他們在準決賽中戰勝布萊恩的片段，也包括了費德勒和瓦林卡最近雙打失利的比賽影片。

每天晚上，麥克弗森都會與球隊會面，花二十分鐘談論雙打，他會給出詳細的建議，但主要重點是瓦林卡要用他的反手拍抽球而不是切球，並且在發球局中，網前那名球員需要打得更加積極和有侵略性。

然而，如果費德勒不能上場，這一切都是徒勞。有些人鼓勵費德勒打止痛藥，畢竟這次贏得台維斯盃的機會可是千載難逢。

「我還可以，」他告訴我，「我只是祈禱可以不必打針，好險最後沒這個必要，這讓我十分欣慰。」

在那時候，費德勒從未動過手術，也從未注射過可體松（cortisone）。

「我相信人需要讓身體痊癒和休息，」他告訴我，「總之我怕各種藥物和注射。」

儘管有辦法出賽，但那還不代表費德勒能在場上發揮全力。當時的法國球員在網壇排名並未落後費德勒和瓦林卡太多，加埃爾．孟菲爾斯、喬－威爾弗雷德．松加、理查．加斯凱三人都曾是ATP前十的選手，有趣的是，由於稅收原因，法國隊的四個成員都定居在瑞士，所以人們也開玩笑說這是一場全瑞士台維斯盃決賽。

與費德勒和瓦林卡不同，法國隊已經專心在紅土場地為決賽訓練了數週，而且他們擁有巨大的主場優勢，里爾每天都有大量法國球迷前來支持。

自一九八〇年代以來，每一屆的台維斯盃我都有參與，從星光熠熠的決賽到等級最低的賽事，在嘉柏隆（Gaborone）舉行的歐洲／非洲區四組比賽，參賽國包含冰島、蘇丹和馬達加斯加等國，而這些國家的選手都沒有任何ATP積分。

一九九七年我在嘉柏隆採訪時，來自馬達加斯加、二十七歲的哈里沃尼．安德里亞納費特拉（Harivony Andrianafetra）表示：「對我來說，打溫網已不太可能，但來打台維斯盃至少實現了一個夢想。」

作為體育記者，我心目中許多最棒、最熱烈的比賽經歷，也都來自台維斯盃。在最高等級的賽事中，舊賽制下的比賽氣氛跟世界盃足球賽很像，只是一天的台維斯盃單打可能會持續八個多小時，讓球員和觀眾都筋疲力盡。

一九九一年的里昂，法國隊令人驚訝地擊敗了山普拉斯、阿格西等美國選手，然後他們在魅力非凡的隊長亞尼克．諾亞身後跳著康加舞慶祝勝利。一九九五年在莫斯科，山普拉斯取得了他職業生涯中最偉大但也最被低估的成就之一：他在他最不拿手的紅土場地上擊敗了俄羅斯隊，且幾乎全靠他一人之力。二〇〇八年在阿根廷的馬德普拉塔（Mar del Plata），納達爾因傷缺陣，但西班牙隊依舊在客場擊敗了納班迪恩、德爾波特羅等人組成的阿根廷隊。

二〇一四年的里爾郊區，法國對上瑞士的比賽開幕當天有兩萬七千四百三十二位觀眾入場，創下官方網球賽事的人數紀錄，次高的當日觀賽記錄是二〇〇四年，當年納達爾帶領西班牙在塞維利亞以主場贏下台維斯盃，當天的觀賽人數是兩萬七千兩百人。

在首場單打對決中，瓦林卡並沒有給法國球迷太多開心的機會，他以六比一、三比六、六比三、六比二擊敗了松加，但在第二場單打中，孟菲爾斯將自己的表現帶到另一個層級，以他最出色、專注的表現，以六比一、六比四、六比三擊敗了費德勒。

這使雙方戰成一比一平手，只剩下三場比賽：週六的雙打比賽和週日的兩場對戰組合交換單打比賽，問題是費德勒在對過孟菲爾斯後，是否還能或應該打雙打？拉梅爾和丘迪內利雖已做好準備，也和麥克弗森研擬了一整週，但在這種壓力下，他們缺乏經驗，且排名遠低於任何法國隊的選手。

在輸給孟菲爾斯下場後不久，費德勒就親自回答了這個問題。

「我準備好了，」在跟瓦林卡確認過後，他向魯奇和麥克弗森宣布他會出賽雙打。

「聽到這個消息非常鼓舞人心，」麥克弗森說，「羅傑的信心絲毫沒有動搖。」

儘管孟菲爾斯確實讓費德勒在比賽中吃盡苦頭，但他的背並沒有惡化，即使直接三盤輸掉比賽，他仍然很放心和樂觀，「隨著比賽進行，我開始放鬆下來，」費德勒說，「我想我需要打個三十記強力發球，我需要滑步、防守，並保持攻擊時的侵略性，同時快速解讀比賽。」

隔天，他和瓦林卡上場，兩人默契極佳，以六比三、七比五、六比四擊敗加斯凱和儒利安·貝內托（Julian Benneteau）。

那場雙打就像北京奧運會的精采表現再次上演，儘管兩人在倫敦曾有過誤會，但此刻的他們頻率一致。

在費德勒的球王光環下，瓦林卡在網壇似乎特別難走出自己的路，就像美國的安迪·羅迪克一直在苦苦追趕著山普拉斯、阿格西和吉姆·庫瑞爾的腳步一樣，唯一不同的是，費德勒是瑞士人，是一條小池塘裡的大魚。

瓦林卡第一次與費德勒一起練球時只有十六歲，不過當時他就總是表示，費德勒是他的榜樣，不斷激勵著他，也從他的對手偵察報告中獲益良多。

儘管費德勒曾在弗里堡公開批評過瓦林卡，但依舊一直支持他，瓦林卡比費德勒小四歲，在他正式踏入巡迴賽時，費德勒已經是世界第一了，最重要的是，費德勒讓自己的健身教練皮耶·帕格尼尼也協助瓦林卡訓練。

「在巡迴賽中，羅傑就像我的大哥。」瓦林卡告訴《傑出》雜誌。

媒體曾問瓦林卡，費德勒給他最寶貴的建議是什麼？

「活在當下的重要性，」瓦林卡回答，「二十年來，他必須面對媒體、球迷、並飛往世界各地比賽和訓練，他的日子非常充實，但他仍然保持平靜，即使是需要做一些他不太喜歡的事情時，他也會全力以赴，並做得比任何人更好。這麼多年來，我也一直試著達到那樣的境界。」

費德勒非常瞭解自己，並且只有在準備好全力以赴時才會做出承諾，這點對費德勒幫助很大，他曾多次拒絕參加台維斯盃，但在二〇一四年，他走過了完整的賽程，儘管帶著背傷，但他依舊在里爾的比賽中咬緊牙關，就像他在世界各地做的那樣。從他的巡迴賽處女秀到二〇二〇賽季，他從未中途退出過一場比賽，這可能是他最令人難以置信的網球成就。「羅傑簡直可以跟小卡爾·瑞普肯（Cal Ripken Jr.）相提並論。」羅迪克說。小卡爾是美國職棒大聯盟的連續出賽紀錄保持人，也有「鐵人」的暱稱，「在網球這項運動中，這幾乎是不可能的任務。雖然沒有人會認為從不退賽比贏得大滿貫更重要，但我認為沒有人可以像費德勒一樣，在二十年的職業生涯中這樣堅持下去，更何況他又不是沒在比賽中受傷過。」

瑞士隊只需在週日再贏一場即可奪冠，而費德勒在對上加斯凱的比賽中表現出色，做了他週三做不到的所有事：滑步、彎腰擊球，還有最不可能的跨步救球。

「費德勒在週末恢復體力的方式令人難以置信。」法國隊長阿諾·克萊門特說。

費德勒完美保發拿下最後一局，最終以六比四、六比二、六比二贏下比賽，他的最後一擊是一記漂亮的反手高吊致勝球，在球二跳之前，他已跪倒在紅土上，肩膀因情緒激動而起伏，接著他迅速起身，和魯奇及其他隊友相擁。

「週一、週二時，我完全想不到我可以在三天內打三場比賽。」費德勒說。

台維斯盃成立於一九〇〇年，而瑞士花了一個多世紀，終於捧起冠軍獎盃。

「那是我十七歲時的目標，最後花了很長的時間才實現，」費德勒告訴我，「也許正因為如此，喜悅也更大，我相信你也懂。」

瑞士隊迎來了他們的狂歡之夜：所有人喝著香檳，瓦林卡則抽了幾根菸慶祝。乘坐私人飛機快速回到家鄉後，週一他們在瑞士將受到英雄般的歡迎。

但在那之前，費德勒在更衣室裡對他的兒時好友拉梅爾和丘迪內利提出了最後的請求。隨著成功贏得台維斯盃冠軍，腎上腺素也逐漸消退，他的背又開始僵硬了。

「羅傑當時說：『拜託，你能幫我脫掉我的襪子嗎？我真的不行了，我完全無法彎腰。』」拉梅爾說，「他在那一週付出了很多努力，這是人們經常忽略的事，他看起來總是那麼流暢放鬆，但其實是他選擇忍耐，熬過痛苦，而沒有表現出來。」

第 14 站

杜拜

DUBAI

「我原本以為能打到八強就很棒了。」費德勒說，「第四輪也不錯。」但現在，他卻有望在2017年澳網奪得第18座大滿貫單打冠軍。

費德勒從未在卓美亞古城（Madinat Jumeirah）網球俱樂部的第一球場打過正式比賽。那裡雖然沒有販售門票讓觀眾看他工作，卻是他這些年來待最久的球場之一。這座球場處於杜拜的明亮光照之中，是一個低用電量的地方；費德勒常常在巡迴賽之間的休息時間到這裡訓練，而在二〇一六年的十一月及十二月，他在這裡以像是新鮮人的熱忱來準備首次的全面復出。

費德勒告訴我：「我依然渴望贏球。」當時他即將要從杜拜登機前往澳洲珀斯（Perth）。「現在我精神煥發，也恢復活力了。」

要抵達這個俱樂部，你必須進入卓美亞皇宮飯店（Jumeirah Al Qasr）的正門，穿過以馬術為主題的噴泉以及位於前草坪上的雄偉鍍金馬雕像。單以建築而論，杜拜就像是波斯灣上的拉斯維加斯（雖然賭博與飲酒在這裡是被官方禁止的）。

你走過大廳，那裡有挑高的天花板和華美的裝飾，還有棕櫚樹盆栽及新阿拉伯風格的正面。你等待一輛高爾夫球車與駕駛，他會載你通過橋樑和運河，穿越孔雀及色彩亮麗的駱駝雕像。最後你抵達一座粉刷灰泥的俱樂部會所，比起附近所有宏偉奢華的建築，它顯得十分低調。

你下車，輕快地走過俱樂部的前台，然後在一張木質長椅上坐下來，眺望一座藍色的柏士壁（Plexipave）硬地球場。二月時，職業教練馬爾科．拉多瓦諾維奇（Marko Radovanovic）在那裡自告奮勇為三名技能和動機截然不同的學童上了一堂集體課程。

那些學童似乎沒有意識到自己正站在神聖的網球場上。

「這是費德勒的球場，是他在這裡訓練時唯一會使用的球場。」拉多瓦諾維奇在訓練的間隙解釋說：「十五年來，他一直都會到這裡訓練。」

其他名人也會在杜拜的溫和冬季過來進行戶外訓練，包括曾在幾週之前到訪的諾瓦克．喬科維奇。不過，沒有一位現代網球巨星像費德勒一樣花這麼多時間待在杜拜，他在二〇〇二年首度參加這裡的ATP賽事，並在二〇〇三年首度贏得這項賽事的冠軍。他後來在杜拜碼頭的一棟名為「夢想大廈」（Le Rêve）的摩天大樓買下一間豪華的頂樓公寓。這間公寓擁有澳洲景觀設計師安德魯・菲佛（Andrew Pfeiffer）設計的庭園、費德勒設計的健身中心，以及讓住客「按下按鈕」即可預訂法拉利跑車、直升機或私人噴射飛機的專人服務。這間公寓可以看到波斯灣、人造的卓美亞棕櫚群島（Palm Jumeirah archipelago）和阿拉伯塔（Burj Al Arab）的全景。阿拉伯塔是一座高聳的帆船形飯店，費德勒與阿格西曾在該塔的直升機停機坪上進行對抽來宣傳杜拜錦標賽，然後非常小心地從三百公尺高的塔緣探頭張望。

拉多瓦諾維奇在動亂時期的貝爾格勒長大，是一名熱愛交際的塞爾維亞人，他依然珍視那段教導費德勒的雙胞胎女兒打網球的回憶。

作為謝禮，費德勒為拉多瓦諾維奇在一份「費德勒二〇一六年月曆」上簽名，還附上特別為他寫的新年賀詞，這份月曆如今正在貝爾格勒展示。

「我母親偷走了月曆，把它掛在她家的牆上。」拉多瓦諾維奇大笑著說，「我們都非常驕傲。我擁有羅傑在那裡打球以及我指導他的孩子練球的美好回憶，孩子們友善又可愛。這對於任何網球教練來說都是美夢成真。」

不過，結果證明二〇一六年並不是費德勒的圓夢之年。他說，在澳網準決賽輸給喬科維奇的隔天，他在墨爾本的飯店匆匆為女兒洗澡，當他扭動身體時，他聽到自己的左膝發出咔嗒一聲。

這個咔嗒聲原來是半月板撕裂，費德勒也因此接受了職業生涯中的第一次手術：對於一名正處於第十八個職業賽季的三十四歲球員來說，他的身體保養得還算不錯。二月三日，也就是他跟喬科維奇比賽之後的第六天，他在瑞士接受了關節鏡手術。

他的體能教練皮耶．帕格尼尼一直認真而發揮創意地投入工作，使費德勒不會受創傷所苦。我們討論到費德勒的復健時，帕格尼尼的情緒變得很激動。

「羅傑跟他的物理治療師復健了兩週，而當我們開始進行體能訓練時，起初他必須——比如說——慢跑五公尺，然後倒退走。」帕格尼尼說，「那就像是他在重新學習走路。即使你可能是全世界最樂觀的人，但你還是會想：『他真的能夠再打出高水準的網球嗎？』」

費德勒很快就重返巡迴賽——他在不到兩個月後就參加了邁阿密公開賽，這使帕格尼尼和他自己都很驚訝。

「我非常非常開心。」他在賽前記者會上說，「老實說，手術之後，我沒料到自己還能回到這裡。」

就跟費德勒公開做的大部分事情一樣，這段過程似乎相當輕鬆順利。不過在這件事上，大家都被表象誤導了。費德勒因為染上胃病毒，在第一輪賽事之前就退賽了，等到他正式返回巡迴賽，已經是四月中在蒙地卡羅舉辦的紅土賽事。他在八強賽輸給法國選手松加，接著他前往馬德里，而在當地訓練期間，他的背部問題再度惡化，使他必須又一次當場決定退賽。

他在義大利公開賽第三輪輸給年輕的奧地利選手多明尼克．蒂姆。鑒於蒂姆後續的成就，這次失利如今看起來比原本以為的更能讓人接受，當時費德勒在羅馬顯然很難自在地移動。

此時正值賽季重心，他陷入了麻煩，但他通常都能找到辦法來解決，應對他的背傷和其他病痛。

他與他的團隊前往巴黎，依然努力想要參加法國網球公開賽。他們入住了飯店，費德勒和帕格尼尼在前去羅蘭．加洛斯球場之前，先到空無一人的舞廳進行健身訓練。

「當時我四處跑動，最後我直接停下來跟皮耶說：『我們在這裡做什麼？』」費德勒告訴我：「然後皮耶說：『怎麼回事？你的膝蓋不舒服嗎？』我說：『我的膝蓋就像是有一百公斤重，我的背還沒完全恢復。為什麼我要這麼做？為什麼我要來巴黎參賽？』」

他們停止健身訓練，並討論了將近一小時。費德勒後來向團隊其他人表達了自己的懷疑，也就是物理治療師丹尼爾．特洛克斯勒（Daniel Troxler）以及教練塞維林．魯奇與伊凡．柳比西奇。柳比西奇是費德勒的朋友，之前也曾是費德勒的對手，他在十二月加入團隊，取代艾伯格的位置。

費德勒決定在羅蘭．加洛斯球場的紅土上嘗試訓練一次，他最後是到第一球場進行訓練，這座圓形球場被稱為「鬥牛場」（the bullring）。

「我的表現還好，但我就是沒辦法達到百分百的狀態。」費德勒告訴我，「那時我們就說：『好，我們就收工吧，直接準備草地賽事。』我試過了，你知道的，我真的試過了。」

他的退賽中斷了他連續六十五次參加大滿貫單打賽事的紀錄，這項紀錄自那時起就被羅培茲打破了。不過，這項紀錄對費德勒從來就沒有多大意義。對他而言，最重要的是有機會獲勝，而非參賽。錯過巴黎的大滿貫賽事依然讓他深感遺憾。即使到了今天，費德勒提到這件事時，聽起來還是有點惋惜，好似他應該要找到辦法來避免這樣的結果。對一名世界級的規劃師而言，要放棄自己的計畫並不容易。麻煩的是，二〇一六年的草地賽事並不會提供任何庇護。

他說：「接受手術後，或許我可以、也應該在澳網之後多花些時間休養的。」

費德勒前往哈雷，他曾在那裡連續贏得三次冠軍，總共獲得八次冠軍，但他這次在準決賽被德國年輕的亞歷山大．茲維列夫（Alexander Zverev）打敗。費德勒繼續前往溫布頓，他以直落三贏得前四輪比賽，然後在好壞消息參半的八強賽中，從先輸兩盤的劣勢奮起擊敗馬林．西里奇（Marin Čilić）。

對費德勒而言，好消息是他依然有能力和膽量化解三個賽末點。壞消息是他顯然非常脆弱。

下一輪比賽證實了這點，費德勒面臨的對手是米洛斯・拉奧尼奇（Milos Raonic），一名擅長分析的加拿大選手，擁有兇殘的發球和超級巨星規模的隨行人員，包括新的教練顧問約翰・馬克安諾。拉奧尼奇已經有了長足的進步，他的敏捷性及網前打法都有改善。不過對於我跟其他許多觀看那場準決賽的人而言，深深留在我們記憶中的並不是拉奧尼奇打出的那二十三記愛司球，也不是費德勒無法扭轉的那八個破發點，更不是他幫助拉奧尼奇進入第四盤的那兩個連續雙發失誤。

我們記得的是第五盤一開始的拉鋸戰，當時費德勒在比數一比二又局末平分的情況下發球。拉奧尼奇打了一記落點很短的直線低反拍切球。費德勒接近球，抽了一記正拍半截擊對角球，而拉奧尼奇則積極往前移動，用自己的正拍迎向這顆球。

不過，當費德勒向側面匆匆移動，試圖延長這次拉鋸戰時，他的左腿失去控制，使他重重摔倒。對於這位網球界的巴瑞雪尼可夫（Baryshnikov）來說，以這種笨拙的姿勢摔倒實在難以置信：他胸口著地，球拍滑過了中央球場。

我記得當時溫布頓媒體區集體倒抽了一口氣，一般來說，那裡坐的觀眾都是閱盡千帆。而這件事以前從未發生過，對於天生擅長察覺象徵意義的體育記者來說，這似乎充滿了更深的意義：費德勒不再靈活到足以抵抗歲月或更年輕的對手了。

費德勒在草地上趴了一會兒，然後爬起身來走向自己的椅子，呼叫防護員，這種事幾乎就跟剛才那笨拙的摔倒一樣罕見。但最終，他仍然保持從未在巡迴賽中退賽的紀錄。他回到球場上，被破了發球局，最後以六比三輸掉第五盤。

這次敗績對於柳比西奇來說特別酸楚，他需要負一部分的責任，因為他從二〇一三年到二〇一五年擔任拉奧尼奇的教練，在這段時間內，他把拉奧尼奇塑造成一名更好的球員。不過，就跟當天下午觀看比賽的許多人一樣，柳比西奇也知道費德勒離他的巔峰很遠。

我採取了一種時代終結的角度來撰寫《紐約時報》上的專欄：

> 費德勒是一位卓越的冠軍兼大使，他顯然握有想打多久就打多久的權利，而且不會遭到那些熱愛高談闊論的人挑剔，儘管現在他越來越不可能拿到第十八個大滿貫單打冠軍了。就如同人生，網球也會持續循環。這位七屆溫布頓冠軍倒下，又會有新的競爭者崛起，去挑戰現狀。不過，考慮到二十九歲的莫瑞在他的巔峰時期依然懷有對大滿貫的挫折感與企圖心，拉奧尼奇在今年溫布頓最艱鉅的挑戰，似乎更是來自他的前輩而非後進。

至少這篇專欄文章的最後一部分是正確的。拉奧尼奇在決賽敗給了安迪．莫瑞，當時莫瑞正處於他表現最佳的賽季中，而且會在幾週後的里約奧運贏得第二面單打金牌。

但費德勒幾週後則不會參加奧運，也不會有新的機會贏得他上次錯過的那面昂貴的單打金牌了。這是他在職業生涯中首次於溫布頓之後終止自己的賽季。對戰拉奧尼奇時的那次摔倒，也給了他警訊。

「我從沒像這樣失去平衡過，而且我幾乎是用一種很可笑的方式摔倒的。」他告訴我，「我不知道摔倒的部分原因是不是肌肉不夠強壯或其他狀況。那真的很古怪，而且問題在於我再次摔在我的左膝上，這就是為什麼我之後那麼害怕。但我當時已經處於被破發點。即使我的身體沒問題，我也可能輸掉那場比賽，所以摔倒並不是我輸球的藉口。不過這次確實讓我很尷尬。我在職業生涯中摔倒過幾次呢？太罕見了，尤其在這樣的時刻又更加罕見。你懂的，在大滿貫準決賽這樣的時刻。」

他決定休息並重新強化身體及膝蓋，把重心放在二〇一七年。到當時為止，這段為期六個月的休養是他職業生涯中最久的停頓。這是一個不得不的決定，而在二〇二〇年和二〇二一年，他甚至休息了超過一年。

他告訴我：「今年我參加了一場錦標賽，當時我基本上處於巔峰狀態。」他指的是澳洲網球公開賽。「我不認為我因為參加草地賽事而犧牲了這季剩下的比賽。我只是覺得膝蓋和身體需要休息，而在這六個月的休息時間裡，我可以讓身體和膝蓋好好復原。現在我可以回顧過去，然後說：『如果事情不如所願，我也已經做了我能做的一切。我沒有遺憾了。』」

在某種意義上，這次休息也是預先體驗退役生活。

「我確實嘗到了退役的滋味。」費德勒告訴我，「突然之間，我可以事先安排好行程，然後說：『好，我們將會在同一個地方連續待四週。米爾卡，妳想跟誰共進晚餐？或者我們應該跟誰聯絡？』」

不過，費德勒並沒有認真考慮真正退役，儘管自從他在二〇〇九年的法國網球公開賽完成全滿貫之後，這七年多以來一直被問到關於退役的問題。

他偶爾會試探一下米爾卡。

「如果我問她我是不是處於低潮，她就會說：『你認真的嗎？我們還需要討論這個嗎？你決定吧，但我覺得這是完全值得的。看看你現在打得多好，而且我看得出來你什麼時候打得好或打得不好。』」費德勒說，「她超級誠實，而且她總是認為只要我打球，我永遠都能實現偉大的成就。所以，聽到自己的妻子說這種話真的很不錯。」

身為一名因為慢性腳傷而中斷職業生涯的球員，米爾卡也很快就客觀看待費德勒的傷病。

費德勒說：「她會說：『看看你的小傷。』」他揚起音調來模仿米爾卡的嗓音。「『你的膝蓋只是小傷，沒什麼大不了的。看看其他人的傷，或者看看我的傷。我們的傷很嚴重，所以你會沒事的，相信我。我們唯一需要擔心的是你在職業生涯中大概打了一千四百場比賽。這是唯一可能遇到的問題，但你的膝傷……拜託，老兄，這根本微不足道。』這就是她對我說的話。」

費德勒覺得這些話既好笑又令他安心，但他仍然好好利用了這段長假：在瑞士紓解壓力，同時繼續關注巡迴賽。他大笑著告訴我：「我常常發現自己正在查看即時比分，我自己都很驚訝。」

他在十一月帶著家人搬到杜拜。這是他們經歷過許多次的旅程：他們會迅速轉移到比較溫暖的氣候帶以及截然不同的文化中。儘管杜拜有一間室內滑雪場，但還是很難想像有比一座具有農舍木屋、鵝卵石的瑞士阿爾卑斯山脈小鎮，以及一座具有摩天大樓、平坦沙漠格狀街道的波斯灣都會區更南轅北轍的地方了。不過，這種轉換在某一方面並不是很劇烈。費德勒依然能過著相對平和、自由自在的生活。

他告訴我：「這對我很重要，也是瑞士和杜拜的共同點之一。」

費德勒曾於二〇〇三年及二〇〇三年參加杜拜錦標賽，當他在二〇〇四年第二度贏得溫布頓冠軍、第一度贏得格施塔德冠軍之後，就直接到杜拜度假了。七月的杜拜非常炎熱，但費德勒在上升到網球界的頂尖層次之後感到很疲憊，他想花上幾天待在高溫的天氣以及海灘上。他非常疲累，即使從躺椅走到水邊都很辛苦。他也打給帕格尼尼，開玩笑說他永遠不要回去訓練了。

他在杜拜多待了一段時間，然後才飛去北美洲，繼續贏得第一個加拿大公開賽冠軍和第一個美網冠軍。他狠狠擊敗了萊頓．休威特，這是他最具宰制力的演出之一。

杜拜顯然有恢復活力的效果，他在那年十月重返杜拜，祕密與來自澳洲的東尼・羅氏進行訓練，費德勒最後也聘請羅氏作為兼職教練。杜拜有適宜的氣候、適宜的放鬆氛圍，也有適宜的位置。它是歐洲與亞洲之間的橋樑，擁有豐富的航班連接及許多便利設施。

費德勒引領了一股潮流，越來越多運動員和藝人都開始居住在杜拜。許多人是受到不需繳納所得稅的誘惑而這麼做，但費德勒選擇繼續定居在瑞士，此舉確實使他在家鄉有歷久不衰的知名度。「他非常有錢，這裡的人通常對這點很反感，也不願意支持他。」瑞士的大學講師兼《新巧克力之外：瞭解瑞士文化》（*The New Beyond Chocolate: Understanding Swiss Culture*）的作者瑪格麗特・歐提格－戴維森（Margaret Oertig-Davidson）說，「但費德勒用某種方式打破了這種現象，我認為這是因為他依然很平凡，或者至少他是這麼看待自己的。他似乎一直保有自己的瑞士文化，而人們也因為與他有關而感到驕傲。」

年輕的法國球星盧卡斯・普耶（Lucas Pouille）是出於財務考量而搬到杜拜的網球選手之一。在二○一六年十二月，他也是費德勒在卓美亞古城俱樂部的固定訓練夥伴。

費德勒常常邀請年輕、有潛力的球員進行數週的訓練，這種方式使他能持續瞭解正在崛起的人才並吸取他們的熱情，同時給予他們學習與提升的寶貴機會，就如同馬克・羅塞特也給過青少年時期的費德勒這樣的機會。

麥肯齊・麥克唐納（Mackenzie McDonald）是一名速度很快的美國選手，曾在加州大學洛杉磯分校（UCLA）贏得美國國家大學體育協會（NCAA）的單打與雙打冠軍，他也是受費德勒邀請來到杜拜的人之一。

「如果你是看著那個人長大的，而且他依然處於世界頂尖的地位，你又有機會接近他並向他學習，那真的很酷。」麥克唐納告訴我，「他手上有A計畫、B計畫、C計畫，一直按字母順序排列下去。如果一個計畫沒有奏效，他還有其他工具，而且你可以看到身為運動員的他發育得有多好。他的手不可思議，他的腿超級強壯，他的體格非常適合運動競賽，但他卻把運動競賽變成西洋棋比賽。這讓我意識到我必須改善缺乏變化的問題，並把更多東西加入我的球技。我的速度很快，但我覺得如果我能像他一樣移動得更有效率，我就能變得更快。我不會說他有任何成功的祕訣，但我覺得他打球非常聰明。我認為他很懂得時間管理，也知道這個階段該把時間花在哪裡。」

對於麥克唐諾來說，現在的選手往往缺乏費德勒的身體掌控力與俐落的技巧。

「現在的孩子打球時會失去平衡，身體搖搖晃晃的。」他說，「他們的身體重心不穩，但你可以看到費德勒有適當的發育，還有合適的教練告訴他怎麼正確的訓練，而他的表現也顯示他做的一切都有了回報。」

隨著二〇一七年的賽季迅速逼近，為了在長時間離開比賽之後再次跟球迷建立聯繫，很晚才開始使用社群媒體的費德勒決定在 Periscope 上直播他跟普耶的一次訓練。這段長達三十七分鐘又四秒的影片非常難得，使大家能一窺費德勒的訓練方法，其中包括兩人與帕格尼尼一起進行變化多端的短期爆發、高強度間歇訓練，例如用網球進行雙人雜耍，以便訓練他在移動中的手眼協調。

「這些訓練不是一成不變的。」普耶的教練伊曼紐爾．普朗克（Emmanuel Planque）在接受《隊報》的索菲．朵根（Sophie Dorgan）訪問時說出自己的觀察心得，「他們總是有新的訓練方式。他的團隊成員總是努力讓他感到意外，給他不同的體驗。他們會持續激勵他，使他保持機警。塞維林休息時，伊凡就會過來接手。他們會輪流進行訓練。為了提升費德勒這樣的球員，你必須讓他時時驚喜。我覺得他們的策略非常好。」

費德勒在這次直播中裝了麥克風錄音，結果證明他是個不錯的主持人，因為他會開玩笑和分享訣竅，並解釋說發球節奏是長期休息時最先消失的東西。他跟帕格尼尼說法語，跟魯奇說瑞士德語，跟普耶說法語和英語，當時他們在一次休息時間坐在場邊，討論即將舉行的霍普曼盃。霍普曼盃是在澳洲珀斯舉辦的男女混合團隊賽事，費德勒選擇在這場賽事復出。自二〇〇二年以後，他就沒有參加過霍普曼盃了。

「上一次我是跟我的妻子米爾卡搭配混雙。」他對普耶說，「十六年前我跟辛吉絲搭配，而今年，或者明年，我會跟貝琳達．本西奇（Belinda Bencic）搭配。天啊，時間過得好快。」

不過，正如 Periscope 的訓練直播清晰顯示的，費德勒的熱情一如往昔。

「他就像是一個十二歲的小孩。」普朗克談到那年冬季跟費德勒共度的時光時說，「他在熱身時到處開玩笑，模仿艾伯格和伯納德．湯米奇（Bernard Tomic）。他會突然大吼，我很喜歡他這樣。我們很幸運能夠跟他度過這段寶貴時光。而在技巧方面，他依然是黃金標準。對我來說，每一次訓練都像是一堂技術教育、一次教練門診。我的眼前就是這個領域的大師。我觀察他們的訓練，備受激勵。我還做了一百五十頁的筆記。」

普朗克也清晰地看出，費德勒再度進入極佳狀態。經過長時間休息之後，他的頭腦和腿不只是煥發活力，還進一步提升了。

「他的反拍技術進步很大，尤其是回球方面。」普朗克說，「他改變了回球方式。他站得更靠前，節奏也更緊湊。他用更短的接球距離來更積極進攻。他的掌控力又提升了。」

普朗克開玩笑說：「這一切都很令人困擾。」普朗克必須一直向普耶解釋，他不應該因為自己在許多訓練盤以落差很大的比分輸給費德勒就感到灰心。

普朗克說：「我真的覺得羅傑的對戰狀態非常好。」

事實證明，普朗克的話有憑有據，而費德勒的教練也很樂觀。魯奇是個穩扎穩打的人，通常不會太快做出預測，但他兩度告訴費德勒：他認為費德勒已經打得很好，好到足以贏得澳網冠軍。

柳比西奇在三十三歲終止網球職業生涯，他當時飽受傷病所苦，並意識到自己不再想要花那麼多時間與家人分開了。

「如果你發覺，已有百分之八十或九十的鍛鍊時間都處於疼痛，而你做的運動會緩解疼痛，卻不會讓你表現更好，一切就不再有趣了。」柳比西奇在二〇一二年四月退役時告訴我，「比賽是其中最輕鬆的部分。困難的部分是做準備、進行訓練，並跟兩個孩子一起旅行。這並不容易。我不想獨自旅行，所以我覺得該結束了，職業生涯不再值得我付出這麼多了。」

然而，三十五歲的費德勒一如既往地渴望回到巡迴賽，與他的妻子、四個孩子和後勤人員一起環球旅行。

「我們希望他能盡可能長久地持續職業生涯。」柳比西奇告訴我，「他是個瑰寶，所以我們不希望讓他過度疲勞。」

柳比西奇身高一百九十三公分，頂著一顆光頭與男中音。就跟許多受到南斯拉夫暴力解體直接衝擊的人一樣，他也經歷了艱辛的人生旅程。他出生在班雅盧卡（Banja Luka），一座波士尼亞與赫塞哥維納地區的內陸城市。一九九二年五月，因為那裡的情勢日益緊張，十三歲的他必須與母親和哥哥一起逃亡。隨著班雅盧卡受到塞爾維亞人控制，當地對於柳比西奇家這樣的克羅埃西亞民族的敵意也越來越深。

他們迂迴穿越匈牙利與斯洛維尼亞，終於徒步通過邊界，在新獨立的克羅埃西亞成為難民。

當時，柳比西奇已經是一名很有前途的青少年球員，他帶著兩支網球拍走過了這趟旅程，但他的父親馬爾科（Marko）並沒有與他同行，馬爾科留在班雅盧卡，與家人失聯了數月之久。他們最終在克羅埃西亞團聚，但柳比西奇很快又繼續旅行，身為前南斯拉夫年輕球員的一份子，他在一九九三年前往義大利開始了網球生涯。

當時他十四歲，就跟費德勒離開巴塞爾、前往埃居布朗時的年齡相同。

「我的職業網球生涯是在一九九八年正式開始的，但我覺得它在一九九三年就開始了。」柳比西奇說，「那年我離開家，我的父母向我明確表示：網球就是你的職業，網球會成為你的生活，那基本上是你唯一的機會。」

那是一段可怕的時期，但多年之後，柳比西奇逐漸對當時的處境感到感恩。

「現在回想起來，我覺得自己很幸運，因為從某方面來說，我當時別無選擇，而那或許是我成功的原因。」他告訴我，「當你別無選擇時，事情會變得很容易。你知道你必須做什麼，而且你可以百分百專注在那件事上。如果你有選擇，而且你做出了選擇，你有時大概仍然會想，或許我應該走另一條路。一九九〇年代初期的我不是這樣的。我必須承認，我很驚訝像羅傑和拉法這樣的人儘管有許多選擇，卻依然可以專注在一件事情上，而且做得這麼好。」

柳比西奇也有幸在十七歲跟義大利教練里卡多．皮亞提（Riccardo Piatti）建立了聯繫，這為教練很擅長培養網球擊球和網球思考。他早年曾免費擔任柳比西奇的教練。

「他說：『在你進入前一百名之前，我不會跟你拿一分錢。』」柳比西奇說：「這實在很棒，我能專心跟世界上最好的教練之一一起訓練，不用煩惱經濟問題。」

二〇〇六年，柳比西奇世界排名升到第三，同年他打進法網的準決賽。他也帶領克羅埃西亞奪得二〇〇五年的台維斯盃冠軍，在克羅埃西亞首都札格勒布（Zagreb）跟十萬多名球迷一起慶祝。他一直聘請皮亞提執教，直到他退役為止。有時他會跟法國球員加斯凱或喬科維奇一起接受皮亞提的指導。他與喬科維奇一起接受指導，在政治上別具象徵意義：一名塞爾維亞人和一名克羅埃西亞人密切合作。

「打網球時，很重要的一件事是瞭解自己。」柳比西奇說，「我是在諾瓦克十七、八歲認識他時，他這個特質就讓我很驚豔。他很清楚自己想要什麼、需要什麼，還有他不想要或不需要什麼。他從年輕時就已經很擅長這一點，而這就是造就偉大冠軍的原因。我自己花了更長時間才做到這件事，在二十四、五歲才發覺我需要什麼樣的鍛鍊、周圍需要什麼樣的人。這也算是一種才華。」

柳比西奇是在瑞士的一場衛星賽上認識費德勒的，當時費德勒只有十六歲。「有時朋友之間會一見如故，我們就是這樣。」柳比西奇說，「友誼就是這樣產生的，它說來就來。」

他們經常共進晚餐，也經常一起練球。我參加過他們的幾次訓練之後，可以確定他們不一定會完全專注在訓練任務上。

「我們的訓練或許不適合錄下來給孩子看。」柳比西奇大笑著說，「但我們樂在其中，對我們來說這很重要。」

在輕鬆的訓練氛圍中，費德勒的表現比他在球場上的關鍵時刻四處猛衝還要好看。他更有活力，也會嘗試一些令人震驚的擊球，例如用大角度反拍切球把彈到頭頂上方的球打回去、在底線上打出漂亮的正拍半截擊、從不可思議的位置和姿勢抽球。出色的「羅傑奇襲」，也就是迅速向前移動，等發過來的球一彈跳就直接回球。這招原本就是即興的訓練動作。

「即使你在網子另一邊，有時你也會覺得自己像觀眾一樣。」柳比西奇說。

柳比西奇在對戰費德勒的巡迴賽中，只贏了十六場比賽中的三場。他們從未在大滿貫賽事中交手，但費德勒在他們對戰的四場巡迴賽決賽中都獲勝，包括二〇〇六年的邁阿密公開賽決賽。

柳比西奇常會為費德勒辯護，在二〇一〇年，費德勒一整年都沒有贏得大滿貫冠軍，當時柳比西奇就在一次採訪中向我保證，費德勒會贏得更多大滿貫金盃。

二〇一二年，費德勒再度奪得溫布頓冠軍，證實了他的信念，不過直到二〇一七年初，費德勒尚未贏得第二座大滿貫金盃。他已經很接近了——他輸掉了三場決賽，對手全是喬科維奇——而且他仍然是男子網壇的佼佼者。但他不再擔任主角。自二〇一一年以來，他還沒有贏過年終總決賽，也就是網球界第五項最負盛名的男子賽事；而在二〇一三年至二〇一六年的四個賽季中，他只贏了三個一千分大師賽冠軍，喬科維奇則贏了十七個。

柳比西奇仍然相信費德勒有機會奪得大滿貫冠軍。這是他同意與費德勒合作的原因之一。與年紀大得多的艾伯格不同的是，柳比西奇的優勢在於他曾對戰過費德勒的許多潛在對手，他與拉奧尼奇合作時也曾研究過其他選手。

費德勒聘請柳比西奇的決定，也顯示了他有多麼重視長期關係。

魯奇是在費德勒十一歲時認識他的，而柳比西奇從費德勒十幾歲起就認識他。

柳比西奇活力充沛，天生就擅長溝通，他回答問題時既自信又詳盡，跟內向的艾伯格很不一樣。更讓人意外的是，柳比西奇加入費德勒的團隊之後就不再公開發言了。這不是新雇主給的指示，而是他自己想要把感受藏在心底，不要冒險攪亂他給費德勒的訊息。

他告訴我他很喜歡這種新做法，而我們記者則恰好相反。

「我更傾向保持安靜，讓羅傑說話，用他的球拍和他的嘴來說話。」他告訴我，「我知道不和羅傑以外的任何人談論網球對我來說很奇怪，但這是值得的。」

這時正值男子網壇一個奇異的時刻：後來事實證明，這是一個轉折點。但在澳網開打前，選手萬萬想不到事情會這麼發展。

直到二〇一六年賽季中期為止，喬科維奇一直所向披靡，他贏得了他的第一個法網冠軍，並成為自一九六九年的羅德．拉沃之後，首位達成連續奪得四大滿貫單打冠軍的男子選手。這項成就只比年度大滿貫略差一籌，後者需要在同一年內一手包辦四大滿貫冠軍。不過，這似乎也完全在喬科維奇的能力範圍內，因為他擅長在各種場地上比賽，也能夠承受巨大的壓力。但恰好相反的是，他陷入了一段緩慢且出乎意料的失控狀態。他在在溫布頓第三輪被美國選手山姆．奎里（Sam Querrey）淘汰。史坦．瓦林卡也在美網決賽中擊敗了他，這是瓦林卡第三度讓叩關大滿貫冠軍的喬科維奇鎩羽而歸。

在那一年剩餘的時間裡，喬科維奇沒有再贏得任何巡迴賽的冠軍，他甚至在那年的最後一場比賽被莫瑞擊敗，除了丟掉年終賽冠軍，也把年終排名第一的寶座拱手讓給了莫瑞。

費德勒在巡迴賽期間經常觀看網球比賽，而他在休養時仍然在遠處密切關注這一切。

「這項成就需要某種非凡的特質，而莫瑞能夠做到這一點，因此我要向他致敬。」費德勒在杜拜告訴我，「這傢伙剛在年底贏得了一切，這對任何人來說都不容易，因為雙方的差距在室內比賽時會比較小。我覺得諾瓦克是上半年的最佳球員，而安迪是下半年的最佳球員。」

我詢問費德勒對喬科維奇令人意外的低潮有什麼看法。

「或許諾瓦克的低潮只是人之常情，也可以理解，因為他已經實現了他想要的一切。」費德勒說，他指的是喬科維奇在法網的勝利。「你可能需要重塑自己或你必須做的任何事，不過，也許不是每個人都能在這麼長時間內一直輕鬆獲勝，而我認為這其實為明年創造了一個很棒的故事。安迪是個很棒的故事，諾瓦克是個很棒的故事，拉法顯然一直都會是個很棒的故事。希望我的復出也會是個不錯的故事。我認為年初——尤其是澳洲的夏季賽事——將會非常精采。」

納達爾也縮短了他的二〇一六年賽季，他從十月開始就停止出賽，以便治療他的腕傷，這次傷病困擾了他賽季的大部分時間，還迫使他在打了兩輪法網之後退賽。

在休息期間，納達爾決定聘請他的老朋友和童年導師卡洛斯．莫亞擔任二〇一七年賽季的助理教練。納達爾也在馬納科開設了與他同名的網球學院，並邀請費德勒與他一起參加十月十九日的創校典禮。

「當我看到那所學院以及拉法在那裡的建設時，覺得非常震撼。」費德勒告訴我，「我認為他為家鄉做這件事，實在很有勇氣也非常酷，而且每個人都參與其中，包括他的女友、妹妹、父母、經紀人等等。每個人都全力以赴，而我覺得我應該幫助他，我問自己：『如果我是拉法，我會想要什麼？』而我的回答是：我會希望我最大的競爭對手打給我說：『你需要我幫忙嗎？完全沒問題。』

「所以我就這麼辦了。我說：『你需要我幫忙的話，說一聲就好。你可以安排我跑一整天的活動：兒童診所、記者會、開幕典禮，什麼都行。』」但網球除外，因為他們兩人當時都還沒健康到可以打網球。

「我跟他說，真希望我們能舉辦一場慈善比賽之類的活動，但我那時只有一條腿是正常的，他手腕也有傷。」費德勒說，「我們和一些青少年球員打了一陣子迷你網球，我們想：『現在能做到的最多就這樣了。』」

如果我們認為費德勒與納達爾的巔峰時期已經過去，似乎合情合理，但僅僅三個月後，當二〇一七年的澳網一開打，他們兩人就都準備好了。

這次澳網已經變成開放年代最令人驚訝的大滿貫賽事之一。喬科維奇在第二輪就被排名一百一十七的烏茲別克選手丹尼斯．伊斯托明（Denis Istomin）爆冷淘汰，伊斯托明在球場上戴著寬邊太陽眼睛，而且他生涯對戰喬科維奇的紀錄全都以輸球告終。

這場比賽結果令人震驚，但費德勒似乎沒有從中獲益多少。他在籤表的另一邊，已經超過一年沒有贏得任何冠軍，而且是第十七號種子。自從大滿貫賽事在二〇〇一年的溫布頓把種子球員從十六名增加到三十二名以來，這是他最低的種子排名。

他在前兩輪擊敗了從會外賽晉級的選手：老將于爾根．梅爾策（Jürgen Melzer）和新人諾亞．魯賓（Noah Rubin）。但他在第三輪對戰第十號種子湯瑪斯．柏蒂奇時面臨了嚴苛的考驗，這位擁有天使面孔的捷克選手是網球界最強大、擊球最平的球員之一。可惜柏蒂奇的膽量不像他的擊球那樣堅不可摧，步法也有些呆板，但他也曾在溫布頓、美網及奧運擊敗過費德勒。

這一次，費德勒只用了九十分鐘，就以六比二、六比四、六比四的比數擊敗柏蒂奇，用奇襲、角度刁鑽的擊球和半截擊過網急墜致勝球，使對手頻頻失去平衡。

「我跟他交手過很多次，而這場幾乎是他打得最好的一次。」柏蒂奇說，「無論是誰的發球局，幾乎每一球都不在我的掌控之中。這真的很不尋常。這場比賽結束後，我相信他能夠一路走下去並贏得冠軍。」

那天晚上，費德勒的球拍看起來像是一根魔杖。他有四十個致勝球與十七個非受迫性失誤，在柏蒂奇的第二發球大肆取分，並在網前的二十三分裡贏了二十分。整場沒有面臨任何一個破發點。

「網球不會知道你的年紀，當然也沒有意識到他已經三十五歲了。」兩屆澳洲網球公開賽冠軍吉姆．庫瑞爾當晚離開墨爾本公園時說道：「這場比賽實在太厲害，真的太神奇了。」

費德勒很樂觀，卻也很謹慎。

「我從一開始就知道情況可能很危險。」他說，「就整個賽事來說，我覺得晉級之路既漫長又艱難，但就一場比賽來說，我在賽事開始之前就認為我有辦法對抗幾乎任何選手。現在能繼續過關斬將嗎？我還是會懷疑，但無論如何，這場比賽的結果給了我很多信心。」

他的籤表看起來依然像個新兵訓練營的障礙訓練場，但有一個主要障礙即將要被清除了。莫瑞在他生涯第一場作為第一種子的大滿貫賽事中，於第四輪輸給了米夏·茲維列夫（Mischa Zverev，亞歷山大的哥哥），這位球員採用的是復古的發球上網風格。

費德勒在第四輪與第五種子錦織圭打了一場高水準的五盤對決，最後費德勒勝出。錦織圭來自日本，是一位優秀的防守反擊型球員，他的球風與訓練主要來自佛羅里達州布雷登頓（Bradenton）IMG學院的硬地球場。

當費德勒最後以六比三贏下最終盤時，他的反應是睜大眼睛、舉高雙臂跳上跳下——他通常是到賽事的最後階段才會做出這個動作。

隨著喬科維奇和莫瑞雙雙出局，這是自二〇〇四年以來頭一次，兩位最高排名的種子球員都未能進入大滿貫男單八強賽。

「毫無疑問，這是兩個很大的意外。」費德勒說。

顯然，莫瑞和喬科維奇都為他們戰績輝煌又筋疲力竭的二〇一六年賽季付出了代價。不過，費德勒卻充滿了渴望，他也享受著打球時沒有如阿爾卑斯山沉重的期望在肩上的罕見感受。

他直落三盤輾壓了米夏·茲維列夫，與他的朋友兼同胞瓦林卡在準決賽交手。在過去三年內，瓦林卡已經贏了三個大滿貫冠軍，而費德勒一個也沒有。

這是一場在週四晚上進行的激烈對戰，球場上的情勢急遽變化（費德勒與其他人都認為這年場地的球速較快）。費德勒贏了前兩盤，惱火的瓦林卡在膝蓋上拗斷球拍，彷彿折斷一根樹枝。

瓦林卡申請了一次場外醫療暫停，他回來時心情平復許多，右膝下方還貼著繃帶。他接下來連贏兩盤，而費德勒在第四盤即將結束時看起來相當疲憊。根據他後來表示，他一直預期他的狀態可能會在這場對戰世界最佳球員的比賽中突然下滑，但現在輪到他離開球場接受治療了，這對費德勒來說，是比在球場上申請傷停還要罕見的行為。

他一直在忍耐大腿內側的內收肌疼痛，在七分鐘的傷停時間用特洛克斯勒加上按摩治療。回來之後，他在第三局挽救了一個破發點，然後在第六局瓦林卡狀態不穩時把握機會，破了對方的發球局。

費德勒一路堅持，最終以七比五、六比三、一比六、四比六、六比三獲得勝利，並成為自三十九歲的肯・羅斯威爾在一九七四年美網決賽輸給吉米・康諾斯以來，打進大滿貫單打決賽的最年長男子球員。

「這場比賽比我預期的要好得多；這也是我在第五盤告訴自己的話。」費德勒說，「我當時自言自語：『放輕鬆，老兄。這次復出的狀態已經很棒了。就放手一搏，看看最後會怎麼樣吧。』」

費德勒還不知道誰會成為他決賽的對手。澳洲網球公開賽是四大滿貫中唯一一個在不同天舉行準決賽的賽事。納達爾的復出狀態也很強勁，他要到週五才會對戰年輕的保加利亞球員格里戈爾・迪米特洛夫（Grigor Dimitrov）。

費德勒、魯奇和柳比西奇回到飯店休息，觀看並分析這場比賽的直播。有許多東西需要剖析：納達爾與迪米特洛夫打了四小時又五十六分鐘，最後納達爾在第五盤以六比四勝出。

這是一場經典的比賽，也是這項賽事（到目前為止）最好的比賽，而且對費德勒和納達爾都具有啟發意義。

對納達爾而言，迪米特洛夫是最接近費德勒的對手，他的單手反拍加上靈活的隨球動作，以及如羽毛般輕盈的步法和掌握全場的球感，都跟費德勒有相似之處。迪米特洛夫甚至被暱稱為「小費德勒」，雖然他越來越不喜歡這個綽號。不過，迪米特洛夫與費德勒風格相似，也代表費德勒和他的教練邊看邊研究的模式，將跟決賽有直接的關聯。顯然，迪米特洛夫用反拍打出的直線平擊球一直很成功。但重點是，儘管他打得這麼好，但他依然輸了。

「在大滿貫決賽對戰費德勒，這真的是很特別。」納達爾說，「我們依然在球場上，依然在重要的賽事上奮鬥，這對我、對我們雙方都很令人激動。」

這場對決將是他們自二〇一一年的法網以來，首次在大滿貫決賽相遇，也是他們首次以排名較低的第九和第十七種子球員身分相遇。

儘管我們很容易就認為費德勒因為多休息一天而佔據優勢，但可別忘了，納達爾當時是以二十三勝十一敗的對戰紀錄領先費德勒，在澳網他也是以三勝零敗的紀錄領先對方。納達爾在二〇〇九年的墨爾本也遇過相同情況，他在週五的一場耗時更久的準決賽先打敗沃達斯科，然後恢復過來，在決賽擊敗費德勒。

「那是很久以前的事了。」納達爾說，「我認為這場比賽跟以前完全不一樣。它很特別。我們已經有好一陣子沒交手了，這使這場比賽變得與眾不同。」

長久以來，費德勒與納達爾在決賽相遇似乎一直是命中注定，但這場比賽卻在原本應該屬於喬科維奇和莫瑞舞台發生，成了一個莫大驚喜。這不僅出乎觀眾的意料，也超出了兩位選手自己的期許。

「我原本以為能打到八強就很棒了。」費德勒說，「第四輪也不錯。」

但現在，他卻有望奪得第十八座大滿貫單打冠軍。納達爾一直以來都是他最難纏的對手，但至少他這次不會看到喬科維奇站在網子另一邊對著獎盃虎視眈眈，這必定令他覺得耳目一新。

在墨爾本，這種宛如搭乘時光機回到過去的感覺，不僅出現在費德勒和納達爾身上。前一天晚上，時年三十五歲的塞雷娜·威廉絲（Serena Williams）在女子決賽中打敗了三十六歲的姐姐維納斯·威廉絲（Venus Williams），這是自二〇〇九年以來她們首次在大滿貫決賽對決。除了維納斯和少數人之外，沒有人知道塞雷娜是在懷孕兩個月的情況下，贏得她的第二十三座大滿貫單打冠軍。

沒有任何事可以超越這項成就，不過費德勒對戰納達爾的比賽，儘管有時令人掃興，這次也絕對沒有讓觀眾失望。

費德勒的戰術核心相當簡單：在比賽過程中積極用反拍擊球，不要退到底線後太深的位置。這是一項他已經很熟悉的挑戰。多年來，他在比賽開頭都以類似的意圖對抗納達爾，然後在納達爾令人痛苦的上旋球壓力下節節敗退。不過，在他改用拍頭97平方英吋的球拍之後，現在他有了更適合的武器。經過一年多的徹底實驗和微調，他在二〇一四年夏季確實實行了這個策略。從90平方英吋改成97平方英吋的拍頭給了他更大的力量，也多了百分之八的拍面表面積，進而增加「甜蜜點」並減少失誤。現在他的球拍尺寸類似納達爾與喬科維奇使用的100平方英吋型號。儘管費德勒起初擔心這可能會犧牲掉手感，但他感覺到，自己跟球拍在長時間的休息期間真的合而為一了。

他已經在二〇一五年的最近一次交手中，用97平方英吋的球拍擊敗過納達爾，但那是在巴塞爾的室內快速硬地球上進行的三盤兩勝制比賽。這次決賽將會在球速更慢的場地上進行，儘管費德勒因為排序低，又帶有年長球員的吸引力，使他依然是墨爾本觀眾的最愛。

費德勒努力減少反拍切球和堵截回擊球。他需要讓納達爾失去平衡，讓他沒時間準備好打出他那世界級的正拍。

在決賽之前的幾個小時，保羅・安納孔在球員餐廳遇到了費德勒和魯奇。當時安納孔正在為電視轉播預測這場比賽的結果，他坐下來說：「好吧，老弟。我今天會看到什麼呢？」

費德勒回答說：「你會看到羅傑・費德勒站在底線上，而且我會揮拍。」

安納孔說：「你會一直揮拍，對吧？不論最後打了三盤還是五盤，你都會一直揮拍？」

費德勒說：「沒錯。我會維持這個戰術，我不會當防守的那一方。我會努力打到對方的反拍那邊。」

這個策略在兩小時中的大部分時間都很有效，讓費德勒獲得盤數二比一的領先優勢。不過，納達爾振作起來贏回了第四盤，此時費德勒因為內收肌問題再次申請了場外傷停。

這引發了直言不諱的澳洲前球星帕特・凱許的抨擊，他從不害怕講出批評。他指責費德勒「合法作弊」，擾亂了比賽進程。

不過，納達爾似乎沒怎麼動搖。他在第五盤第一局破了費德勒的發球局，並以局數三比一領先。對費德勒來說，這個比分看起來可怕又熟悉，但納達爾實際上只是處於領先，並未主導整個局勢。他不得不在這一盤的第一個發球局挽救三個破發點，又在下一個發球局挽救另一個破發點。費德勒仍然能打出威力巨大的反拍致勝球，甚至當納達爾發出近身球時，他也能用反拍回球過網。最重要的是，費德勒的內心正在進行全新的對話。

「我告訴自己要自由自在地打球。」費德勒說，「跟你比賽的是球，而不是對手。在你的腦海中自由發揮吧，在你的擊球中自由發揮吧。勇敢打球。勇者將會獲得獎賞。我不想淪落到只是把球打出去，看著拉法一直對我打出正拍。」

在一陣精采絕倫、搶先一步的擊球中，費德勒沒有再輸掉一局，他在第六局破了納達爾的發球局，把局數扳回三比三，然後在第八局的第一分用一記刁鑽的反拍切球讓對方大吃一驚，儘管納達爾在這個階段已經很熟悉費德勒的招式了，但他依然反應不過來。

不過，納達爾穩住陣腳，從零比四十急起直追到局末平分，接著來到這場決賽的關鍵點：充滿大膽擊球和全面防守的底線快速來回二十六球，最後費德勒以開放式站姿轟出一記正拍直線致勝球，化解了納達爾的一記棘手卻不夠深的反拍。

這是最高水準的頂尖網球比賽，也說明了納達爾的韌性，他在下一分用發球直接得分，將這一局延續下去。但費德勒已勢不可擋，在蠻牛面臨下一個破發點時，納達爾將自己的經典大角度側旋發球打到費德勒的反拍位置。費德勒通常會用切球把這種發球打回去。不過這一次，他回了一記角度刁鑽的反拍抽球，再度讓納達爾措手不及。

現在局數是五比三（而且換了新球），來到費德勒有機會奪得冠軍的發球局了。儘管他以十五比四十的比分落後，但他用一記愛司球挽救了第一個破發點，又用一記彈向界外的正拍斜線致勝球挽救了第二個破發點。

他沒有把握住第一個冠軍點，但在第二個冠軍點上。他打出很不錯的第一發球，落在T點上，接著是一記中場正拍對角球，納達爾沒有摸到球，但他立即提出挑戰。

慶祝被推遲了，因為兩人都盯著大螢幕，納達爾雙手叉腰等待結果。不過，鷹眼很快就證實這一球的確落在了邊線上。

最終比分是費德勒以六比四、三比六、六比一、三比六、六比三獲勝，他把雙臂高舉過頭頂，視線望向自己的團隊上下蹦跳，接著走到網前跟納達爾擁抱、握手。

羅德・拉沃競技場或許從未在一場網球比賽中如此吵鬧過（它也是搖滾音樂會場館），而當費德勒向觀眾致意並單膝下跪時，他很快流下了眼淚。

這條通往他的第十八個、也是最不可能的大滿貫冠軍之路實在漫長，甚至比他在二〇〇九年法網奪冠還要令人意外，那是在他心目中唯一一次可以與之媲美的勝利。

不過，如今他比當年老了八歲，已經將近五年沒有贏得任何大滿貫冠軍，而且長達六個月沒有參加過正式比賽。此外，與當年在巴黎不同的是，他還需要擊敗納達爾才能奪冠。

這場比賽就像二〇〇八年的溫布頓決賽一樣，即使在兩人都退役很久之後，依然值得一看再看。他們二十幾歲時就激勵彼此走入全英俱樂部的暮色中，如今三十多歲的他們，仍在墨爾本公園的燈光下挑戰彼此。

「老實說，在我們的對決中，我贏了他很多次。」納達爾說，「今天他打敗了我，我恭喜他。」這是一場兼具非凡持久力、數量與品質的競爭，而費德勒在墨爾本的勝利代表了一個新的起點。

儘管莫亞過了很久才告訴我，費德勒在二〇一七年的戰術和執行力使他們備感震驚，但納達爾並不打算在決賽當晚退讓。

「他並沒有讓我感到意外。」納達爾說：「他打得很積極，我瞭解為何他會對我採取這種戰術。我不認為太多底線對抽是明智的策略，這樣他不會贏的。他努力貫徹自己的戰術，他做了正確的決定。」

我在幾週之後詢問費德勒，他是否覺得這個令人難以置信的冠軍像是命中注定。

「老實說，我覺得法網那次冠軍更像是命中注定。」他說，「這次我必須奮力一搏才能奪冠。」

「當然，我跟德爾波特羅和哈斯的比賽也打得很艱難。」他談到二〇〇九年在巴黎獲得的五盤勝利時說，「但我不覺得這次冠軍同樣是命中注定的。這次我覺得自己的頭腦無比清醒，我無比想要奪冠，最後一切都無比美妙，我乘著捲土重來的浪潮，已經沒什麼可以失去。這個冠軍更像是我費盡全力才得到的成果。它是個徹底的驚喜。命中注定不會伴隨著沒有什麼可以失去的情況。這個冠軍和以前的所有冠軍都不一樣。」

我的下一個問題是：他還想再打多少場網球賽呢？

費德勒在墨爾本的頒獎典禮上對觀眾發表了一段有趣的感言：「我希望明年能再見到你們。」他說：「如果沒辦法，這次也是一段很棒的旅程，今晚能在這裡獲勝讓我萬分喜悅。」

最後一位贏得大滿貫男子單打冠軍的第十七號種子，是二〇〇二年美國網球公開賽上的山普拉斯。之後山普拉斯就退役了，從此沒有再參加其他比賽。費德勒會不會想要追隨山普拉斯的腳步呢？

「我猜這種想法確實一度出現在我的腦海中：我還有辦法再贏得冠軍嗎？」他告訴我，「但話說回來，奪冠帶來的喜悅是如此巨大，當我在澳洲拿下賽末點時，我一直看著我的團隊，看著他們是多麼興奮地跳起來。這真是不可置信，太好玩了。我覺得我還想再體驗一遍。」

他已經為復出投入了許多努力，現在不可能停下腳步。而且重要的是，他也準備在這一年稍晚參加他和他的經紀人葛席克創辦的拉沃盃團體賽。

「當我在那六個月休息時，我的目標是在接下來幾年繼續打球，而不是只參加一項賽事。」費德勒說，「我知道有人會說：『噢，這會是退役的完美時機。』但我覺得我已經投入了這麼多努力，而且我這麼熱愛網球，又還有這麼多精力可以做點事。」

在他於阿爾卑斯山上慶祝自己的勝利之後，將會毫無疑問地證明這一點。而他的慶祝方式是將諾曼・布魯克斯挑戰盃（Norman Brookes Challenge Cup）的複製品帶到連哲海德的一座山頂小屋，跟家人一起吃起司火鍋和拍照。那並不是這個獎盃的唯一一次冒險。

「我叫它諾曼。」費德勒說，「我曾跟諾曼共進晚餐，跟諾曼共度很多時間。我知道它只是複製品，但沒關係。」

他回到杜拜，在第二輪輸給了從會外賽晉級的俄國選手伊夫尼・多斯科伊（Evgeny Donskoy）。不過，他隨後前往美國，並在印地安泉與邁阿密一舉獲得冠軍。他在這兩項賽事中都以直落二擊敗納達爾。

我曾經問過網球界最敏銳的教練之一布萊德・吉爾伯特，他認為費德勒的巔峰時期是什麼時候？

「很顯然，戰績會告訴你，他在二〇〇四年到二〇〇六年處於最佳狀態。」吉爾伯特說，「但我看過他最出色的表現，是在二〇一七年的印地安泉和邁阿密的賽事。那兩場我都坐在場邊，他輾壓了納達爾兩次。我認為那是他的最高水準。他的反拍好得太誇張了。我猜納達爾在邁阿密決賽上一定想著：『哇！這傢伙怎麼了？』不過這又迫使納達爾變得更好。費德勒已經脫離他的無敵狀態十年了，所以這麼評論似乎很瘋狂，但我覺得如今他正在跟一些我認為比二〇〇四、二〇〇五、二〇〇六年還要強的人競爭。」

不過，費德勒重回顛峰的時機也非常好，因為喬科維奇和莫瑞都在他的復興時期退步了。

那年開始時，喬科維奇和莫瑞分別位居排名第一與第二，但值得注意、或許更令人訝異的是：費德勒在二〇一七年奪得七個冠軍的道路上完全不必面對兩人中的任何一位。他也不會在二〇一八、二〇一九或二〇二〇年對戰莫瑞。

喬科維奇的問題混合了婚姻不和、倦怠和右肘受傷，到二〇一八年二月甚至必須接受手術治療右肘。莫瑞的問題則是臀部嚴重受傷，迫使他必須在溫布頓之後提前終止二〇一七年賽季。

這基本上不是費德勒的錯或問題，但確實讓他的奪冠之路更順利。他不需要全力以赴打敗四巨頭的兩個或三個才能贏得大滿貫，只需要擊敗納達爾。

在溫布頓，他甚至不需要擊敗納達爾。這位西班牙選手剛贏得第十次法網冠軍，卻在溫布頓第四輪的馬拉松戰役中輸給了吉勒斯・米勒（Gilles Müller），他們在第五盤打到十五比十三才結束。喬科維奇隨後也在對戰柏蒂奇的八強賽因為手肘傷勢退賽。

費德勒完全跳過了紅土賽季，以便保護自己的身體，並盡可能提升他在草地球場上的獲勝機會。此舉給了他優厚的回報，因為他在全英俱樂部的籤表一路橫掃且未失一盤。他在八強賽沒什麼波折地擊敗拉奧尼奇，在準決賽打垮柏蒂奇，然後在一場奇怪又沒什麼激情的決賽中擊敗馬林・西里奇。

西里奇曾在二〇一六年的溫布頓差點擊敗費德勒，但在二〇一八年溫網決賽開始時，他的左腳上卻有一個很深的水泡，當他在第二盤零比三落後時，他趁換邊休息接受短暫治療，並坐在椅子上開始抽泣。

他之所以哭泣是出於沮喪，而非疼痛。

西里奇說：「顯然，當時我覺得非常難受，因為我知道過去幾個月以來，我為了這一切做了多少準備。」

費德勒盡可能展現了同情心，以六比三、六比一、六比四的比數打敗對方，打破了他跟山普拉斯及威廉・倫肖（William Renshaw）齊平的紀錄，成為首位贏得八個溫布頓單打冠軍的男子球員。

費德勒坐在椅子上，抬頭望向球員包廂，很快就淚流滿面，包廂裡坐著他七歲的雙胞胎女兒和三歲的雙胞胎兒子。

後來，當我們全英俱樂部的走廊上經過一間間電視演播室時，他告訴我他沒預料到自己會有那種反應。

「那真的是我第一次在那裡擁有只屬於自己的時刻。」他說，「當時我沉浸在情緒中，想著：老天，我居然能再次贏得溫布頓冠軍，我打破了紀錄，我的家人也都在現場跟我分享這一刻。我原本就希望兒子也可以到場，而不是只有女兒，所以我真的無比高興，我想我也意識到自己為了走到這一步，究竟付出了多少努力，一切的一切都在瞬間湧上心頭。」

這是費德勒的第十九個大滿貫冠軍，儘管他在美網八強賽因為背傷復發而輸給了德爾波特羅，但這依然是一個值得回味的賽季。

他參加的大部分賽事似乎都順利得恰到好處，包括九月下旬在布拉格舉行的首屆拉沃盃。這是葛席克與費德勒特別鍾愛的計畫，靈感源自葛席克曾經研究及參加過的高爾夫萊德盃（Ryder Cup），比賽形式是一支代表歐洲的球隊對抗一支代表世界其餘地區的球隊。

「衝吧，世界其餘地區」並不是最琅琅上口的戰鬥口號，但球員都接受了這項新賽事的精神（以及豐厚的出場費和獎金）。它的構想很不錯，為期三天的賽程簡潔有力，而且比賽獎金每天都會增加，以保證最後一天足夠精采。它的設施也很獨特，包括黑色球場、氣氛照明和高架的球員包廂，使大家能夠輕鬆互動並在攝影機前賣弄自己，而且在二〇一七年，這樣的設施也方便社群媒體傳播。

不過，真正讓這場在布拉格O2體育館舉行的首屆賽事門票售罄的，仍是球星的魅力，因為雙雙捲土重來的費德勒與納達爾會在布拉格聯手。他們平分了那一年的四大滿貫冠軍，納達爾在贏得美網冠軍之後重回世界第一，而費德勒則排名第二。

當我在布拉格擁擠的舊城廣場看完抽籤之後，我跟他們一起搭乘廂型貨車回到球隊飯店（網球新聞工作包含了大量在行駛中車輛進行的採訪）。兩人都有幾天沒刮鬍子了。納達爾心情很好。費德勒頭暈目眩，就像一位剛剛為自己的新創公司拿到最新一輪資金的創業家一樣熱情，不論納達爾說什麼，幾乎都會讓他呵呵笑。

儘管路上鋪著鵝卵石，但這是一趟愉快的旅程，就跟他們的賽季一樣前景樂觀，而其中最大的驚奇之一，就是歐洲隊隊長比約·博格坐在後座靜靜地傾聽我們說話。幾十年前，博格曾是超級巨星，也是一對傑出宿敵的其中一方，不過費德勒與納達爾的對手關係更加激烈且長久，而他們即將首次組隊參加雙打比賽（如果不把二〇一一年在澳洲舉辦的水災救濟慈善比賽中的幾局算進去的話）。

費德勒說：「我希望我們沒有等太久，因為我們現在太老了。」

不過在這個階段，象徵意義似乎比結果更重要。

「我覺得我們一輩子都是對手，所以如今能一起組隊非常特別，我認為是獨一無二的。」納達爾說，「這會是一種很棒的感覺。」

我們談論了他們持續不懈的傑出表現，有多少要歸因於彼此，如果不是對方不斷激勵自己，他們是否會在這麼長時間取得如此多的成就。

「在某些方面，我相信是，但在某些方面，我相信不是。」費德勒說，「我相信因為拉法的關係，我獲得的成就減少許多，但同時，我也覺得他讓我成為一名更好的球員。」

納達爾表示贊同，這很令人驚訝，因為他通常堅持認為他的動力來自內在。

「我有我的個人動機，但如果有人擋在你面前，你當然更容易看到自己需要改進的地方。」他說。

費德勒說：「它們會揭露你，會暴露你。」

「沒錯。」納達爾說：「如果你是最厲害的，而你沒看到其他人做得比你好的地方，那你就很難上場比賽，然後確切瞭解自己要怎麼做才能提升實力。有羅傑擋在我前面這麼多年，確實提升了我上場比賽的能力，讓我用不同角度來理解和練習我需要做的事。」

不過，在週六的雙打比賽之前，還有一些細節需要解決。

納達爾問費德勒：「你平時在哪裡打球？」這個新奇的問題似乎把費德勒逗樂了。

到了週六，他們已經決定費德勒在右半場區，納達爾在左半場區。儘管有一次納達爾為了打出一記高壓扣殺而後退時，兩人差點撞在一起，但他們配合得很好。他們並肩穿著搭配的藍色球衣、白色短褲和白色頭巾，看起來似乎比平時更相像。左手持拍的納達爾和右手持拍的費德勒就如同鏡像一般，兩人都是一百八十五公分高，反應都很迅速，也都樂於在麥克風收音的情況下，趁著換邊休息時間跟博格仔細討論雙打戰術，而博格依然寡言少語，是個很好的傾聽者。

他們最終也獲勝了，擊敗山姆・奎里與傑克・索克（Jack Sock）組成的強隊；歐洲隊佔據上風，因為費德勒在週日的關鍵一戰打敗了尼克・基里奧斯。這是一項介於表演和更嚴肅的商業之間的混合賽事。

費德勒依然繼續奪冠，他前往亞洲，在上海大師賽的決賽再度以直落二擊敗納達爾，贏得冠軍。接著，他在家鄉巴塞爾的賽事中第八次奪冠，然後在倫敦的年終賽的準決賽中，出乎意料地輸給了大衛・戈芬（David Goffin）。不過，他與家人去了馬爾地夫養精蓄銳，還在同一個度假村遇到來度假的西里奇。即使不少網球明星習慣去馬爾地夫度假，這依然是有趣的巧遇。費德勒隨後回到杜拜以及他在卓美亞古城的球場，為二〇一八年的更多比賽做準備。

他在未失一盤的情況下打進澳洲網球公開賽決賽，又一次沒有在大滿貫賽事中面對納達爾或喬科維奇（或莫瑞）。不過這一次，西里奇已經準備好對費德勒發起猛攻，大滿貫獎盃有可能落入他的手中。

他們曾在度假時一起練球兩次，對打了四十五分鐘，現場沒有教練、體能教練或經紀人。他們一起喝飲料、吃甜點，費德勒帶著他的家人，而西里奇帶著他的未婚妻。

現在他們要為澳洲網球公開賽的獎盃而戰。

這就是費德勒的經典作風：他跟競爭對手保持友好關係，也能夠在打球時無情地關閉自己的魅力，完全專注在比賽上（別忘了印地安泉的詹姆斯．布雷克）。

西里奇把比賽拖到第五盤，並在第一局就拿到兩個破發點，結果證明這是他的大好機會。但費德勒挽救了這兩個破發點，然後破了西里奇的發球局。他反覆利用反拍切球來對抗一百九十八公分高的西里奇，但在二〇一七年相同球場上的決賽中，他在對抗納達爾時卻很少使用這招，這讓大家回想起他的靈活多變。

費德勒在一年內有了大幅進展：從真正的冷門選手變成明顯的奪冠熱門，即使他在澳網開始之前就很抗拒這個標籤。

「我不認為一名三十六歲的選手應該是大滿貫的奪冠熱門。」費德勒曾說。

但他自己卻做到了這一點，而他如今也取得了所有運動項目中職業生涯後期的最佳成績之一：在最近參加的四項大滿貫單打賽事中贏得三個冠軍，這使他的大滿貫冠軍總數達到更容易記住的二十個。

而在瑞士鄉間的屈蒂根（Kuettigen），他的前任心理醫師克里斯蒂安．馬可利在自家露台上點燃了第二十根雪茄，心裡仍在想著彼得．卡特。

「我留下所有雪茄菸蒂來當作某種證據。」馬可利告訴我，「就跟你想像的一樣，這些都代表獨一無二、令人激動的時刻。每次獲勝之後，我總是會設法獨處片刻來抽雪茄。」

持續擁有傑出表現的不只是費德勒而已。塞雷娜・威廉絲在女兒奧林匹亞（Olympia）出生後，即將以三十六歲之齡重返網球界，而且會在接下來兩個賽季打入四場大滿貫決賽。美國國家美式足球聯盟四分衛湯姆・布雷迪（Tom Brady）與義大利足球門將詹路易吉・布馮（Gianluigi Buffon）也都在四十幾歲時仍然表現出色。

之所以如此，是來自運動科學以及對營養、訓練和恢復的知識進步。對於費德勒這樣的球員而言，建立一支高品質的私人團隊以及帶著家人一起巡迴參賽的能力也是原因之一。不過，知道其他人同樣在挑戰極限，同樣也很有用。

「我很喜歡聽這些故事。」費德勒談到布雷迪、布馮及北美國家冰球聯盟（ＮＨＬ）球星亞羅米爾・佳格（Jaromír Jágr）時告訴我：「長久以來，我一直想成為一名出色的運動員或出色的球員，而我已經實現這個目標，但當我看到那些人在我之前就這麼做了，而且現在也還在繼續職業生涯，這對我確實是一種激勵、幫助和動力。」

費德勒曾在二〇〇五年美網決賽對戰阿格西，當時阿格西三十五歲，但阿格西在那個年紀並未贏得大滿貫冠軍，更別說三個大滿貫冠軍了。

要找到男子網球界的先例，你必須一路回溯到羅斯威爾，這位身材矮小的澳洲選手有個諷刺的綽號是「肌肉男」，他在三十五歲時贏得一九七〇年的美網冠軍，在三十六歲時贏了一九七一年的澳網冠軍，並在三十七歲時又贏了一九七二年的澳網冠軍。羅斯威爾還在三十九歲時打進一九七四年的美網與溫布頓的決賽，雖然他在這兩場比賽都很快輸給了吉米・康諾斯。

他身高一百七十公分，體重六十五公斤，體格與費德勒截然不同，而他之所以戰績傑出，是因為他主要在草地球場上打球，球的彈跳高度比較低。他使用木製球拍，正拍幾乎沒有上旋球，反拍則完全沒有上旋球，他是以超強的控制力來抽球或切球的。

與羅斯威爾同一時代的弗雷德．史托勒說：「他可以把球打在一枚十分錢硬幣上，然後還能找到這枚硬幣被打到哪裡。」

羅斯威爾和費德勒的共通之處，是流暢的步法與紮實的技術。

「我想原因是我們在球場上移動的方式，相當溫和卻迅速；我們的移動方式很有效率。」羅斯威爾告訴我，當時是二〇二〇年，我們在的墨爾本見面喝咖啡，就像過去一樣。「我相信如果羅傑用我們的木製球拍打球，他的表現會很出色。」他說：「他的技術會更有效。現在的大多數球員都做不到。」

羅斯威爾如今八十五歲，依然有六十五公斤的體重，他的握手強而有力，舉止隨和樸實，部分原因肯定是因為他花了幾十年在陌生城市結識陌生人，這也是精采的職業巡迴生涯的一部分。

「我們每天晚上都會換地點。」他說：「以前有一種帆布球場，他們會把這種球場放在體育館的地板上，或者如果我們在曲棍球場上打球，就會把這種球場放在冰上。我們的腳以前都覺得很冷。」不斷宣傳也是成功公式的一部分。

「當時我們必須努力爭取曝光度。」他說，「在當年的職業比賽中，我們沒有贊助商或行銷可言，所以我們隨時都準備好跟任何人說話、接受電視採訪或諸如此類的事情。」

就像過去許多偉大的澳洲球員一樣，他也欣賞費德勒的球技以及對這項運動歷史的尊重，而且他已經養成習慣，每年都會寫給費德勒半頁的支持信，並在澳網期間把信送到球員更衣室。

「現在有時候很難進入更衣室。」羅斯威爾說，「我不喜歡打擾他，但我覺得他在比賽中的表現很出色。我非常欣賞他在場上和場下的態度。他能應對壓力，而且他似乎沒有那種讓他厭倦這一切的負擔。」

羅斯威爾跟他的好友兼宿敵羅德．拉沃一樣，跨越了業餘選手與開放年代。他在年輕時轉為職業球員，使他沒有資格參加大滿貫賽事及台維斯盃，直到這項運動在一九六八年永久改變了政策之後，才結束這種現象。

羅斯威爾馬上就贏得一九六八年的法國網球公開賽，這是第一個同時對業餘球員與職業球員「開放」的大滿貫賽事。他一共贏了八個大滿貫冠軍，最遺憾的是他沒有贏過溫布頓。如果他在一九五七年的體能巔峰時期轉為職業球員之後，沒有錯過十一年的大滿貫網球賽事，絕對會贏得遠遠更多大滿貫冠軍。就像費德勒一樣，他在青少年時期和將近四十歲時的表現都很出色。但即使是費德勒，也無法比肩羅斯威爾的第一個與最後一個大滿貫單打冠軍之間的十九年間隔。

羅斯威爾在職業生涯中從未受過嚴重創傷，直到五十五歲才開始出現肩旋轉肌問題。他直到將近八十歲都還在打網球當作消遣。

二〇一六年，費德勒在澳洲告訴我：「肯的事蹟簡直不可思議。」當時是他接受第一次手術的前不久。「我很尊敬他，他的事蹟也給了我希望，如果保持健康，我還可以繼續打很多年。」

因為前有羅斯威爾這樣的傑出人物，所以費德勒與帕格尼尼在二〇〇四年就制定了一項讓費德勒長久打球的長期計畫，那是在他首次登上世界第一之後不久。他們相信少打網球比賽能帶來更多好處。他們是對的，儘管這個模式之所以奏效，也是因為費德勒能夠從後場打出半截擊致勝球，並在巨大壓力下轟出落在線上的發球。

他在三十六歲時依然這麼做，就像他在二十二歲時一樣。二〇一八年二月，也就是他在墨爾本打敗西里奇的兩週後，他中斷了已經規劃好的假期，從瑞士前往荷蘭鹿特丹港參加一項室內賽事。

他這次參賽並不是基於對比賽的熱愛。他當時即將超越納達爾，重返世界第一。打進鹿特丹的準決賽可以賺進足夠的積分，所以他向曾奪得溫布頓冠軍的鹿特丹賽事總監理查·克拉查克申請了外卡，並把握住這次機會。

鹿特丹的籤表上有三十二名球員，所以費德勒需要贏得三輪比賽。他在第一輪擊敗會外晉級的比利時選手魯賓·貝蒙爾曼斯（Ruben Bemelmans），第二輪打敗德國老將菲利普·科爾施賴伯，而在第三輪時，他先丟掉了第一盤——這代表著這一刻有多麼重要——然後才擊退荷蘭選手羅賓·哈塞（Robin Haase）。

費德勒隨後在決賽以六比二、六比二擊敗迪米特洛夫，贏得這項賽事，獲得更多讚譽。

當費德勒剛復出時，他只想要再贏一次溫布頓冠軍，但他最終達成的不只如此，更遠遠超過了他或親朋好友的預期。

「我剛加入他的團隊時，我做出的預測比現在多很多，而且我常常出錯。」魯奇告訴我：「我已經準備好被他嚇一跳了。我其實期待被他嚇到，我也認為最好的做法是抱持開放態度，不要試圖設限。當然，我有時也會思考他還會打多久，但我想這個階段最棒的事情就是活在當下，享受此刻。當你這麼做的時候，你就能得到力量。另一方面，如果你不保持渴望獲勝的態度，就可能出問題，所以你必須不斷找到平衡點。」

對於費德勒來說，這個階段的挑戰更傾向於心理而非生理，即使他的膝蓋接受過手術也一樣。

「你必須瞭解自己，也必須對自己誠實。」他告訴我，「當你去比賽時，比如去鹿特丹吧，你必須帶著如火的熱情去那裡。如果你在這個年紀沒有感到熱情，那就不要去比賽。就是這麼簡單。」

他的熱情恰到好處。在那項賽事結束後的週一早晨，當他在ＡＴＰ網站上點擊時，他已經重返世界第一，也成為自ＡＴＰ在一九七三年首次公布排名以來，佔據球王寶座的最年長球員。

第 15 站

加州，印地安泉

INDIAN WELLS, California

「費德勒是真心在乎你說的內容，並且空出時間給你，從來不會趕別人。如果你是他的粉絲，即使是在贊助商舉辦的百人活動中，當你和他交談，他會讓你覺得他真的把時間都留給你，好好地聽你說。他真的很真誠。」

那天是沙漠中的移動日，費德勒在天亮前就起床了，我們在距離印地安泉大師賽一小段車程的瑟莫爾停機坪上見面。前一天，費德勒在二〇一八年印地安泉大師賽的決賽中輸給了胡安・馬丁・德爾波特羅。

儘管費德勒回到世界第一的寶座，卻有些不甘，第三盤局數五比四，費德勒準備保發並拿下比賽勝利，儘管擁有三個賽末點，但最終未能保住。這樣少見的情勢逆轉不常發生在他的對手身上，卻常發生在多處於領先的費德勒身上，他在取得賽末點後輸掉比賽約二十多次，而納達爾和喬科維奇在這樣的情況下輸掉比賽的次數還不到十次。

「我知道這樣說不太好聽，但我有時會覺得費德勒是網球中的低成就者，因為在一些大比賽中，明明勝券在握，他最後卻輸掉了。」網壇知名教練君特・布列斯尼克曾說，「如果算進在大滿貫中對上德爾波特羅、喬科維奇、納達爾，以及那些明顯領先卻輸掉的比賽，大概有三十場吧。」

原因不明，也許是他無形的敏感度？他的容錯率低？也或者是他有難以改掉的壞習慣？「我認為是因為他的球風太有攻擊性了，」費德勒的前教練保羅・安納孔表示，「年輕的時候跑動快，所以能避免這類狀況，但現在他年紀比較大了，面對其他頂尖好手時必須打得更有侵略性，不過那樣的打法在緊張之下會更難執行。拉法就算緊張，他每次擊球間還是有比較大的時間差，而且他的跑動速度非常快；諾瓦克的球雖然平，但落點精準，這種擊球方式不容易出差錯，但羅傑的球風讓他承擔較大的風險。」

但憑藉多年累積的經驗和解讀比賽的能力，費德勒能根據這樣的打法作出調整。由於睡眠不足，他在清晨的涼風中邊聊天邊打著哈欠，但沒有一絲心浮氣躁。

「只睡了五個小時，」他說，「剛打完那樣的比賽，五小時絕對不夠。」

很快，費德勒獲准登上前往芝加哥的私人飛機，在飛往芝加哥的那四小時中，我有幸參與其中，並有機會深入瞭解費德勒一天的行程以及下一屆拉沃盃的比賽場地。我受邀到他的私室進行報導，這不僅表明費德勒和我工作關係良好，更可看出費德勒和他的經紀人東尼・葛席克非常渴望他們的心血結晶得以成功。

拉沃盃的命名來自澳洲傳奇球星羅德・拉沃，賽事概念上很簡單，一年舉辦一次，聚集網壇頂尖好手，分為歐洲隊和世界隊，進行連續三天的網球比賽，其中最引人注目的，是費德勒得以與納達爾和喬科維奇同隊一同出賽。

但在實際執行上，由於涉及賽事的利益衝突，情況並沒有那麼簡單，對於網球這樣規模相對較小的國際運動項目，只能確保巡迴賽中前兩百名的男女職業選手有較好的收入，但不巧的是，網球的管理組織非常多，若算上男子巡迴賽、女子巡迴賽、國際網球聯合會和四大滿貫賽事，便有七個管理組織，彼此間雖時常合作，但仍是各自獨立的團體。

各組織間常難以達成共識，而這樣的支離破碎使得網球不易創新或做出重大變革，阻礙了這項運動的發展。創立新賽事或想改變賽程安排，都算侵犯了別人的地盤。

二〇一七年，當費德勒和葛席克在布拉格創立拉沃盃時，他們就知道網壇有這生態，到了二〇一八年他們承諾在芝加哥舉辦第二屆拉沃盃時，對這點更是瞭解。

「這就是網壇的荒唐之處，」費德勒在布拉格那屆之前就告訴過我，「彷彿你一移動什麼，整座建築就會開始搖晃，網球選手已經習慣當前的系統，任何新的事物對網壇都會帶來衝擊，但這樣也不代表新事物一定是壞的呀。」

作為網壇超級巨星，費德勒積極參與賽事管理和其中的政治，這在他職業早期擔任瑞士台維斯盃領導角色時，就已可見一斑。後來，他在二〇〇八年到二〇一四年期間擔任ATP球員理事主席，當時ATP成功推動大滿貫賽事和常規巡迴賽的獎金提高。

過去的男子網壇有許多勇於爭取權益的球員，包括亞瑟・艾許、克里夫・佐斯德爾（Cliff Drysdale）、斯坦・史密斯（Stan Smith）在內的頭號球員。儘管當時網球尚未進入公開化年代，一切皆由網球總會和賽事主辦方決定，但他們仍在生涯中不斷努力，致力於提高網球選手的影響力、爭取更多權益。在費德勒之前，山普拉斯、阿格西、貝克稱霸男子網壇，但這些主要球星都對協會的管理及經費問題不感興趣。

「也許這是一件世代相傳的事，但在我那時代，沒有任何偉大的頂尖球員願意花時間參與。」山普拉斯告訴我，「我不想因為網壇政治、獎金或各種的聯合總會分心，我覺得打比賽跟贏球就已經夠難的了。」

但費德勒變得更加投入，而納達爾、莫瑞和喬科維奇也都在不同程度上開始參與其中，二〇一一年和二〇一二年，費德勒和納達爾之間甚至出現了罕見的劍拔弩張。當時他們在排名系統變更和ATP下一任執行長的選擇上存有歧見，兩人的爭執在二〇一二年的澳網浮上檯面，當時我在記者會上向納達爾提到，費德勒不喜歡頂尖球員在公開場合對巡迴賽發表負面評價。「我不同意，」納達爾不悅地說，「他就一副『喔我什麼也沒說，一切都很正向，我是個紳士，其他人就自生自滅』的感覺。」

以往球星不常互相結識，這樣的唇槍舌戰確實常見，但納達爾現在以這種方式追問費德勒，無異像在場上隔著球網大吵大鬧，後來這樣的失序和衝突很快緩解了，但納達爾的爆發也提醒了眾人：頭號勁敵之間再怎麼友好，本質上依舊在競爭著彼此的影響力和冠軍頭銜。

但最終，喬科維奇成為三巨頭中最激進的一人，他公開向體制挑戰，甚至在二〇二〇年帶頭發起了新的球員團體，試圖成為獨立於傳統男子巡迴賽的聲音。

費德勒傾向在體制內處理事情，並於幕後遊說和勸說，而很巧的是，他的兩位教練——安納孔和柳比西奇，在職業生涯中皆深入參與了ATP的政治，也瞭解其中所有主要問題。「我們會一起討論很多這樣的事。」安納孔說。

然而，拉沃盃無論在檯面上和檯面下狀況都十分緊繃，這樣龐大的壓力肯定不是費德勒在他的生涯巔峰會想應對的。

台維斯盃正努力爭取讓費德勒在內的網壇巨星都能穩定參賽，並準備改變賽制，身為舉辦方的國際網球聯合會認為拉沃盃會拖累台維斯盃。拉沃盃的賽事時間是九月下旬，跟目前同一時段的男子巡迴賽衝突，搶奪了球迷的目光，也讓聯合會更難吸引頂級球員的參與。

不過，大滿貫的主辦方卻有不同的看法，全英俱樂部和法國網球聯會選擇觀望，但澳洲網球協會和美國網球協會選擇投資拉沃盃，澳網的媒體公關團隊甚至不辭辛勞地從墨爾本前往布拉格，協助賽事工作的安排。

我認為網球錦標賽很多，卻沒有很多力求突破的比賽，因此像拉沃盃這樣的比賽有其必要，費德勒的參與很可能會引起國際關注，而不僅限於當地或地區性的關注。我曾多次報導過高爾夫的萊德盃，而拉沃盃的靈感就是來自於萊德盃，對我來說，萊德盃是體育界最持續引人注目的賽事之一，從開幕式後比賽一開始，其比賽形式就釣足球迷的胃口。萊德盃和拉沃盃同為表演賽，不提供排名積分，但多年來，該賽事對球員們影響甚巨，也讓歐洲球員有機會能聯手比賽。和網球不同，參賽的高爾夫球員不僅代表歐洲巡迴賽，也代表著他們的大陸，網球雖沒有單獨的歐洲巡迴賽，但男子網壇無疑都是由歐洲球員所稱霸，所以拉沃盃這樣的賽事，歐洲隊可能太佔優勢了。

首屆拉沃盃舉辦在布拉格，在娛樂價值上大獲成功，賽事雙方勢均力敵，觀眾爆滿，甚至可看到費德勒和納達爾聯手，然而，賽事的舉辦成本，以及提供給球員的豐厚參賽費和獎金，讓拉沃盃損失慘重。

對費德勒來說，為第二屆拉沃盃建立良好第一印象極其重要，因此他獨自前往芝加哥，米爾卡和孩子們則先行前往佛羅里達，為邁阿密公開賽做好準備。

「拉沃盃對我來說非常珍貴，所以我總是樂此不疲。」費德勒告訴我，「對於我的職業生涯，我沒有再像以往參加那麼多比賽了，但只要我參賽了，就會踩滿油門全力以赴，之後再花一些時間休息。」

費德勒並沒有自己的私人飛機，他乘坐的私人飛機由一間販賣私人飛機部分所有權的公司所提供，當他需要前往北美各地或歐洲各地時，便會搭乘私人飛機。

藉此，讓他便於來回全球各地：旅途便利、減少時差，也讓他在球賽之外的個人生活能更順利無阻。

「我不需要實際買下來，」費德勒指著飛機告訴我，「這樣輕鬆又簡單，這是對自己在個人能量和管理方面的投資。如此一來便不用經過一堆檢查站、考慮航班、跟人擠來擠去或遇到有人要拍照，我只要一上飛機就能好好放鬆了。」

以他現在的狀態，確實能盡量避免許多不必要的麻煩，當時的他即將成為第一位網球選手、也是少數在職業生涯能賺到十億美金的運動員，加入高爾夫選手老虎伍茲和拳擊手佛洛伊德．梅威瑟（Floyd Mayweather）的行列。費德勒的收入中，只有大約一點三億美金來自賽事官方獎金，其餘都來自贊助、代言、出場費和特別活動，例如葛席克在南美洲籌辦的利潤豐厚的表演賽。

費德勒在這些領域的表現和在球場上一樣令人驚豔，雖然他的商業成績和網球成就密不可分，但他並非一開始就如魚得水。

他來自瑞士，雖是富裕國家，但並非美國、日本、德國或法國等主要市場，因此限制了潛在贊助商對他的青睞。

「當你來自瑞士，你代表的是一個小國家，」瑞吉・布魯內特說，布魯內特是費德勒在IMG經紀公司的第一任經紀人，「如果你想賺大錢，只有世界排名第十是不夠的。」

布魯內特曾是法國選手，所以對此非常清楚，另外他也曾擔任過世界排名第十的瑞士球星——馬克・羅塞特的經紀人。

「要走向全球，你必須成為世界第一，」布魯內特告訴我，「如果你是世界第一又是美國人，你肯定會收入不菲，但身為瑞士人，你必須比美國人優秀更多，才能賺得和他們一樣多，並成為真正不凡的第一。」

布魯內特第一次見到費德勒是在一九九五年的橘碗盃青少年網球錦標賽，當時費德勒在邁阿密附近的科勒爾蓋布爾斯比爾特莫酒店參加十四歲及以下組的比賽，現場有許多經紀人正等著挖掘下個網球巨星。布魯內特當年的主要目標是前途看好的比利時好手奧利維爾・羅克斯，但布魯內特的密友克里斯多福・弗雷斯告訴他，他也應該去看看費德勒。弗雷斯是位法國教練，在位於埃居布朗的瑞士國家訓練中心監督費德勒的訓練。

布魯內特告訴我：「當時克里斯多福跟我說，羅傑並不好接近，因為他很容易緊張，但他天賦異稟。」

「於是我去看了羅傑的比賽，才看五分鐘左右，在那個還沒有手機的年代，我立馬衝到最近的電話亭，打給克里斯多福，問他是否能安排我在巴塞爾和羅傑的父母見面。我得動作快，因為我知道羅傑的能力毋庸置疑，其他經紀人一定也很快就會發現了。」

布魯內特沒有因費德勒的脾氣而卻步，他對費德勒早熟的球技印象深刻，尤其是他在十四歲的年紀就能擊出各種變化的反拍。

「每位選手正拍都打得不錯，但那個反拍真的讓我覺得他與眾不同。」布魯內特說。

他回到法國後，接著前往巴塞爾會見費德勒的父母——羅伯特和麗奈特。在巴塞爾ATP賽事的認證部門工作期間，布魯內特就見過麗奈特，布魯內特表示，費德勒知道IMG，並且也知道它是間國際知名的「美國公司」，所以很放心。

「在那個階段，作為經紀人，我們與父母的談話比與球員談話多得多，」布魯內特說，「但羅傑的父母非常出色，他們受過良好教育，問的問題也都很合理，當他們願意相信你時，你能感受到他們是真心的。如果所有球員的父母都像他們一樣，工作會輕鬆許多。當經紀人並不簡單，因為客戶總覺得其他人可能給出更好的條件。」

起初沒有正式協議，但費德勒有口頭承諾。布魯內特在一九九七年與耐吉達成協議，讓費德勒穿上其網球服裝和球鞋，與此同時，愛迪達也對費德勒感興趣，因此也讓布魯內特有更多談判籌碼，他表示，耐吉合約的基本價值是五年五十萬美金，對於投資一位年輕球員來說，這無疑是筆巨款。

「這是當時我們為那個年齡的選手簽下金額最大的合約，」布魯內特說，「以一個非常優秀的瑞士青少年球員來說，平均金額大約是每年兩萬美元，並持續幾年，再依狀況調整，但是耐吉直接給出了五倍的金額，而且一簽就是五年，可見他們對羅傑非常有信心，我把羅傑作為未來網壇的頭號球星推薦給耐吉，但說實話，所有球員我都是這樣力薦給耐吉的。當然，合約總金額不是重點，重點是這樣的合約十分保護羅傑，如果他很快進入排名前五十或前二十，他的財務水平和他的網球成績將會互相呼應。」

有些球員認為比起個人喜好，應該根據公司的報價來選擇代言的球拍品牌，但費德勒選擇與威爾森簽訂協議，因為他所使用也喜歡的球拍就是該公司所生產的。

一九九八年，費德勒在賽季後成為青少年組世界第一，法籍物理治療師保羅・多羅申科回憶道，在費德勒贏得橘碗盃十八歲以下組冠軍後，在瑞士的住所舉行了慶祝活動。

「年底的時候，」多羅申科表示，「羅傑的父親給了我、彼得・卡特和彼得・隆格倫一人各一個信封，裡面裝錢。費德勒家並非家財萬貫，頂多算是小康，不過他們給我們的金額相當慷慨，大約是一千瑞士法郎，也就是一千歐元左右。」

接下來發生的事更讓他記憶深刻。

「我開車回家，那時是冬天，外面下起了暴風雪，車窗都起了霧，於是我把車窗搖下來，但當我從信封拿出鈔票時，由於風很大，大部分的鈔票都被吹出窗外了。」他告訴我，「我試著用車燈把錢找回來，但當時雪下得很大，真的很難。隔天早上，我起床就回去原處看，發現一堆鈔票掛在樹上。」

這裡頭似乎藏著隱喻。

布魯內特和費德勒的父親經常討論他的未來，羅伯特相信羅傑的天賦，但由於他自己並非專業選手出身，他想聽聽專家的意見。

「那時羅伯特問我：『你覺得他會成為網壇巨星嗎？他未來會打得很好嗎？』布魯內特說道，

「我回答他：『羅比，別擔心啦！你的兒子非常出色，但他未來是否會成為世界前百、前二十或前十，還取決於很多事，例如之後有沒有受傷？打球的動力夠不夠？有沒有因為愛情分心等等，所以這真的太難回答了，這些現在都說不準。』」

布魯內特的首要任務之一，就是為費德勒爭取職業巡迴賽的外卡資格，以加速他挑戰職業網壇，布魯內特很有效率地做到了，但並非一路無阻。

一九九九年，布魯內特有兩張外卡，可以讓球員進入IMG旗下的馬賽室內賽事，但他左右為難，因為他同時為三位年輕好手的經紀人，包括費德勒、法國好手阿諾．克萊門特（Arnaud Clément）和格羅讓，兩位法國好手都將進入排名前十。布魯內特只能從三人中選出兩位，最終他選擇了費德勒和克萊門特，費德勒在第一輪擊敗了法網冠軍卡洛斯．莫亞，讓布魯內特很風光，但另一方面，格羅讓拒絕布魯內特繼續當他的經紀人。

「他對我很氣，一直在生我的氣，」布魯內特說，「我們現在可以笑談此事，但當時我因為羅傑失去了格羅讓。」

費德勒戰勝莫亞，而莫亞在幾週後短暫重回世界第一，無疑讓費德勒更有機會在三月份以外卡身分進入IMG旗下的邁阿密公開賽，領先其他來自更大市場的球員。

外卡很好用，但費德勒很快就不需要靠外卡了，他最後一次透過外卡參賽，是二〇〇〇年二月在馬賽的比賽。而這次，他打進了決賽。

「我一直覺得費德勒和家人對金錢管理很有共識。」多羅申科說道，「我記得他在馬賽打進決賽，回來之後，他把支票給了母親，說：『給妳，開始有獎金收入了。』」

費德勒即將起飛，但他與布魯內特和IMG的關係最終惡化了，費德勒和他的父母後來得知史蒂芬·奧伯勒私下從費德勒的贊助合約中獲得ＩＭＧ的佣金，這讓他們非常不悅。奧伯勒是羅塞特的長期教練，也是現在的瑞士國家技術總監，奧伯勒在幕後發揮影響力，讓費德勒和ＩＭＧ合作，因此才會拿到佣金。

因為擔心利益衝突，教練通常會避免這種安排，但布魯內特表示，支付相當於球探費用的作法很常見，但這通常會非常「保密」。

根據布魯內特的說法，向費德勒透露此事的人是比爾·萊恩，這位美國人是隆格倫和博格在ＩＭＧ的經紀人。在費德勒和布魯內特分手後，萊恩成為費德勒的經紀人。

萊恩向我證實，他確實知會了費德勒一家，並很驚訝的表示，他很驚訝在他開始管理費德勒的事務時，沒有人告訴他之前發生過這樣的事，他表示是他自己後來發現的。

「我永遠不會做那種事，」萊恩說道，「那樣根本就是從選手身上把錢拿走。」

布魯內特則告訴我，費德勒從來沒有因為奧伯勒而多虧錢。

「羅傑並沒有支付額外的佣金，」布魯內特表示，「對ＩＭＧ的我們來說，一般也不會抽那麼少，這並非針對羅傑，他沒有權益受損，這就只是商業協議，當有人為你帶來生意，你自然會給予對方相對的獎勵。」

萊恩也是個充滿爭議的人物，儘管他所代表的許多球員都對他十分忠誠，但業內有些人並不喜歡他，包括耐吉前網球主管中島麥可。中島和費德勒在青少年時就認識了。

「我沒有跟那個人正面交鋒過，但我常心想，那個混蛋憑什麼擔任許多網壇巨星的經紀人？」中島說。

二〇〇二年，費德勒與耐吉最初的五年合約即將到期，萊恩表示他拒絕接受耐吉的續約報價，他認為太低了。

「他們每年只給羅傑六十萬美金，」萊恩告訴我，「羅傑的父親很希望我接受這個數字，但我對他說：『羅比，你的兒子將成為世界上最好的球員，我怎會接受對方只願意付六十萬美金呢？』」

比照其他球員的合約，萊恩認為耐吉每年至少要給到一百萬美金，「羅傑儼然是明日之星了，」萊恩說，「但我仍會收到羅比的電子郵件，寫著：『比爾，你要說服羅傑接受這筆金額，他需要那筆錢。』」

萊恩始終不肯讓步，當他在二〇〇二年底不歡而散地離開IMG時，費德勒和耐吉的合約依舊還沒完成續簽，部分原因是費德勒在該年開局不穩，法網和溫網他都首輪就出局。

「合約到期之際，包括愛迪達在內，各品牌都猶豫不決，因為費德勒當時的狀態有些掙扎。」一位熟悉費德勒夫妻的朋友表示，「那時是他職業生涯的轉捩點，而米爾卡也扮演著重要角色，承擔起更多的責任，讓費德勒無後顧之憂，可以走出當下的低潮。」

萊恩告訴我，當耐吉還對合約金額猶豫不決時，其他公司竟然沒有想立即簽下費德勒，令他非常震驚。「每間公司我都打去問：日本公司、FILA、Diadora、Lacoste 等等，我全都問過。」他說，「我當時根本在求他們，一直說：『嘿，這可是史上最好的網球選手耶！』」

根據中島表示，耐吉遲遲不肯續約，並非不看好費德勒的表現，主要問題還是在金錢方面。費德勒在二〇〇一年於溫網擊敗山普拉斯時，中島一直都在場觀賽，「光是坐在那，我就被他在球場上的魅力迷住了。」中島說。

然而，生意歸生意，「這是一次談判，」中島表示，「經紀人常會想爭取更高的金額，所以在耐吉內部，我們都說：『只要見面談判，價格就會上漲。』所以我們盡可能少跟談判對象見面，何況我們想法差太多了。」

萊恩表示，他告訴費德勒在二〇〇二年美網期間，自己已不能再當他的經紀人，但由於他離開IMG的條款，細節他無法解釋，他有禁止競業協議。

萊恩和費德勒關係很好，兩人互相稱呼對方為「Kenny」，這是出自阿姆為費德勒寫的一首歌的歌詞。二〇〇一年美網期間，費德勒和米爾卡曾去萊恩家住，米爾卡與萊恩的妻子——前瑞典球員卡塔麗奈特・林德奎斯特（Catarina Lindqvist）一起訓練。

對於兩人不再合作，萊恩告訴我：「我覺得糟透了，羅傑來到我的房間，一臉不可置信地說：『怎麼了？』我回他：『我不能說，但不是因為你的關係。』他既傷心又難過。即使我也很難受，但我不能向他解釋。」

費德勒當時年僅二十一歲，他與米爾卡以及父母決定與IMG斷絕關係，並成立自己的管理團隊。

「當比爾離開IMG時，我們被要求不能再與他合作，」費德勒後來向我解釋，「我始終不知道原因，我們想過再找一位經紀人，但最後我覺得：『我們應該試著自己處理一陣子。』」

費德勒的父母扮演很重要的角色，他母親離開了在瑞士製藥業的工作，父親則在瑞士律師伯恩哈德・克里斯滕（Bernhard Christen）的協助下，幫費德勒談判出場費和新的商業合作。

「我一開始還沒準備好，」費德勒在二〇〇五年時告訴我，「當然有時候還是會想：『天啊，我就知道會這樣』、『煩耶，我不想要特地回巴塞爾開會整理東西。』我也不想決定業務上的事。但我後來覺得這樣也很棒，因為我可以對一切瞭若指掌。」

過程中，費德勒意識到學習總會犯錯。

「可以自己做抉擇真的很棒，我以前很討厭做決定。」他說，「我想這幫助我成為更好的球員、更好的人，也變得更成熟。當有人問我：『羅傑，這個你怎麼想？』的時候，我不會只說：『沒關係，你們決定就好。』我會給出我的意見，並且想法明確，因為我知道我的意見至關重要。」

對該階段的費德勒來說，開始關注商業，讓他在網球之外有了其他重心，他也認為：瞭解自己職業生涯的商業面，可以讓他不會再輕信錯的人而失去自己所賺的錢。

「很多事情你時有所聞，總希望那樣的事不要發生在自己身上，但除非你真的像我一樣，自己做主自己決定，不然很難完全避免那些問題。」他告訴我。

不過，費德勒這樣以家人管理的方式引起網壇許多人的關注，包括競爭對手的經紀人——肯．梅耶森（Ken Meyerson）。梅耶森來自美國，性格強硬、思維敏捷，是安迪．羅迪克的經紀人，於二〇一一年因心臟病去世，年僅四十七歲。

二〇〇五年五月，梅耶森告訴我：「我覺得羅傑自己管理很不妥，我總覺得那樣少賺了幾千幾百萬。」當時，費德勒已不只一年維持世界排名第一，也已贏得四座大滿貫單打冠軍。

羅迪克當時贏過一座大滿貫冠軍，世界排名第三，但梅耶森剛為他與法國服裝品牌拉科斯特達成一份長期協議，利潤豐厚。據報導，拉科斯特每年向羅迪克支付約五百萬美金，和費德勒於二〇〇三年初與父親一同和耐吉談判的續約相比，數字確實漂亮許多。

「老實說，儘管安迪的排名比較低，但我們談到的金額比費德勒多得多。」梅耶森表示，「不管費德勒目前耐吉的合約是誰談的，都肯定會對同行造成影響。如果因為他父親經驗不足，錯把本來可以談成十倍的金額談成只有一倍，會讓整個市場行情下跌。」

據梅耶森估計，費德勒與耐吉的合約每年最多為一百七十五至兩百萬美金。

「那合約應該要有一千萬美金，」梅耶森說道，「世界頂尖好手就應該有世界頂尖的管理團隊才對啊……不然必定會損失很多。」

二〇〇四年，莎拉波娃年僅十七歲便贏得溫網冠軍，若將她的合約和費德勒比較，也十分有意思：據IMG高層表示，截至二〇〇五年底，莎拉波娃的場外贊助合約每年接近兩千萬美金，而費德勒的總贊助收入甚至不到一千萬美金。

莎拉波娃在IMG的長期經紀人埃森巴德表示：「我們合約都談到很好的條件，領先當時的費德勒很多。但當時的費德勒當然不能和現在比。」

二〇〇五年，《富比士》雜誌估計費德勒的年收入為一千三百萬美金，遠在世界收入最高的前五十名運動員之外，也遠落後於阿格西和莎拉波娃，兩人的收入都是兩千八百萬美金。

費德勒當時向我解釋道，他很享受自己的獨立性，不想對贊助商過度承諾而讓自己分身乏術，但他也注意到之間的差距，以及來自米爾卡的要求，米爾卡總是忙於管理他的媒體公關和行程。

二〇〇五年八月，費德勒決定來到北美與經紀管理公司會面。IMG上任了新董事長兼執行長：泰德．福斯曼（Ted Forstmann），福斯曼既是億萬富翁，也是網球愛好者，他的私募股權公司 Forstmann Little 於二〇〇四年收購了IMG。

福斯曼知道IMG的其他高層曾試圖讓費德勒回心轉意，但都沒有成功，由於他認識前世界排名第一的莫妮卡．莎莉絲，便請她協助安排會面，莎莉絲同意後聯繫了米爾卡，她本人也親自參與了會議。會議進展順利，福斯曼和費德勒也在南非成了朋友，一九九六年，在與曼德拉一起訪問南非期間，參觀了一家孤兒院，福斯曼收養了兩位南非兒子，而費德勒當時剛成立一個基金會，希望能幫助改善該國的孩童教育。

但問題是：要派誰來和費德勒一起工作呢？當時已經三十多歲的葛席克，同時為莎莉絲、時任女子排名第一的黛文波特（Lindsay Davenport）以及湯米．哈斯的經紀人。但莎莉絲基本上已經退休了，黛文波特也即將組建家庭並提前結束她的職業生涯，葛席克的職業生涯走到了十字路口，甚至開始在ＩＭＧ尋找網球之外的機會。

在他的職業生涯中，過去已有一次在對的時間出現在對的地點。身為常春藤聯盟達特茅斯美式足球隊的一員，葛席克於一九九二年來到紐約ＩＭＧ的廣播部門擔任暑期實習生，當時克里夫蘭辦公室打來電話，表示莎莉絲急需一位工作夥伴和她一同前往位於紐澤西州莫瓦的表演賽。

當時已加班到很晚的葛席克把握住了這次機會：「我那時候說：『我不知道我在幹嘛，只要告訴我要做什麼就好。』」他笑著回憶道。

針對莎莉絲的賽程安排，葛席克在表演賽的第一天就跟賽事發起人起了爭執，莎莉絲收到超過二十五萬美金的巨額出場費，最終也得到了她想要的時程安排，但當時才十八歲的莎莉絲馬上又給葛席克出了一個新挑戰。

「槍與玫瑰（Guns N' Roses）明天有演出，」她說，「去搶票。」

葛席克還真的做到了，甚至獲得了巨人球場的後台通行證，因為樂隊主唱埃克索爾．羅斯（Axl Rose）是莎莉絲的球迷。

「整個過程超像在作夢。」葛席克說。

莎莉絲希望葛席克能繼續和她一起工作，但葛席克還有達特茅斯大四的課業要完成。直到一九九三年三月，葛席克接受ＩＭＧ邀請，在畢業之後正式成為莎莉絲的全職巡迴經紀人，他才開始一邊唸書，一邊與莎莉絲合作。當時他的基本年薪只有兩萬美金左右。

幾週後，他從新罕布夏州漢諾威的高爾夫球場回來，發現他的答錄機上有異常多的訊息。四月三十日，在德國漢堡，一位名叫施特菲．葛拉芙（Steffi Graf）的瘋狂球迷在比賽換邊休息的空擋，用一把兩公分長的刀從背後刺傷了排名第一的莎莉絲。莎莉絲接受手術後，傷口很快就恢復了，但心理的創傷卻沒那麼遲遲未痊癒，她罹患了抑鬱症，直到一九九五年夏天葛席克成為她的經紀人後，她才復出。

「她真的經歷了很可怕的事情，但說實話，那兩年她無法出賽，變相幫到了我。」葛席克告訴我，「我才能好好學習業務並妥善處理事情，至少有能力可以妥善安排她的強勢回歸。」

葛席克後來成為網壇的頂尖經紀人之一。

「如果當時我沒接到那通電話，如果那幾分鐘我不在位置上，或當天我沒有加班到那麼晚，那這一切大概永遠都不會發生了。」他告訴我，「我說真的。」

莎莉絲把葛席克介紹給她的朋友、前美國網球明星瑪麗．喬．費南德茲，並鼓勵他們兩人交往。最終兩人順利在二〇〇〇年結為夫妻，此外，莎莉絲還將葛席克大力推薦給米爾卡和羅傑，並為其做擔保。

「因為莫妮卡，才讓我和羅傑有了聯繫。」葛席克告訴我，「在我的職業生涯裡，我真的欠她太多，我也欠我的妻子很多，她真的幫了我很多。」

葛席克和費德勒在二〇〇五年底開始合作，標誌著費德勒將開始大有斬獲。根據《富比士》雜誌，到了二〇一〇年年中，費德勒的年收入增加了超過兩倍，估計達到四千三百萬美金，其中合作包括德國汽車製造商賓士以及鐘錶製造商勞力士、巧克力製造商瑞士蓮（Lindt）和瑞士信貸銀行等國際知名瑞士品牌。

二〇〇八年，費德勒以每年超過一千萬美金的金額與耐吉續簽十年，創下網球代言的最高記錄，這次，不會再有人說他壓低市場行情了。

葛席克還試著將費德勒帶入美國的主流市場。和北美的熱門團隊運動相比，網球相對小眾，所以美國是歐洲網球選手較難打入的市場。

「在職業生涯的初期，每個人都會談到美國，」費德勒告訴我，「你有去美國打過比賽嗎，你在那裡有名嗎？」

我沒有抱任何幻想，我之所以能時常和他接觸，是因為他想擴大在美國的影響力，而《紐約時報》只是他廣泛策略中的一小部分，一些贊助合約規定費德勒必須在美國有所曝光，此外，費德勒還與美國最著名的名人之一：老虎·伍茲建立了連結。

兩人均由ＩＭＧ代理，由耐吉贊助。葛席克和伍茲的經紀人馬克·斯坦伯格（Mark Steinberg）是朋友，於是於二〇〇六年，他們安排伍茲和費德勒在紐約舉行的美國網球公開賽見面。在那個階段，兩人都離追上男子冠軍紀錄還有六座獎盃之遙，當時費德勒已贏得八座大滿貫單打冠軍，而皮特·山普拉斯是十四座；伍茲手握十二座冠軍，但傑克·尼克勞斯（Jack Nicklaus）有十八座。

兩人英雄惜英雄，二〇〇六年七月，伍茲在皇家利物浦贏得英國公開賽冠軍，當時他便表示自己是「費德勒的忠實粉絲」。幾週後，我在美國網球公開賽前，於紐約採訪費德勒，他則談到很多他受到伍茲的啟發。

「我從中得到了力量，」他說，「我學到的是：一切是為了向自己證明自己可以，而不是要向其他人交代。正因如此，對我來說可以對上納達爾當然好，但我更在乎的是要贏得比賽，那對我來說才是最重要的。如果可以剛好對上納達爾，那當然更棒，因為那樣我是擊敗自己的勁敵，或也許能再打出一場歷史性的戰役。但像伍茲和我這樣的人，重要的不是我們的競爭對手是誰，而是能拼盡全力，每天在早上醒來和晚上睡前都會滿意自己的努力。」

「那你這幾天睡得還好嗎？」我問。「睡得很好，謝謝。」他回答。費德勒和葛席克都希望能激發出費德勒最大的商業潛能。

知名刮鬍刀公司吉列（Gillette）總部位於波士頓，正在尋找全球品牌大使來取代足球明星大衛・貝克漢。當時吉列已確定選擇伍茲，而最後的候選人已篩選到最後幾位，其中包括費德勒和納達爾。費德勒與伍茲本就有聯繫，肯定對此有所加分，當費德勒在二〇〇六年美網決賽中對上美國球星安迪・羅迪克時，伍茲在賽前來到法拉盛草原與費德勒碰面。決賽開打後，伍茲坐在費德勒包廂的前排，身旁坐著米爾卡以及他的時任妻子艾琳・諾德格林（Elin Nordegren）。

「他們並不是為了吉列的協議才見面，」葛席克說，「伍茲和費德勒只是單純想見面，而美網是唯一兩人都可以的時間。」

伍茲正值名氣巔峰，兩人的會面對費德勒肯定是有利無弊，當費德勒贏得冠軍時，伍茲反戴著他的白色棒球帽來到球員休息室，用香檳和費德勒一同慶祝勝利。

「很有趣，因為我們有很多共通點，」費德勒說道，「他完全懂我在球場上的那種感覺，我從沒遇過這樣的人，他也懂那種稱霸球場的感覺。」

羅迪克當然也注意到同為美國同胞的伍茲在前排為費德勒歡呼，儘管伍茲和費德勒認識不久。

「老實說還蠻令人驚訝的，」羅迪克告訴我，「我完全沒想到會有這樣的事，我抬頭看了看，坐在選手的包廂中意義非凡，而且我真沒想到這情況會發生在美網。我想兩人可能因為耐吉和ＩＭＧ所以有交情吧。但，嗯，我沒有權利對我不認識的人不高興，或也許應該說『沒必要』因此不開心。」

二〇〇七年一月，費德勒、伍茲和足球員蒂埃里・亨利（Thierry Henry）一同成為了吉列的全球品牌大使。

費德勒和伍茲一直有保持聯繫，只要兩人比賽日程對得上，他們便會親自去觀賞對方的比賽，然而，與吉列的知名贊助在費德勒身上持續的比較久。伍茲在二〇〇九年因為多次外遇的醜聞，六年的婚姻宣告破裂，外遇醜聞引起國際媒體的大幅報導，也讓伍茲失去了無數代言。

伍茲和費德勒不再一同參加贏球慶祝派對，但他曾在二〇一九年共享納達爾的勝利喜悅，當時伍茲在納達爾的包廂裡看球，見證納達爾拿下該年美網冠軍。

事實上，納達爾比費德勒更熱愛高爾夫，對高爾夫也更有鑽研，只是高爾夫他是用右手揮竿。

二〇一〇年五月，在婚變醜聞爆發數月後，我和費德勒在巴黎會面，我向費德勒詢問了伍茲的事。

「我有試著幫他，但很難。」他說。

他說他在三月份有去邁阿密見當時即將成為伍茲前妻的艾琳，以及伍茲的女兒姍。

「很開心當時能去看看她們，知道她們過得好不好。」談到艾琳時他說道。

「我很期待可以再見到伍茲，我已經很久沒見到他了。」

比起伍茲出軌，費德勒對媒體報導的影響更感興趣。

「人們喜歡令人震驚的新聞，然後跟風，變成了現在非常普遍的真人秀節目。」他說，「我很驚訝這件事延燒了那麼久，而且影響那麼大。」

我問他覺得伍茲的事是否需要媒體這麼大肆報導？

「老實說，我覺得有點誇張。」他說，「並不是說一切都要完美無缺，事情是怎樣就是怎樣，我覺得也無需過度的想要維護自己的形象，一切順其自然，我自己是這樣做的。」

「喜歡你的人還是會喜歡你，」他補充道，「不喜歡你的人依舊不喜歡你，我不會改變性格來取悅每個人，因為那樣也無法取悅所有人。本來就是那樣，除了我還有很多其他球員，大家都有不同的性格，所以對於媒體和球迷我就是自然應對，我很開心自己能如此開誠佈公地發表想法，並不討論太過爭議的事，但我會盡量讓球迷感到有趣，因為我想讓他們聽到的是好故事，而不是其中的這些紛紛擾擾。」

我發現在某方面來說，費德勒是最後一位無懼形象受損與否的超級巨星。

「內心會有個聲音說：『羅傑，別搞砸了』」我說，「你會那樣想嗎？」

費德勒笑了。

「不能那樣想，」他說，「總會有事情發生，然後就是要去處理。」

體育界的經紀人認為，費德勒無意中受益於伍茲的形象崩壞。

「羅傑花了好一段時間，取得了許多大滿貫勝利，才開始談到好合約。」莎拉波娃在ＩＭＧ的長期經紀人麥克斯·埃森巴德說，「我認為很多事情剛發生的時候，例如老虎·伍茲的爭議，品牌會變得非常緊張，擔心品牌名聲是否受牽連，但羅傑卻順勢起飛了，因為他總是安穩如初。老虎·伍茲的事震撼了全球，因為他被當成了擋箭牌，我認為從那時開始，各品牌開始會考慮也許不要隨便跟球員有夥伴關係，如果有，也一定要是名聲好的。」

在此背景下，二〇一〇年末，洛杉磯郡高等法院對泰德福斯曼提起訴訟，指控福斯曼在諮詢了費德勒後，增加了對二〇〇七年法網決賽的賭注，這件麻煩事來的可真不是時候。

在職業網球比賽中，比賽造假已然成為越來越令人擔憂的問題，網路賭球的興起和小聯賽中提供的獎金微薄，使打假球的情況更容易發生。網球的進步不快，但在二〇〇八年，網壇創立了網球誠信處（Tennis Integrity Unit），負責調查和制裁作弊行為。雖然球員長期以來都被禁止賭球，但直到二〇〇九年，其他相關人員——選手的支援人員、賽事官方人員等——才被明確禁止在比賽中下注。

福斯曼承認他有在二〇〇七年的法網決賽下注，但時間在禁令發布前，該訴訟指出福斯曼在各體育賽事下注了數百萬美金，此消息一出，讓費德勒處於不利，因為那表示他向賭徒提供了內幕消息。

「我永遠不會做這樣的事。」二〇一〇年十一月的法國室內網球賽中，他與我和其他記者交談時說道。

在我的印象中，這是費德勒唯一一次不得不回答這類爭議的相關細節，費德勒表示，他並不知道福斯曼下注自己的比賽，並否認自己和賭球有任何牽連。他說他已直接聯繫過福斯曼，這位金融家當時七十歲，當初就是他將費德勒帶回ＩＭＧ。

「我直接聯繫到他，表示我想知道事件的一切，以及怎麼發生的。」費德勒說，「他也沒有推遲，就以他的角度告訴我事情的經過，而且表示他已經準備好面對媒體，要我別太擔心。儘管他不是我的經紀人，東尼才是，但畢竟這間公司大量涉足體育領域，所以對我來說，我必須知道他們那邊到底怎麼了。」

根據商業糾紛，該訴訟指控福斯曼在六月九日，也就是費德勒輸給同為ＩＭＧ客戶的納達爾、二〇〇七年法網決賽的前一天，對費德勒下了兩萬兩千美金和一萬一千美金的賭注。當然如果福斯曼賭費德勒會輸，那絕對會更有爭議。

福斯曼一開始告訴《每日野獸》（*The Daily Beast*）他可能會在決賽前打電話給費德勒，但只是因為費德勒是「他的好朋友」。

「我只是想祝他好運。」福斯曼說道，「哪來什麼內幕消息？」

但在查閱通話記錄後，福斯曼卻堅稱他在決賽前沒有打給費德勒，畢竟費德勒是他自己的客戶，對自己客戶的比賽下注非常不明智，IMG不僅代表數十名網球選手，它還擁有自己的巡迴賽和特別活動。

費德勒和IMG的董事會成員很難不擔憂此事。

「我只是覺得保持警惕真的很重要，不論是球員在做什麼，隨行人員在做什麼，其中又涉及多少賭注等等。」費德勒說，「我們應該極力避免這些問題發生。」

「許多名字都被提了出來，但你也不能做什麼，事情就是發生了。所以對我來說，聽到這樣的消息還是很不可置信，IMG或泰德福斯曼跟此事有關聯當然是很糟糕，但我相信他會記取教訓。」

事件最後依舊沒有完全釐清，最終也沒有對福斯曼進行制裁，大約六個月後，他被診斷出患有腦癌，之後於二〇一一年十一月去世，福斯曼從未在訴訟中作證，該訴訟最終遭到駁回。

費德勒的商業成績持續成長，截至二〇一三年，費德勒的年收入估計達到了七千一百五十萬美金，主要歸功於他第一次的南美巡迴表演賽，以及與酩悅香檳（Moët & Chandon）達成新的五年協議。費德勒成為二〇一三年富比士全球收入最高運動員排名第二，僅次於老虎伍茲，領先籃球明星科比．布萊恩。

富比士的排行榜並非完美，經紀人說那充其量只是估計值，並且經常誇大數字，裡頭的數字很多都是各經紀人自行提供的，經紀人很常報得比現實更高，有利於之後的商業談判。

但毫無疑問，費德勒之所以在眾多偉大球員中如此特別，不僅是他在球場上的表現，還有他在會議室和公司套房的表現，他總是一貫的親力親為，從他生涯早期開始，瑞士室內網球賽的所有二十一個贊助商的套房他都會一一前往會面和問候，至今仍是如此。

「如果你見過他和贊助商、執行長相處的過程，你就會知道他真的是個很棒的人。」埃森巴德說，「你會感受到他真心在乎你說的內容，並且空出時間給你，從來不會趕別人。如果你是他的粉絲，即使是在贊助商舉辦的百人活動中，當你和他交談時，他會讓你覺得他真的把時間都留給你，好好地聽你說。我認為他真的很真誠，我從未見過有其他運動員像他一樣，而我認為這和他的成長過程有很大的關係。」

安迪．羅迪克告訴我，費德勒於二〇一八年來到德克薩斯州奧斯汀，協助他的慈善基金會活動，該基金會致力於資助低收入青年的教育計畫和活動。

「我去機場接他，開車途中，他問我：『等等的活動細節是什麼？』」羅迪克說，「羅傑接著說：『我想瞭解你們確切做了哪些事，我不想只單純說你們有幫助孩子，那樣講很籠統。』接著他又說：『我今天要怎麼做才能給你們帶來最大的幫助呢？』他從頭到尾都沒有問他什麼時候能離開，或過程需要花多少時間。」

當他們抵達活動現場時，羅迪克本來以為會由他陪著費德勒，將他介紹給在場的來賓和捐助者，但費德勒自己非常積極。

「他沒有等我陪他，就直接走到他最先碰到的兩個人面前自我介紹，全程都只有他一人，沒有經紀人在旁協助，也沒有經理介入。」羅迪克說，「我看著他就這樣認真了一個小時，直接走近滿是陌生人的房間，不斷與人打交道。我們的其中一個董事會成員是雙胞胎，他們當時正聊著雙胞胎的話題，費德勒能夠找出兩人的相似之處和共通點，真的讓我印象深刻。他其實不需要做到那麼多，但他卻做得比誰都好，之後我們活動順利結束，他的飛機被延誤了，他走回捐贈室，又開始跟其他人互動交流，直到凌晨一兩點才離開奧斯汀，過程完全沒有任何不悅。」

我問羅迪克，與其他頂尖選手相比，費德勒這樣的做法有多麼異於常人。

「我最嫉妒他的不是球技，也不是那些獎盃，而是他不管到哪裡都能把一切打理得很好。」羅迪克說，「有些其他運動項目的選手可能也跟羅傑一樣出色，但喬丹或伍茲不可能像羅傑那樣每天都應對自如。」

中島記得，有一年費德勒來到奧勒岡州比弗頓的耐吉總部，在耐吉的研究實驗室進行球鞋測試，當他們走出大樓，正準備去參加下一場會議時，費德勒突然停下腳步說：「我要回去一下。」

中島問他是否忘記了什麼，費德勒說他忘記感謝那些幫助他研發球鞋的人員們。

「於是我們跑回大樓，通過安檢，讓他和那些人道謝。」中島說，「現在還有哪位運動員會這麼做？」

某年夏天，費德勒回到耐吉總部參加「羅傑．費德勒日」。當天，總部所有建築都以他的名字臨時改名，但中島表示，那天除了慶祝費德勒的成就之外，充滿幽默感的費德勒決定對耐吉的員工來點惡作劇。

他們召集了廣告團隊一起觀看新廣告，費德勒推著推車在房間裡轉了一圈，端上咖啡和甜甜圈，讓員工們感到十分驚訝；在公司健身房，他坐在櫃檯發毛巾給員工；在公司餐廳，費德勒則充當收銀員，接著還擔任了咖啡師。

「當然，他不知道怎麼煮咖啡，所以他最後就是走來走去，每桌都問說：『你好，我叫羅傑．費德勒，很高興認識你。』假裝大家都不認識他的樣子。」中島回憶道，「那真的很不可思議，我覺得沒有運動員會願意做到這樣，而已還享受其中，覺得那樣超棒。你覺得瑪麗亞．莎拉波娃會願意這樣做嗎？不可能。但費德勒會，他臉上帶著微笑，他甚至和任何想和他打球的人玩 Wii 網球。」

二〇一一年，奧勒岡大學耗資二點二七億美金，建立了一座新籃球館，以耐吉聯合創始人菲爾・奈特（Phil Knight）已故的兒子馬修・奈特（Matthew Knight）命名。馬修在三十四歲時因水肺潛水意外離世，而中島認為三月的網球表演賽，是為這座新體育館開幕宣傳的好方法，因為奈特父子都很喜歡網球。

「我們第一個就打給費德勒，而當時他已經有個七位數的合作，需要去往別處。」中島說，「但費德勒接著問：『這是為了菲爾舉辦的嗎？』我回答：『對。』然後費德勒立馬說：『那算我一份。』」

二〇一三年底，我在《紐約時報》揭露費德勒和葛席克將離開ＩＭＧ，成立自己的經紀管理公司 Team8。八這個數字主要是致敬費德勒的護身符號碼（他出生於一九八一年的八月八日，也是一年中的第八個月）。據熟悉相關事宜的高階主管表示，他們能夠「乾淨」地離開而無需向ＩＭＧ支付罰款或費用，是福斯曼在去世前同意的。

脫離原經紀公司已然成為頂尖運動員的趨勢，老虎・伍茲和斯坦伯格在二〇一一年便離開了ＩＭＧ，納達爾也在近期帶著他的長期經紀人卡洛斯・哥斯達（Carlos Costa）一起離開了。

費德勒和葛席克一家感情很好，葛席克的妻子費南德茲是費德勒孩子的教母，他們的兒子尼古拉斯是前景看好的網球員，費德勒不但給他許多寶貴建議，也常提供好位置讓他進場觀賞自己的球賽。

Team8 經紀公司同時也得到了美國投資者伊恩・麥金農（Ian McKinnon）和億萬富翁德克・齊夫（Dirk Ziff）的支持，希望該經紀公司能代表更多運動選手。網球新星德爾波特羅和迪米特洛夫都在 Team8 創立時就與他們簽約了。

約翰・托比亞斯表示：「羅傑不但會在網壇名留青史，商業面也會在他退休後繼續發展，就像高爾夫界的阿諾龐馬（Arnold Palmer）那樣。」托比亞斯當時是拉加代爾體育公司的總裁，是Team8的業界競爭對手，「我想那已經很夠了，那些收入讓東尼在後半輩子財務上也完全不會有問題，所以我也不確為什麼他會想承擔額外的責任，大概是因為他很好勝吧。」

葛席克告訴我，他想創新並創造新的價值，而不僅僅是管理費德勒的現有業務。有鑑於福斯曼去世、IMG即將出售，以及費德勒在職業生涯早期有獨立營運的經驗，創立自己的經紀公司雖然大膽但絕非衝動之舉。

對於球員的招募，費德勒比預期的更積極，透過他的巨星光環和溝通技巧，成功與澳洲年輕新秀基里奧斯及其家人、德國新星亞歷山大・茲維列夫和美國天才少女科里・高芙（Coco Gauff）取得聯繫。

之後，除了基里奧斯之外，茲維列夫和高芙都正式加入Team8，其他經紀人競爭者表示Team8的招募策略「令人震驚」，並對「費德勒願意親自參與其中」感到十分驚訝。

當然，事情並非一切順遂。儘管費德勒非常有吸引力，但招募一直都不是件簡單的事，客戶和員工之間的人員流失相當嚴重，迪米特洛夫、茲維列夫和德爾波特羅最終都離開了，才華橫溢的美國年輕好手托米・保羅（Tommy Paul）也選擇和Team 8分道揚鑣。

備受推崇的前ATP高層安德烈席爾瓦（Andre Silva）也於二〇一六年離開Team 8，轉擔任巡迴賽的賽事總監；IMG創始人馬克・麥考馬克（Mark McCormack）的孫子克里斯・麥考馬克（Chris McCormack）也離開了Team8，並加入了競爭對手的公司。

儘管如此，費德勒的收入仍在繼續成長，二〇一八年，他和耐吉的代言續約意外地未達成協議，於是他改與日本知名平價服飾品牌優衣庫（Uniqlo）簽訂了為期十年的長期服裝代言合約。據報導，該合約每年支付費德勒三千萬美金，而業內其他經紀人則認為實際金額應該並沒有那麼高。

無論如何，儘管費德勒的形象多麼完美，該數字都超出耐吉願意付給一名年邁超級巨星的金額。

「我很高興這件事是在我離開後才發生，因為發生那樣的事我永遠都不會原諒自己的。」針對費德勒和耐吉不再續約，中島說，「當然一切都跟數字有關，這很現實，但我真的覺得：『你在跟我開玩笑嗎？你要讓費德勒離開？』發生這樣的事情很糟，對我來說，他就像麥可．喬丹，他已經開始在規劃未來的計畫了，只要順利，他很可能在職業生涯的後期會更加成功，而對一家企業來說，難道不會想和他合作嗎？」

耐吉執行副總裁約翰．斯魯舍（John Slusher）負責全球體育營銷，是耐吉的首席談判代表。他是霍華德．斯拉舍（Howard Slusher）的兒子，斯拉舍是頂尖體育經紀人，因其紅頭髮和焦土談判策略而有「橙色經紀人」之稱，他在職業生涯後期直接為耐吉聯合創始人菲爾．奈特工作。

斯魯舍和葛席克一樣，是達特茅斯的校友，也同樣曾打過橄欖球隊，於一九九〇年畢業，早葛席克三年畢業。然而，協議並沒有因為校友關係、斯魯舍與費德勒多年的會面或兩人的良好互動就順利達成。此外，離開耐吉成為ATP首席執行長的馬西莫．卡爾維利（Massimo Calvelli）也有參與此次談判。

「十年、十五年前，我們就有過一些艱難的談判，所以已經習慣了。」費德勒告訴《紐約時報》，「但沒事的，我們努力嘗試了一年或甚至超過一年，對我而言，我認為我沒有不合理。」

網球不是耐吉主要的收入來源，網球只是耐吉這間跨國大企業的其中一個小部門而已。耐吉的年收入大約是五百億美金，「而網球業務大約只佔其中的三點五億，所以真的不多。」中島表示。

根據中島的經驗，用於運動員贊助的支出不會超過該業務收入的百分之十，而耐吉已經和小威廉絲、納達爾、莎拉波娃等球星有所協議，且這些球星於二〇一八年皆尚未退役。此外耐吉也和基里奧斯、丹尼斯・沙波瓦洛夫（Denis Shapovalov）、阿曼達・安尼西莫娃（Amanda Anisimova）等後起之秀簽訂了合約，因此，若耐吉要滿足費德勒提出的金額，則必須打破百分之十的支出上限。

二〇〇八年，費德勒與耐吉簽訂了利潤豐厚的十年代言續約，當時菲爾・奈特直接參與了談判，因此，費德勒希望這次奈特能再次代表他出面，然而到了二〇一八年，八十歲的奈特已成為名譽主席，退出了日常的公司營運。此次談判主要由斯魯舍和前執行長馬克・帕克（Mark Parker）主導，兩人大概沒料想到費德勒真的會離開耐吉，轉向較低端市場的快時尚品牌。但無論如何，優衣庫提供給費德勒的合約金額，實在超出耐吉的負荷。

「費德勒絕對不是自己想離開耐吉，不可能。」中島說道，「我聽說當東尼告訴馬西莫，費德勒已與優衣庫簽約時，他哭了出來。換作是我，我絕對絕對不會讓這種事發生。」

令網壇其他人驚訝的是，不像麥可・喬丹和耐吉的飛人系列，費德勒並沒有接受相對較低的預付款，讓耐吉繼續經營他的「ＲＦ」品牌。

「那對我來說一直是個夢想，」費德勒曾經告訴我，「阿格西有自己的系列、喬丹也有自己的系列，我覺得那很酷，但不是因為我可以對別人說：『你看，我有自己的系列商品喔。』對我來說，重要的是球迷可以買到與我有關的產品，就像在足球比賽中，你可以買到背後繡有球員名字的球衣，這才是我喜歡ＲＦ標誌的原因。我真的很感謝耐吉願意朝這個方向發展，我知道這對他們來說不簡單，因為當他們願意為我開創個人系列，可能也會有眾多其他運動員跟他們爭取說：『那我呢？我也要自己的系列。』」

但二十多年後，費德勒決定擁抱新的方向，即使那需要他多花兩年多才能從耐吉手中拿回「RF」標誌的所有權。

「你自己認為的價值他們不見得看得見。」他談到耐吉時說道，「我很高興能通過與優衣庫的長期合作證明自己的價值。」

因為優衣庫的協議不包含鞋類，費德勒還投資了瑞士跑鞋公司 ON Inc.，幫助他們開發了一款他在二〇二一年首度出賽時穿的網球鞋。

與優衣庫的合作讓費德勒在收入上再創巔峰，二〇二〇年年中，《富比士》將他評為全球收入最高的運動員，估計他的年收入為一億六百三十萬美元，其中只有六百三十萬是官方賽事的獎金。這是費德勒，也是史上第一位有網球員登上該榜的榜首，他領先了足球明星C羅、梅西、內馬爾，以及NBA球星勒布朗．詹姆斯、史蒂芬．庫里（Stephen Curry）以及凱文．杜蘭特（Kevin Durant）。費德勒在三十九歲仍能繳出如此驚人的商業成績，部分原因是因為全球疫情導致職業體育賽事紛紛停擺，削減了運動員二〇二〇年大部分時間的收入。

費德勒的確過著良好的物質生活，但非常瞭解他的魯奇並不認為錢財會改變他的本性：「老實說，我認為他還是會很高興地在巴塞爾為房屋粉刷。」魯奇告訴我，「我認為金錢會造成很多問題，大家都希望自己有越多錢越好，但不是每個人都能妥善地用錢，而我認為羅傑將金錢打理得很好。」

除了打理費德勒和高芙兩個主要球員的業務，Team8 經紀公司也非常在乎拉沃盃的發展，如果這項賽事可以成功，它既可以成為費德勒留給後世的遺產，也會幫助他在未來更有利於作為隊長或主辦方持續活躍網壇。

為了確保拉沃盃順利舉行，費德勒和葛席克在幕後不懈地推動它成為ATP巡迴賽的正式賽事之一，他們同時非常積極地爭取拉沃盃能辦在九月下旬，和改制後的台維斯盃爭奪賽事時間。然而，費德勒和葛席克這次並未成功，由於二〇二〇年疫情大流行，法網主辦方搶占了先機，將賽事移到了拉沃盃原先規劃的那週。此外，由於公眾聚會的限制，表定舉辦於波士頓TD花園球場的二〇二〇年拉沃盃很可能需要延期。

二〇一八年三月的某日早上七點，我們從加州沙漠起飛，費德勒在飛行途中的一開始，邊用著早餐邊和我、葛席克和魯奇談論著網壇政治，魯奇看起來比費德勒更睏。當時的討論既漫長又複雜，費德勒主要是聽眾的角色，從台維斯盃的潛在變化到社交媒體對新聞業的影響，他問了很多問題。費德勒和葛席克兩人時不時會開對方玩笑，在意見不同時則也會有所辯論，費德勒的團隊成員並非一味應和他的想法。

「他的性格就是那麼溫文儒雅，你可以不同意羅傑的觀點，他不會針對你，也不會隨便就動怒。」安納孔曾這樣告訴我，「他很樂於坐下來討論問題，然後說：『好吧，我明白了。』然後退一步客觀地評估事情。」

魯奇表示，他和安納孔在執教費德勒時發現，比起達成共識後只向費德勒提出一種建議，一次給他兩種不同的看法效果更好。

「其他球員聽到不同的方案時，可能會緊張，」魯奇告訴我，「但羅傑不會，他喜歡聽不同的想法，然後再自己決定。他讓你能做自己、表達自己、並誠實以待，這對我來說非常關鍵。我認為這是羅傑最大的優點之一，我們並非所有的事都意見一致，但我覺得這樣的不同讓我們的生活變得有趣。」

在獨立的小屋中小睡片刻後，費德勒準備來個小測試，為他首次造訪芝加哥做好準備。

「美式足球隊？」「芝加哥熊隊（Bears）。」他回答，「冰球隊呢？」「芝加哥黑鷹隊

（Blackhawks）！」「棒球隊呢？」「小熊隊（Cubs）！」

「還有呢？」

費德勒停頓了一下才正確地說出：「還有白襪隊（White Sox）。」

對於一個關注足球比棒球多得多的瑞士人來說，這樣的表現蠻不錯的，但費德勒確實是個體育迷，年輕時是NBA和芝加哥公牛隊的忠實粉絲，十七歲時，他的房間裡有麥可．喬丹和俠客．歐尼爾的海報（另外還有潘蜜拉．安德森〔Pamela Anderson〕穿著泳裝的海報）。

之所以芝加哥這麼吸引費德勒，很大一部分是因為他有機會在公牛隊的主場——聯合中心打拉沃盃。在芝加哥的中途國際機場降落後，我們很快就到達了聯合中心，費德勒與基里奧斯一同參觀了場館。基里奧斯來自澳洲，屬於拉沃盃世界隊的一員，但其實他也非常熱愛籃球，如果可以，他肯定更想成為一名NBA球星。

令人驚訝的是，帶他們參觀場館的竟然就是喬丹在公牛隊的冠軍隊友：史考提．皮朋（Scottie Pippen）。當皮朋帶他們進入公牛隊的球員更衣室並進入場館時，費德勒起了一身雞皮疙瘩。

「可以見到史考提真的很讚，」費德勒告訴我，「尼克很關注籃球，雖然我現在也有關注，但不及史考提打球的那個年代，那時的我才真的是瘋狂愛看籃球。」

在芝加哥的四小時感覺就像一波延長版的籃球快攻，費德勒走訪了深盤比薩店、芝加哥劇院、千禧公園，並與羅德．拉沃、世界隊隊長約翰．馬克安諾、基里奧斯、以及芝加哥市長拉姆．伊曼紐爾（Rahm Emanuel）一同在芝加哥田徑協會飯店召開記者會。

「羅傑的行程就是那麼緊湊，不忙就不像他了。」葛席克說。

我和費德勒坐在後座，一起坐長途車回到中途機場，並再次搭上私人飛機，與他一同飛往邁阿密，我問他，在他生命的這個階段，他有時間和自己獨處嗎？

他笑了，似乎對這個問題很驚訝，「很少」他說，「但我偶爾會在沒有米爾卡和孩子們的情況下去異地比賽，所以在飯店房間會有一些自己的時間。」

但他也承認，他其實不太需要特別獨處，即使有時確實會覺得有必要在長時間的賽事後，重新接觸大自然，感受平靜的環境，不過他也明確表示，他尚未對各地征戰的生活感到厭倦。

「像今天，」他說，「我們從印地安泉大師賽離開時，迎著朝陽，當時天氣很好。來到這裡後，天氣很冷，感覺完全不同，而這就是旅行的魅力，可以走遍各地，我很喜歡這樣的過程，真的非常喜歡，現在依然如此。」

省去了機場安檢和航空公司的登機程序，旅途變得更加美好，但費德勒似乎有種成為究極網球職業選手的先天條件，他不僅熱愛比賽，也熱愛與比賽有關的大多數事物，並且關切網壇種種。拉沃盃對他來說是幾代人之間的橋樑，橫跨拉沃時代的職業選手和未來的網球明星之間。

「我覺得網壇持續在改變，即使作為傳奇球員有時也會迷失。」他說，「我認為要讓退役的傳奇球員也有曝光的平台，現今網壇也應向他們學習。傳奇球員們身上有許多故事，所以我才這麼喜歡拉沃盃的概念，對我來說，拉沃真的非常具代表性，但那個年代還有其他傳奇，例如盧．侯德和肯．羅斯威爾，他們的事蹟真的值得我們多深入認識。羅氏跟我講了很多他們的故事，我希望能在某程度上感謝這些傳奇們的貢獻。很少人真的熟知他們的故事，如果你深入瞭解，會發現真的很了不起，他們在兩百天內去了一百五十個城市比賽，根本就像馬戲團巡演，很不可思議。」

不只如此，費德勒也想扮演導師的角色，提醒網壇年輕好手在每個階段應該注意的事，幫助他們別因年少得志而被名利錢財沖昏頭。

「我始終秉持一條信念：『要保持興趣，對你所有的事務都感興趣。』」費德勒說，「從財務管理、經紀事務、和經紀人溝通，一直到贊助商、稅收問題等等，不管是什麼，不要讓別人為你做所有決定，因為到頭來，不管出了什麼問題，你都還是要自己承擔。這是我對每個人最大的建言。」

我問費德勒，當他在解釋這條信念時，年輕球員有什麼反應。

「我覺得他們心裡在想：『有道理。』」他說，「然後接著就會想：『好吧，那就開始做些改變。』」

司機把車開到中途機場的停機坪上，停在飛機旁邊，費德勒的首次芝加哥之旅即將結束，但這時芝加哥又帶給他一個新的體驗：外頭的強風讓他很難打開車門。

總算關上車門後，費德勒禮貌地告別，在走上登機樓梯的路上，又與一兩陣強風搏鬥，最後終於躲進飛機內。

本趟我與費德勒的旅途至此結束，第二天寫完專欄後，轉眼我就又回到空中，只是跟昨天非常不同：我搭乘著美國航空擁擠的民航客機飛往波士頓，坐在經濟艙的中間座位。當我在托盤桌上吃著晚餐，並與身旁的兩位乘客共用扶手時，一切都像剛從一場夢中醒來，就像在費德勒流暢無阻的世界中停留一陣子後，突然被抽回了現實。

抵達洛根將軍國際機場後，我搭上巴士，前往新罕布夏州邊境我居住的小鎮，抵達時已超過凌晨兩點，也就是說，我已經叫不到計程車了。

最後，我沿著路，拖著我的行李箱，走了五公里回家，在深夜的黑暗中忍不住大笑出來，因為我的旅程開始得如此華麗，結束得卻如此不起眼，實在對比很大。

我想，這大概就是費德勒很少經歷的那種孤獨感吧。

第 16 站

瑞士，費爾斯貝格
FELSBERG, Switzerland

「對我來說，網球世界的運作方式很完美。我很樂意面對它們：音樂、大型體育館、媒體、關注，但接著我就需要遠離這一切。」費德勒說。

球場被命名為「羅傑」，而費德勒正在清掃紅土，就像一名木工在車床忙碌了一天之後，清理工作間的地板一樣。

他已經離開他第一次接觸的網球場地很久了，久到足以令他想念滑步、聲音模糊的網球彈跳、賽前儀式，如同把一張細密的網拖過紅土場地來消除印記，準備迎接下一批球員一般。

納達爾也常會清掃自己的練習球場，這種動作蘊含著一定程度的謙卑。我們永遠看不膩超級巨星做出跟我們其他人一樣的行為。

「即使是羅傑．費德勒也會清理紅土。」費爾斯貝格網球俱樂部主席東尼．波爾特拉（Toni Poltera）一邊看著費德勒工作一邊說，「這就是為什麼羅傑在這裡很受歡迎。他不會擺出高高在上的態度。他很平易近人。」

我曾在二〇一九年四月到阿爾卑斯山脈，花了一天觀看費德勒訓練，並為《紐約時報》採訪他在三年缺席之後重返紅土賽事的感想，同時也談談他跟瑞士的連結。

他絕對可以到其他地方繳比較低的稅（或是免稅），不過儘管他常常旅行又有其他選擇，儘管他在杜拜有公寓、在南非有房產，而且他喜歡慵懶的生活方式，但他還是紮根在瑞士。

「我終究覺得自己是非常純正的瑞士人。」他說：「所以我想要在這裡養育我的孩子。當我們談到家，就是指這裡。雖然米爾卡有斯洛伐克背景，我也有南非背景，但我認為我們在這裡過得最開心。」

費德勒是在萊茵費爾斯（Rheinfels）餐廳吃午餐時談論這些事的，這間餐廳是瑞士庫爾（Chur）的一間家庭式披薩店，我們在訓練課程之間的空檔開著他的賓士來到這裡。我們進入餐廳時，主要用餐區已經接近客滿，不過雖然大家的頭都轉過來看，但老闆娘帶領我們去隔壁房間的桌子時，其他顧客並沒有做出手勢或發出驚呼，我們也能有比較安靜的環境來私下交談。

毫無疑問的是，費德勒並不是在無人注意的情況下進入餐廳的，但他沒有受到任何騷擾，至少有一小段時間是如此。我們點餐之後不久，有一個家庭走近我們這桌，基本上是跟在老闆娘身邊躡手躡腳走過來的，他們用瑞士德語請求拍一張團體自拍。費德勒當時還在說話，他一開始看起來有點不滿被人打斷，但他從木椅上站起身，微笑、大笑，並答應了對方的請求。

儘管如此，考慮到費德勒是目前國內外最著名的瑞士人，這種現象依然與披頭四狂熱大相逕庭，而相較之下的平靜也令人讚嘆。

費德勒的長期教練兼友人塞維林・魯奇太熟悉這種事了。

「如果你去泰國或其他地方，即使你是去度假的，只要有人問你從哪裡來，你說從瑞士來的，他們就會說：『羅傑・費德勒！』」魯奇說，「這種事很常發生。」

比較不機敏的人或許會回答自己真的認識費德勒。

「我不會告訴他們。」魯奇說，「我很高興看到他們的反應。不然的話，感覺就像是你想要炫耀一樣。」

正如那句評論暗示的，瑞士是一個從兒童剛入學開始就重視謹言慎行與平等主義的國家，而且費德勒也相信，這種尊重、低調的氛圍幫助他延長了職業生涯。

他說：「我覺得回到瑞士可以減輕壓力。」

不過，由於他的職業生涯超過二十年，他已經成為集體記憶的一部分，所以他確實常常覺得自己好似對遇到的瑞士人虧欠了某種謝意，不論他們試圖假裝有多不在乎也一樣。

「有時人們看著我的樣子，就像我是個政治人物似的。」他大笑著說，「我好像應該要跟每個人打招呼，因為他們已經透過電視、廣告和訪談非常瞭解我了。」

我問費德勒：對他而言，瑞士人的心態有什麼特殊之處？

「呃，在某些方面挺拘謹的，但如果你跟瑞士人變得很熟，他們會非常開放也非常好客，你或許會找到一生的摯友。」他說，「我認為，因為我們有四種國家語言，所以我們本質上相當國際化。我們受到德國、法國、義大利、奧地利的大量影響，所以我覺得我們根本是個文化熔爐。你很容易就能在瑞士四處活動，並改變自己的世界觀。我們現在在這裡，但你開兩三個小時的車就能到米蘭，那裡就跟這裡完全不一樣了。」

雖然費德勒在瑞士絕對不是過著「普通生活」，但他的生活確實令人覺得不算太誇張。我們去吃午餐——只有我們兩個，沒有經紀人或保鑣。儘管發生了這麼一次拍照請求，但這頓兩小時的午餐在其餘時間都很寧靜：從湯到義大利麵再到濃縮咖啡（費德勒不是很愛吃肉的人）。

「我不是星座和這類東西的狂熱信徒，但我是獅子座的。」他說，「我覺得獅子座的人喜歡成為眾人關注的焦點，但只限於他想要的時候。所以對我來說，網球世界的運作方式很完美。我很樂意面對它們：音樂、大型體育館、媒體、關注，但接著我就需要遠離這一切。」

那似乎是一段特別真情流露的評論，而我對此也稍微有些共鳴。身為體育新聞記者，你需要沉浸在壓力、喧鬧、群眾之中，並伴隨著成千上萬的喝采聲、噓聲或呼喊聲，在媒體包廂內寫下截稿期限緊迫的文章。這些活力與情緒都會滲入你的體內，最終將你榨乾，即使你只是一名旁觀者也依然如此。雖然我是射手座而非獅子座，但我常在結束一系列大滿貫賽事、奧運或世界盃的報導後，發現自己正在尋求盡可能最安靜的生活：森林、農地、山中小徑，任何有蟋蟀鳴唱而非球迷嘶吼的地方都行。那就好似你需要從一個極端擺盪到另一個極端，來找到某種表面上的平衡。

費德勒點頭表示贊同。

他說：「在這裡，我覺得我可以找到我的平衡，找到我的平靜和諸如此類的東西。」他用沒握住咖啡杯的那隻手迅速做了個手勢。「所以我們很幸運，能讓我們的家庭在山中成長。起初我們的計畫不是這樣的。但我們剛好發現一片土地可以建造房子，那大概是在五、六、七年前吧，然後我們就離開大城市，來到這個比較偏遠的地區了。」

他們在瓦爾貝拉建造房子，那裡離連哲海德的滑雪道和健行步道都不遠，而且離達沃斯（Davos）只要四十五分鐘的車程，離聖摩立茲（Saint Moritz）則是一小時的車程。

住在這裡代表需要在高海拔進行訓練。費爾斯貝格的海拔是五百七十二公尺，足以讓一顆網球在比較稀薄的空氣中移動得更快。這也代表能夠在費爾斯貝格網球俱樂部這樣溫馨、樸實的地方打球，這個俱樂部離萊茵河很近。交響曲並不是為萊茵河的這段狹窄區域譜寫的，但抬起你的視線，你會看到非常雄偉的景致：即使在四月底也覆蓋著白雪的山峰。

這個週二的音景混合了鳥鳴聲、牛的哞哞叫聲、過往車輛的響聲，以及清脆的擊球聲。俱樂部有一面擊球牆和一棟質樸的木造俱樂部會所，這棟會所看起來就像是由某個趕著去三座紅土球場之一的人負責裝飾的一樣。我造訪這裡時，牆上有一張照片是費德勒跟他的朋友兼經常一同訓練的夥伴湯米·哈斯的合照。

入口處掛著一支壞掉的球拍。

俱樂部主席波爾特拉說：「那不是我的。」他友善又外向，穿著牛仔褲和連帽運動衫。他為這個樸素俱樂部與費德勒的連結感到自豪，這是可以理解的。

「今年是他們第五次或第六次來到這裡了。」波爾特拉說，「誰知道呢，這取決於很多因素，包括天氣。」

這也取決於口碑。當球星太頻繁去某個地方的時候，球迷就會蜂擁到那個俱樂部。瑞士人或許生性謹慎，但他們絕不會錯過免費觀看費德勒的機會。

「我們喜歡打亂行程。」當天早晨，魯奇在庫爾的火車站接到我之後解釋說，「改變是件好事。人們沒必要時時刻刻都知道我們在哪裡練球。」

他們也會混合不同的陪練夥伴，而且經常邀請年輕的瑞士球員，例如雅克布・保羅（Jakub Paul），他在庫爾長大，如今在比爾的國家訓練中心訓練。

「有一次我在家裡度假，然後魯奇突然打給我，問我有沒有時間一起練球。」保羅告訴我，「我說我**當然**有時間，所以我得到了機會，能跟羅傑在那個小俱樂部打球。」

這週的練球夥伴是丹尼爾・伊凡斯（Dan Evans），他是一名身上有刺青的英國老將，而且他跟費德勒一樣也是單手反拍，年輕時常常打壁球。二〇一九年，伊凡斯依然在努力重返排名，他之前因為吸食古柯鹼而被禁賽一年。一般而言，他多變又有創意的打法在任何球場上都是最氣派的，但當他跟費德勒練球時則不然。

這是幾乎算不上經典又壓抑的紅土網球，但這也是一種享受。

在以他命名的球場「羅傑廣場」（Roger-Platz）上，費德勒打完一次特別激烈的對抽之後大喊：「我們要重返一九八〇年代：切球致勝球！」

他已經在瓦爾貝拉的家中進行伸展和暖身當作練球前的準備，而瓦爾貝拉離球場的車程很短，不過在十點的練球開始之前，他還做了一些步法訓練。他沒有拿球拍就在紅土球場上滑步，好似在測試自己的跑動範圍。

「對我來說，紅土球場的挑戰有時不能只為了滑步而滑步。」他說，「我認為那就是拉法或頂尖紅土網球選手很厲害的地方，他們只在必要的時候滑步。你通常會覺得『噢，滑步好好玩』，所以即使你滑步時的控制力比較差，你還是用滑步接每一球。」

我們這頓午餐吃了很久，他在午餐之後並沒有再度伸展或暖身，而是很快開始恢復練習。這對於一位有背傷和膝傷病史的三十七歲網球員來說，這實在很令人驚訝。

「他應該要做更多一點伸展和暖身的，他通常都會這麼做。」魯奇說。

通常會參與這類練習的體能教練皮耶·帕格尼尼今天缺席，不過費德勒和魯奇都說，不讓準備工作變得單調，對於費德勒的新鮮感很重要。

「有時在比賽之前，物理治療師會希望完美完成自己的工作，而我必須告訴他，我們不需要花十分鐘進行背部運動。」魯奇說，「有時我們必須妥協。對於已經參加巡迴賽事二十年的身體來說，現在狀況不一樣了。不過羅傑以前會跳兩次然後就開始比賽，所以你也可能考慮太多，然後做各式各樣的包紮，把自己逼瘋。」

費德勒說，他現在更關心場下的準備工作。「這幾年來，我比從前做更多熱身，也做更多伸展和按摩。」他說，「但我告訴團隊：『聽著，我只能做這麼多，因為我需要正常生活。我需要陪伴我的孩子，需要陪伴我的妻子。我需要享受生活。我不能練習一個小時，然後只是為了處理身體勞損就花三四個小時做其他事情。』因此，我們找到一個適合我也適合他們的良好計畫。」

這又要追溯到費德勒喜歡用的「緊握拳頭」這個比喻了。如果你維持緊張狀態工作太久，特別是在球場之外也如此，你最後就一定會崩潰。

我們將看到納達爾在快要四十歲時會有什麼樣的感受——以他那種火力全開的打法，他在球場上活躍的時間比我們大多數人預期的遠遠更久——但我們難以否認費德勒的成果與耐力。

法國人談論費德勒的比賽時常用「*relâchement*」一詞。這個詞可以被翻譯為「放鬆」，但更好的翻譯是「無拘無束」。對我來說，這種彈性是許多層面的關鍵：他流暢的動作、他自如的力量、他在行動及受到壓迫時出奇制勝的能力。

「如果你多加十公斤的肌肉在羅傑身上，我無法保證他擊球是否會更有力。」他的前任教練伊格拉斯告訴我，「他的擊球速度可能反而會更慢。關鍵不在於力量，而在於時機。」

艾拉・琳（Ella Ling）是最頂尖的網球攝影師之一，她早年曾拒絕為費德勒拍照，因為他將自己的情緒隱藏得很嚴密。不過，如今她已經改變了想法。「他擊球時表情不會扭曲，這已道盡一切。」她告訴我：「打網球對他而言是輕鬆自然的事，是身體與心靈的延伸。這很獨特，我不確定我們以後是否還會再看到這樣的網球員。」

他的無拘無束絕對發揮了作用，讓他在這麼多同齡球員都已經退休時依然奮戰不懈。一九九九年的法國網球公開賽是他首次登場的大滿貫賽事，而在那年法網參加男子單打的一百二十八位球員中，他是最後一位依然在巡迴賽參加單打的球員。

「不會吧！」當我告訴他這個數據時，他說，「只剩下我了嗎？」

有一些跟他同齡甚至更老的球員依然在單打賽事中奮戰：左手持拍的西班牙網球員羅培茲，曾經是費德勒在青少年時期的對手；身材高大、擁有強力發球和灰白斑駁的鬍子的克羅埃西亞網球員伊沃・卡洛維奇。

不過，費德勒在一九九九年法國網球公開賽拿到的外卡已經使他佔得先機，二十年後他也依然領先群倫，參加重大賽事並奪得四個冠軍：他於二〇一九年初在杜拜贏得第一百個冠軍，然後在邁阿密贏得第一百〇一個冠軍。

這是先天還是後天造成的呢？

「或許我的天賦有稍微幫助我形塑及獲得我如今的技能，使我的勞損比較少。」他說，「但我認為我之所以贏得這些成就，是因為我的訓練日程、我累積的努力，或許還有我在比賽時的心態。儘管我很認真看待事情，但我也很自在，所以我能非常快放下煩惱。比如這頓午餐對我來說就像是一次休息。我能在腦中說：『聽著，我們剛做了一次高強度訓練，我在這裡可以放鬆冷靜，然後我們會再回去繼續努力。』我覺得有這樣的想法是最關鍵的。」

費德勒是秩序與自發性的迷人混合體，或者不是混合體，更像是交替出現的水流。所有計畫都是為了使他完全處於當下而制定的，而他也似乎特別能夠抵抗外在影響，不讓它們干擾他的自然循環。

自二〇〇九年起，退休問題就一直甚囂塵上，但即使是在十年之後，他也堅決宣稱，他從不允許自己仔細思考這個問題。

「我努力做的，是盡可能對未來保持彈性，認真思考我們應該做什麼。」他說，「網球要佔多少？生意要佔多少？家庭要佔多少？當然，我希望優先考量我的孩子和米爾卡，然後我們再從這些選項開始討論。我不想要太快做出承諾，然後感到後悔。所以，我不知道，我真的不知道。我總是說，我越常思考退休，我就越容易進入退休狀態。我覺得如果我把退休生活的一切都規劃好，那我就會處於半退休狀態。」

「這會影響你的表現嗎？」我問他。

「這個嘛，不會影響我的表現本身，但或許會影響我想要做得好的整體渴望。」他說，「我可以在退休之後思考這件事。我對這件事並不覺得有壓力。」

多年來，他一直在打亂別人為他制定的時間表。

費德勒說：「你曾經是世界第一，四大滿貫你也都贏過了，那接下來呢？我猜你的職業生涯已經結束了吧？」他模仿別人會問的問題和假設。「這確實是個很常見的主題。」

在這個階段，他能感覺到人們已經準備好迎接他職業生涯的終點，而這種事不論好壞，都是像我一樣的記者習慣做的。

「他們必須捕捉額外的素材，我可以感覺得到，就像有網子在我身邊逐漸收緊。」他說，「每個人都在要求額外的訪談，那我會不會跟那個人訪談呢？我能感覺到這只是以防萬一，但沒關係。事情就是這樣，你懂的。我可以接受。」

費德勒留給網球界的遺澤還有另一個部分，就是讓未來的冠軍不需要經歷相同的重複審問，而是到了職業生涯的更晚期，才會被問到關於退休的問題。

「我希望如此。」費德勒說。

「我的意思是，史坦現在就說他想再多打幾年。」他在談到瓦林卡時說，「他剛滿三十四歲，以前三十四歲就很老了，但現在這個年齡代表我希望能繼續打三年、四年或五年。」

費德勒逐漸提高聲音，並揮舞他的手。

「五年耶，那就等於是三十九歲，天啊！」他說，「但這很困難，因為頂尖球員都很強大。」

費德勒幾乎不是信奉「我死後，將會洪水滔天」的人——或者如果以三巨頭的時代來說，他幾乎不是信奉「我們死後，將會洪水滔天」的人。他對於年輕一代的網球員有強烈的興趣，這不只是因為他仍然需要與這些人競爭而已。他真的很想知道誰會成為世界第一、贏得多個重大賽事，並推動網球向前發展——他希望這個體育項目不會倒退發展。

當我們的午餐接近尾聲，空咖啡杯也已經放在桌上時，我們兩人開始猜測哪個年輕球員有潛力成為球王。

他說：「可能是茲維列夫？也可能是西西帕斯（Stefanos Tsitsipas）？」他的語氣更像是好奇而不是確信。

他也提到了其他幾位網球員。

「你知道怎麼回事，比賽總是會誕生超級巨星，所以我不擔心這件事。」他說，「或許當我們這一代引退時，也會解放並真正釋放他們的某些潛能。或許他們需要贏得一場重大賽事，讓他們相信自己。我年輕時就需要這個。我需要贏溫布頓來告訴自己：『好，我每週都能做到這件事。』或許他們也需要克服這種障礙，因為他們現在可能無法勇敢地說『我想當世界第一』，因為每個人都會說『哈！諾瓦克才是第一』或是『是喔，那你要怎麼打敗拉法呀？』」

自二〇一六年起，費德勒就沒有在巡迴賽中打過紅土比賽。在他成功復出期間，他跳過了二〇一七年的紅土賽季來保留精力及保養手術後的膝蓋。他在未失一盤的情況下贏得溫布頓冠軍。他也跳過二〇一八年的紅土賽季，因為他想要維持這種對他非常有效的出賽行程。最重要的是，他想要盛大慶祝米爾卡在四月的四十歲生日。

「她為我付出了很多，我覺得與其送給她實質的禮物，我更願意送給她回憶跟體驗。」他說，「我一直夢想著讓她知道我們要去度假或去某個地方，但不讓她知道所有細節，因為一般是由她安排所有事情。所以我就想：『讓我來交換我們的角色吧。』」

在一趟家庭旅遊之後，他們最後選擇和大約四十位朋友去伊比薩島（Ibiza）度過一次僅限成人的旅行。在這次旅行中，費德勒在大多數情況下都避開網球，但他依然看了義大利公開賽決賽的大部分過程，納達爾在這場比賽以三盤擊敗了亞歷山大．茲維列夫。

「我當時在一間海灘俱樂部，在電視上看這場比賽。」他說，「我們有一大群朋友；米爾卡很努力跟這麼多朋友保持聯繫。她知道我們要去伊比薩島。她也知道我們要邀請朋友，而且名單是由她決定的，所以我說我會決定所有細節。她完全不知道每天的驚喜是什麼，這樣真的很棒。」

不過到了二〇一九年，費德勒再度準備好在整個賽季中參加更多賽事，而不是在春季休息兩個月。他相信參加紅土賽事也會幫助他提高在溫布頓草地賽事上獲勝的機率。他在二〇一八年溫布頓的八強賽中，原本握有一個賽末點，最後卻以五盤輸給凱文．安德森。

「我認為去年我在草地賽事上花太多時間了。」他說，「我覺得參加紅土賽事會幫助我用全速擊球。當你打太多草地賽事，就會覺得自己開始引導球，而在紅土球場上，你必須全力揮拍。你要用力才會得分，我覺得這可以幫助我伸展。最重要的是我想要回到巴黎，我想要回到紅土球場上。」

這一切進展得很順利。他重返紅土球場後，在馬德里進入八強賽，然後在法國網球公開賽闖進準決賽，這是他自二〇一五年後首次參加這項賽事。在他缺席的這段時間內，局勢並沒有太大改變。納達爾依然屹立不搖，而費德勒第六次嘗試在羅蘭．加洛斯球場擊敗納達爾，卻依然無法成功。他以直落三吞敗，那天是法網的悠久歷史上風最大的日子之一，大風把紅土的塵霧吹進球員的眼睛，也把觀眾頭上的巴拿馬草帽掀掉了。

那是一場席捲巴黎的沙暴。

費德勒說：「到了這個地步，只要能夠打到球，而且表現不要太難看，我就很高興了。」

不過納達爾擁有更深的站位及更重的上旋球，因此也更有能力應對這種狀況。即使天氣古怪，他在羅蘭．加洛斯球場也得心應手。

「他在紅土球場上的能力真是不可思議。」費德勒說，「我早就知道這件事了。我看起來不像在奮戰，但我確實在奮戰，而且我也努力相信自己。我直到最後都在試圖扭轉比賽。不過這場比賽進行得越久，他在風中擊球的感覺似乎就越好。」

儘管如此，費德勒最清晰的目標依然是溫布頓，而且他是以非常良好的生心理狀態參加這項賽事的，當時他已經先在哈雷的草地公開賽上贏得第十次冠軍。在溫布頓，他也贏了前五場比賽，即將再度跟納達爾在準決賽對決。

自二〇〇八年的決賽以來，這是他們在全英俱樂部的首次對決。這場比賽使大家回想起那次決賽有多麼精采，而在超過十年之後，三十三歲的納達爾與三十七歲的費德勒依然不時在重大賽事的最終階段對決，這又是多麼令人驚訝的情景。

他們已經從二〇〇〇年代晚期開始宰制網壇，變成努力應對喬科維奇在各種場地構成的威脅。隨著莫瑞的崛起，他們已經成為「四巨頭」的一份子，然後隨著瓦林卡的出現，又組成更大一群的領頭人物。不過到了二〇一九年，由於莫瑞與瓦林卡因傷休養，他們又回到三巨頭的狀態。喬科維奇擁有擊敗費德勒與納達爾兩人的紀錄，當時也已經回到世界第一的寶座。當天稍早，他在中央球場擊敗了羅伯托・包蒂斯塔・阿古特（Roberto Bautista Agut），已經拿到進入溫布頓決賽的資格。

費德勒與納達爾在溫布頓再次對決，是許多人期盼已久的，但這場比賽並沒有達到他們在二〇〇八年那場共同傑作的層次。這場對決進行了四盤而非五盤，無法跟二〇〇八年決賽一樣產生持續的懸念或悠遠的回憶。它在天黑之前就已經結束了。

不過，他們的第四十次交手依然值得一看，因為兩人的防守跑位都驚人地出色，而且納達爾的擊球落點往往比平常更接近底線，試圖搶佔先機。他與他的教練卡洛斯・莫亞都非常清楚，費德勒自從二〇一七年復出之後，就在球速較快的場地上宰制了兩人交手的比賽。

「羅傑的反拍進步了很多，他在澳洲讓我們大吃一驚。」莫亞談到二〇一七年的澳網時說道，「在那之後，我們知道我們必須做些改變。當然，在紅土球場上，拉法比較容易改變一些戰術，對付這些試圖不給他任何節奏的人。」

對於納達爾來說，草地球場依然是比較大的挑戰。費德勒贏了搶七的最後五分，藉此拿下勢均力敵的第一盤。接著他在第二盤錯失時機，發球局被破了兩次，而且在最後的二十三分裡輸了二十分，因為他有好幾次擊球脫拍了。

不過，他設法克服了更多困難來贏得第三盤，然後兩人的表現似乎在第四盤同時達到高峰。掌控局勢的是致勝球而非失誤球，因為兩人都努力閃身繞過反拍，用正拍轟出對角球。

「你會預期他打出精妙的球；這就是他會做的。」費德勒提到納達爾時說道，「你得讓他一直必須打出精妙的球。問題是當你一直在瀕臨極限的情況下打球、為了破發點冒很大風險的時候，你就很難說『我只要盡全力就好』，因為這很困難。你必須找到平衡，而今天我很快就找到了。我有點像是進入禪意和平靜的狀態。」

長久以來，我們都很難從納達爾的表情看出他到底是贏球還是輸球，到底是滿意還是沮喪。不過隨著年齡增長，他的情緒也變得更加外顯。在第六局，他在一次正拍回球失誤之後，用手掌拍了自己的額頭。接著在同一局中，他在一次反拍切球失誤之後，向前彎身並譴責自己。

然而，納達爾依然維持著以往的高水準。當時是三比五的落後情況，他在出現五次局末平分的重要一局中挽救了兩個賽末點。然後在下一局費德勒有機會拿下比賽勝利的發球局中，他又挽救了兩個賽末點。這兩個賽末點都是用致勝球挽救的：一記閃身正拍斜線球終結了一輪二十四拍的高速對抽，然後一記充滿自信的反拍穿越球擊退了費德勒一次力道不夠的攻擊。但費德勒終於把自己的第五個賽末點轉變為第十二次進入溫布頓決賽的資格，他以勝利的姿態高舉雙臂，然後又把雙臂伸往納達爾的方向，兩人在網前親切地短暫交談。

「感覺就跟預期的一樣好。」費德勒談到這次的對決時說。

我同意他的看法，正如我當晚在《紐約時報》的專欄上寫的：

這場比賽的第四盤非常引人入勝，不是因為費德勒與納達爾在對抗歲月流逝，而是因為他們在對抗彼此。

當費德勒以七比六（三）、一比六、六比三、六比四獲勝時，我跟亞爾科・涅米寧（Jarkko Nieminen）談話。他是跟費德勒關係密切的已退休芬蘭網球選手。身為一位擁有良好上旋正拍的左手持拍球員，他在這場比賽之前幫助費德勒暖身。

「這場網球賽的層次非常高。」涅米寧說，「在某些時刻，我真的瞠目結舌。我無法相信他們能夠這麼早就擊球、可以這麼用力地擊球，落點還這麼接近邊線。他們打球時根本沒有想到自己的年紀。」

不過，跟二〇〇八年不同的是，這場對決並沒有以一場頒獎典禮作為結尾。喬科維奇在等待費德勒，而在此刻，費德勒最大的敵手是喬科維奇而非納達爾。費德勒已經在最近八場交手中擊敗納達爾七次，卻在最近六場交手中輸給喬科維奇五次。

「我知道比賽還沒結束。」費德勒談到這場比賽時說，「不幸又或者幸運的是，我還需要再打一場比賽。」

費德勒說得異常坦率，但他很清楚，自從二〇一二年的溫布頓決賽之後，他就沒有在任何重大賽事擊敗喬科維奇了。

顯而易見的是，費德勒的比賽表現與風險管理都特別好。他在春季決定先參加紅土賽事，再參加草地賽事，這看起來是正確的一步。

不過，喬科維奇也變得很擅長安排出賽行程，而且他現在也重新穩穩地佔據網壇的頂尖地位。費德勒於二〇一八年六月度過他在世界第一寶座上的最後一週，他的球王在位週數總計達到三百一十週。喬科維奇最終會在二〇二一年超越費德勒在男子網壇締造的紀錄，這是他從二〇一八年低迷狀態走出來之後，重新對網球界最負盛名的紀錄發起的一部分攻擊。

喬科維奇在任何場地上都是一位難以對付且變化多端的對手，而且考慮到費德勒從未成功在同一項重大賽事中打敗納達爾與喬科維奇，所以對於費德勒而言，喬科維奇更是一項挑戰。

「拉法是左撇子，他對我或其他人造成的問題跟喬科維奇很不一樣。」費德勒說，「喬科維奇會留在底線、打出平擊球，他的移動風格不同，防守跑位也不一樣。你必須在戰術上做調整。如今，拉法的發球比以前更快了。諾瓦克的發球速度沒什麼改變，這對我幫助很大，因為我以前需要做出更極端的調整。但最重要的就是自信。如果你沒有自信，或者我沒有，那就非常難以連續打敗拉法或諾瓦克。」

費德勒會用「拉法」來稱呼納達爾，以及交替用「諾瓦克」及「喬科維奇」來稱呼喬科維奇，這種現象似乎反映出費德勒與兩位對手的關係：他與「拉法」的關係親切又熟稔；與「諾瓦克」及「喬科維奇」的關係則比較冷淡也比較對立。

不過，費德勒在這兩場比賽依然維持類似的撲克臉。他在二〇一九年的溫布頓保持禪意的境界，而那年決賽更加吸引人的元素之一，就是往往很好戰的喬科維奇也選擇採用同樣的策略。

「我們之前討論過的戰術之一是他必須保持極端的冷靜和積極。」喬科維奇的其中一位教練戈蘭・伊凡尼塞維奇說，「我們的目標是直接忽略觀眾。球場上沒有觀眾，只有你跟羅傑而已。」

中央球場一如既往地強力支持費德勒，他是逐漸老去（或者永不老去）且處於劣勢的一方，擁有優雅的球風與舉止，使溫布頓的高檔客群能夠產生共鳴。

就如同對戰納達爾的那場比賽，費德勒也以一記愛司球開場，並迅速保下發球局。喬科維奇接著以直落四分保住發球局，這奠定了第一盤勢均力敵、沒有破發的基調，充滿了緊貼底線的力量與謀略。在搶七局中，費德勒以五比三的領先優勢發球，但隨後陷入困境，因為他揮出一記中場正拍，卻把球打出界了。他輸掉了接下來的三分以及這一盤。

不過，費德勒並沒有慌了手腳。喬科維奇的表現突然變得很不穩定，僅僅在二十五分鐘內，費德勒就把喬科維奇的四個發球局破了三次，他在第二盤氣勢如虹。結果這種一面倒的狀況原來是反常現象，氣氛緊張的第三盤又重現了第一盤的局勢。比數為五比六時，喬科維奇在發球局出現三十比四十的落後，費德勒握有一個盤末點，但喬科維奇發出一記不錯的一發，費德勒的反拍回球卻出界了。

他們進入搶七局，費德勒開局十分不妙，出現更多反拍失誤，局數以一比五落後，然後追趕到四比五。喬科維奇發出第二發球，給了費德勒回球的機會，但他又一次出現反拍失誤，這次是切球出界。他的機會再度消逝。儘管費德勒的得分一直比較多，但盤數仍然很快就變成喬科維奇以二比一領先。

第四盤的情勢依然緊張，但這次由費德勒拿下一盤，他們頑強地進入決勝的第五盤，不過需要遵守一套新的規則。

全英俱樂部在二〇一九年首次決定第五盤在十二比十二平局時進行搶七局。這項舉措是為了應對越來越多的超級馬拉松比賽，其中一些比賽包括發球大砲的美國選手約翰・伊斯內，以及二〇〇九年決賽時，費德勒在延續到十六比十四的第五盤擊敗了安迪・羅迪克。

而在二〇一九年，如果有必要的話，第五盤會有一條清楚的終點線。在第五盤七比七時，費德勒用一記正拍穿越球破了喬科維奇的發球局，看來不需要進入搶七局了。等到觀眾安靜下來以後，費德勒在八比七時的發球局有機會拿下冠軍。米爾卡在球員包廂向前弓身，額頭靠在緊緊交握的雙手上，就好似她無法忍受繼續看下去了一般。

十五比十五，費德勒轟出一記落在T點的愛司球。三十比十五，他又切出另一記落在T點的愛司球。

比分變成四十比十五。兩個冠軍點。當費德勒對戰大多數對手時，兩個冠軍點是令人安心的消息，但當他對戰喬科維奇時，考慮到連續幾次美國網球公開賽準決賽的結果，兩個冠軍點確實沒那麼讓人放心。

米爾卡猛然抬起頭，在傍晚的陽光中眨眼，記下比分，然後就直接低下頭不看比賽。

費德勒聰明地再次把第一發球打在T點上。喬科維奇往錯誤的方向傾身，但這次發球並不是連續第三記愛司球，反而撞到網帶然後回彈了。

「諾瓦克完全猜錯方向了。」費德勒的前任教練安納孔說，「如果羅傑把球打過網，落在接近球場中央的任何地方，他就會贏得這場比賽，但那顆球卻打到網帶。當這件事發生時，我瞬間回想起類似場景。」

費德勒必須二發，而他在回擊喬科維奇落點很深的正拍回球時比平常慢了一點，使他自己的正拍出界。

比分變成四十比三十。這次費德勒成功發出一發。喬科維奇回以一記落點很短的正拍回球。費德勒決定不再遲疑，打出一記正拍上旋對角球，然後迅速衝到網前。但這不是特別俐落或落點很好的上網球，而喬科維奇往正確方向移動，甚至不需要伸展身體就打出一記正拍對角穿越球，這顆球落在向前衝刺的費德勒無法打到的地方。

喬科維奇挽救了兩個冠軍點。費德勒的狀況絕對比他的撲克臉顯露的更不穩定，他在接下來兩分都打得很保守，而且兩分都輸了。他沮喪地把球輕輕打出去，此時是下午六點二十三分，電子記分板跳到八比八的局數。

對於費德勒與他的球迷來說，這很令人難忘，有些球迷在他的第一個冠軍點時就開始在空中比出一根手指。對於喬科維奇隊來說，這很令人振奮，但他仍然還有很多工作要做。而費德勒的表現值得讚許卻沒有成功，他幾乎是踉踉蹌蹌走向終點的。

在某種層面上，網球一直是一種專注力競賽：是由一張網子分隔的兩個內在爭鬥。這場比賽證明了這點。

「是的。」幾個月後我跟喬科維奇在蒙地卡羅碰面，他說道，「人生的每個層面都能轉換成一場對手已經拿到賽末點的決賽，而我是否能夠應對這件事呢？這比起一件簡單的小事還要複雜，但它能夠被簡化，並以一個簡單的句子來解釋，就是：活在當下，相信自己。」

喬科維奇並不是非常確定自己要面對的是什麼。在某個時刻，他必須跟主審達米安·史坦納（Damian Steiner）確認：如果有必要的話，搶七局會在十二比十二平局時進行。

對我而言，喬科維奇在十一比十一時的發球局是整場比賽他打得最精采的一局。他以四十比零領先，然後連輸四分，讓費德勒拿到破發點。喬科維奇利用進攻來挽救這個破發點，而費德勒的反拍削切穿越球剛好落在界外。費德勒很快拿到另一個破發點，喬科維奇再度進攻，打出一記不那麼標準的正拍截擊，然後是一記不太可靠的高壓扣殺，球落在跑動中的費德勒後方，喬科維奇拿到這一分。當喬科維奇轉頭走回底線時，他搖頭並露出苦笑。他知道剛才那球既驚險又難看，危險地既驚險又難看。

儘管如此，喬科維奇面對觀眾與比賽逆勢時，依然表現出強韌、勇敢、採取主動的網球風格。費德勒仍然很俐落地擊球，反拍精準而有力，他在第五盤後期的表現看起來就像第一盤後段一樣。

然而，他的最佳機會已經消失了。在十二比十二平局時，喬科維奇掌握了這一次的搶七局，以四比一領先，此時米爾卡從張開的手指之間觀看比賽。費德勒把雙方差距縮小到四比三，但喬科維奇像個冠軍一樣贏得接下來兩分，他打出一記乾淨俐落的正拍致勝球，接著是一記接近底線的平擊反拍致勝球來結束一次多拍來回。

比數變成六比三，喬科維奇擁有第一個賽末點，此時離費德勒擁有最後一個冠軍點已經過了四十五分鐘。

費德勒二發，喬科維奇回以一記反拍對角球，然後費德勒移到左邊，他的最後那記正拍出現失誤：球從他的拍框頂端飛去觀眾席。觀眾原本已經準備慶祝，現在卻變得悶悶不樂。

喬科維奇的父母、叔叔、經紀人、教練馬力恩．瓦伊達都從原地跳起來，互相擁抱，但喬科維奇維持一種格外平穩的張力，走向網前握手，臉上帶著「我對抗全世界」的微笑，讓我覺得像是一種嘲諷。接著他在草地上蹲下來，選擇一簇草當作他在溫布頓獲勝後的一餐，這已經成為他的傳統，卻依然很不尋常。

喬科維奇在咀嚼這簇草的時候，費德勒在生悶氣。這名瑞士選手曾經離冠軍只有一分之遙，這項冠軍原本無疑會被視為他最偉大的勝利，讓他成為溫布頓現代年齡最大的男子單打冠軍，也會賦予他第二十一座重大賽事單打冠軍，拉開他跟喬科維奇和納達爾的差距。

費德勒後來說：「我覺得我錯失了這麼一個絕佳的機會。」他的男中音比以往更低沉一點。當他被問到哪裡出了問題時，費德勒回答：「我認為是某一次擊球。我不知道我該選哪一次，你們選吧。」

這是網球史上最棒的決賽之一，在許多方面都跟二〇〇八年的溫布頓決賽一樣扣人心弦，具有出色的連貫性與可看性。

「這場比賽或許在某些方面更加直接，因為我們沒有因雨延賽，也沒有進入夜場跟諸如此類的事情。」費德勒說，「不過這確實是史詩般的結尾，非常接近的比數、非常多的精采時刻。這兩場比賽當然有相似之處，但你必須認真挖掘才會找到。而兩次比賽我都是輸家，這就是我看到的唯一一個相似之處。」

喬科維奇以七比六（五）、一比六、七比六（四）、四比六、十三比十二（三）獲得勝利，這也是耗時最長的溫布頓男子單打決賽，不僅用時四小時又五十七分鐘，而且是在一項可以追溯到一八七七年的錦標賽中創下的紀錄。

「我覺得這場比賽的大多數時候，我都處於劣勢。」喬科維奇說，「我一直在防守，而他一直在主導比賽。我只是努力奮鬥，然後在最需要的時候找到辦法，事情就是這樣。」

費德勒在這場比賽打出九十一顆致勝球，犯下六十一次非受迫性失誤；喬科維奇擁有五十四顆致勝球，犯下五十二次非受迫性失誤，其中有很多都發生在他儼然如失神漫步的第二盤。費德勒打出比較多愛司球（二十五比十五），雙發失誤也比較少（六比九）。他成功破發的次數比較多（七比三），總得分數也比較多（兩百一十八比兩百零四）。不過，正如費德勒與任何人都知道的，網球重要的是贏下重要分數。

重要的不只是他在兩次賽末點時所做的選擇，還有搶七決勝局，那通常是費德勒的獲勝領域。分析師克雷格．歐沙涅希（Craig O'Shannessy）說：「羅傑一直在擺布諾瓦克，但他在那三個搶七局卻沒有成功，完全沒有。」歐沙涅希曾擔任喬科維奇的顧問。「諾瓦克其實比羅傑更常上網，這是個很大的錯誤。羅傑應該要發球和截擊，應該要削球和猛衝，應該要在第二發球後上網，應該要逼近球場中間的。他應該要在搶七局一直上網，而他卻只是一直猶豫、留在底線，任由雙方持續拉鋸。」

殘忍卻又不可避免的是，儘管費德勒是網球界或體育界成果最豐碩的贏家之一，但世人也會銘記他輸掉了他參加過的其中兩場最偉大的比賽。或許在他參加過的比賽中，最偉大的**就是**這兩場了。他在二〇一七年澳洲網球公開賽擊敗納達爾的過程是很精采，但溫布頓依然是最有歷史性也最具全球知名度的重大賽事，也是最適合他的球風與形象的草地球場。

他已經用自己的網球激勵了許多人，也激勵了他的對手。

當費德勒在中央球場的頒獎典禮上跟英國廣播公司的蘇．巴克談話時，他勇敢地說：「我希望我能讓其他人相信，三十七歲還不是職業生涯的終點。」

接著很快輪到喬科維奇跟巴克談話。

「羅傑剛才說，他希望他能讓其他人相信，他們可以在三十七歲做到這樣的成就。」當時三十二歲的喬科維奇說，「我是這些人的其中一員。」

有一種充滿誘惑的想法是：費德勒邁向崇高地位的道路比較容易，他積累許多大滿貫冠軍的時間，是在納達爾尚未成為真正的全場威脅，而喬科維奇也尚未進入活躍狀態的時候。你可以提出一個強而有力的論點，就是在這兩個人都參賽的情況下，費德勒以類似全速前進的方式唯一贏得的大滿貫冠軍就是二〇〇八年的美國網球公開賽。但這種思想流派忘記了，納達爾與喬科維奇之所以變得如此出色，只是因為他們有費德勒當作衡量標準。即使納達爾與喬科維奇處於體力巔峰時期，而費德勒已經三十幾歲甚至將近四十歲，他依然是一位真正的奪冠熱門人選。

不過，儘管山普拉斯在退休之後不到十年內，就必須調適自己的紀錄被打破的驚訝之情，但費德勒卻在網壇征戰了非常久，以致於他必須面對自己的紀錄在退役之前就被打破的現實。

這是一種令人酸楚的發展，而我曾經問過他關於這件事的感想。

「雖然我喜歡紀錄，不論是打破紀錄或擁有紀錄，但我想對我來說，真正美妙的是打破紀錄，而不是擁有紀錄。」他說，「因為沒人能奪走那一刻。所有紀錄無論如何都有被打破的時候，但當你第一次走進或跳進從未有人踏足的領域時，那一刻真的非常激勵人心。」

如果你曾經嘗過在大比賽鎩羽而歸的苦澀，那麼勝利絕對會變得更加甜美。即使在他已經幾乎沒有什麼需要證明的時候，他標誌性的堅韌也確實受到了考驗。

如果你動搖退縮了，那麼讓家人知道如何幫助你迅速接受現實是很有用的。當時在中央球場上就清晰感覺到危險的米爾卡非常明白這一點。在輸掉那場比賽的隔天，費德勒一家又踏上了一次家庭露營之旅。

「聽著，我在頭幾天有點掙扎。」費德勒說，「但同時我也在跟我的孩子一起駕駛旅行拖車度假。我沒有那麼多時間思考所有錯過的機會。我在為我的四個孩子安排我的生活，開車在瑞士的美麗鄉間四處旅行。有時我會有瞬間閃過的想法，像是『噢，我原本可以那麼做的、應該那麼做的』。隔天當我跟我的妻子喝著一杯酒時，我又會想：『我在準決賽打得很不錯，即使在決賽也打得很不錯。』我的狀態是一陣一陣的。」

尾聲

南非

EPILOGUE: SOUTH AFRICA

雖然費德勒在網球事業穩定發展後，鮮少有機會再次拜訪南非，但對於擁有瑞士和南非雙重國籍的他來說，這份連結仍然深刻。

我搭著火車前往巴塞爾，那裡有著整齊的街道和乾淨漂亮的網球場，但要追溯費德勒身世的真正源頭，則需要經歷更漫長的旅行。

二〇二〇年二月，在報導完澳洲網球公開賽後，我趕著一班白天的班機從墨爾本飛到珀斯，再搭上紅眼班機飛越印度洋來到約翰尼斯堡（Johannesburg），接著搭乘計程車從國際機場到肯普頓公園（Kempton Park）內的工業區，司機是辛巴威籍的僑民，開著一台破舊的轎車，就如同當地社區一樣，風光不再。

但如果不是南非，就不會有羅傑．費德勒。

一九七〇年，費德勒父親羅伯特當時是一名二十三歲的化學工程師，在肯普頓公園遇見了十八歲的祕書麗奈特，也就是費德勒的母親，兩人都服務於瑞士化工商汽巴嘉基。

「我丈夫在南非弄丟了他的心。」多年後，麗奈特驕傲地告訴我。

她一樣也把自己的心搞丟了，而雖然他們很快就搬回羅伯特的祖國瑞士，不過不論是新婚時期，或後來有了兩個孩子後，他們都經常回到麗奈特的家鄉。

「好多年來，我們放長假幾乎都待在那裡，」麗奈特對我說，「羅傑第一次去的時候才三個月大，只是個嬰兒而已，而我女兒兩歲大。我喜歡跟孩子去那裡。孩子上學以前，我們通常一次會去三個月，就算那時候他們年紀還很小，但他們對南非有感情。」

雖然費德勒在網球事業穩定發展後，鮮少有機會再次拜訪南非，但對於擁有瑞士和南非雙重國籍的他來說，這份連結仍然深刻。

不過，現在他將身負重任回到南非：與納達爾在開普敦（Cape Town）坐擁五萬五千席的足球場內，攜手微軟創辦人比爾．蓋茲及喜劇演員崔佛．諾亞（Trevor Noah）進行雙打表演賽。

門票不到十分鐘就在網路上銷售一空。

「老實說，我覺得我會很感性，因為這麼多年來，我早就想要在南非打球了，」費德勒在賽前的記者會上告訴大家，「我不敢相信竟然花了這麼久才實現。」

費德勒剛剛在澳洲網球公開賽打完準決賽，慘敗給諾瓦克・喬科維奇，他因為腳傷不舒服，被迫在賽前考慮退賽。但他還是上了場，很快領先到四比一，但之後被現實衝擊，由喬科維奇直落三盤贏球。

不到十天後，在另一塊大陸上，費德勒準備好再度回到球場上參加「為非洲比賽」（Match in Africa），這是費德勒基金會一系列募款中最新的一場表演賽，用於資助孩童教育。

二〇〇四年，費德勒在父母的協助與鼓勵下，展開他的慈善事業，那年他首次登上世界排名第一，年僅二十二歲。

「羅傑有穩定收入後，我們告訴他：『我們覺得你該拿出一點自己的財富，幫助弱勢的人。』」麗奈特對我說。

麗奈特成長於南非種族隔離的年代，是家中四個孩子裡年紀最小的。她的父親曾為英國打過第二次世界大戰，之後長期於歐洲駐守。她的母親是一名護理師，麗奈特說她和兄弟姐妹都被母親教育，視黑人為平等的同胞。麗奈特跟兒子一樣避免在公共場合談論政治，但她絕對是基金會背後的主力與主導者。

「很多人想要羅傑支持他們的計畫，」她表示，「他對紅十字會等都很有興趣，但我們在找一些中小型的計畫，而且要真的能夠看到、感覺到變化。」

費德勒有部分是受到安德烈・阿格西所鼓舞，這位美籍冠軍在三十多歲時成立了同名基金會。阿格西經常表示，他真希望自己當初早點這麼做。

「我還記得那句話，」費德勒告訴我，「我絕對有受到安德烈的啟發。我敢說，在自己真的成就非凡之前就開始做，可見這件事對我的意義有多重大。」有趣的是，雖然他和阿格西兩人都在青少年時期終止正式教育，但他們都為教育類的慈善事業所吸引。儘管費德勒熱愛在世界紀錄史冊上留名，他本人卻在年輕時承認，他並不怎麼愛看書。

費德勒的基金會做了不少事情，一開始先資助南非的計畫，之後又拓展事業，資助其他非洲國家以及瑞士。來到開普敦以前，費德勒還去了納米比亞，拜會該國總統哈格·根哥布（Hage Geingob），就如他在二〇一八年到非洲時，也曾拜會尚比亞總統艾德加·倫古（Edgar Lungu）。

前五次「為非洲比賽」已為基金會募得一千萬美元，而這次在開普敦的賽事預計可再進帳三百五十萬美元。

根據葛席克所述，這些年費德勒透過在非洲的計畫，總共已創造超過五千萬美元的效益。顯而易見，費德勒打算在退休之後更加投入自己的基金會。

「目前為止我都還不太有時間，」抵達南非前，他如此告訴瑞士記者，「我常說這幾年像是在當學徒，但確實，我的夢想是未來我的基金會能跟我的網球表現一樣為人所知。」

這絕對是很大的挑戰，也因此，他尋求網球迷兼世界級富豪蓋茲指教。蓋茲透過比爾及梅琳達·蓋茲基金會（Bill & Melinda Gates），從經營微軟轉換跑道成為慈善家，該基金會是目前全球最龐大的私人基金會，坐擁近五百億美金的資產，在非洲致力於解決如瘧疾等問題。

二〇一七年，費德勒在安排西雅圖的表演賽時，葛席克聯絡了蓋茲，而蓋茲也欣然同意參與。出身背景小康的費德勒，現在跟億萬富翁也能夠談笑風生，如同與底線球員相處一樣自在。他和家人曾與法國富豪貝爾納・阿爾諾（Bernard Arnault）與其家人一同度假；阿爾諾是全球最大奢侈品企業酩悅・軒尼詩—路易・威登集團（LVMH Möet Hennessy Louis Vuitton SE）的董事長兼執行長。旗下的酩悅香檳是費德勒的贊助商，根據法籍記者湯瑪斯・索托（Thomas Sotto）所述，二〇一五年五月費德勒在阿爾諾法國的私人網球場上給了他一個驚喜，與阿爾諾和他的兩個兒子一起打雙打。

費德勒與瑞士和巴西雙重國籍的商人豪爾赫・保羅・雷曼（Jorge Paulo Lemann）亦關係良好，雷曼年輕時曾參加過溫布頓，現在還身兼拉沃盃投資人（費德勒有時會到雷曼的草地球場練球）。「比爾・蓋茲對我的基金會很有幫助，」費德勒說，「向他學習、聊天、認識他太太，這些都非常有趣，老實說，他的基金會背後團隊的規模，與我的家庭基金會完全不同，但花時間跟他相處、親眼見證他的支持，對我們極為重要。」

這樣的角色在網球場上就完全翻轉了，球場上的蓋茲表現穩定卻能力有限，因此樂於聽令於他的雙打搭檔。費德勒暱稱他們為「蓋茲德勒」（Gateserer）隊，但唸起來頗為拗口。

「如果有人想到更好的隊名，我們也開放投稿。」費德勒笑著說。

不過至少蓋茲還算是會打網球。而在美國主持《每日秀》（*The Daily Show*）一炮而紅的南非喜劇演員崔佛・諾亞，在諸多方面來說都很適合參與這場活動。他跟費德勒一樣，有著南非籍的母親與瑞士籍的父親，也是南非的焦點人物，唯一的問題在於，諾亞不會打網球。

「我不想講出這件事，因為如果有厲害的人邀你參加某個活動，你當然是說：『算我一份！』」事後諾亞在出鏡《艾倫秀》（*Ellen*）時解釋，「我得在兩個月內從頭開始學怎麼打網球，算是我這輩子最瘋狂的事蹟之一。」

「為非洲比賽」有許多了不起的成就，但諾亞能夠在五萬一千九百五十四名觀眾面前挺住壓力，還要打一種他才剛學會的球，大概是其中最了不起的事了。顯然，他完全沒有怯場。

麗奈特亦沒有這個困擾。進場時她被介紹為「羅傑．費德勒驕傲的母親」，大方地走上球場，在觀眾熱烈歡呼下擲出賽前的硬幣。她燦笑著享受這一刻，兒子在場上歡迎她並擁緊了她，親吻她的額頭。

從看台上瞧見這一幕，我想起自己兩天前曾短暫拜訪肯普頓公園，漫步到羅伯特與麗奈特曾經工作的汽巴辦公室。大門上掛著一圈一圈的鐵絲網，裡頭一面瑞士國旗在南非國旗旁隨著微風飄揚。

每個人的生命中都會有些隨機出現的事件、意想不到的岔路口，但費德勒夫婦的相遇比起大多數人，肯定有更偉大的意義。年輕時羅伯特熱愛旅行，他的原本可能去到任何地方工作：美國、澳洲，甚至是在招募外籍勞動力的以色列。

然而，他大老遠來到南非，與未來的妻子開開心心地打著業餘網球，並在回到巴塞爾後將這項運動介紹給自己的孩子。

他們精力充沛的兒子成了網球界數一數二的球員：具有創造力又霸氣十足，既是觀眾的寵兒又是韌性十足的參賽者，永遠樂觀，卻也能務實地拿下一場又一場比賽，可以在艱困的情境中做決定，也能在大贏和慘敗間調適心情。

這樣了不起的形象——雖非完美但仍然了不起的形象，讓他能從九〇年代、千禧年代、二〇一〇年代到二〇二〇年代，一路在巡迴賽中取得勝利。

「我永遠不會失去對網球的愛，」費德勒對我說，「永遠不會。」

在某些時候，這種話聽起來有些固執也沒什麼道理，但我相信他的說法。毫無疑問，從練習場地到比賽場地，再到南非狂風吹拂的足球場臨時改建的場地中央，台下坐著網球史上最多的觀眾觀賞費德勒與他的宿敵對戰，這就是他職業成就感的來源。

「隨著時間過去，我們放下了場上激烈的較勁，保留體育世界裡更具意義的東西，且我們都珍惜和明白其中的價值。」納達爾在賽前與我分享，「我想我們也都瞭解，我們彼此都從中獲益，必須好好地維護下去。我覺得，好好維護我們共同寫下的故事是很美好的事，而我想我們都清楚如果要好好維護這些，我們就應該維持良好的友誼。」

沒有納達爾，費德勒的開普敦之旅不會成行。在他腦海裡，南非的觀眾應得這樣一場比賽。但要找到一個兩人都有空的日期讓這趟旅程成真，實為困難，而比賽真的開始後，費德勒又得倚靠自己的耐力承受疼痛：頂著受傷的右膝愉快地追著高吊球跑、打著特技球，只有圈內人知道他當月稍晚就要動手術了。

深入參與公共衛生議題的蓋茲，很早就意識到剛在中國出現的冠狀病毒，可能會使全球動盪，於是他在小型、優雅又備受保護的飯店晚宴上，與費德勒和納達爾討論這件事。他們下榻於埃勒曼之家（Ellerman House）可以眺望班特里灣（Bantry Bay）與曼德拉（Nelson Mandela）曾經服刑的羅賓島（Robben Island）。

「我們很幸運，也非常感激有機會舉辦這場活動，」南非前巡迴賽選手約翰—拉夫尼．德傑格（John-Laffnie de Jager）說，他是表演賽的發起人之一。「要是晚幾個禮拜，病毒已經四散，我們就只能取消。」

幾週之後，絕對不可能有滿場的觀眾在開普敦的球場裡，不會有網前的擁抱，也不會有看台上的驕傲與喜悅，更不會有球員、球僮和舞者的賽後慶祝，全員擠在一起隨著音樂舞動，讓熱淚滑落費德勒的雙頰。

一如以往，費德勒掌握時機的能力是一流的。

謝詞

Acknowledgments

「寫這本書花了你多少時間？」這是我在寫完這本書後，最常被問的問題。

如果只論規劃和寫作的過程，最簡單的答案就是一年多。二〇一九年在波士頓」北岸，我跟我新合作且直覺神準的出版經紀人蘇珊・卡納萬（Susan Canavan）在午餐時解釋這本書的規劃，她第一次聽到就很喜歡這個點子。那時候講起來多麼簡單！我接著為這個計畫進行了超過八十場專門採訪，以及大量觀看或重看費德勒的比賽。

但真正的答案是，早在二十多年前，一九九九年春天法國網球公開賽的蘇珊・朗格倫球場上，費德勒第一次踏上大滿貫舞台時，這本書就已經開始寫了。

打從青少年時期，他就令我著迷，而且從未失去興趣。儘管也有許多光輝璀璨、迷人的網球冠軍存在，但我在書寫這本書時才意識到，只有他打球能如此賞心悅目，只有他能用無盡的熱情擁抱網球的一切。

能有機會這麼貼身報導費德勒的事業，其實是天時地利——通常是在歐洲——所致。

感謝我在《聖地牙哥聯合論壇報》（*San Diego Union*）優秀的主管 Barry Lorge 和 Bob Wright，讓我有機會接觸新聞業，又把我送去報導網球錦標賽，包括一九九〇年的溫布頓。

感謝《紐約時報》前網球特派記者後成為體運新聞編輯的 Neil Amdur，在我新婚搬到法國成為自由業者不久後，願意給我工作機會。感謝 Peter Berlin 和 Michael Getler 在巴黎錄用我，讓我能做夢寐以求的工作：擔任《國際先驅論壇報》的體育記者主任，以及感謝最了不起的 David Ignatius，讓我擔任自由發展的專欄作家。人生如此，夫復何求？

這些年宛如活在童話世界一樣，奔走於全球報導各大賽事：奧運、世界盃足球賽、各個世界冠軍、美洲盃帆船賽、歐洲冠軍聯賽、高爾夫四大錦標賽，當然還有無數的網球賽事。感謝所有《國際先驅論壇報》及《紐約時報》的編輯，包括 Tom Jolly、Alison Smale、Sandy Bailey、Jeff Boda、Marty Gottlieb、Jason Stallman、Dick Stevenson、Jill Agostino、Naila-Jean Meyers、Andy Das、Oskar Garcia，使我能完成夢想，也想感謝 Randy Archibold，支持我離職撰寫現在這本書。

如果沒有人願意接受我的訪談，我肯定沒辦法完成寫作。感謝八十二位願意花時間且信任我的人，非常感謝安迪．羅迪克、馬拉特．沙芬、皮特．山普拉斯、拉斐爾．納達爾和諾瓦克．喬科維奇，願意與我深入分享面對費德勒的感受。還要非常感謝彼得．隆格倫、荷西．伊格拉斯，尤其是保羅．安納孔，詳盡描述擔任他的教練的情形。

特別感謝費德勒和他長年的經紀人東尼．葛席克，多年來給予我和《紐約時報》這麼多資源。這樣的機會在許多明星運動員身上已經難以見到，但費德勒明白也尊重新聞媒體的身分，比起多數人也更樂於分享自己的事。

「寫這本書花了你多少時間呢？」

「太久了。」出版社 Twelve 的發行人 Sean Desmond 大概會這麼說，但他忍住了。尚恩自己身為作者，溫暖且有著費德勒式的同理心，願意給我時間和清淨的心，好好完成我的工作。

我感謝他信任這項計畫，也感謝 Rachel Kambury 與 Sean 團隊中其他人的支持。我也想感謝我的家人和朋友，容忍我在截稿前夕與網球賽季時人間蒸發。最後，我要大大感謝我的那顆巨石，與我結為連理三十年的妻子 Virginie，她從不退縮，就算身處疫情也始終如此，在我覺得快承受不住時，提醒我這是我一直以來想做的事。

而確實，她說得很對，或者用難以取悅的法國人的說法——「沒錯」。

國家圖書館出版品預行編目資料

費德勒：王者之路 / 克里斯多夫・克拉瑞（Christopher Clarey）著；
呂孟哲、林芷安、紀揚今、涂瑋瑛、許家瑜、楊崴傑、趙鐸、
薛彗妙 譯. -- 初版. -- 臺北市 : 商周出版 : 家庭傳媒城邦分公司
發行, 民110.09
面：公分. --
譯自：THE MASTER
ISBN 978-626-7012-20-8（平裝）

1. 費德勒(Federer, Roger, 1981-) 2.網球 3.運動員 4.傳記

528.953 110010691

費德勒：王者之路

原著書名 / THE MASTER
作者 / 克里斯多夫・克拉瑞（Christopher Clarey）
譯者 / 呂孟哲、林芷安、紀揚今、涂瑋瑛、許家瑜、楊崴傑、趙鐸、薛彗妙
企劃選書 / 梁燕樵
責任編輯 / 梁燕樵

版權 / 黃淑敏、劉鎔慈
行銷業務 / 周佑潔、周丹蘋、賴晏汝
總編輯 / 楊如玉
總經理 / 彭之琬
事業群總經理 / 黃淑貞
發行人 / 何飛鵬
法律顧問 / 元禾法律事務所 王子文律師
出版 / 商周出版
城邦文化事業股份有限公司
臺北市中山區民生東路二段141號9樓
電話：(02) 2500-7008 傳眞：(02) 2500-7759
E-mail：bwp.service@cite.com.tw
Blog：http://bwp25007008.pixnet.net/blog
發行 / 英屬蓋曼群島商家庭傳媒股份有限公司城邦分公司
臺北市中山區民生東路二段141號2樓
書虫客服服務專線：(02) 2500-7718・(02) 2500-7719
24小時傳眞服務：(02) 2500-1990・(02) 2500-1991
服務時間：週一至週五09:30-12:00・13:30-17:00
郵撥帳號：19863813 戶名：書虫股份有限公司
讀者服務信箱E-mail：service@readingclub.com.tw
歡迎光臨城邦讀書花園 網址：www.cite.com.tw
香港發行所 / 城邦（香港）出版集團有限公司
香港灣仔駱克道193號東超商業中心1樓
電話：(852) 2508-6231 傳眞：(852) 2578-9337
E-mail：hkcite@biznetvigator.com
馬新發行所 / 城邦(馬新)出版集團 Cité (M) Sdn. Bhd.
41, Jalan Radin Anum, Bandar Baru Sri Petaling,
57000 Kuala Lumpur, Malaysia
電話：(603) 9057-8822 傳眞：(603) 9057-6622
Email：cite@cite.com.my

封面設計 / 兒日
排版 / 新鑫電腦排版工作室
印刷 / 卡樂彩色製版印刷有限公司
經銷商 / 聯合發行股份有限公司
電話：(02) 2917-8022 傳眞：(02) 2911-0053
地址：新北市231新店區寶橋路235巷6弄6號2樓

■2021年（民110）9月初版1刷
■2022年（民111）9月26日初版4.8刷
定價 580 元

Printed in Taiwan
城邦讀書花園
www.cite.com.tw

ISBN 978-626-7012-20-8

請於此處用膠水黏貼

商周出版

讀者回函卡

感謝您購買我們出版的書籍！請費心填寫此回函卡，我們將不定期寄上城邦集團最新的出版訊息。

不定期好禮相贈！
立即加入：商周出版
Facebook 粉絲團

姓名：＿＿＿＿＿＿＿＿＿＿＿＿ 性別：□男 □女

生日：西元＿＿＿＿年＿＿＿＿月＿＿＿＿日

地址：＿＿＿＿＿＿＿＿＿＿＿＿

聯絡電話：＿＿＿＿＿＿ 傳真：＿＿＿＿＿＿

E-mail ：

學歷：□ 1. 小學 □ 2. 國中 □ 3. 高中 □ 4. 大學 □ 5. 研究所以上

職業：□ 1. 學生 □ 2. 軍公教 □ 3. 服務 □ 4. 金融 □ 5. 製造 □ 6. 資訊
□ 7. 傳播 □ 8. 自由業 □ 9. 農漁牧 □ 10. 家管 □ 11. 退休
□ 12. 其他＿＿＿＿＿＿

您從何種方式得知本書消息？

□ 1. 書店 □ 2. 網路 □ 3. 報紙 □ 4. 雜誌 □ 5. 廣播 □ 6. 電視
□ 7. 親友推薦 □ 8. 其他＿＿＿＿＿＿

您通常以何種方式購書？

□ 1. 書店 □ 2. 網路 □ 3. 傳真訂購 □ 4. 郵局劃撥 □ 5. 其他＿＿＿

您喜歡閱讀那些類別的書籍？

□ 1. 財經商業 □ 2. 自然科學 □ 3. 歷史 □ 4. 法律 □ 5. 文學
□ 6. 休閒旅遊 □ 7. 小說 □ 8. 人物傳記 □ 9. 生活、勵志 □ 10. 其他

對我們的建議：＿＿＿＿＿＿＿＿＿＿＿＿

請於此處用膠水黏貼